社会“自生秩序”的中国经济史镜像

——华北棉布市场变动原因研究(1867—1937)

谢 亮 著

世界图书出版公司

上海·西安·北京·广州

图书在版编目(CIP)数据

社会"自生秩序"的中国经济史镜像：华北棉布市场变动原因研究：1867～1937／谢亮著.—上海：上海世界图书出版公司,2012.3

ISBN 978-7-5100-4399-4

Ⅰ.①社… Ⅱ.①谢… Ⅲ.①棉布-商业史-研究-华北地区-1867～1937 Ⅳ.①F724.781

中国版本图书馆 CIP 数据核字(2012)第 035427 号

社会"自生秩序"的中国经济史镜像

华北棉布市场变动原因研究(1867—1937)

谢　亮　著

上海世界图书出版公司 出版发行

上海市广中路 88 号

邮政编码 200083

上海市印刷七厂有限公司印刷

如发现印装质量问题,请与印刷厂联系

(质检科电话:021-59110729)

各地新华书店经销

开本:787×1092　1/16　印张:18.25　字数:430 000

2012 年 3 月第 1 版　2012 年 3 月第 1 次印刷

ISBN 978-7-5100-4399-4/G·310

定价:48.00 元

http://www.wpcsh.com.cn

http://www.wpcsh.com

序

自20世纪80年代文化研究兴盛以来，衣、食、住、行的变化就是其研究的重要内容。随着时间的推移，文化研究也应该步步深入，但既有的研究并没做到这一点，甚至进入21世纪以后，一些人在讨论近代文化现象时，仍满足于对国人的衣、食、住、行作笼统的概述，不免让人失望。如何将研究进一步推向深入，是摆在人们面前的一个重要问题。

“洋布”(机织布)在近代中国不仅关乎国计民生，而且是一种颇为特殊的物质文化，其本身蕴藏着丰富的历史文化内涵。因此，谢亮在选题时，我建议他以“洋布”为研究对象，从概念入手，对近代以来“洋布”的输入、生产、销售和消费进行系统考察，并进而探讨近代中国社会变迁的过程与规律，争取将观念史、经济史、社会史、文化史一气打通。

在研究过程中，谢亮的研究重心多少有些变化，他没有去纠缠“洋布”的概念、生产与消费，而是将着力点放在了近代华北棉布市场变动原因的分析上，并由此去审视社会变迁中的“自生秩序”与“外在变量”的关系。他还将哈耶克意义上的“自生秩序”思想作为方法论引入了本研究。风险固然难免，但这种尝试无疑是值得充分肯定的。

《社会“自生秩序”的中国经济史镜像——华北棉布市场变动原因研究(1867—1937)》一书就是他的研究成果。他认为：在社会变迁过程中，作为规则性的新秩序是一种普遍联系的结构，它由“制度和惯例构成，是人的活动之结果而非人的明确意图之产物”。这一看法与过往的研究有很大不同。因为后者常常强调，近代中国社会变迁过程中新秩序的形成更多呈现了“明确意图设计”的特征。他对这一观点能否确立起来颇为担心，我对此却比较释然。一种学术观点，只要言之成理，持之有故，就不妨作为一家之说存在。即使不被认同，至少亦可令人去思考。

柯林伍德说过：“一切历史都是思想史”，这句话的前提是：“历史的过程不是单纯事件的过程而是行动的过程，它有一个由思想的过程所构成的内在方面；而历史学家所要寻求的正是这些思想过程。”（柯林伍德：《历史的观念》何兆武、张文杰译，商务印书馆1997年，第302—303页）就字面看来，“自生秩序”理论与柯林武德的观点似有不同。究竟孰是孰非？大凡经过2003年“非典”的人，都对当时该病毒的肆虐印象深刻，但很少有人注意到在这种非常状态下中国乡村社会自生出来的种种社会秩序及其价值。我认为，要从发生学的角度探讨中华文明的本质特征，“非典”状态下中国乡村社会的种种自生秩序具有标本意义。与此相类似的，还有西周初年被分封到黄河中下游和长江流域的“诸夏”，以及近代以来海外华人群体，虽然他们的生存样态不可避免地会受到宗主国传统和当地地理环境的影响，但其最终形成这样而非那样的本质性特征，自生性恐怕是不容忽视的内容。因此，如果要研究一种文明的发生，探讨的重点与其说是某种“思想过程”，毋宁说是该文明的自生秩序形成过程。

需要指出的是，因经济史研究非我所长，本研究主要靠谢亮自己来完成，我能提的建设性意见少之又少。谢亮本科时学的是英语，硕士阶段才接触中国近现代史。不过，他学术研究志向甚高，平时非常努力，进入研究状态也比较快。我对此颇感欣慰！在我看来，不论做事治学，凡事缩手缩脚，很难想象将来会有大的成就。因此我总是要求我的学生：学术志向要高，但着手具体问题研究时身段要低。希望谢亮以后在这方面用心体悟。

前几天谢亮来信索序，因是其第一本学术著作出版，作为老师，自然乐意为之。聊作数语，以应其请。

是为序。

郭双林

2011年11月6日

自序:“自生秩序”之于中国问题研究

“自生秩序”无论是作为思想观念或知识话语,还是作为体现特定思维方式的生活智慧,它在中国人之生命历程中本可谓根源有据而又生生不息。

但是,根因于“三千年未有之大变局”之变革环境及受因之而继的思维方式或观念的影响,近现代中国社会发展能否独立于“外在变量”而生成“自生秩序”却成了需重新审视的重大命题。而学界于近现代中国问题研究的惯常采行的范式——“结构功能主义”、“革命”话语、“冲击与反应”、“近代化选择”,甚或所谓“中国中心观”,乃至“传统创造性转化”——于此现象也作了具体呈现。作为一种思维方式,这些范式内在的“秩序建构”特质与人类形形色色的“建构理性主义”的特征若合符节。它们内含反传统主义的、唯理主义的认识论缺陷,并基于本质主义的立场,以对历史的非客观和非“在场”式的理解遮蔽了近现代中国历史发展的连续性。

因为,它们对近现代中国历史发展的解释及其理想图景的建构——无论是具体性阐释“宪政的民族国家”、“科学”、“市场经济”等话语谱系,还是基于特定意识形态而在宏大目标层面将其与“主义”相关联——都是以“外部世界”之理想参照而成一种理想之证明和设计。这恰如哈耶克对建构理性主义者的批评所强调的那样,“他们以为文明的好处皆来自人类有意识地迈向预先设计好的目标,而不是来自秩序之自发形成过程。”(Norman. Barry (University of Buckingham.) The Tradition of Spontaneous Order, Literature of Liberty, vol. v, no. 2, Summer 1982, pp. 7 -58. 另见秋风译《自生自发秩序的传统》)

于此,学界对近现代中国商品市场变动原因、市场发展模式演变、小农经济与市场经济的关系等命题的讨论亦不幸地被淹没于前述范式的思维逻辑中。而且,前述范式更否定“自生秩序”对资源配置、法律、观念、习俗等界限的跨越。

所以,基于经验主义的立场和对既有研究范式的反动,我试图通过探究1867—1937年间华北棉布市场变动原因,以思考市场变动乃至近现代中国社会变迁中的

“自生秩序”命题。而且,这样的研究意在凸显我之下述判断当可成立。即:

近现代中国社会呈现的不中不西、古今皆存、多元共生之历史镜像,凸显了其独特生存环境中的各种“秩序建构”主张及其实践常伴生的某种“不确定性”。此事实反衬出其社会变迁中客观存在的“自生秩序”现象。它之学理意义在于揭示:东西亦或古今,“自生秩序”皆是人们在各自独特生存境遇中,探索出来的用以应付无所不在的“无知”和“不确定性”的客观事实的机制。“自生秩序”既是思观念、知识话语,又是体现特定思维方式的生活智慧。由此,讨论一区域、一社会、一民族、一国家之历史主体性或连续性,我们既不必基于强调其特殊性而忽视诸如“近代”之类外在变量的影响——如超稳定论,深层文化内核论,亦无需为凸显“外在变量”之作用而按其样态书写自身历史发展轨迹——如一味凸显近现代中国基于花样繁多的“近代”观念暗示而“求新”、“求变”、“遵古”、“反古”。或许呈现“外在变量”与某种“自然状态”如何融生为一“自生秩序”才最为紧要。

事实上,华北棉布市场变动中呈现的两种意义上的自生市场秩序,亦确为反驳前述范式提供切实的支持。在“约定的”(conventional)、“自然的”的意义上,基于经验主义的立场而论,并以外在近代化因素的强制嵌入为界分,这两种秩序即是“不受强制形成的型式”、“适者生存”的市场秩序。前者意指华北棉布市场未被裹挟进世界资本主义市场体系之前,从其市场主体基本不受国际市场影响的且能自我循环的市场行为中形成的总体制度结构。“适者生存”则意味着自此之后,此总体制度结构——如其法律和市场管理制度——若不经历“近代化”的转换过程就不能自存,更遑论其生长。从秩序生成之过程来看,二者都表明,根源于相应社会结构的市场秩序并非都是出自人的有意识设计。但前者更能说明市场自身的制度和惯例是如何以一种因果—起源学的方式形成,而后者则描述市场的此类制度和惯例在与“近代”因素的竞争中如何生存发展。同时,两种意义上的自生秩序表明,特定外在变量——如“近代”观念——若不与人们生活状态的自然演进相关联,却依此而进行制度设计以图规范和建构一种秩序就必是唯理主义的的思维方式。

当然,此种论断的潜在的危险客观存在。因为,“自生秩序”与“自然秩序”之边界何在?两种秩序下的制度设计、选择及秩序演进中的“新”、“旧”当何论?更何况“新旧”、“古今”之时间特质的哲学争论原本就大。前引方法论能面对这类追问吗?我学力不足凸显的不精致论证亦更加剧此困惑。但我更强调,无论是将“自生秩序”思想作为方法论引入亦或是作为问题意识呈现,它对于中国问题的研究都是有意义的。

如今,小书即成,却多有遗憾,为尽量弥补缺陷,就啰唆前言以为自序。

目　录

图表目录

1 绪论:“棉布研究”的论争

1.1 问题的缘起

商品市场变动是近代中国经济史研究之重要课题。其中,开埠通商后,包括华北在内的棉布市场的剧烈变动及棉纺织业发展呈现的中国资本主义“既发展又不发展”的历史镜像,①常迫使学人探究此中缘由何在?

学界于此问题之论争激烈。② 较主流者:① 于棉布之市场销售状况变化,强调洋布的大规模销售,最终挤占了土布市场份额,居压倒性优势地位。在地域上,它经历了从沿海到内地、从口岸到城市、乡村之变化过程。其消费群体则由官员、商人、学生扩展到农民群体。② 在产业发展方面,则强调洋布洋纱市场份额的扩大,促进了近代机器纺织产业的发展,但加剧了小农经济的解体。其扩展程序亦是由沿海到内地,由口岸到城市、乡村。③ 在市场竞争中,家庭手织布表现出了惊人的竞争力,民族纺织产业始终面临非平等性的市场竞争。④ 于棉布市场的形成与发展,政府几乎无所作为,或是想有所作为却心有余而力不足。加之,非平等性竞争普遍存在,使市场自主性发展严重缺失并致使其自身动力严重不足。就此而言,其市场的本质特征与“半殖民地半封建”的社会形态具有内在关联性。华北棉布市场自然不例外于前述几种主要状况。

但前述研究结论未必能对应于华北棉布市场,存在显见缺陷。其根据在于:

---

① 见汪敬虞《中国资本主义的发展和不发展》,中国财政经济出版社 2002 年版。

② 按:开埠通商后,于包括华北棉布市场在内的中国棉布市场变动,国内相当多的学者认为:“到 19 世纪末,洋纱、洋布等洋货已遍及中国穷乡僻壤,农民家庭手工业(主要是手工棉纺织业)因此尽遭破坏,农村自然经济也随之解体。”(见于素云《中国近代经济史》,辽宁人民出版社 1983 年版,第 115 页。另外,此观点普遍见于以往的中国近代经济史研究及教材中,其影响一直持续到 20 世纪 80 年代以后。)20 世纪 80 年代后,学界则有人断定,其时洋布输入仅限于通都大衢,无法深入农村内地。(见黄逸平《十九世纪末二十世纪初中国自然经济解体的程度》,《学术月刊》1980 年第 8 期,第 16 - 22 页。)此外,还有较多学者认为洋纱、洋布对长江中下游及东南、华南沿海地域的手工纺织业打击最大,此时还没有打入西南、西北及华北内地,那里的手工纺织业得以维持甚至有所发展。他们或认定在 19 世纪末洋纱、洋布并未进入华北内地,或坚持当地农村手工棉纺织业在此时并未遭到破坏。此类观点的代表当首推美国学者周锡瑞(Esherick W. Joseph)的调查研究,其后周对其观点做了些许调整。1986 年冬实施的中日学者义和团联合调查后,有日本学者对上述调查进行了整理,其结论与周氏相近。(见周锡瑞《论义和团运动的社会成因》,《文史哲》1981 年第 1 期,第 22 - 31 页。另见张思《遭遇与机遇:19 世纪末中国农村手工业的曲折经历——以直鲁农村手工纺织业为例》,《史学月刊》2003 年第 11 期。)同期,美国学者费惟凯的有关断语则最为刺激。他认为,“整个手工业在 1870—1911 年期间并没有受到严重破坏”,并称以往中国学者的观点是“最粗浅的公式化的指责”。见费惟凯《1870—1911 年晚清帝国的经济趋向》,节选自费正清《剑桥中国晚清史》(下卷),中国社会科学出版社 1985 年版,第 25 页。Albert Feuerwerker, Handicraft and manufactured cotton textiles in China, 1871—1910, Journal of economic history. 30, 2, june, 1970, pp. 338 - 378.

第一,近代华北棉布市场变动是否仅可归因于洋布、洋纱的刺激?若非此,那么,其变动原因多元性又是什么?开埠通商后,华北社会自身的“人口变迁”、“近代工矿和交通运输业的发展”、“以‘粮棉价格’为核心的工农产品价格变化”、“银根松紧”、“战争与灾荒”、“厂商经营行为的变化”、“政府调整经济政策”与其棉布市场变动的关系是什么?

第二,若上述问题值得讨论,鉴于土、洋布市场关系的变化,棉布市场变动本身又是如何促进或导致近代华北社会的内在变革,如在知识、制度、观念、社会习俗等方面?反之,此类变化对棉布市场变动又产生了何种影响?

第三,多元因素中是否又可分何者为主因,何者为次因?且,诸变动因素对近代华北棉布市场变动产生了何种积极影响或消极影响,或二者兼有之?诸因素是否使其市场变动呈现市场发展模式转型的特征?此种转型能否呈现中国社会自身发展的历史连续性?或者,此种转型的非顺利进行,是否预示其转型处于两难困境?若此,其原因又何在?

显然,前述研究于上述质疑无法一一对应。因为:前述研究在方法论上,隐含着“近(现)代化”范式和“冲击—反应”范式的双重理论预设。于此预设之下,其在理论上的潜在表达即是,从整体而言,中国自身旧有的经济发展方式——学界习惯性地将其称之为小农经济发展模式——不适应从扩大商品经济到市场经济的竞争。其市场发展模式乃至中国社会,在以与现代工业品为核心要素的市场经济的竞争中,必将经历“近(现)代”的这一同质化过程。由此,“近(现)代”这一标准,被学界建构成为审视像中国这样的后发展国家的市场发展模式,乃至其社会发展模式变动之外在维度,并逐渐内化为一些学人及部分民众的一种显见的文化心理。

但是,依此标准审视“中国问题”,其内含的“秩序建构”命题是否带有人类形形色色的“建构理性主义”(constructivistic rationalism)的些许特征呢?更关键者:前述诸变动因素是否都具有所谓的近(现)代特征?它们是否更因与中国社会关联而呈现一种历史连续性?并且,当外在因素成为商品市场发展模式的构成要素时,市场发展模式转型是否更因其对外部因素的技术性接纳,仍能呈现一种历史连续性呢?

此类追问凸显了一具有普遍意义的学理命题。即在近(现)代(化)语境中,人类形形色色的“建构理性主义”与一市场、一社会或一国家之“自生秩序”生成的是何关系呢?

若此,形形色色的“建构理性主义”对包括华北棉布市场在内的近现代乃至当下中国社会的自身知识体系的社会科学式的“改造”、“秩序建构”,就难免忽视其自身历史和现实经验曾经发展出的“自生秩序”逻辑。进而,与这一逻辑必然伴生的法律和社会制度、思想或观念、经济生活亦被基于社会科学立场的解读者所忽视。事实上,仅仅基于解读资源配置的经济学原理,是完全不足以理解中国社会之经济秩序的生成。具体言之:对包括华北棉布市场在内的近代中国商品市场变动原因、商品经济发展或市场发展模式等命题的讨论亦不幸地被淹没于此种思维逻辑中。

同时,就一种思维方式而言,它们自动地否定了“自生秩序”思想对资源配置、法律、观念、习俗等界限的跨越。正因如此,在对近代华北棉布市场变动原因的研究中,我们应当强调,在“约定的”(conventional)和“自然的”的意义上,棉布市场变动中的某种规则性(regularities)或事态的秩序出现——如近代转型——既不纯粹是人为制度设计的产物(如华北棉布市场发展中的法制近代化命题),也不是纯粹的自然演进(如人口因素与华北棉布市场需求变化)。在近代华北棉布市场,作为社会规则性的新秩序的出现是“制度和惯例构成,是人的活动之结果而非人的明确意图之产物”。①

而且,在相对普遍的市场交易中,华北棉布市场存在以价格体系为核心的某种内生机制在协调其市场主体的各类行为,并最终形成相应市场秩序。即市场演变中存在如亚当·斯密强调的,“看不见的手”使“人被引导达致某一并不属于他的主观意图的目标。”②然而,其法律和政治秩序的演变或建构,却不存在类似机制。它或许更是在一类似“建构理性主义”思维的支配下——如各类“近代”观念和事实的暗示——的对相关市场行为和事实的制度化确认。由此,“自生秩序”与“外在变量”之关系就成了华北棉布市场演变中的一核心命题。因为,市场秩序是一总体结构。政治、法律等制度体系的建构作为其构成要素,虽不能自动发展出某种矫正机制,但却可能会扭曲市场价格机制的表现形式,进而毁损整体市场秩序。

所以,欲回答前述追问就必须揭示此二者关系之变化。同时,鉴于过往研究未能对包括华北棉布市场在内的中国商品市场发展的内在动因与外部条件之关系以及二者与其发展模式之关系问题做出恰当的理论解释。其理论思考缺失客观存在。因此,尽管过往研究已有一些扛鼎之作,但若以其显见缺陷为问题意识,以华北棉布市场变动原因分析为个案,去探究市场发展模式演变中的“自生秩序”与“外在变量”之关系,就必将助益于推进对“历史连续性”命题的研究。于此,进一步的学术批判就是本研究的基础工作。

1.2 学术史回顾——对“棉布研究”的再批判

棉布自明代起就是中国商品市场流通的主要大宗物资之一。③ 近代以后,洋纱洋布的输入,使棉布市场发生重大变化。研究棉布市场变动相关问题,自上世纪 20 年代起就一直为学界趋之若鹜。其主要成果可言之如下:

1.2.1 纳入市场史视野研究的商品棉布

将棉布生产商品化之发展视为传统市场演进的重要构成要素之一,以此揭示商品经济已达至何种水平是其主要目的。

学界常认为中国传统市场演进之研究肇端于 20 世纪 20 年代。张海英先生断言,此当以 1926 年日本学者加藤繁发表《关于唐宋的草市》一文为标志。④而腾井宏、斯波义信⑤则

---

① See Hayek's essay, “The Results of Human Action but not of Human Design,” in Studies in Philosophy: Politics and Economics (London: Routledge and Kegan Paul, 1967), pp. 96 - 105; see also the important article by Edna Ullman-Margalit, “Invisible Hand Explanations,” in Synthese 39 (1978): 263 - 291.

② See Adam Smith, The Wealth of Nations, R. H. Campbell and A. S. Skinner (eds.) Random House, 2004, p. 456. The reference to the ‘invisible hand’ occurs also in Smith's Theory of Moral Sentiments, D. D. Raphael and A. Macfie (eds.), p. 58.

③ 见吴承明《我国手工棉纺织业为什么长期停留在家庭手工业阶段》,《文史哲》1983 年第 1 期,第 26 - 32 页。

④ 按:此后加藤繁还发表了系列论文,主要讨论涉及唐、宋、清代城镇及市集的分布、运作性质与活动等内容。如《宋代都市的发展》(1931 年)、《唐宋时代的草市及其发展》(1933 年)、《唐宋时代的市》等文。(加藤繁《中国经济史考证》,台湾华世出版社 1981 年版;张海英《明清江南商品流通与市场体系》,华东师范大学出版社 2002 年版,第 8 页。)

⑤ 见腾井宏《新安商人的研究》(1952 年),节选自《江淮论坛》编辑部《徽商研究论文集》,安徽人民出版社 1985 年版;斯波义信《围绕中国都市史的研究概况》、《中国都市史的新动向和二三个模式》、《中国近世的都市和乡村》;《宋代江南的村市和庙市》、《宋代湖州镇市的发展》(1975 年)、《中国中古近古的都市和农村——都市史研究的新视角》(1982 年)。另外,可参见其代表性著作《宋代江南经济史研究》(中译本),江苏人民出版社 2001 年版。(见张海英《明清江南商品流通与市场体系》,华东师范大学出版社 2002 年版,第 8 页;樊树志《明清江南市镇探微》绪论,复旦大学出版社 1990 年版。)

堪称日本学者中研究此类问题之重要代表。他们的研究为日本学者集中研究中国江南市场发展状况奠定了良好基础。而自70年代开始,日本学者亦对棉布商品化生产发展与江南市场演进之关系多有研究。①

中国学者于20世纪30年代开始研究中国传统市场之演进。② 陶希圣、吴景超、全汉升、何格恩等可为主要代表。至五六十年代,大陆学者对明清市场和市镇多有研究,但却难免印有"资本主义萌芽"的思维框架的公式化痕迹。其中,棉布商品化生产及其市场变动,亦常是"资本主义萌芽"思维范式的主要论证材料。但1964年,傅衣凌先生发表以《明清江南市镇经济的分析》为代表的系列文章,通过对包括棉布市场变动在内的市场发展状况的分析,认为全国性市场之形成已初露端倪。此论断亦确实引人注目。③

此后,自20世纪80年代起,对棉布与整体市场演进之关系的论述更多。吴承明先生指出:从总体上看,开埠通商前,粮、布作为中国市场的主要商品,其长距离运销在整个商品量中只占较小比重。全国性市场的扩大很少反映地区分工和产业分工,市场具有狭隘性和长距离贸易的局限性。此观点对传统市场演进之总体把握至今仍具有代表性。④ 而一些学者在论述传统市场演进之历程、性质、发展水平,及其与商品经济发展的关系时,都专列章节说明传统棉布市场的发展状况。但此类研究,多是现象描述,定性判断居多。⑤

---

① 川胜守《中国近世都市の社会构造——明末清初江南都市について》(1979年)、《中国近世における地方都市の发展——太湖平原乌镇の场合》(1984年);林和生《中国の地方都市——镇・小城镇》(河野通博编《世界地志ゼシナール「1」新訂東アジア》,大名堂发行);香坂昌纪《清代中期の杭州と商品流通——北新关を中心として——》(《东洋史研究》第50卷第1号);山本进《安徽米流通と清代崇明の棉业》(名古屋大学《东洋史研究报告》第13册);王卫平《清代(康熙—光绪年间)江南都市の会所——苏州を中心として》(《史学研究》第210号);小岛淑男《清朝末期の都市と农村》(《史潮》新8,1980年);《辛亥革命期苏州府吴江县の农村绢织手工业》(小岛淑男《近世中国の经济と社会》,汲古书院,1993年版);松蒲章《清代の扬州关について》(《关西大学文学论集》第43卷第2号);刘序枫《十七、十八世纪の中国と东アジア——清朝の海外贸易を中心に》(沟口雄三等编《アジアから考える「2」地域システム》,东京大学出版社1993年版)。(见张海英《明清江南商品流通与市场体系》,华东师范大学出版社2002年版,第1-3页、第9页。)

② 按:1934—1937年间,《食货》杂志陆续刊登陶希圣《搜读地方志的提议》(1934年)和吴景超《近代都市研究法》(1935年)等文,提倡研究中国都市史。1934年,全汉升发表《中国庙市之考察》,1937年何格恩发表的《唐代岭南的墟市》等文,始将目光转向庙市与墟市等地方层级的小市场。(见张海英《明清江南商品流通与市场体系》,华东师范大学出版社2002年版,第3页。)

③ 按:傅先生认为,明清江南地区市镇兴起的主要原因是基于该地区商业与手工业活动的发展,就商品流通的范围而言,这些市镇的商业活动多以超出当地地方消费范畴而逐渐纳入全国性的、远程贸易的市场体系中。这些观点在当时无疑是具有新意的。见傅衣凌先生编著,《明清时代商人及商业资本》(1956年)、《明代江南市民经济试探》(1957年)、《明清农村社会经济》(1961年)、《明清社会经济史论文集》(1982年)、《明清福建社会与乡村经济》(与杨国桢共同主编,1987年)。另见张海英《明清江南商品流通与市场体系》,华东师范大学出版社2002年版,第3页。

④ 见吴承明《中国资本主义发展与国内市场》,中国社会科学出版社1981年版。另见张海英《明清江南商品流通与市场体系》,华东师范大学出版社2002年版,第3-4页。

⑤ 按:此类代表性专著有:龙登高《中国传统市场发展史》,人民出版社1997年版;王家范《明清江南市镇结构及其历史价值初探》、范金民《明清江南商业的发展》;单强《江南区域市场研究》,人民出版社1999年版;龙登高《江南市场史》,清华大学出版社2003年版。姜守鹏《明清北方市场研究》,东北师范大学出版社1996年版;张海英《明清江南商品流通与市场体系》,华东师范大学出版社2002年版;樊树志《传统的变革:江南市镇》,复旦大学出版社2005年版;《明清江南市镇探微》,复旦大学出版社1990年版;许檀《明清时期山东商品经济的发展》,中国社会科学出版社1998年版。

需强调者,对于土布的生产、销售,徐新吾主编《江南土布史》①对江南土布的生产、销售作了较翔实的资料梳理。他在每个章节前加注的按语堪称精要,体现了其探讨的主旨:土布生产为什么不能发展为资本主义生产。

1.2.2 手工业史、商业史及资本主义生产方式发展视野下②的棉布研究

截至目前,学人多从手工业史、商业史及资本主义生产方式演进之角度研究商品棉布流通及棉纺织产业的发展。中外学者在上述视角之下于此类问题的研究可谓肇端并兴盛于20世纪30年代前后,此后至60年代前后形成了此问题研究的相对繁盛时期。自20世纪80年代中国大陆的学术研究重回轨道后,前述研究更深度与市场经济之发展问题相关联,棉纺织业发展的相关材料亦是收集和整理手工业史料的主要内容之一。一些成果至今仍是棉布及其相关问题研究的扛鼎之作。① 严中平先生的《中国棉纺织史稿(1289—1937)》③、方显廷先生的《中国之棉纺织业》④两书重点梳理了中国棉纺织业,尤其是其近代机器纺织业的发展历程。严中平先生认为,洋布、洋纱的输入加剧了中国家庭纺织业解体,而受此刺激,加之政府相关推动,近代机器纺织业在中国出现并发展。其中,投资于机器纺织业的华商资本逐渐从传统商业资本向近代产业资本转换,但其发展始终受到了列强资本的压迫。方显廷先生不仅讨论了土、洋布市场关系的变化,而且对近代中国机器纺织业的生产技术发展水平等方面亦着力颇多。② 蒋乃镛先生的《中国纺织染业概论》⑤、井村熏雄先生的《中国之纺织业及其出品》⑥更注重从总体上描述近代中国,尤其是民国时期的纺织业的整体概况。比如其地区分布、生产能力、产品整体的销售状况等。③ 吴知先生著《乡村织布业的个案研究》⑦、方显廷、毕相辉两位先生合著《由宝坻手织工业观察工业制度之演变》⑧、徐新吾先生编著《江南土布史》⑨则主要讨论:近代华北和江南地区的手工纺织业的发展及衰败问题,家庭纺织业如何应对洋布、洋纱的市场竞争,以及传统棉布业内部生产关系变化,如对包买商制度等问题的讨论。④ 此外,一些学者如吴承明先生、汪敬虞先生、杜恂诚先生等,虽未著书系统讨论棉布市场变动问题,但也曾单独撰文讨论棉布市场变动的相关问题。这类文章或相关著作也是研究棉布市场变动状况必备的精读书目。⑩

总体上看,上述研究主要讨论:中国近代机器纺织业为何未能充分发展?手工棉纺织业为何未能发展成为近代资本主义式的生产?其理论思考即是以"生产力和生产关系问题"

---

① 见徐新吾《江南土布史》,上海社会科学院出版社1992年版。

② 见童书业《中国手工商业发展史》,齐鲁书社1981年版;王相钦、吴太昌《中国近代商业史论》,中国财政经济出版社1999年版。

③ 见严中平《中国棉纺织史稿》,科学出版社1963年版。

④ 见方显廷《中国之棉纺织业》,商务印书馆1934年版。

⑤ 见蒋乃镛《中国纺织染业概论》,中华书局1946年版。

⑥ [日]井村熏雄《中国之纺织业及其出品》,周培兰译,商务印书馆1928年版。

⑦ 见吴知《乡村织布业的个案研究》,商务印书馆1936年版。

⑧ 见方显廷、毕相辉《由宝坻手织工业观察工业制度之演变》,南开大学经济研究所1930版。

⑨ 同①

⑩ 见杜恂诚《民族资本主义与旧中国政府(1840—1937)》,上海社会科学院出版社1991年版。

和"商品流通的条件变化"为中心线索，探究棉布的生产结构和生产效率与产业及其社会经济发展模式之关系。① 但基本未讨论市场变动及其发展模式转换与前述命题之互动关系为何。

鉴于此类疑问，至20世纪90年代前后，一些学者不再拘泥于"资本主义发展问题"，而是以"原工业化"、"半工业化"、"早期工业化"②等理论命题为视角，力图说明近代中国棉布市场的生产与供给形态之变化。而一些美国学者的研究亦与之相呼应。③ 在理论上，这也使后学之人必须思考近代中国市场发展中的二元经济论问题。其中，机器生产的洋布与手工纺织的土布间的市场关系，似乎可与之对应。如有学者认为："二元经济论是发展经济学的一项创见。近代中国亦属于二元经济，传统农业与近代工业并存，研究其互动作用极为重要。但这些在我们近代经济史研究中还一无所见。"④对此，或许美国学者王国斌的观点更具启发性。他说：近代中国"城市工业变化以何种方式连接或者脱离农村经济活动，对此问题，我们现在还未有清楚和系统的认识"。⑤

另一方面，在商业史——尤其是近代商业史视野下的讨论中，研究者主要关注棉布的销售情况，集中精力描述土、洋布市场关系变化。同时，对布商的研究仍基本统摄于传统商人的近代转型，或被统摄于商会研究的范式之下。显然，前述研究仍有较多亟待深入之处。如美国学者郝延平提出的"商业革命"概念问题，就应是思考近代中国棉布市场变动时必须回答的问题。⑥ 他批评从事中国经济史的学者迄今为止仍致力于工业企业，特别是轮船、矿山、棉纺织制造业、铁路和军事工业的研究，不重视商业研究。他以为：(中国)沿海地区的商人的营业建立在市场需求上，其最活跃的领域是商品市场，而不是劳动力市场；其最重要的贡献在于改进交换机制，而不在于开办工厂。中西商业在充分的资金供应和易于获得而又花费不多的信贷的刺激下，率先拓展了市场，从而加剧了经营的风险和不稳定性。⑦ 他指出，近代中国商业资本主义的逐渐成熟已成了一场商业革命。新商业活动中显露出一个崭新的经济结构。它致使近代中国在市场结构、商业的金融方面、贸易中心、

---

① 见吴承明《我国手工棉纺织业为什么长期停留在家庭手工业阶段》，《文史哲》1983年第1期。

② 李伯重《江南早期的工业化(1550—1850)》对以往江南经济史的研究予以理论上的新探讨，其中单列章节讨论明清的棉布市场。通过对英国模式和明清江南模式的比较，他认为，英国模式有其特殊性，即使在欧洲也不具有普遍意义。即使没有西方人侵，江南亦几乎不可能出现英国式的工业革命。

③ 见彭慕兰《大分流：欧洲、中国及现代世界经济的发展》，江苏人民出版社2003年版。按：彭慕兰将"原始工业化"界定为市场而不是为家庭的手工制造业。他以为市场扩大能使前近代的手工制造业向近代资本主义生产方式发展。而前述两者比较的结果是，在1750年前欧亚大陆许多地区，农业、商业和原始工业存在令人吃惊的相似之处。如1750年长江下游人均生产的棉布，与1800年的英国一样多。因此，它们都存在向近代资本主义生产方式发展的可能性，但二者却由于各自条件的不同，出现了不同的发展模式。他也指出"原始工业化"的局限性。他写道："对'原始工业化'——现代欧洲早期农村手工业的巨大增长——的研究，得出了一个类似的结论。戴维·莱文(David Levine)对英格兰农村纺织业的研究说明，一个农村纺织工人的收入不能养活一个家庭；如果没有某些农业收入或儿童劳动的参与，即使两个这类工人的收入通常也是不够的。"对于中国的"原始工业化"，他指出："中国长江下游地区在出售足够的棉布，输入足够的粮食和木材以维持原始工业发展或维持其工人相对较高的生活水平方面，遇到了越来越多的困难。"(该书第15、87、19页。)

④ 见郑起东《中国近代经济史》，载《中国历史学年鉴(1998)》，生活·读书·新知三联书店2000年版，第170页。

⑤ [美]王国斌《转变的中国：历史的变迁与欧洲经验的局限》，江苏人民出版社1998年版，第68页。

⑥ [美]赫延平《中国近代的商业革命》(The Commercial Revolution in Nineteenth-Century China)，上海人民出版社1991年版。

⑦ 同上，第3－4页。

航运以及经营方式等变化如此之广泛、显著和迅速,以致从总的方面来看,似乎是革命性的。这些变革体现在结构和功能方面,它造成一种与中国传统商业活动明显不同的经济形态。① 他的此种认知也在告诫人们要注意:贸易扩展和技术进步——在今天它被人们习惯性地认知为市场的扩展或变迁,并被人们认为是市场经济社会功能的外在表现——导致中国社会结构和制度发生根本变化。更重要者:此观点呼应了下述事实,即正如罗兹·墨菲认为,尽管印度被按照加尔各答的形象加以改造,尽管日本对近代化的追寻有它自己的反应途径,而中国却始终抵御西方追求的目标。结果是中国在爆发于本土的革命浪潮中,摒弃了条约口岸所代表和倡导的发展模式。② 于此,这也迫使后学之人去思考近代华北棉布市场变动过程中是否也存在此类问题。但截至目前为止,此类研究中令人瞩目之成果确属不多。

1.2.3 思想文化史视野下的棉布及其市场研究

研究的深入,使棉布,尤其是被通称为“洋布”的机制棉布,所蕴含的历史文化信息,被人广为注意。一些学者于20世纪90年代前后开始在思想文化史视野下去思考棉布与近代中国社会变迁之关系。尽管在目前,此类研究依然显得薄弱,专著和论文少之又少,但这是一可喜变化,并令人充满期待,也预示着棉布及其市场变动研究的新方向。其中,李长莉先生发表的《洋布衣在晚清的流行及社会文化意义》一文就是此趋势的呈现。她以为19世纪下半叶,洋布输入增加使民众穿用洋布日渐普及。此衣着新习俗带来了新的社会文化含义;洋布与土布成为城里人与乡下人衣着外观上的一般标志性区别;洋布普及使市民中等阶层更凸显,认同感增强,传统服制的等级色彩减弱;市民衣着消费方式更市场化和大众化,并与近代化趋向相联系,是社会近代化变迁在人们日常生活上的反映。③

此外,有众多学者撰文分别从上述三个角度阐释或分析棉布的生产及其市场变化状况。现仅为表述方便起见而仍强调依前述标准,并择其精要分列如下:① 张思、袁钰、贺水金等在市场史视野下研究棉布生产及其市场变动,或在市场变动的相关研究中涉及棉布及其相关问题。④ ② 王元林、刘淼、戴鞍钢、Ramon Myers、Albert Feuerwerker 等在手工业史、商业史

---

① [美]赫延平《中国近代的商业革命》(The Commercial Revolution in Nineteenth-Century China),上海人民出版社1991年版,第1页。

② 墨菲《局外人》,第1、12章,转引自《中国近代的商业革命》,第12页。

③ 见李长莉《洋布衣在晚清的流行及社会文化意义》,《河北学刊》2005年第2期。

④ 见张思《19世纪天津、烟台的对外贸易与传统市场网络》,《史林》2004年第4期;袁钰《甲午战争后华北商品市场发育对农民的影响》,《山西大学师范学院学报》1999年第2期;徐浩《清代华北的农村市场》,《学习与探索》1999年第4期;张利民《论近代华北商品市场的演变与市场体系的形成》,《中国社会经济史研究》1996年第1期;庄维民《近代山东商品流通结构的变迁及其意义》,《东岳论丛》2000年第2期;贺水金《从供给、需求曲线变动看1914—1925年中国棉纺织业的繁荣与萧条》,《上海社会科学院学术季刊》2001年第4期;王加华《内聚与开放:棉花对近代华北乡村社会的影响》,《中国农史》2003年第1期;高展、李丽《民国时期天津纺织品价格变动探源》,《经济论坛》2004年第1期;王玉茹《世界市场的扩展与中国市场制度的变迁》,《中国社会经济史研究》2002年第2期;郭锦超《中国近代区域市场发育特征分析》,《学术论坛》2003年第2期;许檀《区域经济与商品流通:明清时期中国经济发展轨迹探讨》,《史学月刊》2004年第8期;陈明太《中国近代早期市场意识初探》,《苏州大学学报》(社会科学版)1997年第3期;及参见小岛淑男《近世中国の经济と社会》,汲古书院1993年版;以及《史潮》新8,1980年。

及资本主义生产方式发展演进之视野下研究棉布。①

综上所述，学界对棉布市场变动的研究具有多元视野，从宏观着眼较多，或回答产业发展问题，或回答手工业与商品经济之关系问题，或从宏观层面说明商品经济达到了何种水平。同时自20世纪80年代起，研究的变化则主要体现为：时间上以明清为主，地域上偏重于江南，对棉布及其市场变动与手工业、商品经济、社会变迁之关系的研究似有一种从近代到古代的反向的溯源之趋势。“近代化”命题成了研究者的理论预设。但就棉布市场变动而言，至今尚无专门的系统著述讨论过其变动状况、原因及其与社会变迁之关系，更遑论探究其市场发展模式演变中的“自生秩序”与“外在变量”之关系。

1.3 对“华北”的界定及相关说明

1.3.1 华北的界定

对华北的界定，笔者接受罗澍伟教授的判断。华北区域系指黄河以北，东北地区以南，关中地区以东，黄、渤海以西的区域；差不多囊括了河北（直隶）、河南、山东、山西四省和内蒙古南部的一些地区。其空间位置，大致相当于中国地理中的“华北大平原”。其在自然地理、气候、人文、习俗等方面，均表现出许多内部的均质性；在经济活动上，亦基本形成一相对固定的交流范围，具有一定的内聚性；同时还是一个行政设置较为特殊的管理区。②

1.3.2 何以选择华北

华北更具代表性之理由在于：① 就经济结构和棉纺织产业发展水平而言：华北在20世

① 见王元林、林杏容《十四至十八世纪欧亚的西洋布贸易》，《东南亚研究》2005年第4期；刘淼《晚清棉纺织业贸易与生产体系转型的地域分布》，《中国社会经济史研究》2003年第4期；戴鞍钢《中国资本主义发展道路再考察：以棉纺织业为中心》，《复旦学报》（社会科学版）2001年第5期；张思《遭遇与机遇：19世纪末中国农村手工业的曲折经历——以直鲁农村手工纺织业为例》，《史学月刊》2003年第11期；李金铮《浅谈二三十年代定县的家庭手工棉纺织业》，《河北学刊》1991年第3期；阚景奎《民国初年山东手工棉纺织业生产关系初探》，《民国档案》1996年第2期；李靖莉《黄河三角洲近代手工业的商品化倾向》，《东岳论丛》2003年第2期；彭南生《论近代中国乡村“半工业化”的兴衰：以华北乡村手工织布业为例》，《华中师范大学学报》（人文社会科学版）2003年第5期；彭南生《传统工业的发展与近代中国工业化道路选择》，《华中师范大学学报》（人文社会科学版）2002年第2期；彭南生《地方能人与近代乡村手工业的发展》，《江苏社会科学》2003年第4期；彭南生《半工业化：近代乡村手工业发展进程的一种描述》，《史学月刊》2003年第7期；戴鞍钢《民族工业与近代中国农村》，《学术月刊》2000年第12期；戴鞍钢、阎建宁《中国近代工业地理分布、变化及其影响》，《中国历史地理论丛》2000年第1期；马俊亚《中国传统商业与近代工业关系辨析》，《史学月刊》1997年第3期；马俊亚《工业化与土布业：江苏近代农家经济结构的地区性演变》，《历史研究》2006年第3期；陈桦《关于中日近代棉纺织品贸易的考察》，《清史研究》2002年第2期。

Ramon Myers, *cotton textile handicraft and the development of the cotton textile industry in modern china*, The Economic History Review New Series vol, 18 No, 3 (1965), pp. 614—632; William W. Lockwood, Jr., *North China and United States Cotton Trade*, Far Eastern Survey, Vol. 7, No. 10, (May 18, 1938), pp. 115 - 118; Albert Feuerwerker, *Handicraft And Manufactured Cotton Textiles in China*, 1871—1910, The Journal of Economic History, Vol. 30, No. 2 (Jun, 1970), pp. 338 - 378; Evan B. Alderfer, *The Textile Industry of China*, *Annals of the American Academy of political and Social Science*, Vol, 152, China, (Nov, 1930), pp. 184 - 190; *Julean Arnold*, *China, s Post-war Trade*, *Annals of the American Academy of Political and Social Science*, Vol. 122, The Far East, (Nov, 1925), pp. 82 - 95; Earl C. Case, *Readjustments in Post-war Cotton Culture*, Ecomomic Geography, Vol. 5, No. 4 (Oct, 1929), pp. 335 - 347; Loonard T. K. Wu, *The Crisis in the Chinese Cotton Industry*, Far Eastern Survey, Vol. 4, No. 1, (Jan, 16, 1935), pp. 1 - 4; Michael H. Hunt, *American in the China Market*: *Economic Opportunities and Economic Nationalism*, 1890—1931, The Business History Review, Vol. 51, No. 3 (Autumn, 1977), pp. 277 - 307.

② 见罗澍伟《谈谈近代“华北区域”》，节选自江沛、王先明《近代华北区域社会史研究》，天津古籍出版社2005年版。

纪前半期之前,传统产业结构仍居主体地位。[①] 开埠通商后,其手工纺织业、机器纺织业却在中国纺织工业发展史上具有重要影响。且洋布洋纱输入后,华北手工织布业仍有发展,这其间的土、洋布之市场关系变化本身就具有丰富的历史文化信息。② 在整体经济发展水平方面:若以农产品商品化程度为标准,则华北的经济发展居于中等。如据 1921—1925 年的调查,中国北方农产品自用和出售部分是 56. 5% 、43. 5% (以华北地区为主要调查对象——引者所加),华东、华中地区则是 37. 2% 、62. 8% 。中国农村生活资料自给部分和购买部分是 73. 3% 和 26. 7% ,华中和华南则是 58. 1% 、41. 9% 。[②] 因此,华北在开埠通商后的此类变化更能揭示特定商品乃至整体商品市场变动与其所需条件之关系。③ 近代华北区域内的经济变动与经济重组最为剧烈,[③]因而其棉布市场变动更能呈现近代中国的经济变迁程度。④ 近代华北农村市场具有不成熟特点。于此,有学者曾提出了一个仍可讨论之观点。即“江南模式”的发展水平虽远高于其他地区,但相较于华北却反而不具有相应的代表性。加之华北独特的生态环境,使华北农村市场具有发展不成熟的特点。[④] 此观点亦驱使后学之辈,在社会变迁视野下,重新思考手工织布业之演进对近代华北棉布市场变动之影响,及其与近代华北棉布市场发展模式之关系。因此,以华北为研究对象则能较好地揭示前述问题。⑤ 资料条件:时至近代,各类人士或机关出于不同目的,在华北进行了较多调查活动,留下了较多的资料。如农村调查材料、海关统计资料、实业统计资料、报纸杂志、地方志等。这使研究近代华北棉布市场之变动状况有了可能。

1.3.3 研究时段的上下限

1867 年、1937 年是本研究的上下限。其主要理由在于:① 华北的开埠通商及洋纱、洋布真正成规模地进入当在第二次鸦片战争后。其间,1895、1904、1914、1930—1931 年是较重要的市场变化拐点。尤其是 1930—1931 年之变动影响需在后续时段中才能观察;同时,“九一八”后的棉布市场虽发生重大变化,但华北市场还不可完全与东北市场相提并论。另外,国民政府实行完全的战时经济政策是在 1931 年后。1937 年日本全面侵华,华北市场已非原来意义上的华北市场,因此,以 1937 年作为研究下限较合适。② 海关数据中,华北口岸从 1867 年才有了较详尽的洋纱、洋布的分类进口记载。其他调查资料中,其时段多跨越

---

① 按:有学者认为,江南在粮食生产、经济作物生产、手工业生产上已达到很高水平。其商品生产超过了自给性生产,手工业生产的地位超过了农业生产,市镇经济发达,许多集市发展成为市镇,形成十数里,至多数十里即有市镇的格局。但华北开埠通商前,甚至在 20 世纪前半期,于此方面之发展则远逊于江南。(见李正华《乡村集市与近代社会》,当代中国出版社 1998 年版,第 3 页。)

② 卜凯《中国农家经济》,张履鸾译,商务印书馆 1936 年版,第 275、525 页。

③ 按:笔者以为,一些学者对华北的认知对于研究近代华北棉布市场变动更具启发意义。如罗澍伟先生以为:“在近代社会,华北区域的经济变动与经济重组之剧烈,没有哪一个区域可以与之相比。”“在第二次鸦片战争之后,北方三口被迫开埠,商品经济得到发展,交通结构发生变革,社会化的大生产先后出现,这一地区的经济遂出现了明显的重组过程,开始成为具有一定吸引和辐射范围的经济、贸易区域的缘故。所以,华北区域开始被外国人认定为相对独立的经济和行政区域,自有其各方面的原因和发展的过程,并不是偶然的。”但“几千年来……由于种种内在的原因,中国又始终没有发展成为真正用经济纽带联结成为整体的现代化国家;以地缘条件为基本标志的经济区域,在影响中国走向方面依然关系极大。因此,研究近代中国的区域及其特点,便成为研究近代中国的一个前提。”(罗澍伟《谈谈近代“华北区域”》,节选自江沛、王先明《近代华北区域社会史研究》,天津古籍出版社 2005 年版。)

④ 见夏明方《环境史视野下的近代中国农村市场——以华北为中心》,光明网,http://www. gmw. cn/03pindao/2004-05/11/content_22713. htm(检索日期 2004 年 5 月 11 日)。

20世纪30年代。同时,1895—1927、1927—1937年被认为是近代中国经济发展的较好时期已成学界共识,为保持研究完整性,似乎也应以1867和1937年作为研究时段的上下限。③需以中长时段才能更好呈现近代华北市场变动之历史镜像,1867—1937年符合笔者的这一判断。因为在此时段中,三类不同性质的政府政策的传承与变异对市场变动之影响才能被更好地揭示。正因如此,研究才能更好地展现历史的连续性。

1.3.4 本文的主要数据(文献)资料

《华洋贸易关册》、地方志、相关调查统计或前人研究共识将是本研究所涉及的主要数据(文献)资料。上述资料可信,且能保证研究结论符合历史实际。

1.4 本书的分析思路及框架结构

1.4.1 本书的核心概念

市场和市场变动:市场既指商品买卖的场所,又指商品交换关系的总和。① 它有狭义、广义之分。前者指商品流通领域,后者指市场机制。②在社会变迁视野下,本研究中的市场变动,主要是指1867—1937年间,在华北,棉布市场贸易条件变化及其他在生产、市场销售等方面有何具体反映? 本文对市场变动原因的讨论,主要探究是何类因素导致棉布市场贸易条件发生变化。所以,本研究中的市场“秩序”意指一种普遍相联系的社会结构。③ 它主要基于近代华北棉布市场变动的基本事实而借鉴了自由主义经济学家,尤其是哈耶克意义上的“自生秩序”思想。故而,本研究可能的学术推进和潜在缺陷都只有在此范畴内才具有意义。

至于“社会变迁”,笔者赞同史蒂文·瓦戈(Steven Vago)的观点。本研究认为它主要是指社会中的个体、群体、组织、制度以及社会自身自觉或不自觉地改变自己所依赖的特定社会规范。而导致社会变迁的主要原因是“技术、意识形态、竞争、冲突、政治与经济因素以及结构性的张力”。有计划的可控制的社会变迁,“意指发明或发展各种社会技术,这些社会技术与现存的社会知识和行为知识是相一致,并可以满足当前变迁形势所必需的实践和道德条件”。但“社会变迁的计划外后果”,“包含了一个有计划的变迁的非预期的和功能失常的后果。”④因此,本研究将主要集中观察市场变动中,与棉布生产、销售相关的个体、组织、

---

① 见张念宏《商品经济辞典》,农村读物出版社1988年版,第69页。另外日本学者山口重克强调,“市场一词可大致分为两个概念(博兰尼,1980)。”首先,指卖方集团和买方集团聚集在一起,根据惯例或法律就物质上现有的或可能获得的物品进行交换的场地;其次则是作为价格形成系统的市场([日]山口重克《市场经济:历史·思想·现在》,社会科学文献出版社2007年版,第18页)。

② 按:有学者以为狭义市场指流通领域,它包括流通领域中的交换关系、交换市场和交换容量等具体内容。广义市场指市场机制,是市场的抽象层次。它指以价格、供求关系和市场竞争三位一体为主要内容构成的经济运行机制和调节机制(见陈甬军《市场通论》,中国人民大学出版社2006年版,第2页)。

③ Hayek, Law, Legislation and Liberty, vol. I, Rules and Order, p. 36. 按,在《规则与秩序》中,哈耶克认为,“秩序”就是“某种状态,在这里,众多形形色色的因素彼此紧密相关,因而,如果我们掌握了该整体之某些空间或时间片断,我们就可以对其余部分作出正确的解释。”(引自 Norman. Barry(University of Buckingham.)The Tradition of Spontaneous Order, Literature of Liberty, vol. v, no. 2, Summer 1982, pp. 7-58. 另见秋风译:《自生自发秩序的传统》)

④ [美]史蒂文·瓦戈(Steven Vago)《社会变迁》,北京大学出版社2007年版,第3-8页。按,史蒂文·瓦戈以为,“在任何一个社会,都存在技术变迁、人口变迁、快速的生态变迁,以及由经济和政治模式内在的不一致和相互冲突的意识形态所导致的变迁。”(是书第3页)“变迁的范围,它牵涉到一定数量的人或群体——其规范或社会安排有所变迁;也就是说,它既包括社会系统当中特定变迁的位置,也包括已经发生的变迁的规范、属性或关系的类型。”(是书第4页。)

群体、制度以及社会如何自觉或不自觉地改变自己所依赖的特定社会规范。此类影响又如何反作用于棉布市场。

1.4.2 研究主旨说明

本研究试图考察近代华北棉布市场变动诸原因及其与社会变迁之互动关系。因此,不能以纯粹经济史或社会史来审视本文。

一方面,近代华北社会,生产力仍有所发展,政府起落更迭频繁,思想文化观念变化剧烈。这既是社会变迁和市场变化的外在症候,又是制约棉布生产(供给)与市场需求变化的核心因素之一。于此,若只依凭经济学理论来分析此历史镜像,将使本研究及其结论显得单薄而不全面,但如能于社会变迁视野下考察经济变化则能弥补其前述遗憾。

另一方面,若纯粹以社会史目光来审视本研究,将棉布市场变动视为一重大历史事件,而刻意挖掘其本身的思想意义,这会妨碍人们对近代华北棉布市场变动过程中的经济活动规律的把握。且不同学科的理论话语体系有自己特定的表述对象,其相应概念的内涵和外延及其所属范畴均有明确的特征规定性。因此,笔者在极力避免直接套用相关理论解释重要事件的同时,又不厌其烦地考辨史实,以图验证或冀望对相关史实进行概念提升。此艰巨挑战使笔者处于两难境地。此种尴尬在研究中亦有相当反映。

1.4.3 本文分析思路和研究内容

1.4.3.1 分析思路

考究近代华北棉布市场变动情况,本文不全力描述棉布交易的具体集市数目或商品交易半径(范围)变化,而是更关注其在开埠通商后,棉布生产和市场销售等状况的变化。

生产和贸易条件改变是商品市场变动的重要原因。近代华北棉布市场生产和贸易条件改变是多种内外因素共同作用的结果。其中,有的属于华北社会自身问题受外在刺激而外在化,有的则是外在因素的内在化。在社会变迁视野下,本文主要从三个层面去探究市场变动原因。第一,"人口变迁"、"近代工矿业和交通运输业的发展"、"粮食价格比变化"、"银根松紧"被视为市场变化的内在变量。同时,鉴于战争和灾荒也与华北社会自身的问题相关,所以,本文也将其视为内在变量。尽管于此稍显牵强。第二,市场主体之一,商人经营行为变化对市场变动的影响。第三,政府政策调整对市场制度环境的影响。

此外,"棉花、纱、布"三者关系变化之本身即是市场变动的表现。但要探究是何种因素导致三者关系变化,则应考察整体市场变动。因此,本文未单列章节讨论三者关系变化,而是在相关章节中作具体分析。

1.4.3.2 具体研究内容

本书拟分六部分。首章为绪论。第二章总体性概述市场变动状况。第三章考究市场变动的内在原因。第四、五两章观察商人经营行为和政府政策变化与市场变动之互动关系。第六章即在前述研究的基础上,引申思考市场发展模式演变中的"自生秩序"与"外在变量"之关系命题。

2　开埠通商、洋布输入与华北棉布市场变动加剧

本章以开埠通商,洋布较大规模输入为界分,考究此后华北市场棉布生产、销售等方面的变动。

2.1　开埠通商前的华北棉布市场

开埠通商前,华北棉花种植面积与棉布生产规模进一步扩大,棉布商品率较高。本地棉布与江南土布市场销售竞争激烈。

2.1.1　棉花种植面积扩大与家庭棉纺织业迅速发展

(1) 广种棉花,成为农民收入重要来源

乾隆年间,河北全省土地约有十之二三用于种棉,故“岁恒充羡,输灌四方”。① 其中冀州、赵州、正定一带,农民十之八九皆事种棉。在山东,东昌府各县盛产棉花,江淮客商多来此收购,“居人多以此致富”。② 青州府的博兴县“物货广为民赖者,尤以棉花为最”。③ 乾隆二年(1737年),河南巡抚尹会一曾言:“河南产木棉,而商贾贩于江南,民家有机杼者百不得一。拟动公项制造给领,广劝妇女,互相仿效。”巩县农民“收花之利,倍于二麦,民食资焉……资生之策,强半以棉花为主。”④偃师“民以种棉花为急务,收花之利,与五谷等”,⑤太康县“农以木棉为业”。⑥ 内黄县的物产中,“独木棉最多”。⑦

(2) 家庭棉纺织业迅速发展

即:一方面,生产规模较大。在河北纺织业较发达地区,几乎家家事此业。如保定“邑地产棉,人能织布,素为耕织之乡”。⑧ 宁河“迩更勤于纺绩,司中馈毕,聚家之老幼,姑率其

---

① (清)方观承《御制棉花图》,《收贩》1766年刻本。
② 1743年《大清一统志》卷133,《东昌府》。
③ (清)周壬福修,李同纂,《重修博兴县志》卷5,风土,1840年刻本。
④ (清)李述武修,张九越纂,《巩县志》卷7,物产,1789年刻本。
⑤ (清)汤毓伟修,孙星衍纂,《偃师县志》卷5,风俗,1789年刻本。
⑥ (清)戴凤翔修,高菘、江练纂,《太康县志》卷3,风俗,1828年刻本。
⑦ (清)董庆恩、吴育瘐修,陈熙春纂,《内黄县志》卷4,物产,1892年刻本。
⑧ (清)成其范修,柴经国纂,《保定县志》卷5,土产,1673年刻本。

妇,母督其女,篝灯相对,星月横斜,犹轧轧纺车声达于户外也”。① 饶阳“农民力田而外,专事纺织。”②同样情形在山东亦随处可见。如章丘“妇女多勤纺织,安节义。”③《平原县志·风俗》记载:“地鲜桑树,久无蚕事,而纺棉织布,或织线毯、线带。”④汶上县清河以西多产棉花,农民也多以织布为营生。⑤

山西、河南两省棉纺织业发展虽相对较慢,但其境内一些地方,家事纺织之现象亦较普遍。山西太谷县“农力于野,商贾勤贸易。无问城市乡村,无不纺织之家”;⑥平遥县“妇女织纺作粗布”;⑦绛县“男力农工,女勤纺织”。⑧ 河南永宁县“妇女轫车机杼之声相闻”,“布,精粗广狭不一”;⑨内乡县“妇勤纺织,至有朝浣纱而夕成布者”;⑩光绪《扶沟县志·风俗》中称,“妇女无境外之行,尤勤于绩纺,至有竟夜不息者”。⑪

另一方面,棉布质高量大,市场竞争能力强。如河北肃宁所产棉布的质量堪与江南的松江布媲美。⑫ 此情形不肃宁独有。柏乡县所产棉布“遂与松(江)娄(县)匹”;⑬清丰县所产“汤细、密布佳一时”;⑭即使在山西、河南,亦出现了一批市场竞争能力强的品牌棉布。如山西“闻喜……布,俗女红甚勤,东乡尤佳,称横水布”。⑮ 河南怀庆府孟县以出产“孟布”闻名,当地市场,“自陕、甘以至边墙一带,远商云集。每日城镇、市集收布特多,车马辐辏,廛市填咽”。⑯

2.1.2 棉布商品率的提高与市场交易量扩大

棉布生产规模大,其商品化率和市场交易量亦随之急剧提高。

① 农户常直接到市场出售布匹。其织布除因家计所需,转向为市场生产之趋势明显。河北宝坻县“农户入市买木棉,织布出售”。正定县农民“女勤纺织,木棉花布之利,不减蚕桑”。⑰ 平乡县“女务机杼,贫者鬻布以食”。⑱ 巨鹿县农户“抱布贸丝,皆足自给”。“地利

① (清)关廷牧修,徐世观纂,《宁河县志》卷3,风俗,1775年刻本;(清)丁符九修,谈松林纂,《重修宁河县志》卷5,风俗,1880年刻本。

② (清)单作恬纂修,《饶阳县志》卷2,土宜,1749年刻本。

③ (清)张万清纂修,《章丘县志》卷5,风俗,1756年刻本;(清)吴璋修,曹懋星纂,《章丘县志》卷6,风俗,1835年刻本。

④ (清)曹梦九修,赵祥俊纂,乾隆《平原县志》卷1,疆域志,风俗,1749年刻本。

⑤ (清)闻元灵纂修,《续修汶上县志》卷5,物产,1717年刻本。

⑥ (清)章清选、汪和修,章嗣衡纂,《太谷县志》卷3,风俗,1855年刻本。

⑦ (清)陈以恂修,梁雉翔纂,《平遥县志》卷1,地舆志,风俗;(清)恩端、锡良修,武达林、王舒萼纂,《平遥县志》卷1,地舆志,风俗,1882年刻本。

⑧ (清)拉昌阿修,王本智纂,《绛县志》卷1,风俗,1765年刻本。

⑨ (清)单履咸纂修,《永宁县志》卷1,风俗;卷4,土产,1747年刻本。

⑩ (清)张永福修,《内乡县志》卷5,风俗,1712年刻本。

⑪ (清)王德瑛纂修,《扶沟县志》卷10,风土,风俗,1833年刻本;(清)熊灿修,张文楷纂,《扶沟县志》卷7,风土,风俗,1893年刻本。

⑫ (清)尹侃修,谈有典纂,《肃宁县志》卷2,方舆,风俗,1756年刻本。

⑬ (清)钟赓华纂修,《柏乡县志》卷5,物产,1767年刻本。

⑭ (清)杨霞修,姚景图纂,《清丰县志》卷2,风俗,1673年刻本。

⑮ (清)李遵塘修纂,《闻喜县志》卷2,风俗;卷5,物产,1765年刻本。

⑯ (清)仇汝瑚修,冯敏昌纂,《孟县志》卷4,物产,1790年刻本。

⑰ (清)广元金、贾孝章修,赵文廉纂,《正定县志》卷2,方物,1875年刻本。

⑱ (清)苏性纂修,《平乡县志》卷2,物产;卷5,风俗,1886年刻本。

所出，未足以给之，全赖纺织为生计之要务。所用之工本无多，贫民可措。利虽未厚，而源源接济，衣食所资，取之裕如”。① 南宫县“田妇馌晌之余，犹勤织纺。贫家率以度日”，农民“贸布鬻丝，皆足自给”。② 在山东博兴县，当地市场“布货充仞”，③故“商以输布棉”。④定陶县“所产棉布为佳，他邑多转鬻之”。⑤ 惠民县“女事纺织，农忙之外，机杼无暇日”，“商贾之业，以花、布为大宗”。⑥ 滨州“妇女皆勤于织纺。男则抱布匹而贸于市”。⑦ 利津县商业行业“诸业以棉花与布为其大端。”⑧济宁直隶州有专门的布市和棉花市。⑨ 山西猗氏县，农妇女“勤于缝纫，所作衣服发往冀州一带”。⑩ 绛州农民“抱布贸易，殆无虚时”。⑪

② 织布所得是农户家庭日常开支和支付官费的主要来源。这虽是棉布商品化率提高的重要原因，但其基础却在于市场需求量大和商品交易量大。河北枣强“（棉花）甚为小民厚生之姿。男勤于织，女勤于纺，通功易事，赖以生活。小民生计，十居八九”。⑫ 在滦州，棉布是当地集市的主要交易商品。⑬ 山东济南府，妇女“专务纺绩，一切乡赋及终岁经费，多取办于布、棉”。⑭ 其首县历城县，“布帛之利，不减吴中”。⑮ 禹城县农民“力作通财者，有棉线，布疋”。⑯ 齐东县“一切公赋，终岁经费，多取办于布棉”。⑰ 清平县农妇织棉布“或售或留，一家衣被，日用皆取给焉”。⑱ 徐沟县“间阎勤纺织，以供输将”。⑲ 虞乡县“棉花，境内皆种。布皆妇女所为，自衣被外，折价贸易白银，以供官赋”。⑳ 河南偃师农户购买粮食和婚丧嫁娶等日常开支都依靠种棉和织布。㉑ 沈丘县农民弃蚕桑而事纺织，故而“纺织花布足以自

① （清）凌燮、赫慎修，夏应麟纂，《巨鹿县志》卷6，风俗，物产，1886年刻本。

② （清）周拭修，陈桂纂，《南宫县志》卷6，风土，物产，1840年刻本；（清）戴世文修，齐国桢等纂，《南宫县志》卷6，风土，物产，1904年刻本。

③ （清）李元伟修，王昌学纂，《博兴县志》卷1，风俗，1712年刻本。

④ （清）周王福修，李同纂，《博兴县志》卷5，风土，物产，1842年刻本；（清）李廷扬、毛永柏修，李图、刘耀椿纂，《青州府志》卷32，风土，风俗，1859年刻本。

⑤ （清）张鹏翔纂修，《兖州府志》卷5，风土，定陶县，1686年刻本。

⑥ （清）沈世铨修，李勖纂，《惠民县志》卷12，风土，民俗，1886年刻本。

⑦ （清）李熙龄纂修，《滨州志》卷6，风俗，1860年刻本。

⑧ （清）盛赞熙纂修，《利津县志》卷2，风俗，1883年刻本。

⑨ （清）廖有恒修，杨通睿纂，《济宁州志》卷2，街衢，1673年刻本。

⑩ （清）徐浩修，潘梦龙纂，《续修猗氏县志》卷上，风俗，1880年刻本。

⑪ （清）张成德修，李反洙、张我观纂，《绛州州志》卷6，风俗，1765年刻本；（清）李焕杨修，张於铸纂，光绪《绛州州志》卷5，风俗，1879年刻本。

⑫ （清）方宗诚纂修，《枣强县志》卷6，物产，1865年刻本。

⑬ （清）吴士鸿修，孙学恒纂，《滦州志》卷1，物产，1810年刻本。

⑭ （清）王赠芳、王镇修，成瓘纂，《济南府志》卷13，田赋，1840年刻本。

⑮ 见孙点《历下志游》，节选自王锡祺《小方壶舆地丛钞》，杭州古籍书店1985年版。

⑯ （清）董鹏翱修，牟应震纂，《禹城县志》卷5，物产，1808年刻本；（清）王汝汉修，张青莲纂，《禹城县乡土志》物产，1908年石印本。

⑰ （清）余为霖修，郭国琦纂，《齐东县志》卷1，风俗，1685年刻本；（清）王赠芳、王镇修，成瓘等纂，《济南府志》卷13，风俗，物产・齐东县，1840年刻本。

⑱ （清）万承绍修，周以动纂，《清平县志》卷5，物产，1798年刻本。

⑲ （清）王嘉谟纂修，《徐沟县志》卷1，风俗，1712年刻本。

⑳ （清）周大儒修，尚云章等纂，《虞乡县志》卷6，物产，1790年刻本；（清）崔铸善修，陈鼎隆纂，《虞乡县志》卷6，物产，1886年刻本。

㉑ （清）朱续志修，吕鼎祚、乔履信纂，《偃师县志》卷5，风土，1746年刻本。

赡，至粮税所需，尤多籍以供办”。① 光山县“妇女以纺织为务……纺而织之，以衣其家人，或贸以佐日用”。②

与江南模式相比，在华北，种植棉花和家事纺织同样普遍，且产品商品率高。同时，虽鲜见能具有江南水准的专业化生产市镇或工场之相关文献记录。但家庭纺织却是其巨大的市场交易量和长盛不衰的长距离贸易之根基。就生产组织和市场销售而言，这揭示出华北棉布市场发展模式与江南模式存在较大差异。因此，在理论上用一种模式为标准——如江南模式——去审视中国区域经济发展的统一性或同质性乃至可能出现的市场经济的统一性就有其内在局限。因此，此差异更迫使人们关注二者的市场竞争。

2.1.3 华北棉布和江南土布在华北市场的竞争

有学者曾言明清华北棉布市场上，江南土布曾占据很大市场份额。③ 如太仓州出产之布，“岁商贾货入两京，各郡邑以渔利”；④嘉定布由“商贾贩鬻，近自杭、歙、清、济，远至蓟、辽、山、陕”；⑤常熟布，“用之邑者有限，而捆载舟输，行贾于齐、鲁之境者常什六”；⑥“常、昭两邑岁产布匹，计值五百万贯。通商贩鬻，北至淮、扬，及于山东；南至浙江，及至福建”。⑦ 这与其生产的日渐专业化和商品质量好、规格全、品种丰富相关。（见表 2-1、2-2）

表 2-1：开埠通商前后江南土布主要品种

产地	主 要 品 种
常熟	苎布、杜织、棋花布、飞花布、麻布、熟苎布、黄草布
昆山	标筘、杜织、清水、加长、机百、铜板、祁布、罗布、药斑布、棋花布
嘉定	药斑布、棋花布、斜纹布、兼丝布
华亭	筘布、稀布
娄县	九寸布
南汇	筘布、标布、稀布
上海	扣布、标布、高丽布、斜纹布

资料来源：张海英，《明清江南商品流通与市场体系》，上海：华东师范大学出版社，2002 年，第 131 - 134 页。

说明：本表系根据是书 131 - 134 页内容整理所得。

---

① （清）何源洙修，鲁之璠纂，《沈邱县志》卷 4，食货，物产，1746 年刻本。

② （清）杨殿梓修，钱时雍纂，《光山县志》卷 13，风俗，1786 年刻本。

③ 见张海英《明清江南商品流通与市场体系》，华东师范大学出版社 2002 年版，第 130 - 147 页。

④ （明）李端修，桑悦纂，《太仓州志》卷 1，土产，原弘治 13 年（1500 年）刻本亡佚，1909 年重刻本。

⑤ （明）韩浚修，张应武纂，《嘉定县志》卷 6，田赋考（中），1605 年刻本。

⑥ （清）冯汝弼修，邓拔等纂，《常熟县志》卷 4，食货，1539 年刻本。按，后民国年间抄本。

⑦ （清）郑光祖，《一斑录》杂述，卷 7。（版本不详）

表2－2:江南主要市镇棉布生产和销售状况统计

市镇名称	主要棉布品种	棉布生产和销售状况
朱泾镇	标布	朱泾镇所产标布质地精细,优于远近闻名的尤墩布。“前朝标布盛行,富商巨贾操重资而来市者,白银动以数万计,多或数十万两,少亦以万计,以故牙行奉布商如王侯。”号称“小临清”。有布号数百家。
枫泾镇	大布、小布	康熙初,里中多布局,局中多雇染匠、砑匠,皆江宁人,往来成群。此种盛况从明后期持续到晚清。亦有布号数百家。
七宝镇	标布、扣布(小布)、稀布	四乡农家生产标布、扣布、稀布三种。
朱家角镇	标布、本色布、青蓝布、稀布	与朱泾镇、枫泾镇齐名的标布贸易中心。
南翔镇	扣布	光洁而厚,制衣被耐久,远方珍之。布商字号俱在镇,鉴择尤精,故里中所织甲一邑。专产刷线布,又名扣布。有“银南翔”之称。
罗店镇	套布、泗泾布、紫花布、斜纹布、棋花布等	出棉花纱布,徽商丛集,贸易甚盛。乡民上市,每日三次。物产以棉花、棉布为大宗。有“金罗店(镇)”之称。
安亭镇	药斑布、棋花布、浆布、黄布、线毯、高丽布等	
外冈镇	紫花布、浆纱布、飞花布	紫花布尤佳,比其他布价贵一倍。入清后,外冈布名胜更有过之,浆纱布、飞花布堪称绝品,“纱必匀细,工必精良,价逾常布”。
娄塘镇	浆纱布、刷线布(扣布)、斜纹布、药斑布	娄塘一镇,虽系弹丸,而所产木棉布匹,倍于他镇。所以客商鳞集,号为花布码头。往来贸易,岁必万余;装载船只,动以百计。
钱门塘市	丁娘子布	丁娘子布淞南特产。
诸翟镇	棉布	买卖市集,晓刻辐辏,东西亭桥之间,渐同茂镇,自朝至暮,抱布者不绝。
周庄镇	棋字布(棋花布)、雪里青布	农家所织布匹运至镇上,售于布庄,由布庄转销外来客商,号称“周布庄”。

资料来源:樊树志,《江南市镇:传统的变革》,上海,复旦大学出版社,2005年,第335－343页。

说明:本表系根据是书第335－343页的内容整理所得。

表2－1、表2－2显示出了江南土布的市场竞争优势所在。尤须强调,其专业市镇的集中分布说明其产业集中度已达相当规模。但相关文献记录却又显示,江南棉布在华北的市场优势在逐渐丧失。

① 分散生产的华北家庭纺织业亦在各地出现了有竞争力的品牌棉布。(见表2－3)

表2-3:开埠通商前后华北棉布主要名品统计

产 地	主 要 品 种
河北肃宁①	清人有言今北方布"肃宁最胜"。
河北柏乡县②	"木棉,柏邑种植甚繁,妇女多业纺绩","其织丝之精,遂与松(江)娄(县)匹"。
河北河间府景州龙华镇③	"景州之布称龙华,龙华镇所出也,洁白细好比于吴中。"
山东乐陵县④	平机、阔布、小布
山东蒲台县⑤	半头(布),长头(布),庄布
山东西北地区⑥	平机布、阔布、小布
河南孟县⑦	孟布
河南正阳县陡沟店镇⑧	陡布(陡沟细布)
河南鹿邑县吴台庙镇⑨	吴台庙布
山西闻喜⑩	横水布
山西榆次县⑪	榆次大布

资料来源及说明:本表系笔者根据开埠通商前的方志相关内容记述整理。整理标准即是:文字记述直接表明其属于名品者才被列入此表。但还有些比较著名者,因文字未作此类直接表述,此表未作统计。

② 著名产地市场正分散出现,其市场销售亦渐成优势,而且棉布贸易亦不乏远距离者。⑫ 如河北正定,"晋贾集焉。故布甫脱机,即并市去。直视他处亦昂。盖商家为什一之营,锱铢计及。远者运必有费,辗转滋劳,道里所费之赀,用集近产,力省而功乃倍也"。⑬ 束鹿县的睦井集号称棉布巨镇,该镇布市,布匹"排积如山,商贾尤为云集"。⑭ 乐亭号称棉布的"聚薮",其棉布"本地所需一二,而运出他乡者八九"。⑮ 肃宁"所出布多精好"。⑯ 时人常言,清人今有北方布,肃宁最盛。阜城县商贩多"贩阜城之斜纹带、布、被、手巾等于京城"。⑰

---

① (清)尹侃修,谈有典纂《肃宁县志》卷2,风俗,1756年刻本。
② (清)钟赓华纂修,《柏乡县志》卷5,物产,1767年刻本。
③ (清)杜甲修,黄文莲、胡天游纂,《河间府志》卷4,物产,1766年刻本。
④ (清)王谦益修,郑成中纂,《乐陵县志》卷2,物产,1762年刻本。
⑤ (清)严之典修,任湘纂,《蒲台县志》卷2,风俗,物产,1763年刻本。
⑥ 《钦定盛京通志》卷106,物产,1779年刻本,乾隆敕撰。
⑦ (清)仇汝瑚修,冯敏昌纂,《孟县志》卷4,物产,1790年刻本。
⑧ (清)彭良弼纂修,《正阳县志》卷9,物产志,1796年刻本。
⑨ (清)于沧澜、马家彦修,蒋师辙纂,《鹿邑县志》卷9,物产,1896年刻本。
⑩ (清)李遵塘修纂,《闻喜县志》卷2,风俗,物产,1765年刻本。
⑪ (清)钱之清修,张天泽纂,《孝义县志》卷1,物产,1750年刻本。
⑫ 按,据叶梦珠在《阅世篇》中记载,在江南棉布产区,"至本朝而标客罕至,近来多者所挟不过万金,少者或二三千金,利亦微矣"。(见叶梦珠著,《阅世篇》卷七,食货。)另,许檀先生亦断言,开埠通商前,华北市场上本地自产棉布与江南土布的市场销售竞争已经非常激烈。(见许檀《明清时期山东商品经济的发展》,中国社会科学出版社1998年版。)
⑬ (清)郑大进纂修,《正定府志》卷12,物产,1762年刻本。
⑭ (清)李文耀修,张钟秀纂,《束鹿县志》卷2,物产,1762年刻本。
⑮ (清)蔡志修修,史梦兰纂,《乐亭县志》,风俗,1877年刻本。
⑯ (清)张凤台修,李中桂纂,《束鹿乡土志》卷12,物产,1906年刻本。
⑰ (清)陆福宜修,多时珍纂,《阜城县志》卷12,风俗,雍正13年付梓,1908年铅印本。

滦州,“尤多棉布,然用于居人者十之二三,运于他乡者十之七八”。①

山东历城“阔布较平机稍粗而宽,解京,戍衣所需。小布较阔布稍短,边塞所市”。② 齐东棉纺织业发达,“是以远方大贾,往往携重资购布于此,而士民赖以活”,③当地布市交易活跃,“民皆抱布,以期准集市场,月凡五六至焉,交易而退,谓之布市。通于关东,终岁且以数十万计。民生衣食之厚,商贾辐辏之势在是”。④ 寿光出产梭布,“昌邑、掖县商在上口镇收买,陆运直京师,每岁约销八万疋。其波及临朐者,系本境之稗贩,每岁约销二千疋”。⑤ 恩县,棉布是其出境的大宗货物,“布客采买,运往奉天,山西二处出售”。另据记载:“(恩县)粗布,东运济南,西运至山西,俱系陆运,每岁数万匹。”⑥乐陵所产棉布“行销直隶、乐亭、文安、灞州一带,岁约四五千金。或由运河上船运出境”。⑦ 蒲台出产的半头、长头、庄布,“既以自给(本县),商贾转贩,南赴沂水,北往关东。闾阎生计多赖焉”。⑧

即便在河南、山西,本地自产商品棉布的销售市场亦在扩大。

河南温县出产棉布,“每集,蚩氓抱布而贸者满市。远商来贸,累千累百,指日而足。贫民赋役全赖于是。亦勤织之一验也”。⑨ 正阳县陡沟店镇所产陡沟细布远近闻名,行销山陕豫皖数省。在陡沟店镇布匹市场,“商贾至者,每挟数千金。昧爽,则市上张灯设烛,骈肩累迹,负载而来,所谓布市,东达颖亳,西达山陕”。⑩ 孟县以出产孟布驰名,“自陕、甘以至边墙一带,远商云集,每日城镇市集,收布特多。车马辐辏,廛市填咽,诸业毕兴。故人家多丁者有微利,而巷陌无丐者。盖商民两得其便”。⑪ 孟津“无不纺织之家,秦陇巨商终岁坐贩,邑中贫民资以为业”,每至收成,“则食用皆足”。⑫ 山西榆次所出榆次大布,“旁给西北诸州县……人咸市之”。⑬ 孝义所产棉布,“鬻于西北州县”。⑭ 寿阳所产棉布“贸易于燕南,塞北,亦居半”,⑮“布鬻于北路”。⑯ 至道光年间,寿阳、榆次、太谷、祁县等地,“机声轧轧,杼轴相闻。偶逢市集,抱布贸丝者踵履相接,是以家室饶裕”。⑰

上述资料证明,华北棉布市场,本地棉布的市场销售在迅速崛起,而且其棉布贸易亦不乏远距离者。江南棉布之市场优势正在丧失。而且,此状况持续至开埠通商前。这预示着开埠通商后,华北棉布的主要竞争者当是机制洋布,其市场发展模式将需直面江南模式和西洋纺织业的工业化模式之双重竞争。于此,就更需分析开埠通商前华北棉布市场的相关变动因素。

---

① (清)吴士鸿修,孙学恒纂,《滦州志》卷1,物产,1810年刻本。
② (清)胡德琳修,李文藻、周永年纂,《历城县志》,土产,1773年刻本。
③ (清)余为霖修,郭国琦纂,《齐东县志》卷8,物产,1685年刻本。
④ (清)周以勋撰《布市记》,周以勋修,嘉庆《齐东县续志》,1803年刻本。
⑤ (清)佚名编,光绪《寿光县志》商务志,1904年抄本。
⑥ (清)汪鸿孙修,刘儒臣纂,《恩县乡土志》,物产,商务,1908年刻本。
⑦ (清)王谦益修,郑成中纂,乾隆《乐陵县志》卷2,物产,1762年刻本。
⑧ (清)严文典修,任相纂《蒲台县志》卷2,风俗,物产,1763年刻本。
⑨ (清)李若廙修,吴国用纂,顺治《温县志》卷6,地理,集镇,1658年刻本。
⑩ (清)彭良弼纂修,《正阳县志》卷9,物产志,1796年刻本。
⑪ (清)仇汝瑚修,冯敏昌纂,《孟县志》卷4,物产,1790年刻本。
⑫ (清)赵擢彤修,宋缙纂,《孟津县志》卷4,土产,1816年刻本。
⑬ (清)俞世铨、陶良骏修,王辛格、王序宾纂,《榆次县志》卷7,风俗,1863年刻本。
⑭ (清)邓必安撰,《孝义县志》卷1,物产,1770年刻本。
⑮ (清)龚导江纂修,《寿阳县志》,风俗,1771年刻本。
⑯ (清)马家鼎等修,张嘉言纂,《寿阳县志》卷10,物产,1882年刻本。
⑰ (清)黎中辅纂修,《大同县志》卷尾,志余,1830年刻本。

2.1.4 开埠通商前华北棉布市场的评价及其变动因素的分析

开埠通商前的华北棉布市场，本地棉布在与江南土布的市场销售竞争中，虽渐成市场优势，但对其发展水平，不可作过高估计。

首先，对商品棉布的生产区域不可作过高估计。如据郑昌淦研究，开埠通商前或者说在清代，华北还有大量地区不事纺织，以及许多地区的棉布生产还处于向商品化生产的过渡阶段。（见表2-4、表2-5）

表2-4：华北开埠通商前向商品化生产过渡的棉布产区

单位：个

省 别	直 隶	山 西	山 东	河 南
府州县数目	14府州46县等	9府州25县等	12府州61县等	10府州45县等

资料来源：郑昌淦，《明清商品经济》，北京，中国人民大学出版社，1988年，第186-188页。

说明：本表系根据上述内容整理所得。本统计中将府州并列；统计标准为是否生产商品棉布。

表2-5：开埠通商前华北不产棉布地区统计

单位：个

省 别	直 隶	山 西	山 东	河 南
府州县数目	14府州39县等	17府州53县等	6府州15县等	10府州27县等

资料来源：郑昌淦，《明清商品经济》，北京，中国人民大学出版社，1988年，第42-70页。

说明：本表系根据上述内容整理所得。本统计中将府州并列；统计标准为是否生产商品棉布。

其次，就商品交换性质和市场发展模式而言：生产者依靠家庭纺织所获货币收入主要用于支付日常所需和交纳租赋。因此，租赋、粮价与布价之价格比波动，成为影响市场变动的重要因素。但未能反映出市场供需关系、组织化和制度化程度、资本、技术进步和劳动力等要素流动对市场变动产生的更重要影响（这或因是资料所限）。与江南相比，其生产组织方式的专业化程度和产业集中度较低。

这说明棉布市场变动与其特定生产关系（方式）转变相关。加之，人口压力大和租赋重属客观事实，因此，其市场发展模式即应为：国家租赋增加、人口增加→货币需求增加→从事农业生产、家庭副业生产→出卖粮食、农副产品及家庭手工劳动产品换取货币→购买粮食（不产棉布地区的农民则是购买棉布）、必备生产资料以及交纳官赋→从事农业生产、家庭副业生产→国家租赋增加、人口增加。

但此发展模式有其特定局限性。① 交易者之间的分工属于自然分工。在小农经济条件下，整个国民经济的市场化程度较低，无论生产者与消费者在安排自身经济生活时，为力求最大限度地减少货币支出，又大都不愿参与市场交易，市场进一步发展处于结构性困境中。在此意义上，整个国民经济的市场化似当是此种模式实现自我超越的重要前提。② 从总体上讲，若非产棉布地区不能持续稳定提供更多的交换品，如粮食或其他农产品的话，市场交易就会急剧萎缩；加之，人口压力增加，生态资源的过度开发必导致的生态资源承载能力下降，如频繁爆发的自然灾害，市场发展的不稳定性和不可预期性明显。③ 尤需强调，在人口压力下，若单位劳动力的边际生产力不断降低，则生产者剩余亦会不断降低，这必定导致生产者贫困化现象加剧。

再次，就交易形式和组织结构而言：农民主要是于就近乡村集市交易棉布，棉布的远距离贩卖基本是商人所为。如此，其则形成如下交易形式和组织结构：农民→布贩→中小布商→大布商；或农民→牙贩→布行→布庄→大布商。此结构反映出：布商，尤其是大布商的市场获利能力、影响和应对市场变动的能力均高于农民；反之，生产者（农民）拓展市场的积极性低，其影响和应对市场变动的能力有限。而且，随着商人对农民（小生产者）压榨程度的不断加深，导致生产棉布的农民的市场获利能力不断降低，亦会加剧其贫困化程度。而且，此结构中，市场中生产者的组织化、制度化未得到应有体现。与江南模式相比，这不仅再次显示二者间存在较大差异。或许这亦预示着其进一步发展之困境所在。

2.2　开埠通商后的华北棉布市场变动

开埠通商后，洋布、洋纱输入，华北市场棉布生产、商品结构和价格、运输方式、市场体系等变动加剧。

2.2.1　商品棉布生产的分化

开埠通商后，商品棉布生产的分化突出表现为：

① 一些地区棉布业开始萎缩。如河北昌黎县，"近以洋纱洋布来源日多，棉产日少。纺织者亦大减矣。"[①]遵化直隶州的玉田、丰润二县，"近年洋布价廉于线，洋线价廉于棉。玉（田）丰（润）两邑向产棉布之区，销售既难，纺织之人亏折失业"，在其"物产"中又称，"洋线盛行以来，价廉售易，玉（田）丰（润）产棉之境，苦难销运，种棉倍少，纺线织布鲜利益，多至辍业"。[②] 山东禹城县土布销售萎缩，当地市场，"洋布、洋线自外境贩来，岁约万余金"。[③] 德平县土布业较发达，至清末时其所产棉布还"运销于燕蓟之地"，但"近自洋纱入境，渐至衰替"。[④]

在山西、河南，洋布、洋纱挤占土布市场亦非鲜见。山西临晋县纺织业曾较发达，"几于家置一机"。但自洋布输入后，土布"罕能输出境外"，只能在本地销售。[⑤] 河南信阳县，"户皆纺车声，机杼声。人日可成布一匹。至腊冬时，市上白布颇成大庄，北运陡沟（镇），行销汝、汴。迨洋纱灌入内地，人工织布，不足以维持生活，本地棉业遂废"。[⑥]

机制洋布输入导致家庭手织业分化，对旧式棉布商业产生冲击。如河北广宗县，"数十年前（清末），县城尚有布栈两家，运销北口等处。自布栈歇业，销路顿绝，仅在本境以有易无而已"。[⑦] 山东馆陶县，"近年洋布洋线盛行，本境此业者，几不足谋生"。光绪修《馆陶县乡土志》的"商务"条称，"洋布、洋棉俱由临清贩来。"又"编者按"中指出："今者遍观陶邑之大宗所产之物，粟之外，惟棉所制之品，米之外，惟布。年丰，则农有余粟，可以碾米而粜之商；女有余布，可以……鬻之市。至歉年，反贩运外境之粟布。"[⑧]

---

① 金良骥、汪鸿孙修，张念祖、张锡恩纂，《昌黎县志》卷4，实业，1933年铅印本。
② （清）孙蓉图修，张之照纂，《遵化通志》卷15，舆地，风俗，1931年铅印本。
③ （清）王汝汉修，张青莲纂，光绪《禹城县乡土志》商务，1908年石印本。
④ 吕学元修，严绥之纂，《德平县续志》卷4，物产，1936年铅印本。
⑤ 俞家骥、许鉴观修，赵意空、于廷梁纂，《临晋县志》卷3，物产，1923年铅印本。
⑥ 方廷汉、谢随安修，陈善同纂，《重修信阳县志》卷12，物产，1936年铅印本。
⑦ 姜谧荣、祁卓如修，（民国二十二年修）《广宗县志·民生略》卷3，民生，1933年铅印本。
⑧ （清）孙方□修，宋金镜纂，《馆陶县乡土志》卷8，物产，商务，1908年铅印本。

可见洋布、洋纱输入后，土布生产萎缩，传统棉布商业受冲击，价格因素似应是主因之一。但技术进步、生产组织化程度等原因却更值得关注。于此，这迫使人们去审视同样市场条件下，华北其他地区棉纺织业的发展状况。

② 一些地区因农户采用新式织布机、用洋纱织土布，家庭棉布业仍有发展。除河北高阳织布区、山东潍县纺织区之显见例证外，此种情形当属普遍。如：

土布是河北香河出境的大宗货物。开埠通商后，“年来改用铁轮织机，土布以外，并能织市布、大线各种，与舶来品无异，行销京津、口北各处”，而且该县“布店四十余家，均收买土布，向北平、口北一带行销，为香河出品大宗，乡民赖以生活。其杂色布匹，类由天津转运，销无定数”。又该县志卷五“民生”条中记录，“自洋布输入，物美而价廉，争相购用。家机土布遂不可见。年来布业甚盛，亦系用洋线（纱）织成，改良布机，无复以前之笨拙矣。”①河北迁安农妇纺织粗布时，“初用国产棉纱，自外国线输入，乃参用外货”。② 任县农民生产的花布，行销山西忻州一带，常年平均约达五十万疋，另外，任县农民还生产洋线布，常年出十五六万疋，“自官庄行销归化城”。③

山东乐安县，“近来家庭手工业出品尚多，最著为棉布，有洋布、土布二种。往时所出土布，皆系自纺自织。近则专用洋纱，土布洋纱土线合用，或尽用洋纱。据四科最近调查，全县织洋布者二百余家，织土布者一千五百余家。全年出品洋布二万六千疋，每匹五元，土布三十六万匹，每匹一元，共值洋四十九万余元”，“民国三年以后，入境渐多日货，而内出之土布、土纱……尚属畅旺”。④

河南汜水棉布业发达，境内“布店、线市全县林立”，“惟机车旧属木器，最近始有倡用铁机者，每机可出布三四匹”。⑤ 新乡小冀镇，在民国时仍有布行数家，招客收买布匹，远销山西。⑥

③ 与机制洋布的市场竞争中，手织布仍保有一定市场份额，特别是在一些内陆地区，洋布的市场份额还相对较少。如河北完县，每年“土布输出四十余万疋，行销涞源、蔚县、张家口等处，卖价四十余万元”。在本地市场，每年洋布输入不过二千疋，土布依然具有优势。⑦ 在束鹿县，洋布虽输入较多，但本地市场上土布“上（尚）属大宗”。⑧ 在井陉县，因土布耐用，民众所用衣料仍多以平山、获鹿两县的土布为主。据载，“自正太路成，邑中舶货充斥，少年喜新美，购洋布者渐众，然远不如土布销售之多。”⑨曲阳县农民织土布“近皆用洋纱为之”，本地商人所贩卖商品“以土布为大宗”。⑩ 河北高邑县农民所织土布除在本县城乡销售外，还销往山西。⑪ 山东茌平县，“棉布之生产甚多。近来虽多采用洋线织布，而手工织

---

① 王葆安、吴文卓修，马文焕、陈式谌纂，《香河县志》卷三，物产；卷5，民生，1936年铅印本。
② 藤绍周修，王维贤纂，《迁安县志·物产篇》卷18，物产，1931年铅印本。
③ （清）谢昺麟修，王亿年续修，陈智纂，《任县志》卷1，物产，1910年石印本。
④ 王文彬、潘莱峰修，王寅山纂，《广饶县志》卷10，工业，商业，1935年铅印本。
⑤ 田金祺修，赵东阶、张登云纂，《汜水县志》卷7，实业，商业，1929年铅印本。
⑥ 韩邦孚、蒋濬川修，田芸生纂，《新乡县续志·风俗志》卷4，风俗，1923年铅印本。
⑦ 彭作桢等修，刘玉田纂，《完县新志》卷7，食货，1934年铅印本。
⑧ （清）张凤台修，李中桂纂，《束鹿乡土志》卷12，物产，1906年刻本。
⑨ 王用舟修，傅汝凤纂，《井陉县志料》，第十编，风土，民生，1934年铅印本。
⑩ （清）周斯亿、温亮珠修，董涛纂，《曲阳县志》卷5，风俗，土产，1904年刻本。
⑪ 王天傑、徐景章修，宋文华纂，《高邑县志·实业志》卷2，实业，1933年铅印本。

者,因其纤维未疏(梳),容易保温生暖,故仍多用之……织品除销本县,则东南诸县亦多购之以去……每逢市集,遍地皆是”。①

此外,需说明者,一些地区土布生产在市场萎缩后仍有反弹。如河北文安县盛产白布,“自洋布洋线盛行,人竞趋之,纺、织均辍业,邻里过从,不复闻轧轧声矣”,②但“至光绪甲午后,洋布价格日涨,较之初至,约增数倍,用者苦之。于是襄□时各织户,率多恢复旧业。近数年来,日见增多”。③

上述材料说明,由于采用新机器和用洋纱织布,华北手织布的商品总量和市场份额仍相当可观。总之,机制洋布输入后,华北棉布市场既不完全是洋布压倒土布,也不完全是土布依然占据主要市场。即市场变动主要表现为土布经过改良,形成了与机制洋布的市场竞争之势,也并非完全处于弱势。(见表2-6)

表2-6:方志中,洋布输入后,手工棉布生产改良情况统计

省别	产地	改良前	改良后
河北(直隶)	威县④	旧式织机、土纱	自民国以来渐知改良,昔用旧式织机,今多用新铁轮机,以洋纱作经,而以本地棉线为纬,出布较佳,销路较广。多输出于西河营、归化城、张家口等处。
	深州⑤	旧式织机、土纱	用洋纱织土布。
	雄县⑥	旧式织机、土纱	购日本新式木机及洋纱织布,土人则仍用笨机。
	束鹿县⑦	旧式织机、土纱	用洋纱织土布。
	高阳县⑧	旧式织机、土纱	新式铁机、洋纱,土产洋纱
	献县⑨	旧式织机、土纱	新式铁机、洋纱
	沧县⑩	旧式织机、土纱	新式织机、洋纱
	徐水县⑪	旧式织机、土纱	新式织机、洋纱
	任县⑫	旧式织机、土纱	用洋纱
	邯郸⑬	旧式织机、土纱	新式织机、洋纱;旧式织机、土纱
	交河县⑭	旧式织机、土纱	新式织机、洋纱

① 牛占诚修,周之桢纂,《茌平县志》卷9,实业,物产,商务,1935年铅印本。
② 陈桢修,陈德沛、李兰增纂,《文安县志》卷1,物产,1922年铅印本。
③ 陈桢修,陈德沛、李兰增纂,《文安县志》卷12,实业,1922年铅印本。
④ 崔正春修,尚希贤纂,《威县志》卷3,舆地志,物产,1929年铅印本。
⑤ 吴汝纶撰,《深州风土记》第21,物产,1900年刻本。
⑥ 刘崇本编,《雄县乡土志》物产第14,布,1905年铅印本。
⑦ 张凤台修,李中桂纂,《束鹿乡土志》卷12,物产,1906年修,1938年铅印本。
⑧ 李大本修,李晓泠纂,《高阳县志》卷2,实业,1933年铅印本。
⑨ 薛凤鸣、李玉珍修,张鼎彝纂,《献县志》卷16,故实志,物产,1925年刻本。
⑩ 张凤瑞修,张坪纂,《沧县志》卷11,生计,1933年铅印本。
⑪ 刘延昌修,刘鸿书纂,《徐水县新志》卷6,风土记,民生,1932年铅印本。
⑫ 谢㬎麟修,陈智纂,王亿年增修,刘书旗增纂,《任县志》卷1,地理,物产,1910年修,1915年增修铅印本。
⑬ 李肇基修,李世昌纂,《邯郸县志》卷13,实业志,工业,1940年刻本。
⑭ 高步青、王恩沛修,苗毓芳、苏彩河纂,《交河县志》卷1,舆地志,物产,1917年刻本。

（续表）

省别	产 地	改 良 前	改 良 后
河北（直隶）	盐山县①	旧式织机、土纱	新式织机
	满城县②	旧式织机、土纱	新式织机、洋纱、土纱
	迁安县③	旧式织机、土纱	洋纱
	南皮县④	旧式织机、土纱	新式织机、洋纱
	万全县⑤	旧式织机、土纱	洋纱
	昌黎县⑥	旧式织机、土纱	洋纱
	清河县⑦	旧式织机、土纱	洋纱
	完县⑧	旧式织机、土纱	新式织机、洋纱；旧式织机、土纱
	香河县⑨	旧式织机、土纱	新式织机、洋纱
	馆陶县⑩	旧式织机、土纱	新式织机、洋纱
	滦县⑪	旧式织机、土纱	洋纱
山西	榆次县⑫	旧式织机、土纱	
	临晋县⑬	旧式织机、土纱	
	寿阳县⑭	旧式织机、土纱	
	沁源县⑮	旧式织机、土纱	
	临县⑯	旧式织机、土纱	新式织机、洋纱
	新绛县⑰	旧式织机、土纱	
	临晋县⑱	旧式织机、土纱	
	冀城县⑲	旧式织机、土纱	

① 贾恩紱纂修，《盐山新志》卷23，故实略，物产篇，货物，1916年刻本。
② 陈宝生修，杨式震、陈昌源纂，《满城县志略》卷7，县政，实业；又卷8，风土，民生，1931年铅印本。
③ 藤绍周修，王维贤纂，《迁安县志》卷18，物产篇，货物，1931年铅印本。
④ 王德乾修，刘树鑫纂，《南皮县志》卷5，政治志，实业；卷3，风土志，民生状况，1933年铅印本。
⑤ 路联达修，任守恭纂，《万全县志》卷2，物产志，工业品，1933年铅印本。
⑥ 陶宗奇修，张鹏翱纂，《昌黎县志》卷5，风土志，人民生活之状况，1933年铅印本。
⑦ 张福谦修，赵鼎铭纂，《清河县志》卷2，舆地志，物产，1934年铅印本。
⑧ 彭作桢修，刘玉田纂，《完县新志》卷7，食货，实业，1934年铅印本。
⑨ 王葆安修，马文焕、陈式谌纂，《香河县志》卷5，风土，民生；又卷3，实业，1936年铅印本。
⑩ 丁世恭修，刘清如纂，《续修馆陶县志》卷2，政治志，实业，1936年铅印本。
⑪ 袁棻修，张凤翔纂，《滦县志》卷4，人民志，生活状况，1937年铅印本。
⑫ 俞世铨、陶良骏修，王平格、王序宾纂，《榆次县志》卷15，物产，1863年刻本。
⑬ 艾绍濂、吴增荣修，姚东济纂，《续修临晋县志》卷1，风俗，1880年刻本。
⑭ 马家鼎修，张嘉言纂，《寿阳县志》卷10，风土志，物产，1882年刻本。
⑮ 孔兆雄、郭蓝田修，阴国垣纂，《沁源县志》卷2，风土略，1933年铅印本。
⑯ 胡宗虞修，吴命新纂，《临县志》卷7，物产谱，工业纪略，1917年铅印本。
⑰ 徐昭俭修，杨兆泰纂，《新绛县志》卷3，生业略，1929年铅印本。
⑱ 俞家骥、许鉴观修，赵意空纂，《临晋县志》卷3，物产略，1923年铅印本。
⑲ 马继桢、邢翊桐修，吉廷彦、马毓琛纂，《冀城县志》卷8，物产，1929年铅印本。

（续表）

省别	产地	改良前	改良后
山西	太谷县①	旧式织机、土纱	新式织机;旧式织机、土纱
	浮山县②	旧式织机、土纱	新式织机
山东	陵县③	旧式织机、土纱	
	滨州④	旧式织机、土纱	
	章邱⑤	旧式织机、土纱	洋纱
	馆陶县⑥	旧式织机、土纱	
	桓台县⑦	旧式织机、土纱	新式织机、洋纱
	清平县⑧	旧式织机、土纱	
	潍县⑨	旧式织机、土纱	新式织机、洋纱
	牟平县⑩	旧式织机、土纱	新式织机、洋纱
	临沂县⑪	旧式织机、土纱	洋纱
	青岛⑫	旧式织机、土纱	新式织机、洋纱
	蒙阴县⑬	旧式织机、土纱	洋纱
	济阳县⑭	旧式织机、土纱	洋纱
	茌平县⑮	旧式织机、土纱	洋纱
	莒县⑯	旧式织机、土纱	新式织机、洋纱
河南	中牟县⑰	旧式织机、土纱	
	新安县⑱	旧式织机、土纱	新式织机

① 安恭己修,胡万凝纂,《太谷县志》卷4,生业略,商会,1931年铅印本。
② 任耀先修,乔本情、张桂书纂,《浮山县志》卷12,实业,1935年铅印本。
③ 苗恩波修,刘荫岐纂,《陵县续志》卷3,第18编,工商业,1935年铅印本。
④ 李熙龄纂修,《滨州志》卷6,风俗,1860年刻本。
⑤ 杨学渊修,李洪钰等纂,《章邱县乡土志》卷下,商务,1907年刻本。
⑥ 孙方□修,宋金镜、熊廷献纂,《馆陶县乡土志》卷8,物产,1908年铅印本。
⑦ 佚名纂修,《桓台县志》卷2,法制,实业篇,工商业,1934年铅印本。
⑧ 梁钟亭、路大遵修,张树梅纂,《清平县志》实业志3,工艺,1936年铅印本。
⑨ 常之英修,刘祖干纂,《潍县志稿》卷24,实业志,工业,1941年铅印本。
⑩ 宋宪章修,于清泮纂,《牟平县志》卷5,政治志,实业,1936年铅印本。
⑪ 陈景星、沈兆祎修,王景祜纂,《临沂县志》卷9,实业,1917年刻本。
⑫ 叶钟英等修,匡超等纂,《增修胶志》卷10,疆域志,风俗,1931年铅印本。
⑬ 黄星垣、赵家琛编,《蒙阴县志》卷1,物产,布属,1932年铅印本。
⑭ 路大遵修,王嗣鋆纂,《济阳县志》卷1,舆地志,物产,1934年铅印本。
⑮ 牛占诚修,周之桢纂,《茌平县志》卷9,实业志,工艺,1935年铅印本。
⑯ 卢少泉修,庄□兰纂,《重修莒县志》卷38,民社志,工商业,1936年铅印本。
⑰ 吴若烺修,焦子蕃纂,《中牟县志》卷1,舆地,风俗,1870年刻本。
⑱ 李庚白修,李希白纂,《新安县志》卷7,实业,工业,1939年刻本。

（续表）

省别	产 地	改 良 前	改 良 后
河南	阳武县①	旧式织机、土纱	洋纱
	信阳县②	旧式织机、土纱	新式织机、洋纱

资料来源及说明：本表系根据方志中相关记录整理所得，其相关出处详见注释。

表2-6中显示，洋布输入后，华北市场的一部分地区棉布业开始萎缩，其他地区则采用新式织机、采用洋纱织布，华北棉布市场形成土洋布竞争之势。

④ 一些带有资本主义性质的织布工场（工厂）的出现，是华北棉布市场变动的突出特征之一。（见表2-7）

表2-7：洋布输入后，方志中棉布工场（工厂）经营情况统计

省别及（棉布产地）工场（工厂）	销售或经营情况
河北束鹿县织绒工厂	织绒，辛集一带，此物制造颇工，往年工厂以百十数。近为洋绒所夺，统合境计之，不过存二三家。③
河北邯郸县民生工厂	城东门里王绅自清季提倡织布工厂，屡兴屡蹶，迄未发展。嗣于民国十八年复设民生工厂，办法以线易布，令织户于伊家中为之，限定百十六尺成匹，每匹给工资洋七角。匹重七斤为率，次其制式粗疏，专供怡丰公司面袋之用也。厂内付织户洋线若干斤，责令缴布如其数。统计每年产布一万二千余匹，工资八千余元。织户之机系新式人力木机及铁机，计共二百余张，铁机三分之一，皆王绅创办工厂时所遗机式，土著木工所仿造也。惟此项布匹专供面袋或丧葬孝布之用，销路甚狭。④
河北景县提花布工厂	提花布工厂，在安陵三觉堂内，于民国二年经现任第三高小校长梁晋朴提倡集资开办，嗣以积货太多，经费不敷周转，遂停止。⑤
河北满城县立第一工厂	本县织业始由乡民自动营作，出品甚佳，惟资本不充，发展惟艰。民国十七年，城内县立第一工厂，每年经费二千三百元。⑥
河北万全县织布工厂、职业学校	棉布，纺棉为纱，由纱织布，除张家口有设厂织造者外，县城职业学校亦纺织之。⑦

① 窦经魁修，耿愔纂，《阳武县志》卷1，物产，货类，1936年铅印本。
② 方廷汉、谢随安修，陈善同纂，《重修信阳县志》卷3，食货3，物产，1936年铅印本。
③ 张凤台修，李中桂纂，《束鹿乡土志》卷12，物产，1906年修，1936年铅印本。
④ 李肇基修，李世昌纂，《邯郸县志》卷13，实业志，工业，1940年刻本。
⑤ 耿兆栋修，张汝漪纂，《景县志》卷2，产业志，工业状况，1932年铅印本。
⑥ 陈宝生修，杨式震、陈昌源纂，《满城县志略》卷7，县政，实业，1931年铅印本。
⑦ 路联达修，任守恭纂，《万全县志》卷2，物产志，工业品，1933年铅印本。

（续表）

省别及（棉布产地）工场（工厂）	销售或经营情况
河北大名县官绅合办工厂、裕名工厂、惠民工厂	今者，万国工业互相师法，日新月异，精益求精，而吾邑官商绅民始知工业为重要，于前清末叶，在宏济桥北，官绅合股集巨款以创立工厂。无如经理不得其人，一二年间，数万资本尽随逝水。嗣后十余年，工业沈寂，无复有侈谈及亡者。民国十三年，孙镇守使岳、丁县长春膏，莅任大名，创立惠民工厂、平民工厂，而工艺始发现，此工业志之所由作也。工厂：裕名工厂，织造合股线等布。孙司令创立惠民工厂，及去任，将资本收回，归商会接办，改为裕民工厂，今已停办。①
河北清苑县第一工厂	第一工厂，设县南门内文昌宫，全年经费约三千余元，工人二十五名，计有提花机五架，铁轮机六架，本机十一架，出品柳条布、线毯、毛巾，行销本境及外县。②
河北（三河县）工厂（一座）	县内无工会，只县城有工厂一处，出品以布为大宗，余如袜子、毛巾间亦织之，惟资本无多，难期发展，二十三年，附设平民工厂，收容戒烟之人入工厂学工，出品较前增多，工业亦渐发达矣。③
河北东明县平民第一工厂	平民第一工厂，民国二十年建设局以公款创办。因旧城隍庙房舍加以修葺，生徒两班，共二十四人，有织布铁机一架，木机十架，技师一、会计一，厂长由建设局长兼充，全年经费一千四百元，系随粮带征者，每月平均制平布三千尺、毛巾一百五十打，顾以无妨纱机，需用棉纱皆购自外埠，生徒技术欠精，所制各品不能与外货争胜，销售虽畅，利润殊鲜，事属初创，旨在提倡，固难骤期其有偌大发展也。④
河北成安县义兴工厂、信义工厂、广裕工厂	义兴工厂：发起者韩荣斋、王守介先生。先生为振兴工业，换回利权起见，激励大义，合资兴办，故号曰义兴，于清宣统二年创立，开设西姚堡村，以织染布匹为业，所用棉线购自津埠。合股线居多，织成布匹名爱国布，均平面间有花纹布。颜色分蓝、青、棕紫、谢绿等色，颇蒙各界欢迎。棕色布在省垣品评会中曾得一等奖章，该布精美可想而知。经理、工师按人股分红，工徒无工价，每届年终按获利大小酌给劳资。每年产额约在三千匹以上，资本四千元，系合股营业。至民国八年，因地方不靖，暂停工作。……信义工厂，系武存礼先生开办，设立第三区西吕彪村，号信义者，取忠信以义为利之意也。经理二人，工师二人，工徒六、七人，专以织染为业，棉线从津埠购用，所织布匹均系平面，品质精美，且能耐久，时人多乐购之。统计产量年约二千四百匹左右，资本三千元，从集股、兴办、工师、工徒之待遇，同义兴工厂。民国八年，因乱歇业。……广裕工厂，系张乐天先生经营。先生性慈爱，素怀引导民众各安生业之志。民国三年，见乡民无业者多，乃筹措资本洋一千六百元，从第四区前裴里村开设工厂，收纳失业游民，籍资糊口，以便习艺。经理系先生，负责工师二人，工人多少无定，以织染为业。棉线购自津埠，所织布匹平面花纹致密坚美，每年出产计一千二、三百匹。工师按股分息，工人按月给资。民国七年，因地方乱，暂停办。⑤

① 程廷恒修，洪家禄等纂，《大名县志》卷10，农工商志，工厂志序，工厂，1934年铅印本。

② 金良骥修，姚寿昌纂，《清苑县志》卷3，风土，实业，1934年铅印本。

③ 唐玉书修，吴宝铭纂，《三河县新志》卷15，因革志，实业篇，工业，1935年铅印本。

④ 任传藻修，穆祥仲纂，《东明县新志》卷14，民生志，生计，生产，1933年铅印本。

⑤ 张应麟修，张永和纂，《成安县志》卷6，实业，工业，1931年铅印本。

（续表）

省别及（棉布产地）工场（工厂）	销售或经营情况
河北滦县（民办）华新纺织有限公司	华新纺织有限公司：华新纺织公司地址在唐山，创始于启新洋灰公司经理李希明，民国七年筹创唐厂，独认股十万元，又由启新洋灰公司认股三十万元。民国八年初设筹备处于津厂，招收股本一百二十万元，订购纺纱机一万二千锭，因建筑未完，故未装机。至十年冬，又购纺纱机一万二千锭，共两万四千锭，于民国十一年春始制定厂章，正式开办焉……资本二百二十万元。复设华新纺织公司，原为纺纱单性工厂，嗣因销路不畅，于民国十七年春又购织布机二百五十台，马达二百余只，装机织布，双方并进，获利颇厚。工人数目约二千二百人，工资每人每日平均四角，工作时间昼夜两班，每班八小时。产量：全年两万余包。销路：纱销售各埠极多，布销本地为多。①
河北武安县裕民工厂（曾属河南）	裕民工厂为私人集股设立，初时股本为五千元，后因扩充营业，添置材料，二次增股已达万余元之谱，所出各种花格布、蚊帐纱颇受社会之欢迎。近来，因外货压迫，销场不利，顿形拮据。②
河北武安县立民生工厂（平民工厂）（曾属河南）	县立民生工厂，初名平民工厂，创于民国十八年，二十二年四月，奉实业部令，改为今名。开办之初，只有旧石印机一部，约值洋一百五十元，作固定基金，又拨入罚款洋五百余元，作流动基金。公举刘明汉任厂长，厂中教养工、徒十余名，三年卒业，即行另招，为贫苦子弟谋一出路，经费每月支洋二百二十余元，嗣减为一百七十余元。每年所得纯益，陆续添置新式织布机十部、提花机两部、合线机一部，编为织染、印刷两科，举凡斜纹、哔叽、十字布等纱织品及账簿、表册、书报、讲义等印刷品，无不出货精美，为社会人士所乐用。二十二年冬，河南刘主席视察到武，参观之后，甚为嘉许。二十四年春，刘厂长辞职，交待后任，全部财产已达五千余元云。③
山东潍县信德亨轧布厂、县办平民工厂、考振苦记（工厂）、聚祥永（工厂）	潍县现有织布工厂四处。一为信德亨轧布厂所设之织布工厂，有铁木机二十架；二为县办之平民工厂，有台布机一架、铁木机四架、木机二架；三为考振苦记，有铁木机二架；四为聚祥永，有铁木机二十架。所出之布：信德亨有布哔叽、自由布、方格布三种。平民工厂有电光布、线呢、线哔叽、台布四种。考振苦记仅有条子布一种。聚祥永仅有粗细白布二种，内中以布哔叽出产为最多，每年约三千二百余匹。布哔叽、自由布、方格布、线呢、台布均系四十二支纱合股线织成。电光布则系麻丝与洋线交织而成，条子布、粗细白布则纯系纱织。各厂出品行销于本县及周村、河北、河南、山西、徐州等处。④
山东曲阜县平民工厂	本县人民资财短绌，故私人方面无一工厂之设。民国二十一年，省政府建设厅令设平民工厂一处，厂址在城内三省街内，置有铁机四架，木机一架，袜机二台，招集工徒十余人织造各种实用物品。⑤

① 袁棻修，张凤翔纂，《滦县志》卷14，实业志，工艺，1937年铅印本。

② 杜济美修，郄济川纂，《武安县志》卷10，实业志，工业，1940年铅印本。

③ 同上。

④ 常之英修，刘祖干纂，《潍县志稿》卷24，实业志，工业，1941年铅印本。

⑤ 孙永权修，李经野、孙昭曾纂，《续修曲阜县志》卷5，政教志，实业，1934年铅印本。

（续表）

省别及（棉布产地）工场（工厂）	销售或经营情况
河南新安县新民织染工厂	此厂为邑人孟月秋创办，于民国二十年二月间成立，股本二千元，工人二十余名。现有铁机九部，缝纫机二部，木机二部，每日可出布十匹，每匹长一百尺，需成本银七元五角，出售八元左右，颇著成绩。①
河南信阳县小工厂	城市颇有设小工厂以新式机织布者，特其工粗，不足以敌舶来品耳。②
河南灵宝县民生工厂	工业向无基础，本年始由公家创立民生工厂，织布匹、毛巾等物，然规模太小，出货无多。③
天津裕源、恒源、宝成、北洋、华新、裕大纱厂	裕元：津人王郅隆所办，为股份有限公司……资本定五百六十万元，纺纱机七万五千锭，织布机一千台……年产纱约三万七千包，布约七万匹，商标为松鹤、飞虎；恒源：津人王敬修所办，为股份有限公司……资本定四百万元，纺纱机三万一千锭……织布机二百台……年产纱约三万包，布约十万匹，商标为（纱）蓝虎、八仙，（布）炮车；宝成：刘伯森所办，为股份有限公司……资本定三百万元。有纺纱机共二万七千锭……年产纱一万零八百包，商标为三鹿、三喜、红福、万福；北洋：津人章瑞庭所办，为股份有限公司……资本定三百万元，有纺纱机共二万八千锭……产纱二万包，商标为三光、三吉、三鼎；华新：周叔弢所办，股份有限公司……资本定三百七十万元……共有纺纱机二万七千锭，年产纱二万包，商标为三星、顺手、十金；裕大：李淮生所办，为股份有限公司……资本定三百万元……共有纺纱机三万五千锭，产纱约一万五千包，商标为八马。④

资料来源及说明：本表系根据方志中相关记录整理所得，其相关出处详见注释。

表2－7中，资本主义性质工场（工厂）的生产能力各不相同，产品销售状况也各有差异，但其出现表明华北市场棉布生产关系已发生变化。这更说明，华北棉布市场本土棉布的生产者已经逐渐转化为市场而生产。

2.2.2 市场商品结构的变化

据1911年调查，山东省人均消费各种洋货比重中棉织品高达52%。另据1919年山东105个县不完全统计，输入洋纱的有73个县，输入洋布的61个县。⑤ 即华北棉布市场商品结构已逐渐转变为土、洋棉货（布）并存，改变了传统棉布市场以手织品为主的商品结构。

棉布市场商品结构变化，首先体现的是棉布品种和规格多样性。（见表2－8）

---

① 李庚白修，李希白纂，《新安县志》卷7，实业，工业，1939年石印本。

② 方廷汉、谢随安修，陈善同纂，《重修信阳县志》卷3，食货3，物产，1936年铅印本。

③ 孙椿荣修，张象明纂，《灵宝县志》卷2，人民，1935年铅印本。

④ 宋蕴璞辑，《天津志略》第9编，工业，第2章，纺织工业，1931年铅印本。

⑤ *havpt*: *Die wirts chaftbiche entnieh Lang derprovinz Schantung* 1911年，日译本，引自庄维民《论近代山东沿海城市与内地商业的关系》，《中国经济史研究》1987年第2期。

表2-8:华北棉布(土布)的主要产地、品种统计

省别	产地、时间	品种或规格
直隶	宝坻:乾隆时期、民国二十三年前后	细布①、粗布②
	威县:宋代至民国十八年前后	官地布、丁家寨布③
	藁城县:明嘉靖十三年前后。又:至民国十二年前后	平机布、细布、粗布④
	文安县:道光至民国初。又:民国十一年前后	白布、粗布⑤
	枣强县:咸丰至民国二十年前后	棉布⑥
	故城县:同治十三年至光绪十一年前后	棉布⑦
	正定县:光绪元年前后	棉布⑧
	永清县:光绪初年	棉布⑨
	乐亭县:光绪初年	棉布⑩
	巨鹿县:光绪十二年前后	棉布⑪
	广平府:光绪二十年前后	粗布、细布、紫花布⑫
	深州、冀州:光绪二十六年前后	棉布⑬
	束鹿县:光绪末年	细布、绒布⑭
	高阳县:光绪三十二年至民国二十二年前后	白布、色布、粗布、市布、爱国袍料标布、提花布、粗细斜纹布;人造丝提花布、国花缔⑮
	献县:清至民国十四年	粗布⑯
	沧县:清代至民国二十二年前后	窄面粗布⑰

① 李兴焯修,王兆之纂,《平谷县志》卷3,社会志,民生,1934年铅印本。

② 洪肇楙等纂修,《宝坻县志》卷7,风物,风俗,乾隆10年刻本,1917年石印本。

③ 崔正春修,尚希贤纂,《威县志》卷3,舆地志,物产,1929年铅印本。

④ (明)李正儒纂修,《藁城县志》卷2,财赋志,土产,1534年刻本,1934年铅字重印。又:林翰儒编,《藁城乡土地理》下册,土布,1923年石印本。

⑤ 陈桢等修,李兰增等纂,《文安县志》卷12,治法志,实业,1922年铅印本。

⑥ 宋兆升修,张宗载、齐文焕纂,《枣强县志料》卷2,物产,货类,1931年铅印本。

⑦ 丁灿修,张燁续修,范翰文续纂,《续修故城县志》卷4,物产,1874年修,1885年续修刻本,1921年重印。

⑧ 赵文濂纂印,《正定县志》卷19,方物,1875年刻本。

⑨ 魏邦翰纂修,《续永清县志》卷13,风土志,女红,1875年刻本。

⑩ 游智开修,史梦兰纂,《乐亭县志》卷2,地理,风俗,1877年刻本。

⑪ 凌燮等修,夏应麟、郝慎修纂,《巨鹿县志》卷6,风土志,风俗,1886年刻本。

⑫ 吴中彦修,胡景桂纂,《重修广平府志》卷18,舆地略,物产,货属,1894年刻本。

⑬ 吴汝纶撰,《深州风土记》第21,物产,1900年刻本。

⑭ 张凤台修,李中桂纂,《束鹿乡土志》卷12,物产,1906年修,1938年铅印本。

⑮ 李大本修,李晓泠纂,《高阳县志》卷2,实业,1933年铅印本。

⑯ 薛凤鸣、李玉珍修,张鼎彝纂,《献县志》卷16,故实志,物产,1925年刻本。

⑰ 张凤瑞修,张坪纂,《沧县志》卷11,事实志,生计,1933年铅印本。

（续表）

省别	产地、时间	品种或规格
直隶	徐水县:晚清至民国二十一年前后	棉布①
	昌黎县:晚清至民国二十二年前后	棉布、洋线布、冷布、爱国布、家机线布、洋线布②
	广宗县:晚清至民国二十二年前后	棉布③
	南宫县:晚清至民国二十五年前后	粗布④
	任县:宣统二年至民国四年	水线布、庄布、换花布、洋线布⑤
	邯郸县:晚清至民国二十九年	机制土布、家机布(土布)⑥
	清苑县:晚清至民国二十三年前后	棉布⑦
	景县:至民国二年前后	提花布⑧
	盐山县:至民国五年前后	白布⑨
	交河县:至民国六年前后	平机布⑩
	满城县:至民国二十年前后	家机布⑪
	枣强县:至民国二十年前后	粗布⑫
	迁安县:至民国二十年前后	粗布⑬
	青县:至民国二十年前后	袜面布⑭
	三河县:至民国二十二年前后	棉布⑮
	南皮县:民国二十年前后	粗布⑯
	高邑县:民国二十二年前后	棉布⑰
	沧县:民国二十二年前后	窄面粗布⑱
	万全县:民国二十二年前后	棉布⑲

① 刘延昌修,刘鸿书纂,《徐水县新志》卷6,风土记,民生,1932年铅印本。
② 陶宗奇等修,张鹏翱纂,《昌黎县志》卷4,实业志,蚕织,另卷5,风土志,人民生活之状况,1933年铅印本。
③ 姜谧荣等修,韩敏修纂,《广宗县志》卷3,民生略,1933年铅印本。
④ 黄容惠修,贾恩绂纂,《南宫县志》卷3,疆域志,物产篇,货物,1933年刻本。
⑤ (清)谢昺麟修,陈智纂,王亿年增修,刘书旗纂,《任县志》卷1,地理,物产,1910年修,1915年增修铅印本。
⑥ 李肇基修,李世昌纂,《邯郸县志》卷13,实业志,工业,1940年刻本。
⑦ 金良骥修,姚寿昌纂,《清苑县志》卷3,风土,实业,1934年铅印本。
⑧ 耿兆栋修,张汝漪纂,《景县志》卷2,产业志,工业状况,1932年铅印本。
⑨ 贾恩绂纂修,《盐山新志》卷23,故实略,物产篇,货物,1916年刻本。
⑩ 高步青、王恩沛修,苗毓芳、苏彩河纂,《交河县志》卷1,舆地志,物产,1917年刻本。
⑪ 陈宝生修,杨式震、陈昌源纂,《满城县志略》卷8,风土,民生,1931年铅印本。
⑫ 宋兆升修,张宗载、齐文焕纂,《枣强县志料》卷2,实业,工,1931年铅印本。
⑬ 藤绍周修,王维贤纂,《迁安县志》卷18,物产篇,货物,1931年铅印本。
⑭ 万震霄修,高遵章、姚维锦纂,《青县志》卷10,故实志,物产篇,货物,1931年铅印本。
⑮ 唐玉堂修,吴宝铭纂,《三河县新志》卷15,因革志,实业篇,织布工,1935年铅印本。
⑯ 王德乾修,刘树鑫纂,《南皮县志》卷3,风土志,物产,1933年铅印本。
⑰ 王天杰、徐景章修,宋文华等纂,《高邑县志》卷2,实业,农家副业,1933年铅印本。
⑱ 张凤瑞修,张坪纂,《沧县志》卷11,事实志,生计,1933年铅印本。
⑲ 路联达修,任守恭纂,《万全县志》卷2,物产志,工业品,1933年铅印本。

（续表）

省别	产地、时间	品种或规格
直隶	东明县：民国二十二年前后	土布①
	清河县：民国二十三年前后	粗布②
	完县：民国二十三年前后	二细大布、对布、白洋布、花条布③
	井陉县：民国二十三年前后	棉布、手巾、腰带、腿带④
	定县：民国二十三年前后	白布⑤
	香河县：民国二十五年前后	家机布、土布、市布、大线⑥
	晋县：民国二十五年前后	土布⑦
	馆陶县：民国二十五年前后	棉布⑧
	滑县：民国二十六年前后	棉线布、洋线布⑨
	广平县：民国二十八年前后	粗布、细布、紫花布⑩
山西	平定州：清雍正十二年前后	棉布⑪
	平定州寿阳县：光绪八年前后	棉布（西布）⑫
	闻喜县：乾隆三十一年前后	横水布、闻巾⑬
	襄垣县：乾隆四十七年前后	棉布⑭
	虞乡县：乾隆五十四年前后	棉布⑮
	榆次县：同治二年前后	榆次大布⑯
	太谷县：民国二十年前后	棉布⑰
山东	定陶县：乾隆二十一年前后	棉布⑱
	蒲台县：乾隆二十八年前后	半头、长头、庄布⑲

① 任传藻修，穆祥仲纂，《东明县志》卷40，民生志，生计、生产，1933年铅印本。
② 张福谦修，赵鼎铭纂，《清河县志》卷2，舆地志，物产，1934年铅印本。
③ 彭作桢修，刘玉田纂，《完县新志》卷7，食货，实业，1934年铅印本。
④ 王用舟修，傅汝凤纂，《井陉县志料》第6篇，实业，农家副业，1934年铅印本。
⑤ 何其章修，贾恩绂纂，《定县志》卷2，舆地志，物产篇，1934年刻本。
⑥ 王葆安修，马文焕、陈式谌纂，《香河县志》卷5，风土，民生，1936年铅印本。
⑦ 刘东藩、傅国贤修，王召棠纂，《晋县志料》卷上，实业志，工业，1935年石印本。
⑧ 丁世恭修，刘清如纂，《续修馆陶县志》卷2，政治志，实业，1936年铅印本。
⑨ 袁棻修，张凤翔纂，《滦县志》卷4，人民志，生活状况，1937年铅印本。
⑩ 韩作舟纂修，《广平县志》卷5，物产，货属，1939年铅印本。
⑪ （清）觉罗石麟修，储大文纂，《山西通志》卷47，物产，平定州，1734年刻本。
⑫ （清）马家鼎修，张嘉言纂，《寿阳县志》卷10，风土，物产第3，1882年刻本。
⑬ 李遵唐修，王肇书纂，《闻喜县志》卷2，物产，布，1765年刻本。
⑭ 李廷芳修，徐钰、陈于廷纂，《重修襄垣县志》卷3，风俗，1782年刻本。
⑮ 周大儒纂修，《虞乡县志》卷1，地舆志，物产，1790年刻本。
⑯ 俞世铨、陶良骏修，王平格、王序宾纂，《榆次县志》卷15，物产，1863年刻本。
⑰ 安恭己等修，胡万凝纂，《太谷县志》卷4，生业略，商会，1931年铅印本。
⑱ 周尚质修，李登明纂，《曹州府志》卷7，食货志，风土，定陶县，1756年刻本。
⑲ 严文典修，任相纂，《蒲台县志》卷2，风俗，1763年刻本。

（续表）

省别	产地、时间	品种或规格
山东	滨州：咸丰十年前后	棉布①
	平阴县：光绪三十三年前后	棉布②
	章邱县：光绪三十三年前后	阔布、绵（棉）线布、洋线布③
	馆陶县：光绪三十四年前后	棉布④
	潍县：民国三十年前后	小布、丈五弦子、三丈弦子、塔寺庄棉布、白粗布、斜纹布、蚊帐布、线呢、哔叽及各种条布、白细布⑤
	牟平县：民国二十五年前后	棉布⑥
	青岛：民国二十年前后	爱国布⑦
	蒙阴县：民国二十年前后	粗布、单布⑧
	茌平县：民国二十四年前后	棉布⑨
	齐东县：民国二十四年前后	土布⑩
	德平县：民国二十五年前后	土布⑪
	临邑县：民国二十五年前后	大布⑫
	莒县：民国二十五年前后	洋线布⑬
河南	正阳县：嘉庆元年前后	陡沟布⑭
	中牟县：同治九年前后	大布⑮
	新乡县：民国十二年前后	白布⑯
	林县：民国二十一年前后	家机布⑰

① 李熙龄纂修，《滨州志》卷6，风俗，1860年刻本。

② 黄笃瓒修，朱焯纂，《平阴县乡土志》植物制造，1907年铅印本。

③ 杨学渊修，李洪钰纂，《章邱县乡土志》卷下，商务，1907年石印本。

④ 孙方□修，宋金镜、熊廷献纂，《馆陶县乡土志》卷8，物产，1908年铅印本。

⑤ 常之英修，刘祖干纂，《潍县志稿》卷24，实业志，工业，1941年铅印本。

⑥ 宋宪章修，于清泮纂，《牟平县志》卷5，政治志，实业，1936年铅印本。

⑦ 叶钟英修，匡超纂，《增修胶志》卷10，疆域志，风俗，1931年铅印本。

⑧ 黄星垣、赵家琛编纂，《蒙阴县志》卷1，物产，布属，1932年铅印本。

⑨ 牛占诚修，周之桢纂，《茌平县志》卷9，实业志，工艺，1935年铅印本。

⑩ 梁中权修，于清泮纂，《齐东县志》卷4，政治志，实业，1935年刻本。

⑪ 吕学元之修，言绥之纂，《德平县续志》卷4，经济志，物产，1936年铅印本。

⑫ 崔公甫修，王树□、王孟戌纂，《续修临邑县志》卷4，地俗篇，方言，1936年铅印本。

⑬ 卢少泉修，庄□纂，《重修莒县志》卷38，民社志，工商业，1936年铅印本。

⑭ 彭良弼修，吕元灏纂，杨德容补修，《正阳县志》卷9，补遗上，物产，1796年刻本。

⑮ 吴若烺修，焦子蕃纂，《中牟县志》卷1，舆地，风俗，1870年刻本。

⑯ 韩邦孚、蒋濬修，田芸生纂，《新乡县续志》卷2，物产，1923年铅印本。

⑰ 王泽溥、王怀斌修，李见荃纂，《林县志》卷10，风土，生计，1932年石印本。

（续表）

省别	产地、时间	品种或规格
河南	太康县:民国二十二年前后	窄面粗布①
	获嘉县:民国二十三年前后	土布、洋布②
	通许县:民国二十三年前后	土布、洋布③
	灵宝县:民国二十四年前后	家生布④
	阳武县:民国二十五年前后	洋土布⑤
	信阳县:民国二十五年前后	白布⑥
	新安县:民国二十八年前后	土花布(子花布)⑦

资料来源及说明:本表系根据方志中相关记录整理所得,其相关出处详见注释。

表2-8显示,华北市场土、洋布并存。土布种类繁多,规格不一,市场商品结构变得相对复杂。这表明其市场规模亦在扩展。市场各种品牌的洋布(纱)甚多,商品结构复杂程度甚高。如据日本人调查。(见表2-9)

表2-9:日本人统计华北市场主要洋纱、洋布品种

国别	棉 纱	棉 布
日本	1. 钟渊纺织公司制,蓝鱼牌:10支(右)、16支(右)、20支(左); 2. 三重纺织公司制,麒麟牌:10支(左、右)、12支(左)、16支(右)、20支(左); 3. 合同纺绩公司制,双鹿牌:20支二合股、20支三合股、32支二合股、32支三合股; 4. 内外棉公司制,五子夺魁牌:22支二合股、20支三合股。	1. 粗布:大阪纺织公司制:丸酉牌;三重纺织公司制:龙牌、五祥瑞牌、人马牌、福桃牌、四君子牌、唐子牌;钟渊纺织公司:东方朔牌、马蹄银牌、九龙牌;富士瓦斯纺织公司制:凤凰牌。 2. 市布:三重纺织公司制:骆驼牌、燕牌、顺牌、唐子牌、狮子牌。 3. 斜纹布:三重纺织公司制:龙牌;大阪纺织公司制:蝙蝠牌、李太白牌、英球牌;天满纺织公司制:五象牌;富士瓦斯纺织公司制:凤凰牌;冈山纺织公司制:蝶牌。 4. 洋标布:大阪纺织公司制:金鱼牌;三重纺织公司制:鹅牌;冈山纺织公司制:蝶牌。
美国	1. 美国制粗布:人头牌、猫头牌、老鸡牌、草人牌、天官牌、双兔牌、洋猫牌、喜鹊牌、马狗牌、细狗牌、骆头牌、人球牌。 2. 美国制斜纹布:飞龙牌、老狮子牌、人马牌、站马牌、老鸡牌。	

① 杜鸿宾修,刘盼遂纂,《太康县志》卷3,政务志,工业,1933年铅印本。
② 邹古愚修,邹鹄纂,《获嘉县志》卷9,风俗,生活,1934年铅印本。
③ 张士杰、侯昆禾纂修,《通许县新志》卷11,风土志,民生,1934年铅印本。
④ 张椿荣修,张象明纂,《灵宝县志》卷2,人民,1935年铅印本。
⑤ 窦经魁修,耿愔纂,《阳武县志》卷1,物产,货类,1936年铅印本。
⑥ 方廷汉、谢随安修,陈善同纂,《重修信阳县志》卷3,食货3,物产,1936年铅印本。
⑦ 李庚白修,李希白纂,《新安县志》卷9,社会,风俗,1939年石印本。

（续表）

国别	棉纱	棉布
英国	1. 英国制市布：木兰人牌、双钟牌、鸡心牌、蓝鹿牌。 2. 英国制洋标布：红鹿牌21号、牛牌、六角双鱼牌。 3. 英国制斜纹布：老七鼠字牌、五鼠字牌、圈鹿牌。 4. 英国制市布：洛阳桥牌、红塔牌、顶塔牌、红鹿圈牌、红双狮旗牌。	
荷兰	荷兰制斜纹布：蓝鹤牌、蓝鹰牌、双鼠牌、双鸡牌。	

资料来源及说明：天津史志丛刊（一）：二十世纪初的天津概况（内部发行），侯振彤译，天津市地方史志编修委员会总编辑室编，1986年，第373、374、376页。（原名《天津志》（日）中国驻屯军司令部编，明治四十二年九月印行。）

同样，海关统计亦表明，市场洋布的商品结构的复杂程度，也非开埠通商前可比。（见表2－10）

表2－10：海关华北洋布进口种类统计

货别	分类
本色棉布	本色市布，粗布，细布；本色粗细斜纹布（仅三线或四线组）；本色洋标布；本色仿制土布；本色绒布，棉法绒；漂白或染色，棉布（不论光头）； 漂市布，粗布，细布；漂竹布；漂粗细斜纹布（仅三线或四线组）；漂洋标布，漂标布；漂白织花洋纱，灯芯布，水浪布，织花胶布，灯芯席（草头下席字）法布； 漂白或染色，素或织花，细洋纱，软洋纱，稀洋纱，厚稀纱，细稀纱，轻软稀纱，维多利亚格子纱，瑞士格子纱，拉白纱布，洋板绫（漂白织花，染色素，染色织花，宽不过四十六英寸长不过十二码者不在内）；漂白或染色，提花洋纱及条子，点子，灯芯，织花，市布；漂白或染色，洋罗；漂白或染色，提花镂空洋纱；漂白，染色，印花，素或织花，绒地丝光洋纱； 染色素，市布，粗布，细布；染色素洋素绸宽不过三十英寸长不过三十三码； 染色素粗细斜纹布（仅三线或四线组）；洋红布，染色洋标布； 横工布，细哔叽，立巴次布，粗条子布，席法布； 漂白或染色，素或织花，绒纹呢； 本色，漂白，染色，印花，染纱线，绒布（绉纹呢不在内）； 漂白，染色，印花（双面印花不在内），绒布，棉法绒；双面印花绒布，棉法绒染色织绒布，棉法绒； 印花，绒花，栲花，尺六绒，尺九绒及灯芯绒，厚灯芯绒，回绒，搴丝锦布，芝麻绒； 染色冲毛呢宽不过六十四英寸长不过二十码，尺六绒，尺九绒； 起毛，未起毛，制袜衫用或针织，棉布； 未列名本色，漂白，染色，素或织花，棉布； 船用等帆布（细帆布在内）。
印花棉布	印花细洋纱，软洋纱，稀洋纱，市布；印花提花洋纱（印花条子，格子在内）； 印花粗细斜纹布，羽布，横工布，哔叽，席法布； 印花绉纹呢，绉地花布；印花真假洋红布； 印花羽绸，缎布，羽绸，枱（台）布，泰西缎，羽绫，斜羽绸，粗条子布，罗缎，水云缎；印花洋罗；印花十字纹绸； 一色印双面印花标； 手工印花布，印花羽缎，无光印花席法布，印花拷花布，印花稀洋纱，印花窗户布，印花衣料，印花单面斜纹布，印花裤料； 未刊名印花棉布。

（续表）

货别	分　类
他类棉布	染纱织罗缎； 未列名染纱织棉布； 土布； 腿带，毯，毯布；线毯，被，手帕； 蚊帐纱（按照五十码一匹计算）； 檾［苘］麻，麻或洋线，新旧袋； 透水或不透水之火麻，檾（苘）麻，所织船用、篷帐用等之帆布，油帆布； 成衣用宽紧细麻帆布； 洋线袋布； 细麻布，棉麻布。
毛棉制品	条子羽纱，光羽纱，羽纱呢，素羽纱，斜地羽纱； 毯，氈（毛夹棉）； 重新翻制毛棉呢如厚呢，印花厚呢，细呢，印花细呢，企头呢，斜纹呢，平厚呢，条子平厚呢，军呢，皮呢，色厚呢；毛棉呢；细法兰绒，法兰呢； 毛棉衣料，衣裹料，成套衣料； 未列名毛棉制品。
毛制品	旗纱布；羽毛；法兰绒；毛羽绫；羽毛带； 粗哔叽；细哔叽、斜纹哔叽、薄哔叽、单面斜纹呢； 小呢；花呢，火姆四木（花呢），大衣呢；直贡呢； 毛细呢，毛平厚呢，毛厚呢，哆罗呢，上企呢，冲衣着呢，中衣着呢； 薄花呢。
杂质匹货	人造细丝，粗丝，人造绒线； 造丝夹棉织品，人造丝夹毛织品，人造丝织品； 花绸，装饰家具布料，硬丝绒，硬剪绒； 橡皮，棉线，毛线，丝线，雨衣布； 未列名杂质匹货。

资料来源及说明：本则资料系据海关华洋关册（1930年）进口目录整理，第8－11页，且只整理布匹部分。同时，为研究表述方便，本表中也把一些毛棉制品统计在内。

2.2.3　市场体系的变迁

复杂商品结构显示出多层次市场需求是导致华北棉布市场呈现如此变化的重要原因。它也必定与土、洋布之市场销售区域竞争紧密相关。市场竞争加剧使棉布生产与流通在区域空间上发生极大变化。即棉布市场体系亦随之变动。（见表2－11、表2－12）

表2－11：洋布输入前后华北手织布生产、销售状况变化统计（不包括在本境内销售）

省别	产地、品种	洋布输入前销售地区	洋布输入后销售地区及备注
河北（直隶）	宝坻县；细布①	直隶平谷县、东北	直隶、东北
	威县；棉布②		西河营、归化城及张家口等处

① 李兴焯修，王兆之纂，《平谷县志》卷3，社会志，民生，1934年铅印本。

② 崔正春修，尚希贤纂，《威县志》卷3，舆地志，物产，1929年铅印本。

（续表）

省别	产地、品种	洋布输入前销售地区	洋布输入后销售地区及备注
河北（直隶）	正定府；棉布①	山西和其他地区	
	枣强县；棉布②	所谓布者，咸、同年间，产量最宏，销路亦广，县境无地不用，无人不用，西北各省仰给此布，不能一日离。西北各省、平津地区	自商舶云集，洋布输入，土布遂一落千丈……所产国布粗劣而坚实。往时粗布尚可输出平津，近则萧条矣
	乐亭县；棉布③	西北各省及其他地区	
	广平府；粗布、细布、紫花布（一物异名）④	贩于山西潞安等处及北口外者尤多。	
	深州；棉布⑤	州所属地、塞外（西北和内蒙）	近来外国布来，尽夺吾国布利，间有织布者，其纱仍购之外国，故利入益微。又：近则英、美、日本各国之布用机器织造者幅宽而价廉，吾国布利尽为兼并，种棉之地日少。
	束鹿县；绒布、棉布⑥	本境外及其他地区	惟棉布一种，织于女工，虽未足抵洋布之输入，上属大宗。又：织绒，辛集一带，此物制造颇工，往年工厂不计其数。近为洋绒所夺，统合境计之，不过存二、三家……又：第近来洋布输入甚伙，尽夺中国纺织之利。间有织者，其线仍购之外国，其利入益微。又：往时辛集一区，所织棉绒颇能行远，后以工作不知改良，利竟为洋绒所夺。近时佃士营数村用棉线织成绉纹巾带，旁近郡邑颇喜用之。
	高阳县；粗布、市布、爱国袍料标布、提花布、粗细斜纹布、麻布⑦		本县织布始兴于光绪三十二年……棉布推销地点，几占全国之半。如热、察、绥、内外蒙、库伦、陕、甘、晋、豫、直、鲁等地。麻、丝织品则销于川、云、两湖、上海、东三省等地（但在民国二十二年后，布业一度呈衰退之象）。

① 郑大进纂修，《正定府志》卷12，风物下，物产，货属，1762年刻本。

② 宋兆升修，张宗载、齐文焕纂，《枣强县志料》卷2，物产，货类；又卷2，实业，工业，1931年铅印本。

③ 游智开修，史梦兰等纂，《乐亭县志》卷2，地理，风俗，1877年刻本。

④ 吴中彦修，胡景桂纂，《重修广平府志》卷18，舆地略，物产，货属，1894年刻本。

⑤ 吴汝纶撰，《深州风土记》第21，物产，1900年刻本。

⑥ （清）张凤台修，李中桂纂，《束鹿乡土志》卷12，物产，1906年修，1938年铅印本。

⑦ 李大本修，李晓泠纂，《高阳县志》卷2，实业，1933年刻本。

（续表）

省别	产地、品种	洋布输入前销售地区	洋布输入后销售地区及备注
河北（直隶）	广宗县；棉布①	北口等处	仅在本境销售（但所织棉布带仍销往山西地区），织布为全境普通出品，所用木机系旧式。近年，尹村一带木机改良者渐多。数十年前，县城尚有布栈两家，运销口北等处。自布栈歇业，销路顿绝，仅在本境以有易无而已。城北多织棉带……向皆销售晋省，然为利甚微，前年因征税繁重，各机停工，十八年各区呈请免除捐税，稍有生机，渐多复业，但终无大工厂也。
	南宫县；白（棉）线、红花线、粗布②	线分白线、红花线数种，二三十年前，其输出西自顺德以达泽潞，东自鲁南以达徐州……布曰粗布，其上者缜密细白，以五区之建成村最为有名，西运太原，北至张家口。	仅在本境销售……自洋布盛行，其业渐衰，外人市我之棉易为纱布以罔我之利，而我之线布遂不出里门，惟集市尚有零星售卖者，无工业之可言矣。又：通商以来，为洋布、洋线所挤，不敷工本，相率休其纺织。
	任县；水线布、庄布、换花布、洋线布③		惟庄布为大宗，由任城布行销往山西忻州一带，常年平均约五十万匹，常价每匹制钱五百文。近年棉价日贵，捐项亦增，织者无利，递年衰减，所出不过四分之一。另有洋线布，常年出额十五六万匹，自官庄行销归化城。
	藁城县；粗布④	山西（所出土布鬻诸肆中，或远售山西诸处。）	近年以来，洋布侵入，销售日衰。
	平山县；棉布⑤	山西：农家副业，距城较近村庄以纺棉织布者为多。前数年，售至山西一带者，每年不下百万匹。	近年骤减，其减少之原因，一则因时局关系，一则因拘守旧法，不知改良，遂至一落千丈。
	三河县；棉布⑥	古北口外（内外蒙）	古北口外（内外蒙）
	高邑县；棉纱、棉布⑦		除自用绳线织布外，销于本县及邻县约四万余斤。织布，农民于岁晚或利用妇女余暇，用木机织布，除服用外，每年销于山西省及绥远等处约两万余匹。

① 姜谥荣修，韩敏修纂，《广宗县志》卷3，民生略，1933年铅印本。
② 黄容惠修，贾恩绂纂，《南宫县志》卷3，疆域志，物产篇，货物；又：卷21，掌故志，谣俗篇，1936年刻本。
③ （清）谢昺麟修，陈智纂，王亿年增修，刘书旗增纂，《任县志》卷1，地理，物产，1910年修，1915年增修铅印本。
④ 林翰儒编，《藁城乡土地理》下册，土布，1923年石印本。
⑤ 金润壁修，焦遇祥、张林纂，《平山县志料集》卷6，实业，1932年铅印本。
⑥ 唐玉堂修，吴宝铭等纂，《三河县新志》卷15，因革志，实业篇，织布工，1935年铅印本。
⑦ 王天杰、徐景章修，宋文华纂，《高邑县志》卷2，实业，农家副业，1933年铅印本。

(续表)

省别	产地、品种	洋布输入前销售地区	洋布输入后销售地区及备注
河北(直隶)	清河县;粗布、花粗布、紫花布①	山西、天津、口外(内外蒙、东北)	用本地木棉、旧式机织成布匹,俗名粗布。兼有各种花样曰花布;用花棉织成者,曰紫花布。借织以生活者约占全县之半数,多运销山西、天津、口外等处。
	完县;二细大布、对布、洋布②	涞源、蔚县、张家口、绥远	全县约有织机三千余架……每年可产布四十余万匹。插机二细大布、对布等名……行销于涞源、蔚县、张家口、绥远等处为多……洋布,织洋布者惟小城北村民多操此业,共有机三十余架……以白洋布及花条布为多,每年可产布二千余匹,值洋一万八千圆,多销于本地。
	井陉县;棉布、棉纺织品③		本邑第三区各乡家家营纺织业,或织布,或织手巾,或织腰带、腿带,或纺线,除自用外,大都运至平山城销售,每年产量计粗布约二十万匹,毛巾及带子约七八万条,所需资本约一二万元。
	定县;白布④		白布,为定产大宗,每年约三百万元。近二三年来缩至二百万元,运往张家口一带。
	香河县;土布、洋土布⑤	北平(北京)口北一带	布商:本县线店四十余家,均收买土布,向北平、口北一带行销。又:本县出品,关于人工制造者,以土布为大宗。年来改用铁轮织机,土布以外,并能织市布、大线各种,与舶来品无异,行销京、津、口北等处……又:自洋布输入,物美而价廉,争相购用,家机土布遂不可见。年来布业甚盛,亦用洋乡织成,改良布机,无复从前之笨拙矣。
	涿县;土布、毛巾⑥		土布年产八千余匹,行销本县及邻县,约值四万余元。毛巾年产二万余条,行销本县,约值一千六百余元。
	广平县;粗布、细布、紫花布⑦	山西的榆次、太谷及邻封各县……为数尚伙。	自洋布充斥以来,现在有等于无。

① 张福谦修,赵鼎铭纂,《清河县志》卷2,舆地志,物产,1934年铅印本。
② 彭作桢修,刘玉田纂,《完县新志》卷7,食货,实业,1934年铅印本。
③ 王用舟修,傅汝凤纂,《井陉县志料》第6编,实业,农家副业,1934年铅印本。
④ 何其章修,贾恩绂纂,《定县志》卷2,舆地志,物产篇,1934年铅印本。
⑤ 王葆安修,陈式谌纂,《香河县志》卷3,实业,1936年铅印本。
⑥ 宋大章修,周存培、张星楼纂,《涿县志》第3编,经济,第1卷,实业,1936年铅印本。
⑦ 韩作舟纂修,《广平县志》卷5,物产,货属、工商状况,1939年铅印本。

（续表）

省别	产地、品种	洋布输入前销售地区	洋布输入后销售地区及备注
山西	寿阳县；土布①	北路	备注：余布鬻于北路，有自直隶获鹿滦城等处来者，谓之东布。因呼本邑所出之为西布。
	榆次县；榆次大布②	西北诸州县	
山东	定陶县；棉布③	附近其他各邑	
	蒲台县；半头、长头、庄布④	鲁南、东北	
	陵县；白粗布⑤	辽沈即东北	迄机器纺纱（俗呼洋布）白粗布销路顿形滞涩，渐至断绝，全县手工业无形破产，农民经济影响甚巨。
	章邱县；阔布、绵（棉）布、洋线布⑥	北京和附近各县	阔布，向称贡品，近已奉文停办，尚有绵（棉）线布、洋线布二种，以辛家寨布所织为最，销京庄及近邑。
	潍县；棉布⑦	全国（包括周村、河北、河南、徐州等处。）	全国；民国十二、十三年间……布机台数增至五万以上，出品年达千万匹，销路之广遍于全国，与县人生计有重大关系。
	阳信县；粗布⑧	鲁东、东北	鲁东、东北；自受洋布抵制，虽仍往省东京东运售，而销售行市不如昔日远甚。
	齐东县；土布⑨	本境及邻近各县	所织土布质厚而坚，农人最适用，岁出数万匹，销售本境及邻县。现受洋布影响，已日见堕落矣。
	德平县；土布⑩	北京、关外（东北）：商人设庄收买，运销于燕蓟之地。	清之末叶，贸易颇盛。民十而还，洋货侵入，邑人因袭旧法，不谋改良，而此业遂一蹶不振。

① 马家鼎修，张嘉言纂，《寿阳县志》卷10，风土，物产第三，1882年刻本。
② 俞世铨、陶良骏修，王平格、王序宾纂，《榆次县志》卷15，物产，1863年刻本。
③ 周尚质修，李登明纂，《曹州府志》卷7，食货志，风土，定陶县，1756年刻本。
④ 严文典修，任相纂，《蒲台县志》卷2，物产，1763年刻本。
⑤ 苗恩波修，刘荫岐纂，《陵县续志》卷3，第18编，工商业，1935年刻本。
⑥ 杨学渊修，李洪钰纂，《章邱县乡土志》卷下，商务，1907年刻本。
⑦ 常之英修，刘祖干纂，《潍县志稿》卷24，实业志，工业，1941年铅印本。
⑧ 朱兰修，劳[口]宣纂，《阳信县志》卷7，物产志，制造物，1926年铅印本。
⑨ 梁中权修，于清泮纂，《齐东县志》卷2，地理志，社会，1935年铅印本。
⑩ 吕学之修，严绥之纂，《德平县续志》卷4，经济志，物产；又：卷10，社会志，县民生活，1936年铅印本。

（续表）

省别	产地、品种	洋布输入前销售地区	洋布输入后销售地区及备注
河南	正阳县；陡布①	东达颍、亳，西达山陕，衣被颇广焉，居人号曰陡布。又：陡沟细布，在清代行销山、陕、豫、皖数省，亦属名产。	近受洋货侵入，衰替殆尽。
	新乡县；白布②		白布，西南区产棉最多，故小冀镇有布行数家，招客收买，行销山西。
	林县；家机布③		所制棉布质坚耐久，名曰家机布，除备服用外，运销潞、泽等处。
	太康县；棉布④	附近其他各县或远方（布业亦有可观，所织布匹纱粗幅窄，坚实耐用，向为输出大宗。）	惜自洋布输入后，渐被压倒，然农民暇日仍时为当户之织。

资料来源及说明：本表系根据方志中相关记录整理所得，其相关出处详见注释。

表2-11说明，开埠通商后，来自口岸或城市地区的洋布挤占了土布相当大的市场份额。一些土布的销售市场局限在本境或更小的范围，甚至于回复到自给自足的生产层次。但另有一些土布，其市场销售范围不仅没有缩小，反而形成了全国市场，如高阳、潍县的土布。此外，还有一部分土布仍能就近跨省销售。因此，华北市场棉布的流向发生急剧变化。即：棉布由原生产地——乡村（家庭手工业或少量工场手工业）→城市，或生产地→缺布地区，演变为口岸（通都大邑的机器生产或近代批发零售）→中小城市→乡村，乡村→城市，或生产地→缺布地区。两种市场流通网络并存与竞争，棉布市场体系变化既受土洋布市场竞争影响，又受其他商品贸易条件变化之影响。

另外，于市场体系变动而言，像高阳这类织布区的兴起对区域内其他地区棉布销售市场产生的冲击，要远比洋布输入的影响大。如河北晋县本为棉布产区，但“惟近十数年来，高阳布盛行，乡曲人民贪其价格低廉，不计及质料之坚韧耐久与否，以致用高阳布者较土布为多”。⑤ 另外，“自洋布与高阳布畅销境内之后，土布大受影响。”⑥宣化县，“农民之衣服，粗布占衣料之大宗，褡裢粗、爱国布、高阳布、东洋布为上等衣料，丝绸种类完全不办”。⑦ 满城县，“衣服向用土布、家机棉线……村畛妇女每织土布自用，不尚美观。虽购置丝品衣服嫁

① 彭良弼修，吕元灏纂，杨德容补修，《正阳县志》卷9，补遗上，物产，1796年刻本；刘月泉修，陈全三纂，《重修正阳县志》卷2，实业，农业，工业，1936年铅印本。

② 韩邦孚、蒋濬川修，田芸生纂，《新乡县续志》卷2，物产，1923年铅印本。

③ 王泽溥、王怀斌修，李见荃纂，《林县志》卷10，风土，生计，1932年石印本。

④ 杜鸿宾修，刘盼遂纂，《太康县志》卷3，政务志，工业，1933年铅印本。

⑤ 刘东藩、傅国贤修，王召棠纂，《晋县志料》卷上，风土志，民生，1935年石印本。

⑥ 刘东藩、傅国贤修，王召棠纂，《晋县志料》卷上，实业志，工业，1935年石印本。

⑦ 陈继曾修，郭维城纂，《宣化县新志》卷5，实业志，农业概况，1922年铅印本。

娶间有之，常服则无红绿花布。斜纹条布喜用国货，以高阳输入者多。外洋布品价昂，购者甚少”。① 青县，“布，杜林附近村庄多织袜面布者，然销路不畅，以受洋布及高阳布影响故也”。② 柏乡县，“柏邑民俗敦厚……衣之来源，粗布则由本地所产之棉花纺织而成，细布则用高阳布”。③ 南皮县，“南部各村家家自为纺织，衣皆棉布，间有以洋纱相间织布者……北部三区亦有自为纺织者，但十无四五，余皆购用洋布或高阳布为衣”。④

上述材料既呈现了高阳织布业的市场扩展状况，又显示了此变化在生产与销售两关键环节对华北棉布市场体系变动产生的重要影响。

2.2.4 商品总量、流通量增加与市场波动较大

洋布输入虽对华北棉布市场冲击较大，但在市场竞争中，手织业因采用新式织机——特别是使用洋纱织布——而继续发展；加之随着机器纺织业的发展，市场商品总量、流通量增加是其市场变动的又一主要特征。

自清末民初始，华北出现了一批不完全限于行政区划的商品棉布手织区。其中河北高阳、宝坻织布区和山东潍县织布区最为著名。高阳织布区，“除高阳全境外，有蠡县、清苑、安新和任邱的一部分，最兴盛时曾兼及河间、肃宁县的边境各村”，⑤潍县织布区“以潍县为中心，包括昌邑、寿光、昌乐三邻县的一部”。⑥ 据方显廷、毕相辉研究，1929 年高阳、宝坻两地手织业产值分别达到30 600 000元、7 525 000元，占河北全省手织业产值中的37% 和9% 。⑦ 这也可从两地织户的现金收入得到反映。据调查，1924 年，宝坻手织区内织户每家依靠织布的平均纯收入为 105. 11 元，依靠农作物的净收入，佃农平均为 26. 38 元，半自耕农为 86. 62 元。即，佃户的织布收入约占其总收入的近 80% ，半自耕农的织布收入占其总收入的 55% 。⑧ 在高阳织布区，据 1932 年调查全区有50 793人从事织布。对该区 344 户家庭织户的收入统计分析发现：“平均每家全年收入 152. 91 元中，织布工资 75. 11 元，占 49. 12% ，自织布匹净利 45. 60 元，占 29. 82% ，副业及其他工艺收入 4. 24 元，占 2. 77% 。”⑨由此可推知，此类地区商品棉布产量大。

据吴承明先生判断，近代中国棉布市场虽已呈现出洋布排挤土布的趋势，但在本研究时段内，土布仍占据较大市场份额。若此，并鉴于土、洋布之实际市场流通状况，那么，华北棉布市场的商品总量和总流通量就应非常大。⑩

另外需说明者，尽管随着国内近代纺织业的发展，外洋进口棉布有下降，但其市场总额仍然庞大。再者，同期国内纱厂生产的棉布由 444 万匹增加到1 618万匹，再增为3 048万

---

① 陈宝生修，杨式震、陈昌源纂，《满城县志略》卷 8，风土，民生，1931 年铅印本。

② 万震霄修，高遵章、姚维锦纂，《青县志》卷 10，故实志，物产篇，货物，1931 年铅印本。

③ 牛宝善修，魏永弼纂，《柏乡县志》卷 5，风俗，民生，1932 年铅印本。

④ 王德乾修，刘树鑫纂，《南皮县志》卷 3，风土志，民生状况，1933 年铅印本。

⑤ 见吴知《乡村织布工业的一个研究》，商务印书馆 1936 年版，第 2 页。

⑥ 见严中平《中国棉纺织史稿》，科学出版社 1955 年版，第 259 页。

⑦ 见方显廷、毕相辉《由宝坻手织工业观察工业制度之演变》，《政治经济学报》，南开大学经济研究所 1936 年版，第 4 卷，第 2 期。

⑧ 同上。

⑨ 见吴知《乡村织布工业的一个研究》，商务印书馆 1936 年版，第 2 页。

⑩ 见许涤新、吴承明《旧民主主义革命时期的中国资本主义》，人民出版社 1990 年版，第 277、325 页。

匹，但其中60%是日本在华纱厂所产。① 而事实上，由于日本在华纱厂主要分布在天津、青岛、上海三地，可见所增加部分，在华北市场也必有增加。同时，华北布商多直接赴上海购货。所以，近代华北棉布市场商品总量和流通量增加应是确切的。（见表2－12）

表2－12：华北各关直接进口来源地别棉布价值（1913—1935）　　单位：海关两

年份	日本	英国	中国香港	美国	其他	总计
1913	18 535 645	3 109 149	258 486		237 700	22 140 980
1914	16 220 073	3 834 710	27 326	37 554	242 032	20 361 695
1915	16 310 310	1 214 900	58 477	62 831	33 613	17 680 131
1916	7 668 908	621 701	2 413	273	34 744	8 328 039
1917	14 319 624	634 810	17 060	15 789	1 943	14 989 226
1918	12 535 696	933 751	64 348		159	13 533 954
1919	18 748 196	846 667	18 986	37 376	32 266	19 683 491
1920	14 288 262	4 418 931	38	26 575	192 380	18 926 186
1921	11 046 033	1 462 714	5 757	1 784	69 298	12 585 586
1922	13 533 039	748 223	18 710		41 065	14 341 037
1923	12 662 261	392 533	1 464	1 835	51 660	13 109 753
1924	14 826 398	858 801	406	2 038	46 495	15 734 138
1925	19 041 456	504 380	224	1 221	49 122	19 596 403
1926	18 322 855	709 478	4 680	1 354	401 591	19 439 958
1927	18 962 899	309 088	4 881	2 168	170 879	19 449 915
1928	19 303 060	946 951	1 890	3 463	288 694	20 544 058
1929	16 161 975	1 321 731	1 586	35 507	1 607 196	19 127 545
1930	21 993 770	402 614	3 144	4 480	355 037	22 759 045
1931	22 662 168	792 211	11 361	3 968	1 040 104	24 509 812
1932	30 418 190	1 243 100	73 604	22 371	876 749	32 634 014
1933	13 732 255	278 433	665	19 946	565 805	14 597 104
1934	6 166 668	361 132	558	11 423	498 043	7 037 824
1935	6 394 908	173 458	432	13 836	118 614	6 701 248

资料来源："中国科学院经济研究所藏抄件"引自严中平《中国棉纺织史稿》，北京，科学出版社1955年，第360页。

说明：华北数字1915年缺5本色市布及号列10斜纹布。

表2－12中，华北口岸每年直接进口棉布价值总量虽有所下降，但即使在进口量最少的1916、1934、1935年，其年价值量都分别达到8 328 039海关两、7 037 824海关两、6 701 248海关两，而其他年份则多在一千多万海关两以上，1932年进口最多时竟高达32 634 014海关两。由

① 见许涤新、吴承明《新民主主义革命时期的中国资本主义》，人民出版社1990年版，第246页。

此，近代华北棉布市场商品棉布总量、流通量增加确属事实。即市场规模有了极大增长。但应注意，从表2－12的数据看，各个年份、不同国家或地区在华北棉布市场的市场份额往往变化很大，这说明华北棉布市场不稳定，市场波动较大。在进口量最低的1935年，华北棉布市场外洋棉布的市场总量仍超过600万疋。加之在此期间，本土机器纺织业，无论是华商所属还是洋商所属均已有相当规模。由此，整个华北棉布市场上商品流通总量确实有了巨大增长。此表数据显示，1913年前、1913—1917年、1917—1932年、1932—1935年是市场变动的几个重要时间拐点。尤鉴于1913—1935年，华洋商均积极兴办机器纺织业，客观上会减少外洋棉布进口。因此，1863—1910年洋布进口数量变化，更有助于说明市场变动的此种特点。（见图2－1至图2－4）

图2－1：

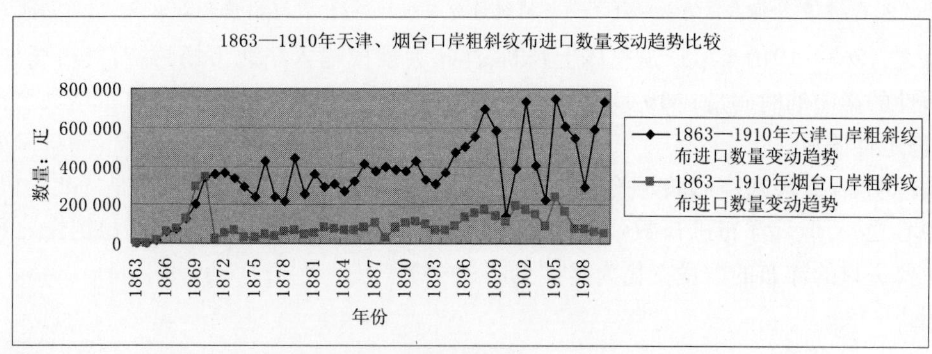

资料来源：本表数据系据海关华洋贸易关册统计分类统计所得，参见附录表2、表3。

图2－2：

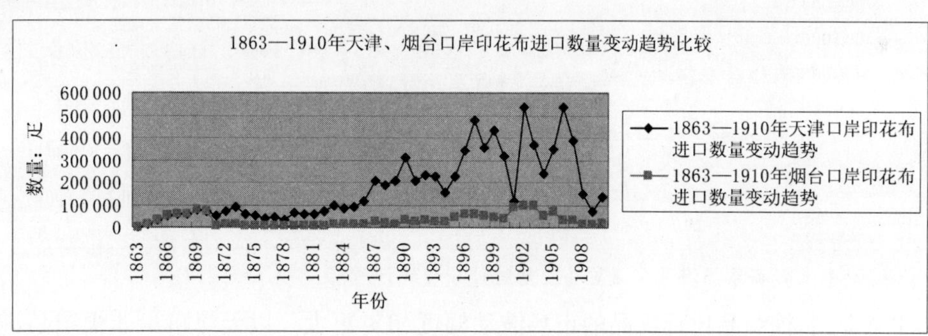

资料来源：本表数据系据海关华洋贸易关册统计分类统计所得，参见附录表2、表3。

图2－3：

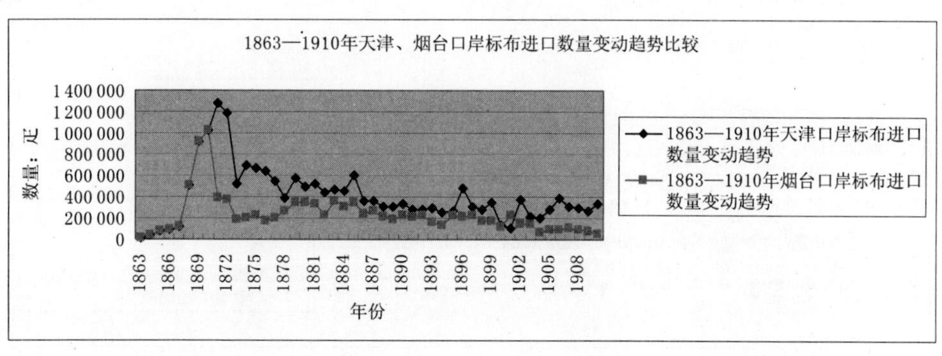

资料来源：本表数据系据海关华洋贸易关册统计分类统计所得，参见附录表2、表3。

图2－4：

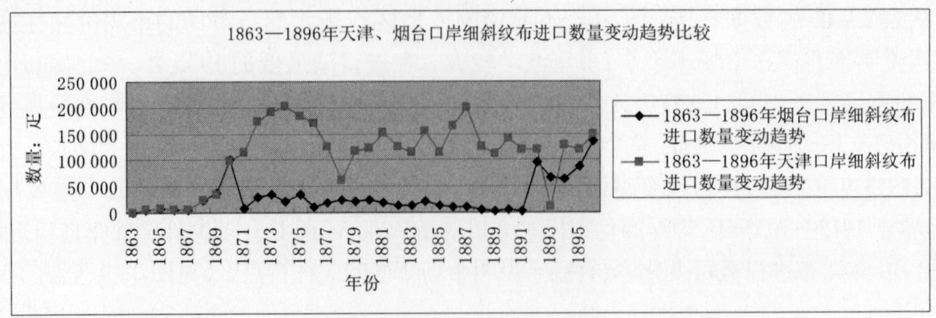

资料来源：本表数据系据海关华洋贸易关册统计分类统计所得，参见附录表2、表3。

总之，1863—1910年：① 从总体上判断，洋布大规模输入华北市场，并对其市场变动产生实质性的影响的时间是在19世纪80年代前后。② 华北棉布市场商品总量增大、波动较大、不稳定性明显。

需说明者，开埠通商后胶州关商品进出口量迅速超过烟台口岸，青岛亦是华北的机器纺织业中心之一，但其洋布进口数量变化亦呈现商品总量增大、波动较大、不稳定性之特点。以其主要进口的洋布的数量变化为据：（见图2－5）

图2－5：

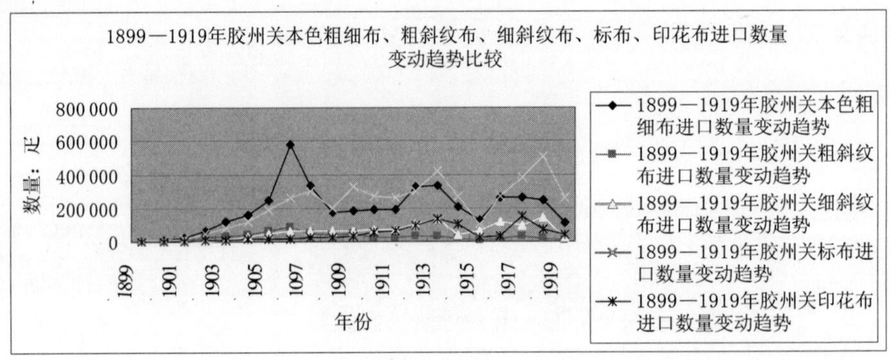

资料来源：本表数据系据海关华洋贸易关册统计分类统计所得，参见附录表1。

应注意者，非棉织品比棉织品的市场波动幅度相对更大。以天津口岸非棉织品进口量变化为据：（见图2－6）

图2－6：

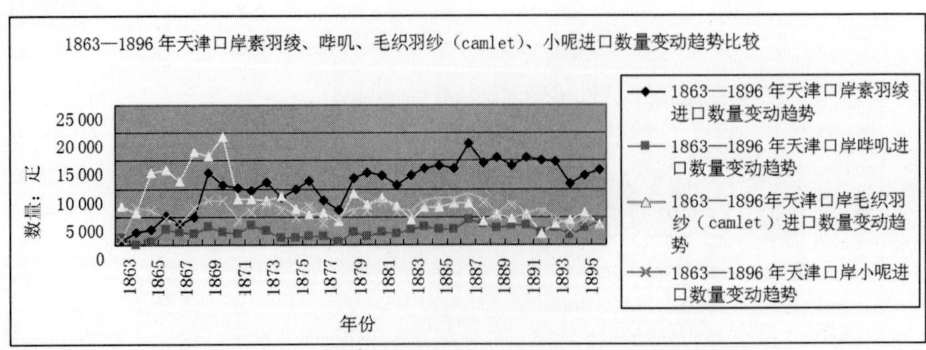

资料来源：本表数据系据海关华洋贸易关册统计分类统计所得，参见附录表3。

将上图与前述相关棉布进口数量趋势图比较,发现棉织品年进口数量变动幅度均比非棉织品年进口数量变动幅度要小得多。即整体上近代华北棉布市场虽波动频繁,不稳定性明显,但其稳定性却相对高于非棉织品。

2.2.5 市场价格结构变动趋势

华北棉布市场商品价格变动趋势主要体现在下述两个层面:

① 棉布价格由"相对等价交换"转变为"不等价交换"。在传统棉布市场,商人虽能上下其手,欺诈行为较多,但因绝大多数小生产者之间的商品交换仍以获取使用价值为目的,交易双方大都了解商品(棉布)的生产过程,所以总体上仍属于等价交换。但开埠通商后,棉布、棉纱以及棉花的价格变动却深受国际市场影响。至此,华北棉布市场的商品价格变动不再单纯受生产者剩余和国内供求关系变化的影响,交易双方对商品生产及其市场销售过程认知状态的不对称性客观存在,商品价格结构已转变为不等价交换。据调查,因棉布价格变化剧烈,北京附近的农民,1923 年要比 1901 年多卖 40.43% 的小麦,才能购买相同数量和品质的棉布。① 再以棉花为例:1920 年,华北棉花丰收,但世界棉花歉收,华北市场棉价不跌反涨。1926 年河北棉花产量仅及上年的 84.9% ,而世界棉产增长 13% ,天津市场棉价却跌 15% 。② 济南棉花多运往日本大阪,或供给青岛日商纱厂,棉价也以大阪行情为据,"济南重要之花行,有每日打电报大阪询问行情者"。③ 由此,棉布的市场价格波动较大,对市场的稳定性产生了影响。(见表 2-13)

表 2-13:方志中华北地区土、洋布价格统计

产地	土布或土纱价格	洋布或洋纱价格	工　价
河北 邯郸民生工厂④			令织户余伊家中为之,限定百十六尺成匹,每匹给工资洋七角……每年产布一万二千余匹,工资八千余元。
河北 满城县:第一工厂、手工织布⑤	土布每丈价银圆一元。	宽布每匹价约银圆十一元,毛巾每打价约银圆一元八角,线袜每打价约银圆二元五角。	
河北 完县手工棉布⑥	每匹平均值洋一圆有奇。	每年产布二千余匹,值洋一万八千圆。	每年产(手工洋布)布二千余匹,值洋一万八千圆。

① 见林修竹《山东各县乡土调查录》,山东省长公署教育科 1920 年版,第 35 页。

② 见贾秀岩《民国价格史》,国家物价出版社 1992 年版,第 118 页。

③ 见中华棉业统计协会《中国棉产统计(1933—1949)》,中华棉业统计协会出版,第 12 页。

④ 李肇基修,李世昌纂,《邯郸县志》卷 13,实业志,工业,1940 年刻本。

⑤ 陈宝生修,杨式震、陈昌源纂,《满城县志略》卷 7,县政,实业,1931 年铅印本。

⑥ 彭作桢修,刘玉田纂,《完县新志》卷 7,食货,实业,1934 年铅印本。

（续表）

产地	土布或土纱价格	洋布或洋纱价格	工　价
河北威县手织棉布①	花价昂而布价低。		
河北任县②	惟庄布为大宗……常价每匹制钱五百文。		惟庄布为大宗，由任城布行销往山西忻州一带，常年平均约五十万匹，常价每匹制钱五百文。近年棉价日贵，捐项亦增，织者无利，递年衰减，所出不过四分之一。

资料来源及说明：本表系笔者根据方志中相关记录整理所得，其相关出处详见注释。此外，关于价格记录也是以直接文字记录为据。

上表显示，棉布价格变化，尤其是手织布价格变化既受土、洋布市场竞争影响，还受工价以及棉花价格等多种因素影响。棉布市场商品价格结构变化已不再单纯受生产者剩余和国内供求关系变化的影响，这个判断应当是成立的。由此，棉布市场商品价格波动，市场非稳定性明显，就自在情势之中。

② 棉布价格总体呈下降趋势，但波动明显。于此，笔者以有数据统计之1921—1931年华北市场棉布价格变化管窥此问题。（见图2－7至图2－14）

（1）本色棉布类：

图2－7：

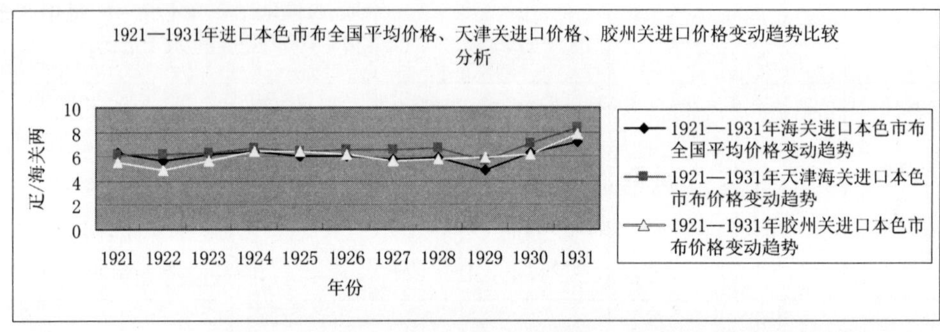

资料来源：此表数据系据海关华洋贸易关册资料数据分类统计、计算所得；见附录表4。

图2－7中，天津、胶州口岸本色市布进口价与全国平均价格基本接近，变动趋势基本一致。1928—1931年本色市布价格有一突然上升过程。1921—1928年，本色市布进口价格基本平稳，无明显上升或下降。

① 崔正春修，商希贤纂，《威县志》卷3，舆地志，物产，1929年铅印本。

② 谢昺麟修，陈智力纂，王亿年增修，刘书旗增纂，《任县志》卷1，地理，物产，1910年修，1915年增修铅印本。

图 2 - 8：

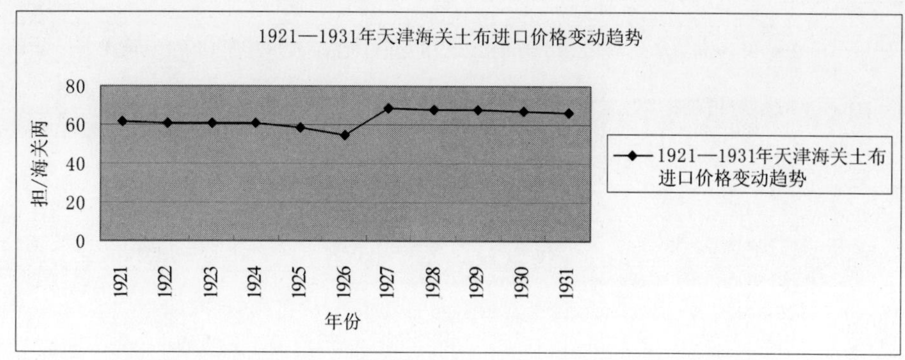

资料来源：此表系据海关华洋贸易关册资料数据分类统计、计算所得；见附录表5。

图 2 - 9：

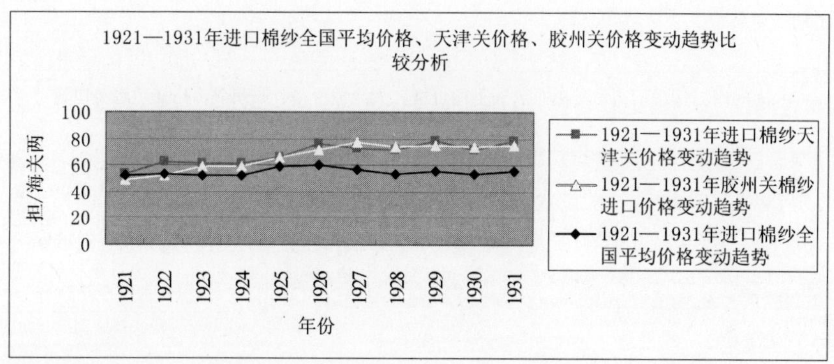

资料来源：此表系据海关华洋贸易关册资料数据分类统计、计算所得；见附录表6。

图 2 - 8 显示，土布市场价格均属平稳。1921—1925 年其价格基本无变化，1926—1928 年，土布价格上升较快。鉴于此期间民众已大量采用机纱织土布，并反观图 2 - 9 则发现，天津、胶州口岸棉纱价格高于全国市场平均价格，表明其市场利润相对较高。另外，两图都显示纱、土布价格均呈上升态势，尤其在 1926 年后，棉纱价格一直在接近于 80 的价位徘徊，同期土布价格却一直在接近 60 的价位徘徊。即棉布价格已非完全受本区域市场影响。比较土布与其他棉布的价格变动幅度，发现一则相对稳定，一则相对变动较大，这说明土、洋布市场份额变化与其自身价格变化相关。因此，棉布价格不稳定性与市场整体不稳定性成正比。

（2）漂白或印染棉布类：

图 2 - 10：

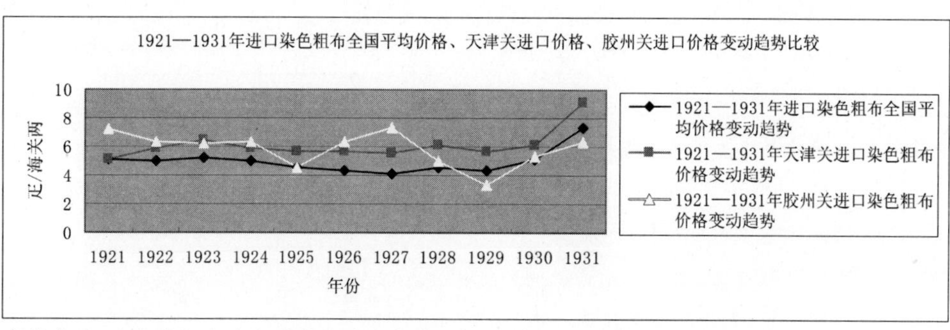

资料来源：此表系据海关华洋贸易关册资料数据分类统计、计算所得；见附录表6。

图 2-11：

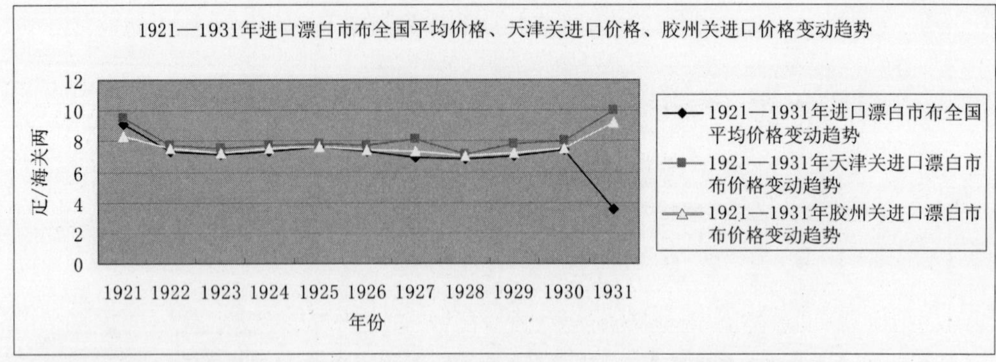

资料来源：此表系据海关华洋贸易关册资料数据分类统计、计算所得；见附录表6。

图 2-12：

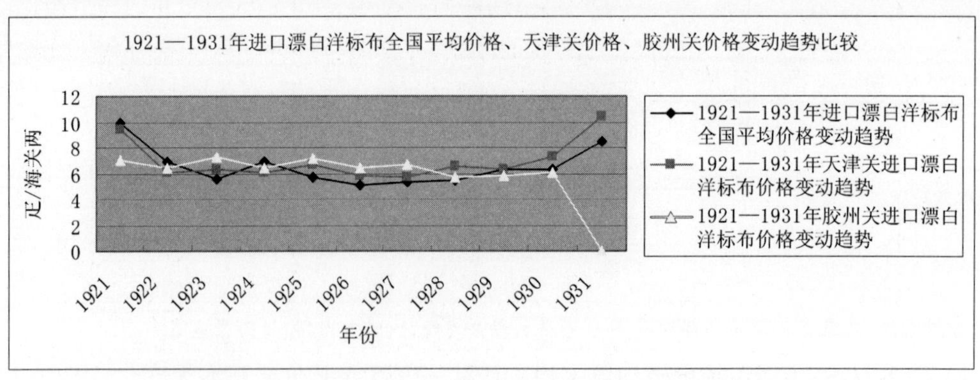

资料来源：此表系据海关华洋贸易关册资料数据分类统计、计算所得；见附录表7。

图 2-13：

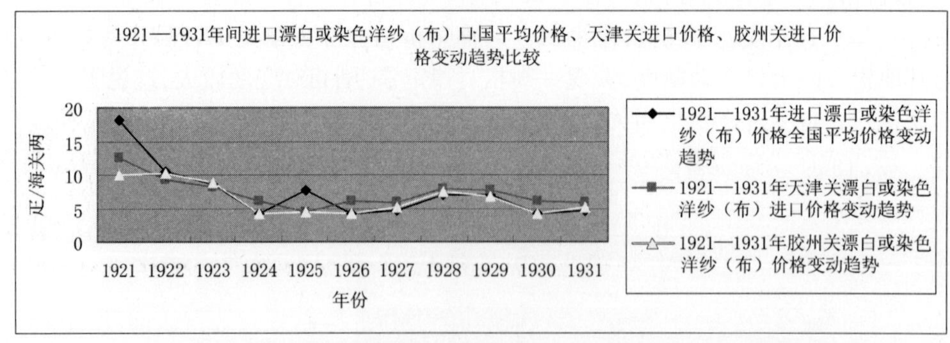

资料来源：此表系据海关华洋贸易关册资料数据分类统计、计算所得；参见附录表7。

图 2-14：

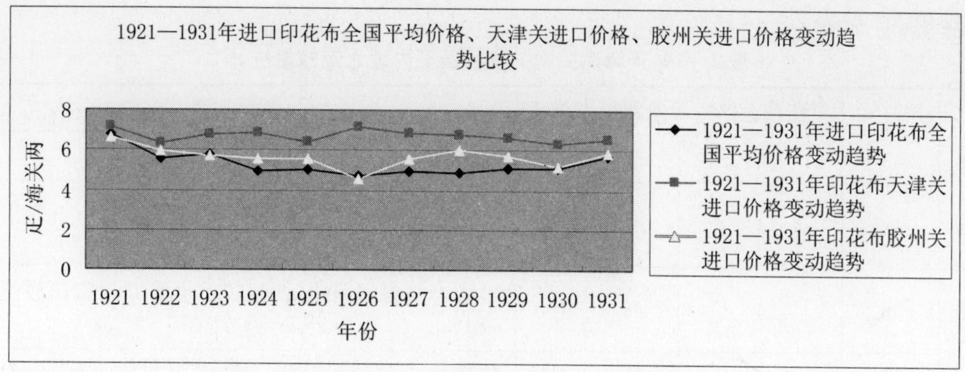

资料来源：此表系据海关华洋贸易关册资料数据分类统计、计算所得；见附录表5。

上述趋势图中，天津、胶州口岸漂白或染色棉布进口价格变动趋势与前述本色棉布价格变动趋势基本一致。其中，1921—1931年洋纱市场价格整体下降。其价格从1921年20两/疋的高位猛降至1931年的5两/疋。除1925—1927年外，印花布市场价格变动幅度较小，基本稳定在6两/疋的价位左右。

综上而论，近代华北棉布市场商品价格波动较大，市场不稳定性明显。

2.2.6 商品运输方式转变

在华北市场，传统的商品运输除依靠大运河水道外，主要是陆运。用畜力驮运商品，速度慢，运量小，运费高。开埠后海运开通，国际和沿海埠际间的商品流通市场至此贯通，但未改善华北内地的运输条件。在较长时段内，传统运输方式仍起着重要作用，但其昂贵运费明显制约市场规模扩展。如从天津进口洋布运抵华北内地，其运输成本高昂。据英国驻天津领事孟甘观察：

> 将货物自天津运赴晋省太谷县，因所假运输工具不同，故费用颇巨，且多周折。以本色市布为例，由英国输入本埠者皆以50匹为一包；晋省之买客为方便计，必先将此包之尺寸改小，遂以每两包各20匹之五小包。业经改包之本色市布，嗣以船只上溯滹沱河下游之子牙河，而运至距津有两日路程之小范镇。在小范镇装入每辆可载20包之大车，尔后沿陆路西向运至获鹿县城。该县城位于直、晋交界之山麓，因获鹿至晋省之路不通大车，故须在此更换交通工具。是故此时须以骡子或骆驼行完抵达太谷县之余程，唯最后四五十里路，可借小骡车运送，每辆只可承载5包。以此路计之，太谷县去津约450哩，货运需用13日，即船至小范需2日，此后大车运至获鹿历有4日，自获鹿至太谷县，以骡子或骆驼以及小骡车载运，另需7日。全部运费每小包计银8两，购自本埠之每大包则合20两；因50匹一包者其在本埠之中价值银115两。由此可知：太谷县本色市布之价格中，占其17%以上者实系天津至该地之运费。①

材料显示，从天津至山西太谷县，传统运输方式运费昂贵，明显制约棉布销售市场扩展。

① 见吴弘明编译《津海关贸易年报(1865—1946)》，天津社会科学出版社2006年版，第50页。

但近代交通运输方式逐渐占据主要地位后,如天津海关常关往内地运输商品,铁路运输就占主要地位。(见表2-14)

表2-14:天津海关常关货物运至内地之运输量统计

年度	铁路%	旱路或公路%	水路%	总计	备注
1908	43	4	53	100	旱路4%
1909	48	4	48	100	御河16%,西河21%,北河2%,海河3%,东河6%;各旱路共4%。
1910	48	4	48	100	旱路4%;各河路内,西河较上年增1%,御河较上年减1%。
1911	45	4	51	100	陆路4%。
1912	53	3	44	100	津浦铁路已开通载运货物,必有良好效果。至明年冬,铁路商业之分数,必更加增,可操左券。
1913	55	4	41	100	陆路4%。
1914	55	4	41	100	陆路4%。另:本年冬,津浦路将运费减少。1915年,铁路贸易分数,料当加增。
1915	56	5	39	100	陆路5%。
1916	60	4	36	100	征之年册记,铁路贸易渐次加增,河路贸易因而减少。
1917	68	4	28	100	铁路运转货物,日见加增,水路则日见减少。
1918	65	2	33	100	陆路2%。另:1917年发生水灾,沿津浦铁路损坏及沿线发生乱事。因之以前铁路增长分数,稍受抑制,较上年减3%。
1919	64	3	33	100	陆路3%。
1920	71.5	3.5	25	100	陆路3.5%。
1921	70.5	4	25.5	100	陆路4%。另:自有本关以来,铁路载运货物,每年有增无减。其由水陆两路运载者,遂日形减少。
1922	74	3	23	100	陆路3%。
1923	74	3	23	100	陆路3%。
1924	74	3	23	100	陆路3%。
1925	66	2	32	100	往昔由铁路之贸易,至少占全数75%,且有继长增高之势,但近年以来,大见退缩。而经由河道之贸易,其增加之比例,适成其反……推厥原因,固当归咎于近数年来,造成本埠商业不振情形之国内战争也。
1926	43	3	54	100	其余3%,系属大车之货运。
1927	50	4	46	100	其余4%系为大车所占。
1928	49	5	46		大车5%。

资料来源及说明:《津海关贸易年报(1865—1946)》天津,天津社会科学院出版社,2006年。本表系笔者根据报告中相关年度内容整理所得。

表2－14显示,从天津口岸运货至内地,铁路运输已居举足轻重之地位。鉴于棉布、棉纱曾是口岸地区向华北内地运输的主要物资,因此,以铁路为代表的近代运输方式对扩大棉布市场的商品流量,促进市场发展具有显见之作用。如山东潍县盛产棉布,“布之行销由布庄收买后,运销外埠,据民国二十一年调查,由胶济铁路出运者凡三千六百公吨,由邮局出运者每年约在十二三万件”。①而据天津《益世报》统计,潍县棉布历年经胶济路之出入量则更大。(见表2－15)

表2－15:潍县土布通过胶济铁路外运量统计(1929—1935)

年　别	1929	1930	1931	1932	1933	1934	1935(上半年)
数量(吨)	6 966	6 033	5 993	4 232	9 154	7 067	3 344

资料来源:据1937年2月27日,天津《益世报》统计而得。

再如高阳棉布业“每当最盛时,年可销百万匹,利亦最溥,其在内外蒙者以蚨丰号销货最多”。而“蚨丰号”,“彼在张家口设有专号,自备汽车、骆驼、专营十三旗商业,售货员达百余名之多,每年营二三百万之流水”。② 在河南市场,通过铁路输入的“洋货山积,土货寥落、除花纱、尼羽、火油、色布大宗不计外,即日用零星如针线,纽扣、铁钉、纸张之属亦充次罗列,无论大小市镇,触目无非外货”。③ 其中洋纱、洋布输入量,“就周口、道口南北火车捐约计其数,岁出(银)不下数百万”。④ 至此,华北棉布市场商品运输方式已发生显著变化。

2.2.7　棉布消费群体的分化

除价格因素外,依制度经济学之观点而论,消费观念或社会习俗变迁对消费者行为变化有重要影响。这亦是近代华北棉布市场变动中的重要特点。其症候即是棉布消费群体的分化。(见表2－16)

表2－16:华北地方志中洋布输入后,棉布消费人群变化统计

省别	棉布产地	消费洋布人群	不消费洋布人群及主要变化原因
直隶	平谷县	至著丝绸、毛呢者百不见一。	普通人士多衣土布,近亦稍趋浮华,多用宝坻县所产之细布。(观念)⑤
	威县	以中、上社会自命者,无不以著棉布为可耻,致使最良之品销路日滞。	近人心理卑视土货,著棉布者不过一二老农而已。(观念、意识形态)⑥

① 常之英修,刘祖干纂,《潍县志稿》卷24,实业志,工业,1941年铅印本。
② 李大本修,李晓泠纂,《高阳县志》卷2,实业,1933年铅印本。
③ 见《河南官报》光绪三十一年(1905)第71期。
④ 见《河南官报》宣统二年(1910)第32期。
⑤ 李兴焯修,王兆之纂,《平谷县志》卷3,社会志,民生,1934年铅印本。
⑥ 崔正春修,尚希贤纂,《威县志》卷3,舆地志,物产,1929年铅印本。

（续表）

省别	棉布产地	消费洋布人群	不消费洋布人群及主要变化原因
直隶	文安县	欧西通商以来，其所输入之布，价廉物美，士民多购用之。又：自洋布、洋线盛行，人竞趋之。	光绪甲午后，洋布之价日涨，较之初至约增数倍，用者苦之，于是曩时各织户率多恢复旧业。近数年来，日见增多，吾文人果能纯用国布，是亦挽回利权之一道也。（价格、观念和意识形态）①
	沧县	洋布输入近百年矣，然惟士商服之。	惟自织之壁垒尚坚守未破，故粗布之服仍占百分之九五。（消费习俗）②
	成安县	舶来布匹销路日广，一般民众在衣料上遂渐于舶来货相依。③	消费习惯变化
	满城县	外洋布品价昂，购者甚少。	衣服向用土布、家机棉线……村町妇女每织土布自用，不尚美观。虽购丝织品衣服嫁娶间有之，常服则无红绿花布。斜纹条布喜用国货，以高阳布输入者为多。（观念和意识形态）④
	青县	（布）今则十、九购诸舶来。⑤	全境男女日用布匹，往昔兼恃自织者。（消费习惯变化）
	南皮县	北部三区亦有自为纺织者，有十之四五，余皆购用洋布。	南部各村家家自为纺织，衣皆棉布，间有以洋纱相间织布者。（消费习惯变化）⑥
	昌黎县		四民之家服用棉布者居多……近来由美国传来大棉花子，花朵大而绒长，春初布种，仲秋拾花，经妇女纺织成布，谓之家机线布。买自集市外国之洋线织成布匹，谓之洋线布。民众以此二者为大宗，凡单袷棉衣皆用之，取其状而耐久，适其体也。（消费习惯）⑦
	东明县		着土布者几占四分之三，每人每年需布十五尺以上，皆取之机杼，不假外求。惜乎纺绩各机仍沿以往之旧，劳力多而生产少，品质粗劣，不能与外来货物抗衡，是在改良与提倡之而已。（价格）⑧

① 陈桢修，李兰增纂，《文安县志》卷12，治法志，实业，1922年铅印本。又：卷1，方舆志，物产，货属，1922年铅印本。

② 张凤瑞修，张坪纂，《沧县志》卷11，事实志，生计，1933年铅印本。

③ 张应麟修，张永和纂，《成安县志》卷10，风土，1931年铅印本。

④ 陈宝生修，杨式震、陈昌源纂，《满城县志略》卷8，风土，民生，1931年铅印本。

⑤ 万震霄修，高遵章、姚维锦纂，《青县志》卷11，故实志，风俗篇，1931年铅印本。

⑥ 王德乾修，刘树鑫纂，《南皮县志》卷3，风土志，民生状况，1933年铅印本。

⑦ 陶宗奇修，张鹏翱纂，《昌黎县志》卷5，风土志，人民生活状况，1933年铅印本。

⑧ 任传藻修，穆祥仲纂，《东明县志》卷40，民生志，生计、生产，1933年铅印本。

（续表）

省别	棉布产地	消费洋布人群	不消费洋布人群及主要变化原因
直隶	望都县	从前用洋布者甚少……近渐趋浮华，洋布呢绒恒见于市，富厚之家、仕宦之人多服之。	妇女亦多以织布为业，居民率衣土布，自织自用，只取蔽体御寒，不求华美。（消费观念、习惯、适用）①
	晋县	自洋布与高阳布畅销境内后，土布大受影响。	织布者众，因而土布驰名遐迩。自洋布与高阳布畅销境内后，土布大受影响。（价格）②
	香河县	自洋布输入，物美价廉，争相购用，家机土布遂不可见。	本县出品……以土布为大宗。年来改用铁轮织机，土布以外，并能织市布、大线各种，与舶来品无异，行销京、津、口北等处。又：年来布业甚盛，亦系用洋线织成，改良布机，无复从前笨拙矣。（价格、技术改良）③
	滦县		滦俗尚俭，民多衣布。布有两种曰棉花线布，洋纱织者曰洋线布，皆居民自制……比户机声轧轧……此种美风至今未泯。（习俗、观念）④
	邯郸县	近俗稍侈，学、商各界多衣洋布呢绒。	农民仍多粗布。衣绸缎者极少，男婚女嫁、佳节拜会，间或有之。（价格、习俗、观念）⑤
山西	沁源县	近年舶来品渐多，而贫者亦多购洋缎等料。	遇庆祝时，富家间有衣绸缎者。（价格）⑥
	临县		民国五年……创立公益工艺局……所织布匹，以赛银绸、小提花、电光、爱国、斜纹、柳条等布为大宗，而被褥线单亦居多数，以土人之制造供土人之取求，亦足抵制外货之一端云。（技术、价格、观念和意识形态）⑦
	新绛县		乡间妇女以土法纺织，其布之坚牢耐久，迥非洋布可比，除供自己服用外，直接出售者约十之二三，其大多数由贩棉花者以花换布。（观念、习俗、价格）⑧

① 王德乾修，崔连峰纂，《望都县志》卷10，风土志，民生状况，1934年铅印本。

② 刘东藩、傅国贤修，王召棠纂，《晋县志料》卷上，实业志，工业，1935年石印本。

③ 王葆安修，马文焕、陈式谌纂，《香河县志》卷3，实业；又：卷5，风土，民生，1936年铅印本。

④ 袁棻修，张凤翔纂，《滦县志》卷4，人民志，生活状况，1937年铅印本。

⑤ 李肇基修，李世昌纂，《邯郸县志》卷6，风土志，民生，1940年刻本。

⑥ 孔兆熊、郭蓝田修，阴国垣纂，《沁源县志》卷2，风土略，1933年铅印本。

⑦ 胡宗虞修，吴命新纂，《临县志》卷7，物产谱，工业纪略，1917年铅印本。

⑧ 徐昭俭修，杨兆泰纂，《新绛县志》卷3，生业略，1929年铅印本。

（续表）

省别	棉布产地	消费洋布人群	不消费洋布人群及主要变化原因
山东	昌乐县	自人造丝织品输入，价廉色美，用者渐多。	乡村人民尚乐用土布，虽为物力所限，亦朴素之性使然。（观念）①
	夏津县	洎洋布盛行，俗渐奢靡，用棉布者日少。②	（观念、习俗）
	广饶县	旧尚大布之衣，近则率用洋布。	惟农民仍用土布。（价格、习俗）③
	济阳县		家家妇女皆能纺线，其表面虽比洋线粗糙，而韧性加倍。至织衣、包褥套、褡裢、口袋等物，犹多用之。粗布，粗布系用棉线或洋线织成，以制衣服。（价格、习俗、适用）④
	茌平县		近来虽多采用洋线以织布，而手工织者因其纤维未梳，容易保温生暖，故仍多用之……织品除销本县，则东南诸县亦多购之以去。[价格、习俗、商品功能（适用）]⑤
	齐东县	衣料以棉布为主，间有穿绸缎、洋布者，多于嫁娶时用之。⑥	（齐东人民）衣料以棉布为主。（习俗、观念、价格）
	德平县	自洋布倾销以来，人民羡其质细而价廉，纺织事业遂至衰微。⑦	（观念、商品品质）
	沾化县		普通衣服概用土布，棉花系土产，纺织又自为之，虽富户亦不上鲜华，不待提倡国货，而简朴出于自然。（观念、习俗）⑧
	临邑县		家常用大布。大布者，棉种也。一为国货，一为价廉，当暑无絺绤（粗细葛布）。（价格、习俗）⑨
	潍县		城市居民以长服为多数，乡镇村居民以短服为多数，妇女多服旧式衣裳，惟一般新式者穿长袍、长裙等，多系本地粗布。（观念、习俗）⑩

① 王金岳修，赵文琴、王景韩纂，《昌乐县续志》卷9，风俗志，1934年铅印本。
② 谢锡文修，许宗海纂，《夏津县续志编》卷5，典礼志，习尚，1934年铅印本。
③ 王荣彬、潘莱峰修，王寅山纂，《广饶县志》卷14，政教志，礼俗，1935年铅印本。
④ 路大遵修，王嗣鋆纂，《济阳县志》卷1，舆地志，物产，1934年铅印本。
⑤ 牛占诚修，周之桢纂，《茌平县志》卷9，实业志，工艺，1935年铅印本。
⑥ 梁中权修，于清泮纂，《齐东县志》卷2，地理志，社会，1935年铅印本。
⑦ 吕学元修，严绥之纂，《德平县续志》卷10，社会志，县民生活，1936年铅印本。
⑧ 梁建章修，于清泮纂，《沾化县志》卷1，疆域志，风俗；又：卷6，建设志，实业，1936年铅印本。
⑨ 崔公甫修，王树□、王孟戌纂，《续修临邑县志》卷4，地俗篇，方言，1936年铅印本。
⑩ 常之英修，刘祖干纂，《潍县志稿》卷14，民社志，风俗，1941年铅印本。

（续表）

省别	棉布产地	消费洋布人群	不消费洋布人群及主要变化原因
河南	太康县	惜自洋布输入后，（棉布业）渐被压倒。	布业亦有可观，所织布匹纱粗幅窄，坚实耐用，向为输出大宗……惜自洋布输入后，渐被压倒，然农民暇日仍时为当户之织。（价格、观念、习俗）①
	通许县		农家妇女纺绵（棉）织布亦为最要工作，其所制衣料多用土布，少用洋布。（价格、习俗）②
	灵宝县	灵邑百姓，绅学界少数之人，间以绸缎、洋布为衣。又：近日，洋货输入，女心渐奢，中人之家，皆欲以洋布为衣，向之所谓家生布者，日少一日。	普通多数之农民，均以土布为主。又：至立春后，男人向田野工作，女人均日夜纺绩，每日平均纺线三四两，纺罢即织，至二麦将熟，各家女人皆将其全年所用之布织成夏衣，即用白底，冬衣间染黑蓝。一人全年之鞋袜衣服铺盖均取给于此五斤棉花，毕生不知绸缎洋布为何物。（观念、习俗）③
	阳武县		布，近时多用洋纱织成，然亦仅供本处之用。（价格）④
	新安县	少量其他非农民群体（根据方志推测）	农民之衣，取请自制者，十之八九，且多自织棉布……乡民之买布穿者十不一二，有穿洋布者，则群目为奢侈。（观念、习俗）⑤

资料来源及说明：本表系笔者根据方志中相关记录整理所得，其相关出处详见注释。此外，有些产布区在洋布输入后也大量用洋布，但在方志中多说本地生产衰落，所以，本表统计主要是考察方志中直接以消费人群为表述对象的市场变化。

2.3 结语

开埠通商对近代华北棉布市场变动确有重大影响。市场变动拐点是在19世纪70—80年代和20世纪20年代前后。其间，手织布在经受巨大冲击后，通过采用机纱、铁机而呈现出惊人的市场竞争能力。这表明所谓洋布压倒土布、小农经济不适应近代商品经济的说法应受到置疑。同时，其市场变动的主要症候即是：市场既不完全是洋布压倒土布，也不完全是土布依然占据主要市场，二者市场竞争激烈；价格波动频繁；市场体系发生根本改变；市场不稳定性明显。华北棉布市场自身运行机制开始发生改变。上述变动特征也预示着其市场发展模式已开始转型，因而有必要进一步考究导致出现上述特征的内外因素。

---

① 杜鸿宾修，刘盼遂纂，《太康县志》卷3，政务志，工业，1933年铅印本。

② 张士杰、侯昆禾纂修，《通许县新志》卷11，风土志，民生，1934年铅印本。

③ 张椿荣修，张象明纂，《灵宝县志》卷2，人民，1935年铅印本。

④ 窦经魁修，耿愔纂，《阳武县志》卷1，物产，货类，1936年铅印本。

⑤ 李庚白修，李希白纂，《新安县志》卷9，社会，风俗，1939年铅印本。

3　近代华北棉布市场变动的内在因素

“人口变迁”、“近代工矿业和交通运输业发展”、“粮棉价格比变化”、“银根松紧”以及“战争和灾荒”等被笔者视为与棉布市场变动密切关联之内在因素。在社会变迁视野下,它们亦是观察近代华北社会变迁的历史窗口。

3.1　人口变迁与华北棉布市场变动

人口问题加剧华北棉布市场变动主要在下述方面:① 巨大的总人口数目导致市场总需求增加;② 人口迁移致使需求增加。尤其是城市近代工商业发展使“人口也像资本一样地集中起来”,[①]亦引起棉布市场需求增加。③ 人口压力下,农民继续种植棉花,扩大家庭纺织业生产规模。这使其货币收入相对增加,棉布市场供给量增加,市场竞争状况发生变动。

3.1.1　总人口数目巨大与市场总需求增加

尽管“近代中国国民人均消费需求呈明显的低水平波动上升”,[②]但由于“消费需求上升是商品经济不断发展过程中的一种客观规律性”,[③]所以,其商品市场整体规模逐渐扩大是客观事实。于此,近代华北棉市场亦概莫能外。即从市场需求角度讲,人口数量巨大是棉布需求增加、规模扩大的客观条件。这可从华北地区的人口变化得到证明。

在天津:

咸丰、同治年间以来,天津人口日见增多……嘉庆二十五年(1820 年)约有194 147户,946 452人,到 1928 年已发展到607 646户,3 306 735人;人口增长 2.5 倍,户数增长2.1 倍。从 1928—1949 年初天津解放,在短短 21 年时间里,户数增加到 840 869 户,增长 38.38%;人口数增加到3 994 834人,增长 20.81%。若以 1949 年和 1820 年相比,人口增加 3.2 倍。其中市区人口增加最多,1949 年市区人口1 895 702人,比 1928 年增加 533 996 人,增长 39.22%。[④]

光绪九年(1883 年)天津府属七州县(天津县、静海县、南皮县、盐山县、庆云县)共 407 620 户,1 976 169 口(光绪重修《天津府志》卷 28,户口)。比嘉庆二十

---

① 马克思,恩格斯《马克思恩格斯全集》第 2 卷,人民出版社 1975 年版,第 300 - 301 页。

② 见张东刚《总需求变动趋势与近代中国经济发展》,高等教育出版社 1997 年版,第 4 页。

③ 同上。

④ 见李竟能《中国人口 · 天津分册》,中国财政经济出版社 1987 年版,第 48 页。

五年(1820 年)增加 375 347 人,增长 23.45% 。到了光绪二十一年(1895 年)天津府属七州县共 433 141 户,2 292 210 口;比光绪九年增加 25 251 户,增长 6.26%,增加316 041 口,增长 15.99% 。①

至 1921 年,47 个通商口岸中,天津人口达 80 万,仅次于上海、汉口(包括武昌、汉阳)、广州、杭州,位居第五位。② 1928—1933 年间,天津市人口基本稳定在一百三十多万人。③天津作为口岸地区虽有其特殊性,但人口基数大,城市人口增长较迅速却是其人口变化之显著特点。同时,山西、河北以及山东亦经历了此类似过程。(华北内地人口数据变化,详见附录表 22—24)

据统计,“从公元 1852 年开始到 1910 年,全国人口发展趋势是下降的,河北人口的发展趋势与全国人口发展趋势却不一致”。“1840 年以后,河北人口数量仍然比较稳定并日趋上升,1852 年为 19 328 881 人,1857 年仍有 18 950 380 人,到光绪九年(1883 年)达到 20 574 307人,到宣统二年(1910 年),又增加到 21 142 025 人,达到了自 1840 年以来的最高水平”,④至“1912 年,河北人口为 21 142 025 人;1935 年河北省为 26 987 153 人”。⑤ 而同期“全国人口 1935 年比 1912 年增加 73 143 266 人,年平均增长率为 7.23‰。河北 1935 年比 1912 年增加 5 845 128 人,年平均增长率 10.67‰”。⑥

山西“在道光二十四年(1844 年),人口数为 14 896 000 人,清末宣统三年(1911 年)时,则达 10 099 135 人;民国二十六年(1937 年),人口数 11 601 026 人”。⑦ 河南,“1840—1910 年 70 年间,全省人口总量基本稳定在 2 000 万。从 1840 年的 2 377 万到 1910 年的 2 611 万,70 年共增加了 234 万。”⑧民国时,“河南人口由 2 611 万增长到 2 777 万。35 年间增加了 166 万,平均每年增长 4.74 万,年均增长 1.82%,高于清朝末期 70 年间年均 1.4% 的增长率”。⑨ 山东“从道光二十年(1840 年)到光绪二十六年(1900 年),60 年间山东人口由 3 240多万增加到 3 780 万,年平均增长率为 2.57%”。⑩ 民国时期,据官方统计,“从 1912 年到 1949 年,(山东)人口在逐步增加”。⑪ 同期,其城市人口数亦相对迅速增加,如青岛,“1921 年有 44 800 人,1928 年发展到 317 800 人,1931 年增加到 390 337 人,成为 1921 年的 8.71 倍,年平均递增率为 24.17%”。⑫

---

① 见李竟能《中国人口·天津分册》,中国财政经济出版社 1987 年版,第 48 - 49 页。

② 见《主要都市人口表》,《中国年鉴》,商务印书馆 1924 年版,第 51 - 52 页。

③ 同①,第 51 页。

④ 见王明远《中国人口·河北分册》,中国财政经济出版社 1987 年版,第 55 页。

⑤ 同④,第 57 页。

⑥ 同⑤。

⑦ 见毕士林《中国人口·山西分册》,中国财政经济出版社 1987 年版,第 50 - 56 页。

⑧ 见貊琦《中国人口·河南分册》,中国财政经济出版社 1987 年版,第 43 页。

⑨ 同⑧。

⑩ 见吴玉林《中国人口·山东分册》,中国财政经济出版社 1987 年版,第 75 页。按:是书 76 页强调:宣统年间调查人口,山东仅有 29 556 688 人,很难符合实际。若以此为据,从光绪 24 年(1898 年)山东人口 37 789 000 人,到宣统二年(1910 年)降为 29 556 688 人,年平均递减 20.27‰,减速是很快的。

⑪ 见吴玉林《中国人口·山东分册》,中国财政经济出版社 1987 年版,第 77 页。

⑫ 同⑪,第 79 页。

3.1.2 人口迁徙与棉布市场需求增加

人口压力下的人口流动与棉布市场需求增加和交易量扩大密切相关。首先,农民自发迁徙外乡开荒种地等使其经济条件相对改善。其次,越来越多的人因城市近代工商业迅速发展而流向城市,其相对收入亦随之提高。第三,一些人外出经商,成为一种商业移民。他们往往携资回乡购买粮棉。

3.1.2.1 城市人口增长与棉布市场需求扩大

开埠通商后,华北近代工商业发展迅速,人口亦加速流向城市,城市化比率呈上升态势。这使棉布销售有了一个比乡村相对更具消费能力的城市市场。

德怀特·希·珀金斯在其《中国农业的发展(1368—1968)》一书中指出,近代华北主要城市的人口数目都有不同程度增加。(见表3-1)

表3-1:近代华北城市人口资料略表 (单位:千人)

城市	1900—1910	20年代初期	城市	1900—1910	20年代初期
青岛	120	120	张家口	30	75
济南	100	100	保定	80	100
潍坊	100	97	秦皇岛	5	5
烟台	82	90	承德		80
开封	200		太原	230	220
北京	700	1 181	大同		20
天津	750	840	长治		20
唐山	50				

资料来源:本表数据引自行龙《人口问题与近代社会》,北京,人民出版社,1992年,第142页。

说明:该书作者指出,博(帕)金斯在"近代中国城市人口的数字统计表"中只是列举了有具体数字的城市,对其他城市人口的估计及完全没有的城市人口的数字未列入,而且对人口数字估计偏低。

另据胡焕庸等著《中国人口地理》一书所言,近代华北在从1843—1893年,其城镇数目从416个增加到488个,城市人口从4 651千人增加到5 809千人,城镇人口比例从4.2%上升到4.8%。而总人口亦从1.12亿增加到1.22亿。① 而且,随着一批新城市——如口岸城市、工矿业和交通枢纽城市的出现,城市总人口数必定有绝对增加。这其中必有大量原居于乡村地区的人口移居城市,尤其是大量农民或因破产或到城市作工而大量涌向城市。(见表3-2)

① 见胡焕庸《中国人口地理》,华东师范大学出版社1984年版,第255页。

表3-2:冀鲁豫农民离村去处所占百分比

(%)

		到城市					到别村逃难	到别村务农	迁居到别村	到垦区开垦	其他
		逃难	作工	谋生	住家	求学					
河北	全家离村	15.4	24.3	17.8	6.3		6.0	18.1	5.0	5.1	2.0
	青年男女离村		30.8	21.4		16.4		22.9		4.7	3.8
山东	全家离村	11.7	22.3	13.9	6.3		8.5	17.3	5.7	7.7	6.6
	青年男女离村		29.9	19.0		18.7		20.2		8.2	5.0
河南	全家离村	20.9	16.8	12.3	9.4		8.8	16.3	6.8	5.2	3.5
	青年男女离村		23.9	18.1		24.8		23.1		5.9	4.2

资料来源:《农情报告》第4卷第7期,第177-178页,1936年7月。引自王印焕著,《冀鲁豫农民离村问题研究(1911—1937)》,北京,中国社会出版社,2004年,第93页。

说明:其他一项,包括赴国外谋生,当兵,赴淮河流域开河及不属于上列各项之原因者。

表3-2显示,农民或是全家离村或是青年男女单独离村,城市是其主要去向。青年男女到城市作工或谋生或求学的比例分别高达67.8%、67.6%、66.8%。因此,城市总人口数绝对增加必导致棉布市场需求增加。尤其是那些因破产而涌向城市的农民,依靠出卖劳动力所得才能在市场交换中解决对生活必需品——棉布的需求。因此,从整体上看,农民离开农村进入城市,或作工,或作其他营生,其在城市获得相对较高的货币收入转化为对棉布的市场需求时,此部分需求当属市场有效需求增加。以华北地区工资收入比较为据:(详见表3-3)

表3-3:天津手艺工人与裕元纱厂工人各类支出之分配

(%)

	裕元纱厂工人	天津手艺工人
食物类	63.8	62.7
服用品类	6.7	6.0
燃料与水	11.4	12.3
房租	7.1	13.9
杂项	11.0	5.1
	100.0	100.0

资料来源:孔敏、彭贞媛编,《南开经济指数资料汇编》,北京,中国社会科学出版社,1988年,第234页。

上表显示,手艺工人或工厂工人,其生活必需品的开支需从市场获取。因此,在城市所获相对较高的货币收入必可转换为市场有效需求的相对增加。以华北纯粹务农与作工或兼作副业的工资收入作比较:据卜凯对河北盐山县150户农户调查,平均每户纯粹通过土地获取的收入都较低。(见表3-4)王印焕先生则进一步分析道:“农业亩产收入的伸缩能力有限,即便在盐山基础上翻倍,每户农业收入也才七八十元,平均日收入二角左右。”①

表3-4:河北盐山县每作物亩与每“等全年人”收入比较表

农场分组	农场数(个)	平均作物亩(亩)	平均每作物亩收入(元)	平均每作物亩之工作成本(元)	平均每亩收益(元)	平均每农场之工作进款(元)	平均每个“等全年人”之工作报酬(元)
10亩以下	33	12.2	5.38	2.22	3.16	23.07	33.73
11—20亩	48	22.8	4.98	1.79	3.19	38.03	40.43
21—30亩	34	36.5	4.70	1.40	3.30	38.72	40.27
31亩以上	35	71.4	4.69	1.19	38.72	58.54	47.90
平均		34.9	4.81	1.44	58.54	39.67	42.38

资料来源:王清彬等编,《第一次中国劳动年鉴》,第1编,第51-52页。引自王印焕著,《冀鲁豫农民离村问题研究(1911—1937)》,北京,中国社会出版社,2004年,第80页。

说明:王书标明:作物亩:一年中各种作物的总亩数,如复种,须累计,等全年人:以一人工作十二月为单位,如共用二人,每人工作半年,即一个“等全年人”。

与平均日收入二角左右相比,同期在天津作工的工资收入则高出许多。详见表3-5、表3-6。

表3-5:1927—1930年天津各类工人平均日实际工资(工资数额已按生活费指数折成十五年之购买力)②以及天津各种工人工资月收入③

1927—1930年天津各类工人平均日实际工资		天津各种工人工资月收入	
手艺工匠	$ 0.683	裕元纱厂工人	$ 14.7
工厂工人	0.384	针织工人④	13.1
工厂男工	0.448	织布工人⑤	16.3
平均	0.527	地毯工人⑥	12.9
		手艺工人家主之每月收入	16.0

资料来源:孔敏、彭贞媛编,《南开经济指数资料汇编》,北京,中国社会科学出版社,1988年,第234页。

① 见王印焕《冀鲁豫农民离村问题研究(1911—1937)》,中国社会出版社2004年版,第80页。
② 见方显廷《河北省之工业化与劳工》,第296页,附录一。
③ 手艺工人为1927至1928年之调查,其余皆为1928年调查。
④ 见方显廷《天津针织工业》,第66页。
⑤ 同上,第72页。
⑥ 见方显廷《天津地毯工业》,第63页。

表3－6:裕元纱厂工人与天津手艺工人家庭收支之比较

	平均每家每年收支	折合十五年购买力	每家等成年男子数	平均每等成年男子之收支
收入:裕元纱厂(18年)	$ 291.4	$ 251.9	2.8	$ 90.0
手艺工人(16年至17年)	221.2	201.2	3.4	59.2
支出:裕元纱厂(18年)	290.6	251.2	2.8	80.7
手艺工人(16年至17年)	109.9	193.2	3.4	56.8

资料来源:孔敏、彭贞媛编,《南开经济指数资料汇编》,北京,中国社会科学出版社,1988年,第234页。

表3－5、3－6显示,日平均收入、月收入、年收入,城市作工所得均高于在乡村纯务农所得。若上述事例多发生在新兴的机器工业领域,不具有普遍性,那么1927年天津劳动者每日工资调查统计数据则更能说明问题。(见表3－7)

表3－7:1927年天津劳动者每日工资表 单位:元

业别	最高	最低	普通	业别		最高	最低	普通
木匠	0.85	0.60	0.65	印刷工		1.45	0.24	0.63
泥匠	1.40	0.68	0.76	玻璃制造业		1.90	0.20	
石匠	1.18	0.67	0.73	棉丝纺织业	男	1.03	0.28	0.47
砌砖工	0.74	0.57	0.63		女	0.80	0.24	0.37
盖屋顶工	0.72	0.59	0.63	烟草制造工	男	0.93	0.19	0.37
铅铁匠	0.81	0.62	0.68		女	0.32	0.19	0.26
安玻璃工	0.85	0.66	0.69	火柴制造工	男	0.96	0.28	0.44
油漆匠	0.77	0.62	0.65		女	0.44	0.18	0.28
洋服成衣	1.70	0.66	1.07	面粉制造工		1.00	0.40	0.60
鞋匠	1.58	0.36	1.00	制革业		0.76	0.29	0.42
电气工	1.19	0.44	0.68	骨粉制造工		0.75	0.35	0.42

资料来源:王清彬等编,《第一次中国劳动年鉴》,第1编第51－52页。引自王印焕著,《冀鲁豫农民离村问题研究(1911—1937)》,北京,中国社会出版社,2004年,第81页。

表3－7显示,无论从事具有一定技术含量的工作,抑或是简单体力劳动,其工资收入均比纯粹务农高。

综上所述,总人口数急速增加,农民大量离村,虽与人口压力密切相关,但因棉布是生活必需品却势必导致棉布市场有效需求总量增加。同时,涌入城市者获得相对较高货币收入即必定会转换为棉布市场实际有效需求增加。

3.1.2.2 人口压力下移民与棉布市场有效需求增加

人口压力下,近代华北民众除流向城市外,还常自闯关东、走西口或作垦荒移民或赴关外或口外经商作商业移民。此举使其自身生活相对改善,增加棉布市场有效需求,拓展了市场规模。对于前者,外人所作《海关贸易报告》中曾时有记述。兹以华北民众闯关东之旧事为例:

> 每年从山东境内移出境前往满洲或者蒙古去的人数大略有三十五万人。从烟台和龙口出境的人大都来自登州、莱州、沂州地区;从青岛出境的人大都来自胶州、登州、莱州、青州和沂州一带的居民。其余约有四万移民大都是山东西部的居民,他们或乘津浦铁路火车或由陆路出境,或在羊角曰乘船由海路出境。他们迁居的目的地主要有沈阳、抚顺、长春、吉林和松花江、黑龙江流域两岸的哈尔滨、海参崴、珲春和黑河等地区。①

材料显示,华北民众大举移民东北属不争之事实,其最远者已至海参崴地区。另见表3-8。

表3-8:1912—1937年内地人口迁移东北三省之统计 单位:人

年份	迁入人数	定居%	年份	迁入人数	定居%	年份	迁入人数	定居%
1912	252 000	68.25	1921	362 000	63.54	1930	748 123	31.44
1913	260 000	69.23	1922	368 000	63.59	1931	467 407	12.71
1914	272 000	69.12	1923	341 368	32.46	1932	414 034	-8.45
1915	280 000	64.29	1924	384 730	48.00	1933	631 957	29.11
1916	259 000	76.83	1925	472 978	49.73	1934	690 925	36.37
1917	304 000	72.04	1926	566 725	42.88	1935	519 552	4.72
1918	272 000	55.88	1927	1 050 828	67.49	1936	436 739	-3.56
1919	330 000	66.67	1928	1 089 000	46.92	1937	320 000	21.87
1920	336 000	65.77	1929	1 046 291	40.56	总计	12 475 747	43.10

资料来源:杨子慧主编,《中国历代人口统计资料研究》,第1407-1408页。引自王印焕著,《冀鲁豫农民离村问题研究(1911—1937)》,北京,中国社会出版社,2004年,第82页。

表3-8显示民众闯关东规模大、定居率高。①每年都有几十万人数之巨,在1927—1929年,每年更高达百万人。②在整个时段内,总计定居率高达43.1%,只因日本大举侵占东北,1932、1936年定居率是负增长,其余年份定居率都是正数。1930年前的多数年份定居率均超过60%。这说明:首先,人口急剧增加导致其吃穿用度需求巨大,形成了一巨大棉

① 见青岛市档案馆《帝国主义与胶海关》,档案出版社1986年版,第189-190页。

布市场。如宝坻棉布大量销往东北就得益于开发热河。据学人研究:"汉人移殖既众,内地布匹亦随之携往,以为服用之需,土民于棉衣用度,渐就习惯,两地土产贸易日形发达。"①其次,移民开发东北,关内外农产品交换大量增加,有助于市场有效需求增加,并对华北棉布市场变动有重要影响。以华北棉布因日本侵占东北而造成市场丧失为例:"关内土布之输入东北者,年在十万担以上。大连一埠,于民国十八年,进口三万七千担,十九年犹二万五千担,迨二十年已为一万六千担,以后尤少。因而河北之高阳、定县、玉田、清丰,江苏之通州、常熟等具布业大为衰落。"②

此外,民众赴外洋作劳工获得相对较高货币收入亦使棉布市场有效需求增加。如一战时在欧洲之15万山东劳工,将所获劳务收入寄给亲属于无形中增加了对棉布的有效需求。胶海关1917、1919、1921年度的《贸易论略》中论及大笔劳务收入时称,"山东食力之苦工,前赴欧洲……系在路、矿、农、林、工厂、船坞等处分别执役,每日佣资,各计一法郎。在中国之家属,每月各得洋十元,按月汇来之安家费,集少成多,约计四十万元之谱。"③"每年发给华工家属之款项,需洋七百万元。"④"回国华工约计十五万人,据可靠消息,由各家属所领之款计银洋四千七百万元,由储积而携归者,计法币二千九百万法郎。"⑤这增加了对包括棉布在内的市场有效需求。因"有此巨款,亦为促增输入贸易一种较大之原因。进口货表内,向视为奢侈品者,今已认为必需品,来自外洋之布匹、糖、纸烟、煤油、化妆品皆其例也"。⑥

综上所述,人口压力下的移民对华北棉布市场变动确有重要影响。此外,民众外出经商亦加速棉布市场拓展和有效需求增加。

3.1.2.3 民众外出经商与拓展棉布市场及市场有效需求增加

合伙外出经商,或在当地成为商贩是民众应对人口压力的重要举措。其间,他们无论是闯关东或走西口,亦多从关内贩布到东北或西北及外蒙市场,以收购内地市场或国际市场所需大宗农产品或皮、毛等。鉴此,本小节笔者拟主要以方志记载为据讨论此问题。

① 人地关系紧张,民众多外出经商已成常态。其中山西地方志中有关此现象的记载尤多。如山西"芮(城)邑于清咸同间人稠地狭,营商于外老者甚多"。⑦ 闻喜县在1919年前后,总人口中男性人口达十三四万,因"竭地力不足糊口","远服贾者二三万人"。⑧ 太谷县"地向以田少民多之故,商于外者甚伙,中、下之家,除少数薄有田产者得以耕凿外,余皆恃行商为生,涓涓滴滴,为本地大宗来源"。⑨

② 关内商人仍常闯关东、走西口。如河北阳原县,"同光以还,外蒙之库伦、恰克图通商惠工,本县侨于两地者日益增多,清末几至万余人,而张家口织皮货商人亦皆蔚、阳两县侨

---

① 见方显廷、毕相辉《由宝坻手织工业观察工业制度之演变》,南开大学经济研究所1936年版,第9页。

② 见刘荫茀《经济恐慌中救济中国工业之刍议》,引自彭泽益《中国近代手工业史资料》第3卷,中华书局1962年版,第397页。

③ 见青岛市档案馆《帝国主义与胶海关》,档案出版社1986年版,第270－271页。

④ 同上,第291页。

⑤ 同上,第306页。

⑥ 同上。

⑦ 牛照藻修,萧光汉纂,《芮城县志》卷5,生业略,1923年铅印本。

⑧ 余宝滋修,杨韨田纂,《闻喜县志》卷6,生业,1919年石印本。

⑨ 安恭己修,胡万凝纂《太谷县志》卷4,生业略,商会,1931年铅印本。

民”。[1]临榆县于光绪初年时，“若邑人出外贸易，率多在东三省，交易公平，存古道焉”。[2]在滦州，“滦人习贾在本地者十之二三，赴关东者十之六七，沈阳、吉林、黑龙江三省之地皆至焉。虽远贾必归，鲜流寓于外者，每岁获资以赡家口，是以贾补农之不足也”。[3] 枣强县，“枣强之人经商于本地者少，而为商于外地者多，若北平若天津以及奉省、山西、河南、山东等处，无不有枣强人之足迹焉”。[4]

③ 商人赴关东或口外经商，所获大笔收入，对增加棉布市场有效需求和拓展其销售规模影响显著；反之，其负面影响亦同样明显。如闻喜县以盛产“横水布”著名，其子弟外出经商，“岁入赡家金四五十万，以与农民易粟麦，粮价适中，金融恒裕，交相维焉”。[5] 山西临晋县民众在民国纪元前赴陕经商者常多达万余人。在该县，“凡子弟成年，除家无余丁及质地鲁钝者外，余悉遣赴陕省习商”，“每岁吸收金钱不下数万金，恃以补苴罅漏者在此”。但自“民国肇建，陕省乱机四伏，盗匪充斥，行路者皆有戒心，商贾因之裹足，临民之操奇计赢者生理日形颓败，率多归里，资财之输入既岁减数万金”。[6] 河北阳原县，商人常赴外蒙经商，“年汇本县银洋数达五六十万。民国四、五年顷，超至百二十万。全县获此补助，生活自当宽裕”。但外蒙闹独立后，形势为之一变，“侨民归县来者众，继而俄国革命，外蒙赤化也忽，所有侨民恰、库财产均被充公，勉强作工于彼，现金亦难汇出，终也张库不通，外蒙贸易已断，皮商停业，亦均归县。十五年来，本县失业人数增加万余，现洋入口数目厘毫未有”。[7] 另据记录，在阳原县，“往昔本县侨民旅居恰克图、库伦者最多，张家口、多伦、兴和、平地泉次之，平、津又次之，沪、汉特少，皆系工商阶级，县中金融悉赖此辈活动。十稔以还，江河日下……降至今日，人数税减九倍，然仍各地均有”。[8] 宣化县民众也多在口外与蒙古地区经商。蒙古未独立前，商人常“岁一往返，获利数倍”，但“惜革命后，蒙古独立，交通隔绝，我宣人之生计遂大受影响”。[9] 临榆县，“商所以懋迁有无也，但临邑市廛居民绝少，皆由西县来者，本地人俱往关东贸易。近日关东萧索，倒闭者多”。[10] 昌黎县“乡里儿童至十四五之时，凡识字者率多出门经商，不识字者亦出门赴商家学手艺，然十人之中在本县者十之二三，赴东三省者十之八九，赴京、津者百无一二，及状所得薪金可供事畜，亦有因以致富者。惟遭辛未“九一八”变故，东省商人纷纷回籍，将来之状况不知何以结局矣”。[11]

人口压力下的商业移民对华北棉布市场有效需求变动影响甚巨，但不仅限于此，它还对其整个生产和供给体系变化产生了相应影响。此影响可从其商品化植棉业和手工棉布生产之变动中得以证实。

---

① 刘志鸿等修，李泰棻纂，《阳原县志》卷8，产业，杂业，1935年铅印本。
② （清）陈咏修，张惇德纂，《临榆县志》卷8，舆地编，风俗，1878年刻本。
③ （清）杨文鼎修，王大本纂，《滦州志》卷8，封域志，风俗，1898年刻本。
④ 宋兆升修，张宗载、齐文焕纂，《枣强县志料》卷2，实业，商，1931年铅印本。
⑤ 《闻喜县志》卷6，生业，1919年石印本。
⑥ 俞家骥、许鉴观修，赵意空纂，《临晋县志》卷4，生业略，商业，1923年铅印本。
⑦ 同①，卷11，生活，概论，1935年铅印本。
⑧ 同①。
⑨ 陈继曾修，郭维城纂，《宣化县新志》卷5，实业志，商业概况，1922年铅印本。
⑩ 仵墉修，程敏侯纂，《临榆县志》卷7，舆地编，风俗，1929年铅印本。
⑪ 陶宗奇修，张鹏翱纂，《昌黎县志》卷5，风土志，礼俗，商，1933年铅印本。

3.1.3 人口压力与商品化植棉业和手工棉布生产的发展

据学者研究，近代中国15—55岁的农村人口中，每年至少有5 500万人是失业的。① 另据1935年金陵大学贝克教授的调查：中国农民一年中工作时间约在100天左右……如果农民在农闲时节不从事手工业生产，那就意味着，一个农民一年之中将有三分之二以上的时间是无事可做。② 近代华北于此亦未能例外。因此，为应对人口压力，农民虽常远徙他乡，但大多数农民仍留在农村从事家庭纺织等手工业或其他副业以求生计。这加剧了棉布市场供应总量和消费总量的变动。而此变化又与人口压力共同成为加剧其商品价格变动乃至市场贸易条件变动的影响要素。如手织布销售市场之拓展就与其劳动力成本竞争优势密切关联。

3.1.3.1 增加棉布市场供应量

学界曾定性家庭手工棉纺织业"对于商品经济的发展产生了顽强的抵抗作用，限制了社会分工的发展，严重地阻碍了近代中国农村经济的发展"。③ 近年来，学界则强调它是农民在巨大人口压力下，在近代工商业吸纳就业人数有限的情况下的理性选择。但在此，笔者却更愿说明其商品化生产在棉布市场供给中占据的重要地位。

手工业产值占近代中国整个制造业总产值的比例高达72%。④ 就棉布市场而言，机器纺织业虽是近代中国相对最发达的机器工业，然时至民国，"全国棉布的产量中，手织的要占三分之二，就所消费的纱数计算，动力织机所用的仅当手织机的四分之一"。⑤ 许涤新、吴承明先生的研究亦证实此判断成立。⑥ 即家庭纺织对棉布市场供应量变动影响甚巨。而近代中国农民家庭平均有约4.5口人，"他们的衣服要穿到破烂为止，而这种家织的布又非常耐穿，一件衣服，经过补缀可以穿上三四年"，⑦"洋布可著一年者，棉布可著至三年"。⑧ 据学者研究，平均一农民家庭一年至多消费二匹土布。因此，依其"旬日可得布十匹"的生产效率计算，大量土布流向了市场。⑨ 在华北，织户采用新式织机和洋纱织布后，"一人用足踏动全机，即工作自如"。"每日十小时织布一百市尺"，⑩亦提高了生产效率。因此，此现象在华北市场同样明显。例如：

> 据1931年对河北定县农村家庭纺织业的典型调查。在纺纱方面：1931年全年定县第三区生产棉纱223 792斤，价值127 570元，其中农民自己留用织布者30 854斤，价值17 590元，出卖者192 938斤，价值109 980元，自用只占13%，出卖占87%；织布方面：1931年定县第三、第六区共生产"庄布"891 300匹，价值1 069 560元，这是全部销往外国的，又生产"大布"23 814匹，价值96 300元。把

---

① 见彭泽益《中国近代手工业史资料》第3辑，中华书局1962年版，第747页。

② 同①。

③ 见蒋建平《中国近代经济史问答》，广西人民出版社1996年版。

④ 同①，第229页。

⑤ 同①，第797、814页。

⑥ 见涤新、吴承明《旧民主主义革命时期的中国资本主义》，人民出版社1990年版，第319页。

⑦ 见陈荣华《江西近代贸易史资料》，江西人民出版社1987年版，第349页。

⑧ 崔正春修，尚希贤纂，《威县志》卷3，舆地志，物产，1929年铅印本。

⑨ 见黄婕、万振凡《对近代中国家庭手工业的重新认识》，《江西广播电视大学学报》(哲社版)2002年第4期，第34-38页。

⑩ 常之英修，刘祖干纂，《潍县志稿》卷24，实业志，工业，1941年铅印本。

“庄布”和“大布”两种产品加在一起计算，自用部分只占全部生产总值的0.36%。①

另以高阳织布区为例，尽管其棉布生产先后经历了“换布制”、“织卖制”，乃至1921年以后盛行“商人雇主制”，其主要劳动形式仍是传统的农民家庭手工劳动。到1929年时，高阳有家庭布机13 800架，其中“商人雇主制”布机占80%，到1930年，则上升到92%。② 即农民家庭手工织布对市场供给量变动乃至由此而导致的市场贸易条件变动影响甚巨。

近代华北织布区农民家庭手工织布确属普遍。以河北柏乡县为例，在该县，“土布业，系家庭工商，全县业此者据建设局现在（1933年）调查，总计一千二百家”。③即农民家庭手工纺纱或织布缓解人口压力，成为增加棉布市场供应量的重要来源并占据市场重要份额，是华北棉布市场变动之关键特征。再以1930、1931年河北完县、南皮两县调查统计为例：（见表3－9、表3－10）

表3－9：河北完县家庭工业产品统计表中与棉纺织相关者（民国十九年建设局调查）

名称	制造户数	年出数量	总值
土布	2 200户	400 000匹	400 000余万元
洋布	30余户	2 000匹	18 000余元
毛巾	200余户	65 000余打	71 000余元

资料来源及说明：彭作桢等修，刘玉田等纂《完县新志》，卷7，食货第5，1934年铅印本。

表3－10：河北南皮县工商制造产量及年值统计中与棉纺织相关者

品类	原料	产量	值价
制棉	美国棉　本国棉	8 000 000斤	320 000元
土布	棉花线	100 000匹	200 000元
线袜	洋纱	200 000双	40 000元

资料来源及说明：王德乾等修，刘树鑫等纂《南皮县志》，卷5，政治志上，实业，1933年铅印本。另，以上按调查册约计数登列，其余凡产量、值额无法核计者，均未填入。

表3－9、3－10显示，市场上，手织棉布之数量仍较大。鉴于前述所论手工织布业与机器纺织业产值比例之关系，那么，家庭手织业之变动即是导致棉布贸易条件变动，特别是其商品供应量之变动的关键因素。兹以潍县为例：

> 潍县织造棉布，原有小布及丈五弦子、三丈弦子等名称，塔寺庄所织尤为细致，多用以制袜，呼为塔寺庄棉布。自洋布输入，逐渐淘汰，今尚有织者，然皆用粗洋纱，不复用女工所纺之棉花线矣。民国初年，有东乡人自天津购机数架回乡推广，传习技术，改良出品，获利颇丰。不数年间，潍河沿岸各庄如穆村、邓村、石埠子、驸马营、桑园、眉村等地无不以织布为业。民国四、五年间，约有布机五百台左右。十二、三年间，渐及于南北各乡，至今已遍及全县。布机台数增至五万以上，出品达数

① 见严中平《中国棉纺织史稿》，社会科学出版社1955年版，第273页。

② 见彭泽益《中国近代手工业史资料》第3辑，中华书局1962年版，第780页。

③ 牛宝善修，魏永弼纂，《柏乡县志》卷3，实业，工业，1932年铅印本。

千万匹，销路之广遍于全国，与县人生计有重大关系……布之行销由布庄收买后，运销外埠，据民国二十一年调查，由胶济铁路出运者凡三千六百公吨，由邮局出运者每年约在十二三万件。①

即采用洋纱和新式织机后，潍县家庭手织棉布市场供应量变化显著，销售市场迅速扩展。

3.1.3.2 人口压力下的棉花种植与棉布市场变动

一些学者以为，既定生产力条件下，2—5 亩应是维持一个农民或家庭的最低生活水平的基本土地亩数。② 但近代华北人均耕地或户均耕地面积较少，人口压力巨大。如在河北，1917—1935 年，占地 10 亩以下的农户占农户总户数的 30—40% 。③ 按人均最低亩数为 2 亩计，每个家庭平均 5 口人计算，全省有 1/3 以上的人口不能维持基本生活。按 5 亩计算则有 60—70% 的农户不能维持最基本生活。④ 因此，种植像棉花这类商品性较强的经济作物获取相对较高收入成了农民应对人口压力的理性选择。⑤ 其对棉布市场变动之影响即在下述方面：

① 棉花种植面积扩大。开埠通商后，华北棉花种植在已有基础之上迅速发展。黄宗智先生认为，1900—1936 年间，河北、山东两省的棉花种植面积增加了 3 到 5 倍。⑥ 德怀特·珀金斯则测算出，1900—1936 年，棉田占总耕地面积的百分比，河北由 2—3% 上升到 10% ，山东由 2—3% 上升到 6% 。⑦ 如河北成安县 1933 年棉田占其总耕地面积的 80% 。⑧ 1934 年，河南陕县棉田占总耕地面积的 55% ，偃师、禹县为 70% ，灵宝更高达 75% 。⑨ 安阳县全县耕地面积为 159 万亩，棉田常在 70 万亩至 90 万亩之间，“皮棉额亦自 10 余万担至 20 万担左右”。⑩ 灵宝县“棉田常在 10 余万亩至 20 万亩之间，产额常达 7 万—8 万担，为豫西各县之冠。”⑪

棉花种植区域扩大亦能说明其种植面积增加。如 19 世纪初，山东仅有堂邑、馆陶、清平、高唐等少数几个产棉大县，另有利津、蒲台、恩县、齐东等县出产少量短绒。但至 20 世纪 30 年代，不仅上述县的植棉面积明显扩展，胶济铁路沿线的沂水、莒县、高密、益都、安邱、乐昌等也广为植棉。而津浦路以西，黄河以南的地带，亦成为山东棉花的最重要主产区之一。山西最先只有河东道部分地区产棉，1917 年后，不仅河东道继续维持其丰富产量，就连此前

---

① 常之英修，刘祖干纂，《潍县志稿》卷 24，实业志，工业，1941 年铅印本。

② 见张利民《试论近代华北棉花流通系统》，《中国社会经济史研究》1990 年第 1 期，第 78 - 88 页；《我国北方各省经济调查》，《中国经济评论》1933 年第 3 卷，第 2 期；陈伯庄《平汉铁路沿线农村经济调查》，交通大学研究所印 1936 年版，第 31 页。

③ 见《第九次农商统计表》（其中河北省数字系直隶和京兆合并计算），中华书局（出版年不详）；《第十次农商统计表》，中华书局（出版年不详）；《申报年鉴》，《申报》年鉴社 1936 年版，第 864 页；《中国经济年鉴》第 5 章，商务印书馆 1936 年版，第 4 - 5 页；《全国土地调查报告纲要》第 15 表，《全国经济委员会报告汇编》第 10 号（出版年不详）。

④ 同③。

⑤ 见费正清《剑桥中国晚清史》（下），中国社会科学出版社 1978 年版，第 12 - 14 页。

⑥ [美]黄宗智《华北的小农经济与社会变迁》，中华书局 1986 年版，第 129 - 132 页。

⑦ [美]德怀特·珀金斯《中国农业的发展（1368—1969）》，上海译文出版社 1984 年版，第 236 页。

⑧ 见中华棉业统计会《中国棉产统计》（1933 年调查统计），华商纱厂联合会 1935 年版，第 40 页。

⑨ 同⑧，第 108 - 119 页。

⑩ 见河南省棉产改进所《河南棉产改进所专刊（河南棉业）》，河南省棉产改进所 1936 年版，第 29 页。

⑪ 同⑩。

很少植棉的冀宁、雁门两道也开始植棉，并有不俗之成绩。① 河南棉花种植“以安阳、邓县、洛阳、通许、商水、孟县为最，收数多至七百余万斤，少亦二三百万斤。商丘、虞城、项城、临漳、武安、灵宝、汝阳、新野、罗山等县次之。尉氏、洧川、兰封、鄢陵、西华、汜水、荥泽、睢州、内黄、获嘉等县又次之”。②

② 棉花产量增长迅速。据调查，1930 年冀、鲁、晋三省棉花产量占全国总产量的 34%。到 1934 年则上升为 42%。时人记载，“中国近年来棉产额的增加，主要还靠冀、鲁、晋三省棉产的增加。”③而“自民国八年以来，河南棉产额在各省当中常居第五位，在全国当中最低如民国八年占总产额 2.04%，最高如民国十一年竟占 24.02%，通常则多占 8—9%”。④ 1911 年《河南官报》记载，安阳、邓县、洛阳、通许、孟县等棉花产值各达银七千余万两。⑤ 1936 年，安阳有棉田 715.5 万亩，棉产量占全省的 13.8%。新乡在 1931—1936 年，年棉花收购量达 960 万公斤。⑥ 太康逊母口镇棉花产量高，被称为“花窝”。⑦

另外，天津口岸的棉花流转数量变动亦能说明华北棉花产量增长迅速。（见表 3－11）

表 3－11：天津 1891—1927 年棉花流转数量各年平均数　　单位：担

时期	1871—1880	1881—1890	1891—1900	1901—1910	1911—1920	1921—1927
平均数	6 438	5 561	8 683	19 877	329 820	522 223

资料来源：章有义，《中国近代农业史资料》（第 2 辑），北京，三联书店，1957 年，第 151 页。

③ 种植棉花，农民货币收入增加，市场有效需求扩大。据南开大学 1933 年的调查，在河北西河棉区，种植棉花每亩收益为 4.74 元，种小麦则仅为 0.65 元，谷子、玉米、高粱则分别亏损 2.4 元、0.33 元、2.57 元。⑧ 于此黄宗智先生亦有类似结论。⑨ 在山东齐东县，种植小麦、大豆、高粱与棉花之纯收益比较，1930 年前种棉收益要高出其他作物一倍。1930 年之后虽有降低，但仍维持在 3:2 或 4:3 的水平。⑩ 在洛阳，“近年棉价高涨，粮价低落，因是棉田数字，更见增加，如民国二十二年（1933 年）为 139 800 亩，二十三年（1934 年）为 246 350 亩，本年（1936 年）更达 331 824 亩，发展之速，至可惊人”。⑪

日商大岛让次 1927 年写成的《山西、直隶棉花情况视察报告》指出，华北民众种植棉花与小麦的纯收益比较，种植棉花每亩多获利 1.50 元。⑫（见表 3－12）

---

① 见严中平《中国棉纺织史稿》，科学出版社 1955 年版，第 338－339 页。

② 见苑书义《近代中国小农经济的变迁》，人民出版社 2001 年版。

③ 见钱俊瑞《论中日棉业合作》，《中国农村》1936 年第 3 期。

④ 见河南省棉产改进所《河南棉产改进所专刊（河南棉业）》，河南省棉产改进所 1936 年版，第 127 页。

⑤ 见王天奖《河南辛亥革命史事长编》上卷，河南人民出版社 1986 年版，第 87、106 页。

⑥ 见《新乡地区商业志》，中州古籍出版社 1993 年版，第 202 页。

⑦ 见从翰香《近代冀鲁豫乡村》，中国社会科学出版社 1995 年版。

⑧ 见严中平《中国棉纺织史稿》，科学出版社 1955 年版，第 355 页。

⑨ 见黄宗智《华北的小农经济与社会变迁》，中华书局 1990 年版，第 110 页。黄宗智先生也指出在人口压力下，民众多种植棉花增加收入，但他更强调“过密化”和“内卷化”问题。

⑩ 见金城银行总经理处天津调查分部《山东棉业调查报告》，金城银行总经理处天津调查分部 1936 年版，第 40－41 页。

⑪ 见河南省棉产改进所《河南棉产改进所专刊（河南棉业）》，河南省棉产改进所 1936 年版，第 55 页。

⑫ 见侯振彤《山西历史辑览 1909—1943》，山西人民出版社 1987 年版。

表3－12:棉花、小麦每亩收支情况比较(山西临汾)

	棉花	小麦
支出	肥料:2.00元	
	工薪:2.50元	工薪及肥料:4.50元
	地租(粮银):0.50元	地租(粮银):0.50元
	租地费:3.50元	租地费:3.50元
	以上总计:8.50元	以上总计:8.50元
收入	皮棉50斤(每百斤25元):12.50元	小麦八斗(每石7.50元):6.00元
	棉籽100斤:1.50元	豆类二石半(每石2.50元):6.25元
	棉杆250斤:1.25元	稻草(麦秆)300斤:1.50元
	以上总计:15.25元	以上总计:13.75元
纯利	6.75元	5.25元

资料来源及说明:侯振彤译编,《山西历史辑览(1909—1943)》,太原,山西人民出版社,1987年。

即使受市场价格波动影响,相较于其他农作物,种植棉花之收益仍较高。以西河棉花为例:(见表3－13)

表3－13:华北七种农作物批发物价指数表(1913年＝100)

年份	西河棉花	红小麦	玉米	高粱	小米	黄豆	黑豆
1913	100.00	100.00	100.00	100.00	100.00	100.00	100.00
1914	77.3	103.3	89.0	96.1	88.5	102.9	96.9
1915	79.0	104.3	95.2	97.1	88.8	94.1	99.8
1916	81.7	104.9	107.4	109.7	90.9	89.6	100.2
1917	118.6	103.4	108.2	110.2	104.7	112.9	119.5
1918	136.5	98.4	103.4	102.9	96.8	103.6	104.7
1919	130.8	97.5	87.1	88.8	85.2	91.3	87.5
1920	136.0	133.7	135.2	142.6	116.2	121.7	123.0
1921	138.0	138.3	128.1	128.7	117.7	117.2	132.8
1922	140.5	141.4	107.0	116.6	102.6	130.7	131.6
1923	191.6	148.9	110.1	120.0	112.4	141.8	140.6
1924	222.3	143.5	130.2	135.8	124.5	142.3	142.5
1925	194.8	167.2	161.8	159.1	148.6	161.6	175.0
1926	168.3	151.1	144.7	157.4	156.3	157.2	158.5
1927	178.5	166.5	160.3	151.6	159.1	146.0	149.1
1928	174.9	172.6	153.8	149.9	151.4	162.5	167.6

（续表）

年份	西河棉花	红小麦	玉米	高粱	小米	黄豆	黑豆
1929	186.7	186.9	153.8	172.8	157.1	174.4	172.5
1930	181.3	183.6	157.2	170.3	155.3	182.0	197.5
1931	186.4	159.6	129.1	132.4	131.4	157.1	168.4
1932	148.6	148.0	120.9	125.6	126.0	133.3	140.2
1933	148.4	122.3	102.3	107.1	105.1	118.5	114.4
1934	152.9	110.7	99.6	99.3	92.5	94.7	90.6
1935	142.2	139.2	131.0	140.9	131.1	119.5	124.6
1936	171.0	171.8	160.1	160.1	152.0	174.7	169.8

资料来源：严中平，《中国棉纺织史稿》附录，北京，科学出版社，1955 年版，第 370 页。

表 3－13 中的大多数年份，棉花价格指数较其他作物价格指数高。市场需求较大时，其价格较其他作物上升快；即使市场景况不佳时，其价格也较其他作物下跌慢。而农民的土地使用计划亦能证明种植棉花的高收益。如直隶的“正定、定州、新乐及石家庄附近各县……年来盛行植棉。其植棉面积，约占耕地十之七八，以致粮食不足，恒仰给于山西方面也”。① 时人以为“人民争趋其利，广种棉花，几有每年连麦全不种的……粮食遂陷入空虚状态”。②（见表 3－14）

表 3－14：华北产棉县与产粮县土地使用情况

地区 项目	粮食亩产（斤）	人均耕地（亩）	人均粮食耕地		人均棉田		人均非粮食耕地	
			（亩）	%	（亩）	%	（亩）	%
21 个产棉县	156.5	3.6	2.0	56	1.6	44	—	—
10 个产粮县	161.5	4.01	3.7	92	—	—	0.31	8

资料来源：叶笃庄，《华北棉花及其增产问题》引自陈诗启，“论近代中国农村商品经济低层次扩散的历史性质”，《近代史研究》1989 年第 1 期，第 25－36 页。

上述资料显示，农民已深度依靠市场交换获取相关生产、生活资料。人均耕地面积日趋缩小，使农民冒险以反常比例广种棉花，以期用其较高经济收益弥补粮食生产的不足。这使其货币收入相对增加，也必对棉布市场需求变动产生影响。

④ 农民多采用机纱或机纱土纱兼杂织布，棉花种植面积扩大，促进家庭纺织业发展，增加市场供给。因此，纱的市场变动必波及棉布市场。以纱的销量变动为据：

> ［1928 年调查］河北省 93 个有手工棉纺织的县，纯用土纱织布者 46 县，土纱机纱兼用者 26 县，纯用机纱者 21 县。③
>
> 1929 年河北全省手织业共耗用棉纱 529 048 公担，其中机制品占 317 412 公

① 见章有义《中国近代农业史资料》第 2 辑，生活·读书·新知三联书店 1957 年版，第 212 页。

② 见扬钟键《北四省灾区视察记》，《东方杂志》1920 年第 19 期。

③ 河北省政府秘书处《河北省省政统计概要》，河北省政府秘书处 1930 年版。

担,手制品占 211 636 公担,手纺纱占 40% 。①

在河北著名的西河棉产区,所产棉花,除自产自用部分外,几乎每个县都有相当数量的棉花销售本县境内,其销售额合计 368 000 余担。②

河南至 1936 年时,已拥有纺锭 11 万多枚,机织布机 588 台。其工厂多建在交通方便、原料丰富的棉花贸易区。如安阳广益纱厂、卫辉华新纱厂、郑州豫丰纱厂、武陟成兴纱厂等。其中,华新纱厂的棉花“大率来自彰德、郑州及河北之高邑”。③ 广益纱厂年需棉花 240 万公斤多从省内购进。④ 1934—1935 年,豫丰纱厂的棉花多来自灵宝、陕西。卫辉纱厂的粗绒棉由汲县棉农直接送厂内出售,细绒主要在郑州、安阳选购,其粗细绒棉日均用量达 1.2 万公斤。⑤

3.2 近代工矿业、交通运输业的发展与华北棉布市场结构变动

市场结构是指市场商品品种结构、市场规模级序结构和市场空间分布结构。

3.2.1 市场空间结构变化

传统时期,在华北,即形成以大运河和以官道、驿道为运输渠道并结合地方行政建置的内陆市场体系。“这两个市场体系中,与农村经济发生直接联系的是散布于各地的相对分散的集市。这些集市交易的内容单一,多是附近农民进行小范围的余缺调剂”。⑥ 但“从唐胥铁路建成开始,津榆、津沽、津奉、京汉、正太、胶济、同蒲等铁路不断建成通车。到 19 世纪末 20 世纪初,形成了以北京为中心,通往东西南北各省的铁路干线和各类支线的比较稠密的铁路交通网络”,⑦即新的市场空间体系。如在河南则形成以铁路沿线城市,如郑州、开封、洛阳、新乡、安阳、许昌、漯河、信阳等为中心的市场结构。由此,棉布市场体系、结构亦随之变动。

3.2.1.1 近代工矿业的发展促进形成新的棉布、棉花、棉纱交易市场

棉布、棉花、棉纱成为华北新出现的一批工矿业城市和交通运输中心城市的大宗交易物资,形成新的棉布、棉花、棉纱生产或交易市场。

如河北唐山,“工业极为发达,可称之曰华北之工业中心点,盖南通津浦胶济京汉等各铁路,北达东三省与中东铁路南满铁路等相衔接;加以地近海滨,海运甚易。出品可畅销四方,商业亦因之而发达”。⑧ 而“本地交易,最大者首推烟煤、焦炭、洋灰、砖瓦、陶瓷器、棉纱、杂粮等……门市以布疋、茶食、粮店、油酒等商业最为发达”。“本地输出的商品,以煤炭、洋灰、石灰、棉花、棉纱为大宗……外地输入货物,以杂粮、面粉、布疋、纸烟、木材、杂货等为大

---

① 《经济周刊》,第 85 期,北京,经济讨论处,1934 - 10 - 17,第 256 页。

② 见刘家璠《直隶棉业调查录》,引自从翰香《从区域经济的角度看清末民初华北平原冀鲁豫三省的农村》,《中国经济史研究》1988 年第 2 期,第 110 - 125 页。

③ 见《河南新志》上册,中州古籍出版社 1988 年版,第 244 页。

④ 见王天奖《河南辛亥革命史事长编》上卷,河南人民出版社 1986 年版,第 106 页。

⑤ 见《卫辉华新纱厂的变迁》,引自《河南文史资料》1992 年第 2 辑,河南人民出版社 1992 年版,第 113 页。

⑥ 见唐凌《自开商埠与近代中国经济的变迁》,广西人民出版社 2002 年版,第 229 页。

⑦ 同⑥。

⑧ 见《唐山调查录》,《东方杂志》,上海东方杂志社 1924 年版,第 21 卷第 17 号。

宗"。[①] 除唐山这类工矿业市镇外,石家庄、平地泉、长辛店、张店镇、安阳、陕县车站街、杨家庄、辛店等则因近代交通运输业而发展成新的工商业市镇。棉布、棉花、棉纱亦仍是其商业交易中的大宗物资。

例如:1905 年、1907 年,京汉和正太铁路相继通车,石家庄一跃而成华北两大铁路的交汇点,成为直隶及华北、东北区域与山西能源、经济沟通上的重要枢纽。据统计,当时石家庄每年进出货物的价值均在 5 000 万元以上,其中仅棉花交易一项,每年约 2 000 万元。[②] 年转运棉布 10 万疋,棉毯 8—9 万条。[③] 而依凭此便利条件,石家庄还吸引人们赴此兴办纺织厂。如 1921 年,楚兴公司总经理决定在石家庄创办大兴纱厂(全称大兴纺织股份有限公司)的理由就是:"从纱厂之设,固须经营得法、机械精良,但原料之供给,产销之畅达,犹为要素……以斯地绾毂南北,控制燕晋,既为棉煤出产之富域,更为纱布推销之便利,诚属产销合作之唯一佳区也。"[④]其山鹿牌细布声誉颇佳,在华北市场一度曾能年盈利达 100 万两左右。因其接近原料产地,就地产销,每件纱的原棉成本较上海低 8 元至 10 元,而每件纱的售价又比上海高出 10 元左右。与上海纱厂相比,其每产一包纱能多获利 20 元左右。资料显示,至 1926 年,该厂已有纱锭 2.5 万枚,织布机 300 架,纺毯机 8 架,工人 2 300—2 400 名。[⑤] 其资本金在 1922 年建厂时仅为 2 100 000 两。至 1930 年时,则已达 5 418 411 两。[⑥]

长辛店因京汉铁路工厂之设立而成新兴工商业市镇。1937 年前其全镇人口 3 625 户,18 281 人(含他往者 120 人)。但十之七八为京汉铁路机车厂工人。[⑦] 其在 1910 年时,有 30 家商号加入商会分会。1928 年时,有商店 204 家,织布厂 7 家。1937 年前,绸布业是其 18 个重要商业行业之一。[⑧]

1904 年胶济铁路的张店—博山支线通车使张店镇成为山东北部的棉花集散地。吴知先生的研究表明,山东北部诸县棉花大都经此转销青岛等地。[⑨] 1928 年时,此处运出棉花 5 139吨,1929 年达 2 666 吨,1930 年达 5 952 吨,1931 年达 8 092 吨,1932 年达14 300吨。[⑩]

河南陕县因陇海铁路通车而成棉花集散地。在陕县,商人集中附近各县及陕西所产棉花,转销省内及省外的济南、上海等处。"其运沪之路线,至郑州后,则按郑州运沪路线。运济南者,则由陇海路转至徐州,转道津浦运至济南,一部分转销青岛,则由济南转胶济路直

---

① 见《唐山之经济状况》,《中外经济周刊》1927 年第 213 期。

② 见《石家庄之经济状况》,《中外经济周刊》1926 年第 181 期;(清)严书勋纂修,《获鹿县乡土志二卷》;国家图书馆地方志、家谱文献中心《乡土志抄稿本选编》第 1 册,线装书局 2002 年版,第 725 页;《开拓石家庄商埠计画》,《河北工商月报》1929 年第 1 卷,第 3 期。

③ 见《中国经济年鉴》(1934 年)下册,商务印书馆 1936 年版,第 58 页。

④ 见《大兴纱厂史稿》,《石家庄文史资料》1985 年第 10 辑,第 8 页。

⑤ 见《石家庄之经济状况》,《中外经济周刊》1926 年第 181 期。

⑥ 见《大兴纱厂史稿》,《石家庄文史资料》1985 年第 10 辑,第 44 页。

⑦ 《河北工商业调查记录》,《河北工商月报》1928 年第 1 卷,第 1-2 期合刊;北宁铁路管理局《北宁铁路沿线经济调查报告书》,北宁铁路管理局 1937 年版,第 600 页。

⑧ 见王先明、熊亚平《铁路与华北内陆新兴市镇的发展(1905—1937)》,《人大复印资料·经济史》2007 年第 1 期,第 35-42 页。

⑨ 见吴知《山东省棉花之生产与运销》,《政治经济学报》1936 年第 5 卷,第 1 期。

⑩ 见王先明、熊亚平《铁路与华北内陆新兴市镇的发展(1905—1937)》,《人大复印资料·经济史》2007 年第 1 期,第 35-42 页。

达”。①

3.2.1.2 近代交通运输业的发展与一些棉布生产或交易中心的相对衰落

近代交通运输业的发展加速了一些传统商业中心的衰落或发展缓慢。鉴于布匹、棉粮等向来是华北市场的大宗货品，亦可由此推知上述变化必将加剧棉布市场变动。

① 轮船兴，漕运废，传统商业中心日渐衰落。

在京杭大运河沿岸，布匹、棉、粮是其运输的主要大宗货品。山东临清就是京杭大运河上的布匹产地和交易中心之一。其“每届漕运时期，帆樯如林，百货山积，经数百年之取精用宏，商业遂勃兴而不可遏，当其盛时，北至塔湾，南至头闸，绵亘数十里，市肆栉比，有肩摩毂击之势”，②但其后则因“运河淤固而商业终衰”。③ 布匹亦曾是临清州的武城县的主要大宗货品，漕运兴盛时，“船橹千里相衔，商贾麇至，市易贸兴，固一委输通货之区也”。但是“自漕运改制，而商业顿衰，生计因而彫耗”。④ 在德州，“商埠开而京道改变，漕运停而南舶不来，水陆商务因之大减，而生齿盛衰亦与有密切之关系”。⑤ 茌平县，“在前清光绪以前，地当南北往来之要冲，仕商往来尚称发达，且西有运河转输之便，日用品之输入，农产物之转出，尚甚便利，因之尚属繁荣。然自津浦通车以后，地方商场为之大变，人多就迅速直达之火车，谁肯冒陆途之危险，以迂回我在邑哉”。⑥ 东平县，“运河航线。此线在昔漕运畅行之时，商务发达，帆樯林立……自清光绪二十年漕运告终，运河失修，水道逐渐阻滞，商船因之裹足”。⑦

沿海口岸地区：山东莱阳号称“莱阳码头”，是物资集散地。但自轮船兴，烟台、青岛、龙口相继被辟为口岸，其商业迅速衰落。据载，“迨青岛继复开港，龙口开埠，金口又骎萧索，有不能立足之势矣。于是县之行商坐贾于彼以贩卖为业者，以渐次销歇”。⑧ 莒县商业辐射范围达数百里之广，“西至沂，东至海，北至潍，南至青口”，但“海通以来，商情一变，而商业日衰，反不如工人生活尚可维持，粮价低、工资昂也”。⑨

② 铁路兴与华北内陆一些商业中心的衰落。如河北完县是地狭之偏僻小县，是河北的西北门户，属要冲之地。平津与西北的物资往来多经此处，其商业因此而繁盛。在该县，“质库至七处之多，杂粮店、钱店（即银号）数目倍之，合计城关约二百余家，市面繁荣可想”。但“其原迨至平汉路及平绥路相继告成，转运至途骤变，完境商业遂一落千丈”。⑩

“夙以商务著称”的山西解县，河南、陕西和山西其余地区的商人多在此采办商货。其

① 河南农工银行经济调查室《河南之棉花》，河南农工银行经济调查室1941年版，第65页。

② 张自清修，张树梅、王贵笙纂，《临清县志》，经济志，商业，1934年铅印本。

③ 张自清修，张树梅、王贵笙纂，《临清县志》，经济志，商业，1934年铅印本。按：该条还记录，临清“清代经王伦之劫，而商业一衰。继经咸丰甲寅之变，而商业再衰。运河淤固而商业终衰。”即：清代，临清的商业衰落与其经历的两次战乱也有关系。

④ 王廷纶修，王䶮铭纂，《增订武城县志续编》，李书田序，1912年刻本。

⑤ （清）冯翥编，《德州乡土志》，户口，清光绪年间修，抄本（出版年不详）。

⑥ 牛占诚修，周之桢纂，《茌平县志》卷9，实业志，商务，1935年铅印本。

⑦ 张志熙修，刘靖宇纂，《东平县志》卷3，交通，1936年铅印本。

⑧ 梁秉锟修，王丕□纂，《莱阳县志》卷2，政治志，实业，1935年铅印本。

⑨ 卢少泉修，庄陔兰纂，《重修莒县志》卷38，民社志，工商业，1936年铅印本。

⑩ 彭作桢修、刘玉田纂，《完县新志》卷8，风土，1934年铅印本。按：是条材料还记载，“凡由平津输入之洋广杂货以及县产之棉花、土布及豆腐滤等（县北郝家庄多织此布，销售于蔚县、涞源等县）转运蔚县、大同及晋之东陲罔弗，又湾经过，而西北山所产之绒毛、山货（即核桃及杏仁，县之名山货）亦概由此运转平及津。”

中,布匹、棉粮等即是采办的大宗货品。但"自新绛商务盛,而本省之生意断,观音堂火车开,而河南之生意绝。所恃以通商者,仅道路不通、土匪遍地之陕西一省耳"。其中,"若由观音堂火车到潼关,则解县商务必有一落千丈之势。形胜使然,非人力所可挽回也"。① 沁源县,"沁源南北干路通平介,南通河南。平介商人昔时多取道于此,赴河南等省。此行平遥人占大半。清时此路颇占重要。正太铁路成立后,遂萧条"。②

3.2.1.3　近代交通运输业的发展与华北棉布市场体系变动

近代交通运输业发展,促进了华北棉布市场的高、中、初或专业市场的三级四类的市场体系的形成。③

高级市场:开埠通商,轮船开航,铁路通车。天津、青岛遂自此而成棉布交易的高级市场,而居整个华北棉布市场体系之核心地位。天津、青岛是近代华北的机器纺织业中心,能提供较好的金融、信息传媒、仓储、加工等良好的辅助服务。两地市场经营主体众多,有洋行商、买办商,批发商和贩运商(或外地客商)和充当中介的经纪人。

其中,天津市场棉布种类繁多,规模庞大,是洋布总汇之地。以洋布为例:在本研究时段内,天津从上海或外洋进口的洋布品种,由最初的数种,到最多时增至八百余种。国产土布进出口品种也明显增加。其市场辐射范围从周边地区扩大到冀、晋、内蒙全省,鲁、豫部分地区,以及西北和东北地区。青岛市场虽不如天津,但其棉布种类、数量仍然可观,商业腹地不仅有鲁,还包括冀之中南部和豫。同时,它在沟通华北和江南之经济联系中也具有一定作用。

此外,在天津、青岛市场,商人经营方式的近代化程度较高。如专业化经营、采用抵押和契约方式、商品交易和检验的制度化及规范化,尤其是股份制公司的出现均显示出其市场发展的近代化程度在加深。如青岛发达的行栈业,充当了洋行和本地、外地商人的代理和中介。名虽为行栈,其主要业务却是批发洋货,购运土货,并组成专业商帮。如章邱帮以经销丝绸、洋布为主,潍县帮以土布、洋布和棉纱为主。大的行栈还在下级市场设行号和收买庄,组成专业购销贩运网。

中级市场:它是近代华北市场体系中的新生物,主要起着商品集散和转运作用。它一般都拥有相对优越的交通运输、储藏加工能力。华北棉布的中级市场与整个华北商品市场的中级市场体系基本一致。它们或是府州政治中心,或是运河或陆路要冲,或是铁路中转站。如鲁之济南、烟台、潍县、德州、济宁、邹县、泰安、益都;冀之保定、正定、邯郸、沧州、赤峰、宣化;晋之太原、榆次、大同、临汾、侯马、平遥;内蒙的多伦、集宁;豫之开封、郑州、安阳、新乡、商丘等。近代交通运输业于华北棉布中级市场的形成与发展起着关键作用。例如:

济南于1906年开埠通商,处津浦与胶济铁路交汇之处。它亦自此而成华北重要的棉布中级市场和区域纺织业中心,其商业辐射范围涵盖冀鲁之中南部以及豫之部分地区。至20

---

① 徐嘉清修、曲迺锐纂,《解县志》卷2,生业略,1920年石印本。

② 孔兆熊、郭蓝田修,阴国垣纂,《沁源县志》卷2,工商略,1933年铅印本。

③ 按:学界多把开埠通商前的华北市场体系分作运河体系和内陆商路体系。一些学者认为,由于运输工具,营销对象及流通范围不尽相同,商品流向单一,市场辐射范围有限,且两大市场体系间缺乏有机联系,是封闭性的和非统一的市场体系。市场结构仅有产地市场、销售地市场和城市消费市场,缺乏高层次跨区域的中心市场和具有集散转运能力的中间市场。开埠通商后,此情形随之改变。(见张利民《论近代华北商品市场的演变与市场体系的形成》,《中国社会经济史研究》1996年第1期,第58-67页。)

世纪20年代,济南有花行三十余家、布庄二百余家。济南市场,洋布主要来自青岛、烟台、天津、上海;土布是本地和外地所产兼杂。①

1860年,烟台开埠通商,棉纱、棉布、棉花是其进出口大宗物资。胶济铁路通车后其商业中心地位被青岛取代。据载:

> 铁路未设以前,山东全省殆以烟台为惟一之贸易港,胶济铁路通,而分其一部分东走青岛,津浦路通,又分其一部分北走天津。故烟台之贸易额,当光绪二十七八年间已达四千五六百万两,洎光绪三十年胶济全路通车,青岛日盛,烟台日衰,不数年而贸易额退至三千万两以内,其后又稍见恢复,民国四年复达四千三百万两,比及津浦铁路通车,烟台灌输之范围愈狭,近年竟减至一千余万两,然青岛港则增至一亿五千万两,是山东全省制进出贸易三十年来已增四倍。②

在潍县,开埠通商和近代交通运输业的发展,使"11条贸易线路在此汇合",潍县遂发展成为华北棉布的中级市场。在潍县市场"大量外国商品如布、纱、铁盒、煤油从芝罘(烟台)运来,甚至更多的土产从南方市场运到这里"。③"昌乐、寿光、安邱、昌邑、青州一带商民,凡有需求,佥向斯地购买,一时交易总值甚大,不下五六百万元"。④ 在其发展成为中级市场的过程中,胶济铁路所起作用尤为突出。如1902年胶济铁路修至潍县,短短7月之内,由青岛运至潍县的货物价值即达219万两。⑤ 1905年潍县自开商埠,依托烟潍商路和胶济铁路,是年从烟台、青岛输入的洋杂货价值即高达400万海关两左右,⑥其中仅棉纱、布匹两项价值350万银两。这些棉纱、布匹由15家洋布庄分销,行销范围远达沂州、营州、泰安、临朐、蒲台、泗水等地。⑦

京包铁路开通,张家口、呼和浩特、包头的棉布交易规模更加扩大,其棉布中级市场的地位、作用更显突出。在此类市场,来自天津或其他产地的棉布由此转运西北或内外蒙地区。(石家庄前已述及,在此不再赘言。)正太、同蒲铁路通车后,太原吸纳和输出物资的能力迅速提高。据1936年统计,由外省送来的商品价值3 400万元,其中棉布占一半。

初级市场和专业市场:它们亦称产地市场或最终消费市场,遍及华北的乡镇和村落,主要以集市的形式出现。它有固定地点、时间,一般10天有2至4个集日,范围在五十至百里之内。

① 沿海和平原地区,棉布初级市场的密度较高。以冀鲁为例,据1914年统计,鲁省较有规模的村镇集市有769个,其中沿海和运河一带有419个,占总数的54.5%。⑧ 据日人石源润研究,民国时,冀之平原地带的望都、清苑、定县这类地区,100平方公里内有6.61、6.26、6.36个集市,位于燕山山区的迁安、平谷、房山和临榆县这类地区,100平方公里只有0.26、0.74、0.19、0.42个集市,而密云一县只有2个集市,即1 000平方公里内不足一个。⑨

---

① 济南市志编委会《济南市志资料》第3辑,济南市志编委会1982年版,第36－39页。

② 赵琪修,袁荣□纂,《胶澳志》卷5,食货志,商业,1928年铅印本。

③ 见汪敬虞《中国近代经济史》下册,人民出版社2000年版,第2135页。

④ 见胶济铁路管理委员会《潍县·青岛》,文华印书社1934年版。

⑤ 见上海通商海关造册《光绪28年通商各关华洋贸易总册》下卷,第15页。

⑥ 同④。

⑦ 见庄维民《近代山东的市场经济的变迁》,中华书局2000年版,第169页。

⑧ 见青岛军政署《山东之物产》第1编,青岛军政署1919年版,第117、138页。

⑨ 见李洛之《天津的经济地位》,经济部冀热察绥区特派员办事处1948年版,第37页。

另据1936年调查,冀之山区重要集镇和集市的数目多在10个以下,最多的蔚县有14个,最少的延庆县只有4个,阳原、怀安、赤城县各有6个;而平原地区各县均不少于10个,最多的清苑县达70个,束鹿县64个。①

② 商品交易活跃,成交量大。宝坻县辛集镇属织布中心,镇内有23家布庄,年集中大布约140万匹,“每当大的集日,远近卖布的农民都到这里聚集”。② 定县盛产土布,“普遍每集上市可达1 500余匹,1931年上市最多时每集可达4 000余匹”。③ 高阳1934年时,资本万元以上布纱商店有600家,年销售额260万元,纯益50万元。④

③ 初级市场与其上级市场进行商品交换,近代交通运输业之作用较突出。如在高阳,据调查,1933年该地织造土布所用棉纱48%以上出自天津,其余则产自青岛、榆次、卫辉、济南、唐山及上海。即棉纱多来自华北铁路沿线城市的纱厂。⑤ 其发展依赖于铁路、公路运输已属客观事实。同时,这些机纱厂所需原料也多依靠铁路从棉区输送,其不足者,则需轮船从外洋输入。

另外,若依专业市场⑥而论,一些初级市场也可划入专业市场范畴。如:冀之霸州、宝坻、高阳、清苑、蠡县、任丘、吴桥、新乐、灵寿、栾城等县,鲁之惠民、海丰、平原等县,皆是重要棉布产区。它们所出棉布不仅在全国销售,也在区内间的棉布市场上销售。

3.2.2 近代交通运输业的发展使城市在整个棉布市场中居关键地位

近代交通运输业的发展使城市在棉布市场中居关键地位。这主要体现在下述方面。

① 近代纺织工厂(场)之兴建,大都选择城市或交通便利地区。如据不完全统计,从甲午海战后至民初,在直隶(包括北京、天津)共有24家纺织厂,其中机器染织厂10家。而资本金在一万元或一万元以上,采用机器生产的厂家,主要有:遵化华纶纺织厂(1905年)、宝坻宝华纺织厂(1906年)、深州同益织染厂(1907年)、安州蚨丰纺织厂(1909年)、清苑聚和纺织厂(1909年)、饶阳协成元织工厂(1909年)、饶阳益记工场(1909年)、宝坻利生祥纱厂(1910年)、张家口信生织布厂(1910年)等。⑦ 上述工厂多创办于城市或交通便利地区。民国时,尤其在一战爆发后,河北曾掀起了兴建纺织厂的高潮。至1922年,河北省内先后建立大型纺织工厂8家,资本总额近2 000万元。⑧ 这8家大型纺织工厂,除裕元纺织公司、华新纺织公司津厂、恒源纺织公司、裕大纺织公司、宝成纺纱厂、北洋第一纺纱厂设在天津外,华新纺织公司唐厂、大兴纺织公司分别设在唐山和石家庄,由此形成了以津、唐、石为中心的

① 《河北工商月报》第1卷4期,1929年2月,河北省实业厅《河北省实业统计》,1934年。

② 同①。

③ 见李纯性《河北城市发展史》,河北教育出版社,1991年版,第397-400页。

④ [日]石源润:《河北省明、清、民国时代的定期市》,《地理学评论》46卷4期,1973年。

⑤ 刘海岩,“近代华北交通的演变与区域城市重构(1860—1937)”,《城市史研究》(21辑),天津,天津社会科学院出版社,2002年。

⑥ 按:专业市场是近代华北市场体系中新出现的颇具特色的一种类型。它们以集散农副产品或手工业品为主,一般位于专业化产区,交通条件优越,其商品集散量和价格多取决于高级市场。其中,手工业品以销内地市场为主。市场经营主体较多,有生产者、商贩、坐庄、客商、高级市场的收购庄以及经纪人等,是华北市场体系中不可忽视的中间环节。在近代华北,初级市场中的专门棉布市场往往和专门的棉花市场混在一起,很难彻底区分。

⑦ 见方尔庄《河北通史·清朝卷》(下卷),河北人民出版社2000年版,第228页。

⑧ 见河北地方史编写组《河北简史》,河北人民出版社1990年版,第671-672页。

北方机器纺织工业基地。

② 与家庭手纺织业相比,城市的机器纺织厂设备好,生产能力强,对华北棉布市场变动之影响更突出。这可从天津、青岛华商纺纱业之发展来透视此问题。(见表3-15)

表3-15:天津、青岛华商纱厂纱锭在全国的比重统计(1890—1936)

年份	全国锭数	青岛		天津	
		锭数	占全国%	锭数	占全国%
1890—1914	35 000—544 780	0	0	0	0
1919	658 748			55 120	8.4
1920	842 894	14 964	1.8	55 112	6.5
1921	1 248 282	15 000	1.2	140 200	11.2
1922	1 506 634	32 000	2.1	193 000	12.8
1924	1 750 498	32 000	1.8	205 000	11.7
1925	1 866 232	32 000	1.7	177 802	9.5
1927	2 018 588	32 000	1.6	215 512	10.7
1928	2 059 088	32 000	1.6	219 512	10.7
1929	2 146 152	33 196	1.5	221 512	10.3
1930	2 345 074	33 196	1.4	223 512	9.5
1931	2 453 304	43 564	1.8	203 556	8.3
1932	2 625 413	43 564	1.7	211 652	8.3
1933	2 742 754	44 332	1.6	223 364	8.1
1934	2 807 391	47 276	1.7	120 172	4.3
1935	2 850 745	48 044	1.7	135 715	4.8
1936	2 746 392	48 044	1.7	104 472	3.8

资料来源:本资料摘引自,中国科学院经济研究所编《中国近代经济史统计资料选辑》,北京,科学出版社,1955年,第158页。

说明:全国纱锭数包括(上海、青岛、无锡、南通、天津、武汉)六大城市及六大城市以外之地区在内。1931年以后不包括东三省。

从上表可知,1894—1936年全国纱锭数增长显著。1919年后,青岛、天津华商纱锭数量同样增长迅速。机纱产量迅速增加必影响乡村织布业之发展。即纱锭数量的急速增长与手纺纱业的衰落密切关联。华北棉布市场亦是如此。

与家庭纺织业相比,机器纺织厂生产能力强,在织布所需原料和增加棉布市场供给方面,优势显见。以华新纺织股份有限公司和大兴纺织厂为例:

1916年3月,周学熙会同其弟周学辉、启新洋灰公司总办李希明等,在天津创设华新纺织有限公司。该公司在天津、唐山、青岛等地建立四个分厂。其中,1921—1922年华新津厂正式建厂,至1923年冬,纱厂总计共有纱锭24 300枚,年产棉纱约16 000件,主要商标品牌是三松、三鱼。华新津厂"因环境需要,以纺十六支纱为主体;其次三十二支纱销路亦颇见佳”。其所产三十二支纱,“品质精良,可与东洋纱相抗衡,在天津、高阳一带名声扬溢”。①

华新唐厂②有织布机250台,主要生产三燕牌粗细平布、月雁牌斜纹布等,年产约棉布17万匹,产品也主要在本地销售。华新唐厂下属的染厂每年可染布25.5万匹。1932年,华新唐厂又扩建布厂厂房84间,安装电力织机250台、日产上打式织布机2台、德产下打式织布机2台、自制织布机1台。全厂共有织布机505台,年产棉布三十多万码;纺纱机26 800锭,合股机2 000锭,年产棉纱22 600包;工人男性者2 253人,女性约百名,管理人员约40人。

1922年,大兴纺织有限公司建成投产,几经扩建,至1936年时,全厂拥有各种机械设备1 223台,其中纱厂538台,布厂554台、毯场4台、电厂及修理厂65台,有纱锭近3万枚。大兴公司的产品也主要在本地销售。它所产棉纱有7种支数12个牌号,其中又以10支双福牌粗纱为主,占总产量的80%左右。它所产棉布主要有12磅、14磅、16磅3种,共6个品牌;另外,它还生产五星牌棉毯。公司建成投产后,棉纱、棉布产量逐年增加。如1923年生产棉纱1.6万件,1924年产棉布75 700匹。1928年产纱布1.5万包,毯1万床。1930年产棉纱27 075件,棉布236 318匹,棉纱较1923年增长69.34%,棉布较1924年增长212.17%,年增产率分别为8%和35%左右。③

上述大型纺厂市场供给能力强,产业带动能力凸显,如其对小型纺织厂(多为手工工场或作坊)或家庭纺织业发展之促进作用显著。如据1929年统计,河北全省共有小型纺织工厂33 001家,占当年全省工厂总数的59.9%。年总产量共计线37万斤,布匹8 346 315匹,价值16 155 174元。④ 另外,其时河北全省还有漂染厂1 276家,年可染布4 474 990匹,价值4 878 970元;针织厂71家,年产袜、围布等107 900打,价值31.6万元;地毯厂11家,年产地毯5 466件,价值13 207元。⑤

3.3 “粮棉”价格波动与棉布市场变动

布匹、棉粮在华北民众的家庭消费中居绝对优势地位。在此前提下,“粮棉价格”波动势必导致棉布市场需求亦随之变动。加之,近代华北农业生产本不稳定,因此,粮食或其他日常必需商品的价格变化,必影响棉布价格变化。

3.3.1 近代华北市场以“粮棉”为核心的商品结构

①“粮棉”是华北市场的主要交易商品之一。“粮棉”互换是其市场商品交换的核心内容之一。就此而言,近代华北形成了以“粮棉”为核心的商品结构。以文献为据:(见表3-16)

① 见《唐山工业调查录》,《河北实业公报》1932年第15期。

② 按:1932年,华新纺织有限公司唐山工厂改名为唐山华新纺织股份有限公司,1936年底,唐山华新纺织股份有限公司被迫与日本人“合办”。

③ 见杨科俊、梁勇《二十年代的大兴纱厂》,节选自《石家庄文史资料》第8辑,(出版单位不详)1985年,第35-40页。

④ 见河北省实业厅视察处《河北省工业统计》(1929年),1931年5月刊行。

⑤ 同④。

表 3－16：开埠通商前后华北集市商品交易物资统计

县名（集市名） 时间	市场商品交易状况
直隶沧州 清乾隆年间	大抵缯帛来自江苏，铁器来自潞汾，农具为多。粟米视年之丰歉，或粜之使来，或籴之使去。①
河北顺义县 至民国二十二年	衣，普通以棉布为之……邑人不纺织，多仰给他省县（高阳、香河、宝坻等处）。②
直隶昌黎县 清同治五年	若粜米则籴于关东口外，绸缎则来自苏、杭、京师，土著多而客民少，虽城堡各有集市……所易不过绵布鱼盐，以供邑人之用。③
直隶束鹿县 至光绪末年	惟旧城一市，为棉花荟萃之区，每年销售不下二百万斤，皆由陆路运至深州等地，作农人制衣之用，此本境所产之品，可以言商务者。④ 另："鹿邑介在偏壤，俗朴而质，无或作奇技淫巧以售，无或市金玉绵绣以相炫，集市所陈布帛菽粟利日用焉……坐城正北，赴省通衢，人烟辐辏，百物杂陈，而布市排积如山，商贾尤为云集，称巨镇云。"⑤
直隶河间府献县 至民国十四年	邑无大贾，其盐局、典局多他省人为之，贩缯贩粟即商之巨者……其他菽粟布缕牛羊鸡豚果蔬之类，趁市贸易，不足名商也。⑥
河北藁城县 至民国二十年	吾邑商业无名商大贾，惟粮商、盐商、药商、杂货诸普通之商而已，余若花生、土布、农器日用之品，亦有售出者。入境货，以煤炭、铁器、洋布、绸帛及各种杂货为大宗。⑦
河北威县 至民国十八年	销于他境者，则白布发往蔚州、西河营及太原、平遥、太谷等处，年约 120 万匹。净花发往山东周村、交（胶）州一带，年约 130 万斤。⑧
河北高邑县 至民国二十二年	棉花店三处，分设城内车站，由本县收买花缫年约十余万斤，销于天津、彰德等处，资本共五千余元。⑨
河北望都县 至民国二十三年	粮店，本县粮店事业亦甚发达，其最著名者则有德裕、恒升、义和、义丰、万裕等数家，经营张家口之红粮、小米，销售县内，同时将本县之芝麻、小麦贩卖出境，营业数目在本县商业中占首席焉。⑩ 另：既无重关巨镇，又无富商大贾，所有者率皆小本营业，懋迁有无，为人生日用粟布、菜蔬、盐铁之属，以有易无而已……全县庙会……春会以木料农具为大宗，冬会以车市、布市为大宗。⑪

① 徐时作、刘蒸雯修，庄曰荣纂，《沧州志》卷 4，礼制，风俗附，1743 年刻本。
② 苏士俊修，杨德馨纂，《顺义县志》卷 12，风土志，民生，1933 年铅印本。
③ 何崧泰等修，马恂纂，何尔泰续纂，《昌黎县志》卷 10，志余，风俗，1866 年刻本。
④ （清）张凤台修，李中桂纂，《束鹿乡土志》卷 12，商务，1905 年修，1938 年铅印本。
⑤ （清）李文耀修，张钟秀纂，《束鹿县志》卷 2，地理志，市集，1762 年刻本，1938 年铅字重印本。
⑥ 薛凤鸣、李玉珍修，张鼎彝纂，《献县志》卷 17，故实志，遥俗，1925 年刻本。
⑦ 林翰儒编，《藁城乡土地理》上册，商业，1923 年石印本。
⑧ 崔正春修，尚希贤纂，《威县志》卷 8，政事志，商会，1929 年铅印本。
⑨ 王天杰、徐景章修，宋文华纂，《高邑县志》卷 2，实业，工商业，1933 年铅印本。
⑩ 王德乾修，崔连峰纂，《望都县志》卷 5，政治志，实业，1934 年铅印本。
⑪ 王德乾修，崔连峰纂，《望都县志》卷 3，建置志，集会，1934 年铅印本。

（续表）

县名（集市名） 时间	市场商品交易状况
河北房山县 至民国十七年	商业以粮行为大宗，杂货次之。其他药行、盐店、布行等，亦皆殷实。① 另：“县城每旬四集……其交易以粮为大宗，故商业亦以粮行为大。”“粮米多买自口北，由铁路运回，由是因它两站商日盛，县商稍受影响焉……他如布行、药行、茶行、油酒烟行尚称殷实，余皆小本营业矣。”②
河北新河县 至民国十八年	市上交易者，不过零星物品与小农之发卖粮食与牲畜耳……然粮食之出运，均赖粮贩转运城镇与乡村之间。③
河北满城县 至民国二十年	货则以农器、木石物类为大宗，估衣布匹及嫁女妆具亦居多数……凡物品非集市所常有者，概于庙会交易，故境内庙会遂为民生必需之场所。④
河北卢龙县 至民国二十年	商：城镇之间，直无正式商号可言，不过每遇集期，午前互市，午后即散，所易亦只日常所需油、盐、柴、米之属。⑤
河北沧县 至民国二十二年	城内共有五集，按五坊分配，每日一集，惟大南门内粮食买卖繁盛。⑥
河北南皮县 至民国二十二年	市中通用物品，以杂粮、布棉、牲口、青菜等为最大，农具次之，鸡、鱼、肉、果又次之。⑦
河北怀安县 至民国二十二年	治城集市……凡属农家日常生活之必需品，均能购到。不过货物多自外来，略较柴城稍贵耳。柴沟堡集市……所有货物与怀城略同，惟粟粮较他集市特多耳。委以地接兴和，所运杂粮均以柴城为集散之中心，是以该地粮店林立，面行栉比。⑧
河北乐亭县 至光绪三年	城堡市集……所易不过布、粟、鱼、盐之属，无他异物。而布、粟者尤众。粟则来自关外，以资一县之用；布则乐为聚薮，本地所需一二，而运出他乡者八九。⑨
河北通县 至民国三十年	六镇集期之物品交易为牲畜、食粮、菜蔬、肉类、布匹杂货，惟马驹桥镇有木材一项，燕郊镇有布毛一项，为其他各镇中之所无。⑩
河北文安县 至民国十一年	文邑市廛惟胜芳为最盛……百货杂陈，商贾云集，故列为直隶六镇之一……其他各镇或受水灾影响，或因道路不通，皆无大起色，然于附近居民交换布缕、蔬、粟之事，亦系便利也。⑪

① 冯庆澜修，高书官纂，《房山县志》卷5，实业，商业，1928年铅印本。

② 同①。

③ 傅振伦纂修，《新河县志》，食货门，下编，社会经济，1929年铅印本。

④ 陈宝生修，杨式震、陈昌源纂，《满城县志略》卷8，风土，礼俗，1931年铅印本。

⑤ 董天华修，胡应麟纂，《卢龙县志》卷10，风土，风俗，1931年铅印本。

⑥ 张凤瑞修，张坪纂，《沧县志》卷3，方舆志，建置，1933年铅印本。

⑦ 王德乾修，刘树鑫纂，《南皮县志》卷2，舆地志，集会，1933年铅印本。

⑧ 景佐纲修，张镜渊纂，《怀安县志》卷2，政治志，风俗，集市与庙会，1934年铅印本。

⑨ 蔡志修修，史梦兰纂，《乐亭县志》卷2，地理志，风俗，1877年刻本。

⑩ 金士坚修，徐白纂，《通县志要》卷1，疆域志，集镇，1941年铅印本。

⑪ 陈桢修，李兰增纂，《文安县志》卷1，土地部，方舆志，集市，1922年铅印本。

（续表）

县名（集市名） 时间	市场商品交易状况
山东馆陶县 清中叶至清末	昔前清中叶，民庞物阜，本邑男耕妇织，各务本业，大布一种输出境外，远销晋省。夏麦秋粮，每值丰收，水路可由卫河运至天津销售，尔时布缕粟麦鸡子等皆为输出物之大宗。至工业所制造木瓦等器，只敷本境之用，行商坐贾列肆贸易，然货物多来自外境运销境内。除自然产物之外，货物输出者殊鲜。迨清末轮轨四达，百货麇集，洋布畅销，内地土织布乃以滞销。岁多歉收，粒食维艰，甚且仰给外境，更何有输出之粟物。①
山东胶县 至民国十七年	流亭市集……其主要物品为棉花、煤油、火柴、苇笠、脂类、棉纱、小麦、粟、豆、高粱、玉蜀黍、陡坡、烟叶、布匹、烟卷、麻、食盐、干鱼、谷，其产及来路与李村集所陈列者同……华阴市集……陈列之主要物品为棉花、棉纱、洋布、火柴、煤油、纸类、玉蜀黍、小麦、豌豆、土布、烟叶、麻、海产物，与流亭略同。②
山东临清县 至民国二十三年	各区集市计三十四处，以花粮而兼牲畜者为最大，花粮次之，其专营粮市或花市者又次之。③
山东高密县 至民国二十四年	本县因交通便利，所有诸城、莒县及安邱一带之货物，率多取道于此，由本县转销各地。本县城关一带及夏庄、双羊店、井沟等处，均为本县商业交易中心……市面金融尚形活动，所售货务（物）以粮食、布匹、铁器及各种杂货为主。④
山东牟平县 至民国二十五年	城关集……凡当地产品，如食粮柴薪果品牲畜鸡鸭海鲜杂器等，虽在数十里外，莫不麇集，而虾皮（小虾米）黄烟及日常用品之小贩且有来自外县者，聚会恒达数万人……解甲庄集……地近烟台，负贩者货品多来自烟。交易以粟布为大宗，其余日常食品用品俱备。龙泉汤集……输入品多洋货，输出品除柴薪药材外。⑤
河南正阳县 至民国二十五年	陡沟镇旧时布花市业最称兴盛……铜钟镇市面范围颇大，地与南北通衢……以上商业，前清均极发达，有裨地方缓急。自铁道兴，汽车通，惟黄豆出售时期，日可收价过巨万，余则退化不堪矣。⑥
河南林县 至民国二十一年	林县铺户曰粮行曰估衣曰杂货曰铁货曰药材，而农家之牲畜、建筑之木材，嫁娶之木器，以及冬裘夏葛，必于会求之。⑦
河南太康县 至民国二十二年	城内，每年有轮铺会数次，乡间较大集镇亦均有例会，客商云集，颇形繁盛，商品以绸缎布匹为大宗。⑧
河南安阳县 至民国二十二年	安阳各集市多以食粮、棉花、牲畜等物为交易大宗，其余百货杂陈，色色俱备，亦为赴市者所取给焉。⑨

资料来源及说明：本表系据方志记录整理所得，具体出处详见注释。为表述方便，本表以方志中有直接文字表述者为取舍标准，时间亦据方志内容推知。

---

① 丁世恭修，刘清如纂，《续修馆陶县志》卷2，政治志，实业，1936年铅印本。

② 赵琪修，袁荣□纂，《胶澳志》卷8，建置志，市廛，1928年铅印本。

③ 张自清修，张树梅、王贵笙纂，《临清县志》，经济志，商业，1934年铅印本。

④ 余有林、曹梦九修，王照青纂，《高密县志》卷7，实业志，商业，1935年铅印本。

⑤ 宋宪章修，于清泮纂，《牟平县志》卷5，政治志，实业，1936年铅印本。

⑥ 刘月泉修，陈全三纂，《重修正阳县志》卷2，实业，商业，1936年铅印本。

⑦ 王泽溥、王怀斌修，李见荃纂，《林县志》卷10，风土，生计，1932年石印本。

⑧ 杜鸿宾修，刘盼遂纂，《太康县志》卷3，政务志，商业，1933年铅印本。

⑨ 方策修，裴希度纂，《续安阳县志》卷7，实业志，商业，1933年铅印本。

表3－16说明,近代华北市场,“粮棉”是民众在集市交易的主要商品之一。于此,张东刚先生的研究已证明,因“粮棉”是民众最主要消费品,近代中国国民消费需求长期变动趋势更显示出“粮棉”当是华北市场商品结构的核心。① 而且,鉴于国民消费需支出的主要部分是用于“食品”开支。在既定消费能力下,“食品”支出增加必导致民众在衣服消费方面的支出减少,棉布市场需求亦随之变动。同理,其价格变化亦会对棉布市场价格变动产生影响。

3.3.2 “粮棉”商品的价格波动与棉布市场需求变动

“粮棉”价格波动,尤其是粮食价格变动,使国民货币收入或支出随之变动。(见表3－17)

表3－17:华北部分县市粮棉商品市场价格变化统计

县名时间	“粮棉”商品市场价格变化
鲁馆陶县清中叶至民国二十三年	昔前清中叶风雨调和,岁岁丰收,且人口增殖率尚弱,而食用尤简,故供给恒过于需要,当为粮价最低时代,平均折算,每斤约合制钱二十五文。迨清末时期,人口日蕃,用度亦高,粮价因之增涨,按当时市价平均折算,每斤约合制钱三十五文,以与清中价额比较,已增一倍。民国纪元以还,岁收虽丰歉不等,地方交通较便,贩运颇昂,当二三年间,普通粮价平均折算合制钱一百三十文。至二三十年,按市价平均折算,每市秤一斤折合洋四分,合制钱四百文,以与清末粮价比较,增额达十倍以上,比较民初,价额已增三倍。②另,“前清中叶,每棉一斤合制钱一百文。迨清末年间,有提倡种美棉者,然亦甚少,其时土棉每斤合制钱二百文,以与清中价额比较,已增一倍。民国元二三年每棉一斤合制钱二百六十文。迨六七年后,种美棉者渐多,以至二十三年按市价平均折算,每斤合银元一角四分,合制钱一千四百文,以与清末棉价比较,增额已达六倍,比较民初价额,约增四倍有奇。”③
鲁潍县乾嘉至民国十二年	乾嘉时,粮价平均每斗不过数百,岁饥亦不过制钱千余文……至同治间,东关筑圩高粱每斗才三百文,光绪丙子大饥,每斗三千文,不过一日而人以为奇昂。民国以来交通日便,粮价日高,自十二年后又月异而岁不同。④ 另,“主要物价:住房如瓦房每间三四百元,草房每间二三百元。食料豆麦高粱向随时价而定。土布每百尺价六七元。”⑤
冀万全县光绪中叶至民国二十二年	考察前数年之物价,已十倍于三十年前者矣。如谷米一项,在光绪中叶每斗之价百余文耳,面一斤二十余文;至民国十八年,谷米涨至每斗洋一元四角,合钱五千六百文,面一斤四百文,平均比较在三十倍以上。百物类皆如此。农民日常用品之购于市者,虽觉其价倍蓰于昔,然农产品出售之价尚能抵也,生计尚无问题。至近二百年日常用品之购价仍未衰或比较更昂,惟农产品之售价大见低落,即以谷米一项,去年之价每斗仅三角余耳,是前数年米一斗之价可购之物,今非五六斗不可矣。兼之连年歉收,产量减少,凡此事实,不但为经济之矛盾现象,即天时亦予以沉重打击,以致农民生计困厄,农村破产。⑥

① 见张东刚《总需求变动趋势与近代中国经济发展》,高等教育出版社1997年版。
② 丁世恭修,刘清如纂,《续修馆陶县志》卷2,政治志,实业,1936年铅印本。
③ 同②。
④ 常之英修,刘祖干纂,《潍县志稿》卷14,民社志,物价表,1941年铅印本。
⑤ 常之英修,刘祖干纂,《潍县志稿》卷14,民社志,风俗,1941年铅印本。
⑥ 路联达修,任守恭纂,《万全县志》卷3,生计志,经济状况,1933年铅印本。

（续表）

县名时间	“粮棉”商品市场价格变化
冀张北县民国十五至二十四年	在民国十五年，每斗莜麦价值五六角。至十八、九年，每斗莜麦涨至一元七、八角以至二元以上。至近年来，每斗莜麦不过二三角，现虽稍涨，相差远甚，但日用零星物品其价值仍不稍衰，而人民之负担如故，赋税如故，应酬如故，衣服饮食仍如故，以莜麦一大斗不过换粗布五尺或点心二斤而已。每亩出产莜麦平均二斗，除子种、人工、粮赋及其他一切花费外，所入不偿所出，其将何不贫且穷也。① 另：（张北）县除本地出产供给于社会应用外，仍有仰给于他省货物者甚伙，如煤油、火柴、烟纸、茶、糖、布匹、盐碱之类……查近年来，消费最多者，莫如民国二十二年……至二十三年，因天雨连绵，秋收歉甚，粮价低廉，金融滞塞，人民无钱购物，以致销路顿形阻滞商贾赔累，嗟叹于市，求能维持现状者，实属寥寥无几。②
冀三河县至民国二十四年	农民一切花费，全恃地亩出产。民初，谷贵农足；近几年来谷价一落千丈。以芝麻而论，昔则每百斛十二五斗，一斗值洋二三元不等，今则不过一元上下。细粮如是之贱，其他玉米、高粱等粗粮，更不必论矣。③
晋闻喜县道光初年至民国八年	邑最富庶在道光初，至咸、同，而富稍减矣。非富以农，以商也。受外国通商之影响，资本家先少获利，然而男子十三四万，竭地力不足糊口，远服贾者二三万人。岁入赡家金四五十万，以与农民易粟麦，粮价适中，金融恒裕，交相维焉。光绪大饥，丁去其半，修养生息，以迄于今，户口不增，何哉？谷贱伤农者三十年其因一……粮价稍昂，农民始稍苏。④

资料来源及说明：本表系据方志记录整理所得，具体出处详见注释。为表述方便，本表以方志中有直接文字表述者为取舍标准，时间亦据方志内容推知。

上表材料显示：①“粮棉”价格波动对民众生活影响极大。其价格升降关乎国民货币收入或增或减。由此，国民购买商品的货币支出亦随之增减。② 粮价变动使“粮”与“棉”之交换价格随之变动。“粮棉”价格波动影响棉布市场需求。

3.3.3 “棉”价升降受“粮”价变动影响

1913—1937 年天津市面，“粮”“棉”价格变动趋势显示近代华北市场棉布价格变化受“粮”价波动影响的现象较突出。（见图 3－1、图 3－2）

图 3－1：

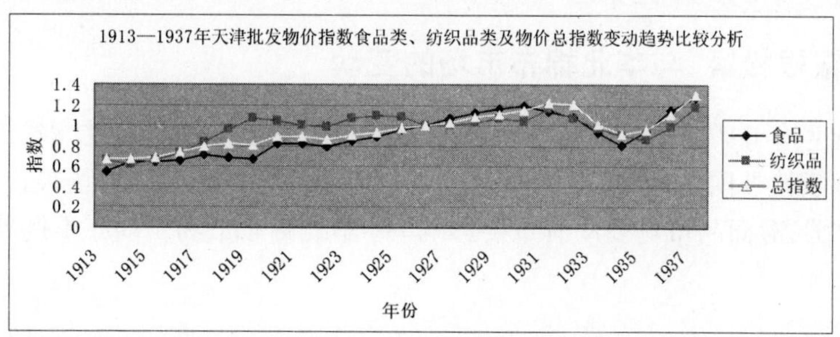

资料来源：孔敏主编，彭贞媛副主编，《南开经济指数资料汇编》，上册，北京，中国社会科学出版社，1988 年，第 7 页。见附录表 8。

① 陈继淹修，许闻诗纂，《张北县志》卷 5，户籍志，金融，物价，1935 年铅印本。
② 陈继淹修，许闻诗纂，《张北县志》卷 5，户籍志，商业，1935 年铅印本。
③ 唐玉书修，吴宝铭纂，《三河县新志》卷 15，因革志，实业篇，谷价，1935 年铅印本。
④ 余宝滋修，杨韨纂，《闻喜县志》卷 6，生业，1919 年石印本。

图 3－1 显示:① 物价总指数、纺织品价格指数变动趋势与食品物价变动总趋势基本一致。② 食品价格指数总是相对低于物价总指数和纺织品物价指数,但三者同步升降。即食品价格波动对前两者的变化起决定性作用。

图 3－2:

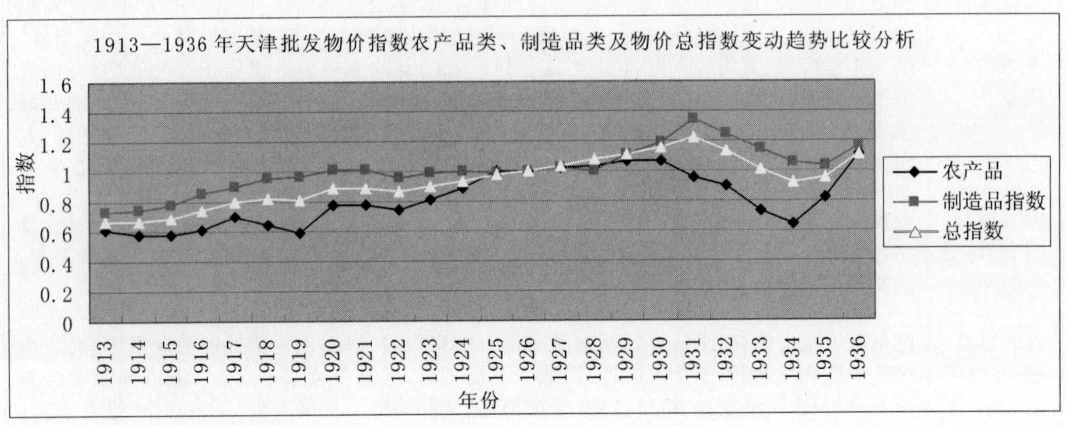

资料来源:孔敏主编,彭贞媛副主编,《南开经济指数资料主编》,第 8 页,北京:中国社会科学出版社,1988 年。参见附录表 8。

说明:原数据系 1913—1942 年,但为研究表述方便而选择 1913—1936 年数据,1926＝1。

图 3－2 中,① 农产品价格指数、制造品价格指数、物价总指数的变动趋势仍基本一致。② 除 1925—1929 年外,其余时段内制造品价格指数高于农产品价格指数。③ 物价总指数呈现出与制造品价格指数更接近的趋势,但整体上三者同步升降,在 1925—1929 年基本重合。④ 相对而言,1913—1936 年农产品价格指数变动幅度远大于制造品价格指数变动幅度,即农产品价格波动对整体市场价格变动的影响力更大。因此,作为制造品的机纱、机制布、手工机织布的价格变动受农产品价格波动影响,棉布市场变动亦必受到农产品价格波动的影响。即,以“粮棉”为核心的工农产品价格比波动必是市场变动的重要因素之一。

3.4　“银根松紧”与华北棉布市场的变动

梁方仲先生指出:“中国向来是一个产银不多的国家。自近代与欧洲各国通商以来,银的供给大部分依赖外国的来源;本国产量,殊不重要。”①因此,世界市场银价波动导致白银流入或流出中国,对商品市场变动有重要影响。② 华北棉布市场变动亦不例外。

① 见梁方仲《明代银矿考》,《梁方仲:经济史论文集》中华书局 1989 年版,第 90－100 页。

② 按:至 1933 年南京国民政府法币改革前,中国货币制度一直是采用银本位制。笔者以为,自白银成为中国本位货币后,它在中国经济史上就具有了重要地位和作用。在近代,白银一度大量流入或流出,对推动商品经济进一步发展,货币制度变迁乃至对维护国家政权稳定均有重要作用。

3.4.1 “银根松紧”对市场商品价格变动的影响(见表3－18)

表3－18:清代银、钱比价

时间	比价	时间	比价
顺治初年	银1两换钱7文	乾隆初年	银1两换钱700文,后渐增至772、774、776、784文
康熙初年	银1两换钱10文		
康熙二十三年	银1两换钱800—900文	嘉庆元年	银1两换钱1 300—1 400文
雍正年间	银1两换钱800文	道光十八年	银1两换钱1 600文

资料来源:据《皇朝政典类纂》及钱泳《履园丛话》有关记载整理所得。引自郭蕴静,《清代商业史》,沈阳,辽宁人民出版社,1994年,第36页。

表3－18中,从康熙初年至嘉庆元年,银与钱的兑换比价一直在800—900文徘徊,相对稳定。但嘉道之后,因白银大量外流,银贵钱贱,银钱比价则突升至1 300—1 400文,道光十八年高达1 600文。由此,商品价格随之波动就必在物价指数变动方面有所反映。(见图3－3)

图3－3:

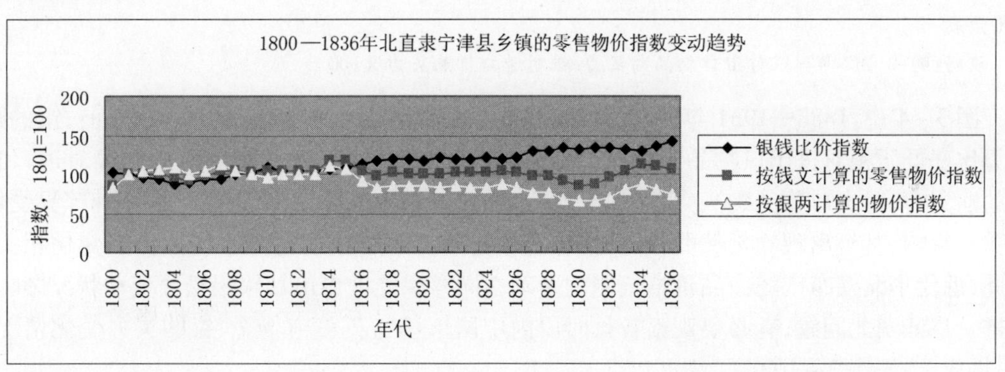

资料来源:严中平等编,《中国近代经济史统计资料选辑》,北京,科学出版社,1955年,第37－38页。见附录表10。

图3－3显示:① 1800—1836年,北直隶宁津县乡镇银钱比价总体呈上升趋势,1814年后的上升幅度明显。② 1800—1814年,其按钱文计算的零售物价指数与按银两计算的物价指数与银钱比价指数均基本重合,1814年后则明显分离。③ 1814—1836年物价变动趋势有两个显著特点:其一,银钱比价指数明显高于按钱文计算的零售物价指数和按银量计算的物价指数。其二,1828年始,按钱文计算的零售物价指数和按银量计算的物价指数变动趋势基本一致,而银钱比价指数却与前述两者呈反向变化。

而另据资料[①]显示:1926—1932年每年上半年度内,市场上,每月同期银一元兑换铜元的市价从300骤升至400,总体上其市价呈上升趋势;即在一个年度内,银一元兑换铜元的市价也呈上升趋势。这说明:① 市场银贵钱贱。② 若民众用铜元购买商品,其支付的实际

① 见孔敏、彭贞媛《南开经济指数资料汇编》,中国社会科学出版社1988年版,第236页。

价格大大提高。商品实际价格波动受市场银根松紧状况变化影响。引申言之，棉布价格波动亦与银根松紧变化密切相关。

相关资料①还论证了下述事实：即1931年前，中国市场银进口量大于出口量，即白银需求较大，资本短缺，需从世界市场大量进口银。鉴此，此事实则说明，近代中国市场商品价格波动受世界市场银根松紧状况变化之影响属客观事实。市场商品价格机制已与传统市场的商品价格机制不同。（见图3－4）

图3－4：

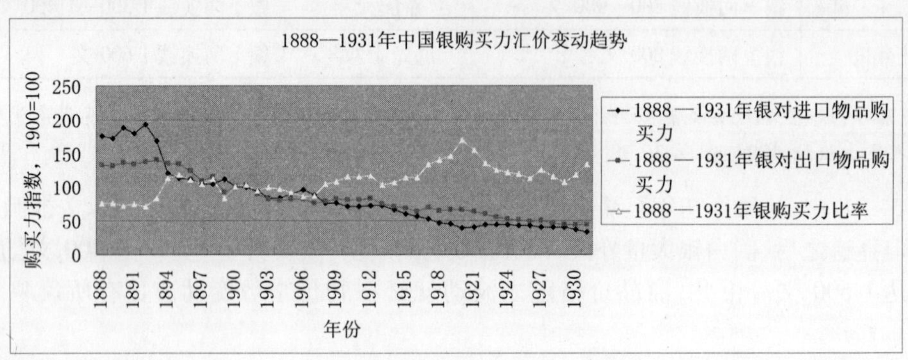

资料来源：孔敏、彭贞媛编，《南开经济指数资料汇编》，北京，中国社会科学出版社，1988年，第685页。见附录表12。

说明：购买力比率＝银对出口物品购买力/银对进口货购买力×100。

图3－4中，1888—1931年，银对进、出口物品的购买力呈下降趋势。1900年前，银的购买力比率低于银对进出口物品的购买力，1906年后，银的购买力比率明显高于银对进口物品的购买力，对出口物品购买力却下降。这必导致商品价格波动，且商品价格不纯粹只受供求关系影响，甚至出现物贵钱贱，减少市场有效需求。这与银在世界市场的价格变化相关。于此，近代华北棉布市场商品价格机制的变动亦同样深受世界市场银根松紧变动状况影响。为进一步证明此问题，有必要观察较长时段内中国市场与英美市场金、银购买力变化情况。（见图3－5至图3－10）

图3－5：

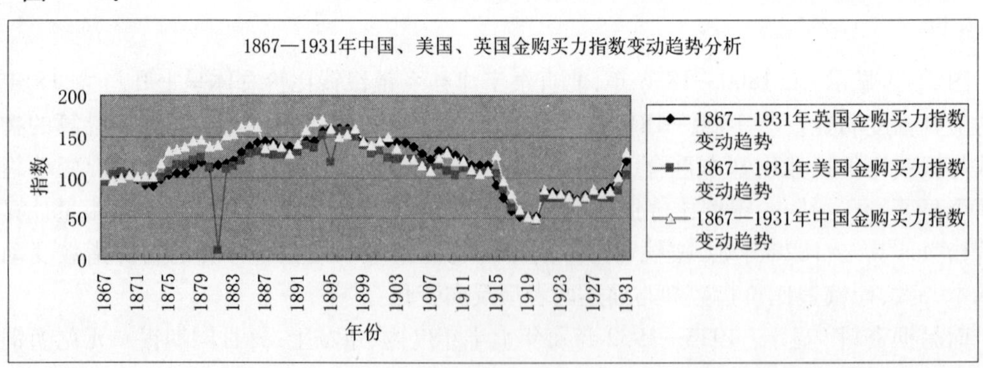

资料来源：孔敏、彭贞媛编，《南开经济指数资料汇编》，北京，中国社会科学出版社，1988年，第635－638页。见附录表13。

① 见孔敏、彭贞媛《南开经济指数资料汇编》，中国社会科学出版社1988年版，第685页。

图 3 -6：

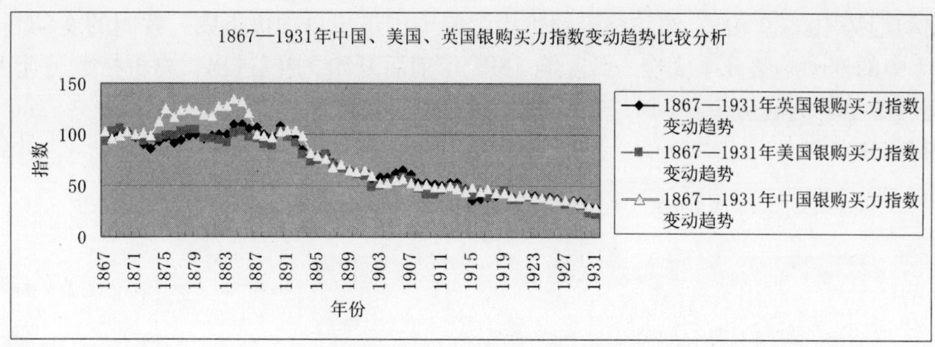

资料来源：孔敏、彭贞媛编，《南开经济指数资料汇编》，北京，中国社会科学出版社，1988 年，第 635 - 638 页。见附录表 13。

图 3 -7：

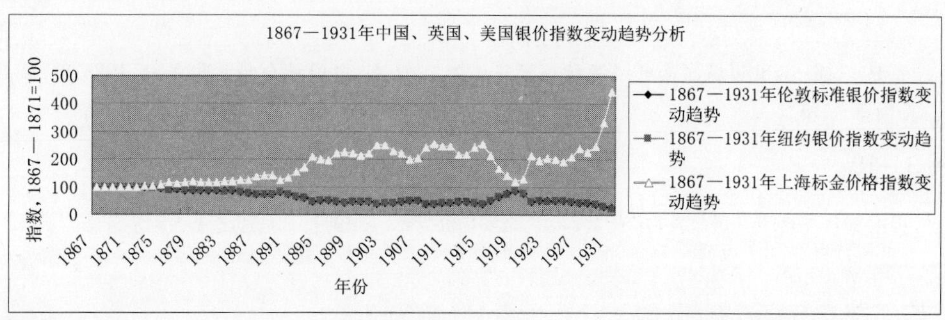

资料来源：孔敏、彭贞媛编，《南开经济指数资料汇编》，北京，中国社会科学出版社，1988 年，第 635 - 638 页。见附录表 13。

图 3 -8：

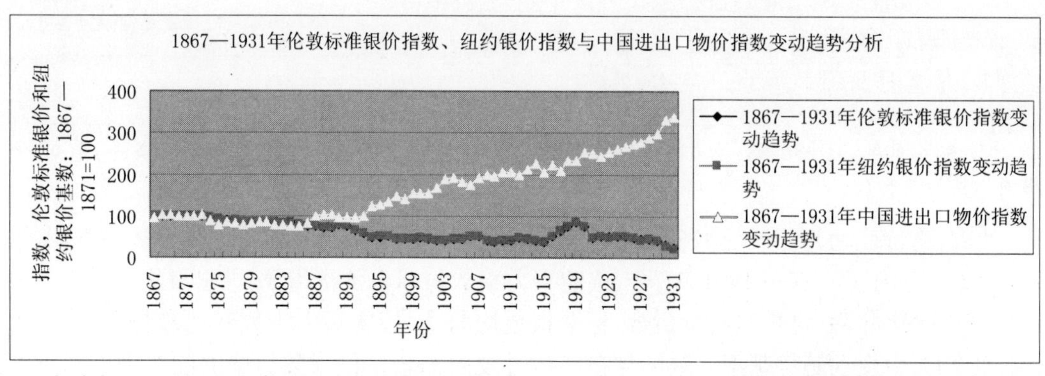

资料来源：孔敏、彭贞媛编，《南开经济指数资料汇编》，北京，中国社会科学出版社，1988 年，第 635 - 638 页。见附录表 13。

首先，一般商品价格变动受世界市场金银等基础货币的市场价格变动影响。① 1867—1931 年，三地金、银购买力变动趋势几乎完全一致。中国市场银价指数、进出口物价指数变动趋势基本与世界市场同步。② 1867—1891 年标金价格指数与纽约、伦敦标准银价指数变动趋势基本上重合，此后，标金价格指数与后两者间的变动趋势呈反向变化，前者一直呈上升趋势并变动幅度较大；而后两者在 1867—1931 年银价指数变动趋势却基本一致。即基础货币金银在中国市场的价格及其购买力变动已深受世界市场影响。这必将反映在市场商品价格变动趋势中。③ 伦敦、纽约标准银价指数与中国进出口物价指数三者间的变动趋势与图 3 - 7 中的变动趋势几乎完全一致。自 1891 年前后开始,中国进出口物价指数迅速上升,并与前两者呈背离趋势。

图 3 - 9:

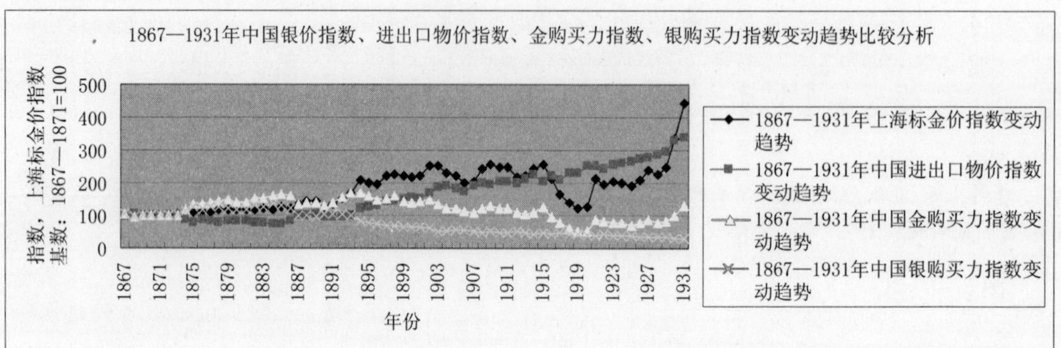

资料来源:孔敏、彭贞媛编,《南开经济指数资料汇编》,北京,中国社会科学出版社,1988 年,第 635 - 638 页。见附录表 13。

图 3 - 10:

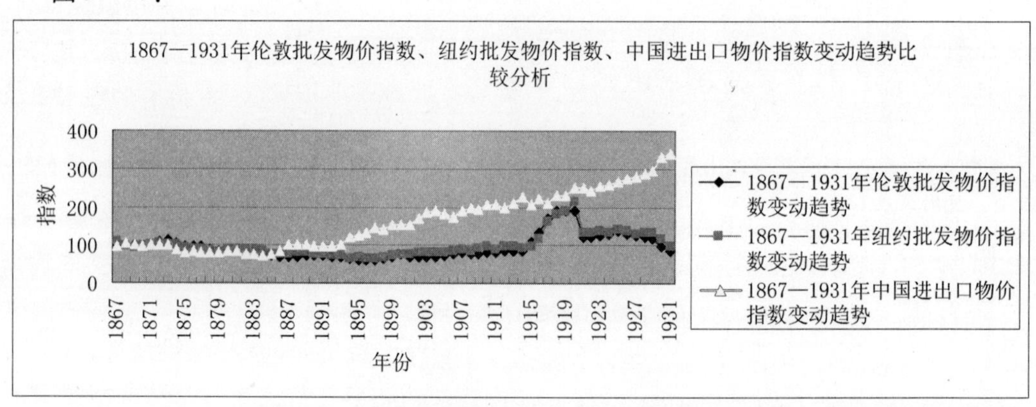

资料来源:孔敏、彭贞媛编,《南开经济指数资料汇编》,北京,中国社会科学出版社,1988 年,第 635 - 638 页。见附录表 13。

其次,物价变动趋势反映出金银价格及其对进出口商品的购买力价格受世界市场影响。

图 3 - 9 中,① 1867—1891 年,金、银购买力指数与标金价格指数、进出口物价指数基本重合。② 1891 年后,进出口物价指数、标金指数均与金、银购买力指数变动趋势发生背离,而金、银购买力变动趋势基本一致。且在一些时段内标金价格指数与金的购买力指数同步变动。即市场商品价格波动加大。货币的市场供给不稳定,在金购买力指数仍高于银购买力指数的情况下,商品价格当呈升高趋势,1891 年后进出口物价指数亦呈升高趋势。

图 3 - 10 中,1891 年前伦敦、纽约两地批发物价指数变动趋势与中国进出口物价指数变动趋势基本完全一致。除一战前后和 1929 年经济大危机时,伦敦、纽约的批发物价指数有明显升降外,在其余时段,三地均呈平稳增长态势,稍不同者即 1891 年后中国市场批发物价呈总体上升趋势。

由此,华北棉布市场变动也必受世界市场“银根松紧状况变化”之影响。这在学理上即是:货币单位价值量及其流通量变化改变市场商品供给和需求关系,并进而对经济发展产生影响。应注意者,“银根松紧”变化的根本原因在近代中国特殊语境中更具社会变迁色彩。因此,从社会变迁之视角考察货币流入、流出何以导致市场“银根松紧”变化就是必要的。

3.4.2 棉布市场“银根松紧”变化的主要原因

“战争和时局动荡”、“汇率变动”、“白银流入或流出”、“商业竞争”是市场“银根松紧”变动的根本原因。本小节将以天津海关贸易报告为据,实证分析“银根松紧”与近代华北棉布市场变动之关系。

3.4.2.1 战争、时局动荡加剧“银根”紧张

战乱、时局动荡加剧了华北市场“银根”紧张状况。

如甲午战争爆发前后,天津市面“银价大落,因而洋货价值俱形昂贵,目下商人存货无多,生意寂寥,若到开春时,干戈不息,和议无成,更不知伊于胡底也”。[①] 此次银价波动持续影响至1896年。其时,市场上“洋货价值之多者,一则是来货多,二则是成本昂,皆汇水价低(英文本为,以银计价之货,因银贱而昂贵)所致也。疋头进口之多者,因军务平定后,内地各路商人纷纷多买以补开仗时所亏之本”,但由于“本埠银根紧、汇水低(英文,本为银贵铜贱);加之河道阻滞,以致货物多受残短,商人之食亏者诚属不少。”[②]1900年庚子战乱,列强的野兵和变乱的拳民把天津库存银两抢劫一空,市场银根骤紧,银价贴现大幅升高。其后续影响持续至1902、1903年。如1903年天津“市面奇紧,为从未所见”,“缘庚子年各官库及银行均被抢一空,以至银根短少,市面破坏,第一故也”。[③]

辛亥革命之际,1911年报告记载,“讵料民军事起……所有京津华商银行、银号一时皆艰于周转,几乎闭市”。[④] 1912年报告称,“正值国事改革之际,乱象环生,银根随之而奇紧”。同年3月天津爆发“壬子兵变”,“华界精华所在,如银号、布庄、当铺等荟萃之区,均为叛兵焚掠一空。造币厂,同罹斯厄,其库内所存贮之银,被抢无遗,机器亦遭捣坏,房屋付之一炬。核计该厂损失,约在3 000 000两左右……本埠金融机关,自经是役之后,力已竭蹶”。[⑤]

战争与时局动荡常结伴而生,如1916年,因政治纷争,中国银行、交通银行停兑银元,遂导致“金融危机”。市面“商人之信用,因即动摇,贸易大受影响……货物之销售顿减”。[⑥] 1918年,“虽银价腾高,可期鼓励进口贸易,第其利益竟为外洋制造工费所夺矣。加上中国政治屡经变更,大失商人信用,复以内地土匪扰攘,以致交通不稳,运输商品、银两者,咸有戒心。而此等情形,于本省为甚”。[⑦]

在二十世纪二三十年代,战争、时局动荡对市场“银根松紧”状况的影响并未减轻,反呈

① 见吴弘明编译《津海关贸易年报(1865—1946)》,天津社会科学院出版社2006年版,第177页。
② 同上,第187页。
③ 同上,第226页。
④ 同上,第293页。
⑤ 同上,第301页。
⑥ 同上,第333页。
⑦ 同上,第353页。

加剧趋势。如1927年的华北市场,“除税捐繁苛,运费高昂外,尚有时局多故,变乱纷乘,亦使市面金融震撼莫定,银行放款均趋收缩,以至商业前途黯淡无光也”。① 从20世纪30年代至抗战全面爆发前,军阀中原逐鹿,日军全面侵占东北,对市场“银根松紧”影响甚大。1930年报告直陈:“金融因华北战争关系,时在动摇之中。”天津“本年处于种种不幸情形之下,突遭挫折,自属意中事。况银价暴落,影响人民购买力甚巨”。② 1931年初,“银价虽甚低贱,而汇兑价格,涨落不巨,以致影响于商务者甚微……讵意半载而还,本埠及华北迭生事变。前此所抱之种种乐观,竟有若干成为泡影矣”。③ 1935年下半年,因“时局稍形杌陧,商民多呈恐慌,驯至银行钱庄,力事紧缩,对于借贷,严加限制,商家周转,不免困难”,④市场“银根松紧”再生波动。

3.4.2.2 贸易条件变化与银根波动

因中国被迫深度卷入世界市场体系,华北棉布市场的贸易条件根本改变。

3.4.2.2.1 商品贸易量涨跌导致用银需求变化

市场多次因现银不敷应用而引发危机,商品交易大受影响。如1883年白银危机根本原因于商人囤积蚕丝大战而引起市场现银不够支付,银根吃紧。其时的天津,“诸多银号处境维艰,惨遭破产者计有数家,殃及数位知名资本家,岁聿云暮,银根奇紧,包银并铜钱俱告匮乏”。⑤

商品贸易量提升引起用银需求增加和汇率波动往往同时发生作用。这进一步加剧市场银根紧张。1890年,天津因“市上银根异常紧逼,致倒银号数家”,致使“置货者不敢贸然多办”。⑥ 另如1902年,在天津市场:

> 至本年内之货物,由本埠转运者颇巨,当初夏时,即有商人预料商务渐衰,缘华洋交易汇兑贴水无准,以至许多生意受亏。厥后外国汇价较前奇跌,而进口之货几乎全为停滞,惟出口货物彼此踊跃,陆续尽行装运,迨缝合后,犹有小宗货物,由秦王岛装运出口也。华人所开之大小钱铺不免惶惶失措,因传言现银短绌,华商银票贴水十成之三(原文为增至),究之其中底蕴,即中国官、商[亦]无从捉摸,故此册内亦难确陈。再查都统衙门曾倡议禁止拨条(亦称划条),谕各银行、钱店必须取具妥实结,倘所出银条(不兑现纸币)不敷所保之数,即不准再写银条。未几,中国官禁止宝银出口,然俱未能照办者,实迫于势不得已,盖进口货共值关平银80 181 683两,而出口货只值17 839 063两,所有进口货银如许之多,不能不如数照付之故耳。⑦

不独1902年,在华北市场,由银两需求巨大却供应不足以及汇率波动导致市场交易变动的记录比比皆是。如1909年上半年天津口岸洋货贸易不畅,“端由市面储货既已拥滞,镑

① 见吴弘明编译《津海关贸易年报(1865—1946)》,天津社会科学院出版社2006年版,第457页。
② 同上,第490-491页。
③ 同上,第492页。
④ 同上,第502页。
⑤ 同上,第129页。
⑥ 同上,第158页。
⑦ 同上,第211-212页。

价亦不合宜，兼之华洋交易取信不坚，是以上半年之交易极属寥落”。① 事实上，该年银根紧张和白银贴现降低几乎酿成全面市场危机。对此，海关贸易报告称：“（本年）统计华商积欠洋商货款并核历年蒂欠正款之息利，共有14 000 000 两之巨。迨届年关告尽，除荒歉无著并折成归还不计外，犹欠有5 000 000 两之谱。”如此巨额拖欠导致贸易难以进行。最终，由华洋商组织“理事会”，“彼此协同商定筹还之法，期定25 年分批归偿，惟首4 年只付息金而不还正本，并定由该理事会设一银行专任其事”。但却由于“本口银色日替，华洋致起龃龉……迄今仍未解决，殊为商业中一大障碍；今洋商各银行库存低色潮银，核实估计约在1 000 000两以上，此项潮银乃海关税课所不纳者。迨西历12 月4 日，本关监督各国领事之代表、各洋商银行及中国商会，齐集讨论，会筹融和之策。”②再如1913 年，天津市面“银根又复短绌，致本埠商人不肯将货物贷与内地商贩，以及多项买卖均需现钱交易，皆为商务缩减之原因”。③

3.4.2.2.2 “汇率”波动与银根松紧状况变化

汇率波动导致商品价格升降引起市场异常变动。如1914 年，“8 月间，欧洲风云初起之际……惟此后外洋货价皆涨，金价亦不一。且水险电报均各加费，则进口货值，大为负重。嗣由外洋运华者，缩减匪鲜，致现暂憩之状态”。④ 而该年上半年却是“银价合宜，货无濡滞，销场究属膨胀”。⑤ 1915 年，岁初是“惟银市有种种合宜，就时价向本埠业进口者批定货物，尚称惬意”。⑥ 其后却是“银市复不合宜。本年所有营业进口者，综而言之，均属不利”。⑦ 而在其与内地贸易的常关贸易报告于此则言：“海路运价奇涨，欧市金融又失常度，其影响于中国商务者，当非浅鲜。然以各国需银为兑换之机杼，兼之墨国银矿停止出货，使金银兑换行情，尚能平允，操进口贸易者，遂被其惠。外国需货孔殷，货价昂贵，亦足抵运价之增长。”⑧

世界市场汇率波动无常导致国内银市波动，时常引起华北市场交易状况发生变化。1919 年，“金价低廉，固足以鼓励进口之加增”，然而“银价腾昂，凡外国工厂订购土货者，势必感受不利之影响”，可至“年底银根短缺，内地购货，以本地钞票价格未见增长，多不通用钞纸。银行复缺现款可资挹注”。⑨ 1920 年，天津口岸的商情迥异寻常。据载：

> 始则银价腾涨，进口商人跃然心喜，视为空前未有之良机。盖外洋制造费用虽已大增，因而银价腾涨所获之利相抵，尚有余裕也。出口商人感想适得其反，银价逐渐增加，中国土产销售于外洋者，无时无停止营业之虑，而津埠商家，大抵进口、出口两者兼营，故本年年始，商人颇有喜惧莫测之概。迨银价涨至每两能兑英金半镑，此系空前未有之高数，即彼素称稳健之商人，尚有望其再涨高五成者。金价既如是之低落，中国之疋头商，向外洋以金价大订新货，无不争先恐后。于此兴高采

① 见吴弘明编译《津海关贸易年报（1865—1946）》，天津社会科学院出版社2006 年版，第278 页。
② 同上。
③ 同上，第316 页。
④ 同上，第318 页。
⑤ 同上，第319 页。
⑥ 同上，第325 页。
⑦ 同上，第326 页。
⑧ 同上，第330 页。
⑨ 同上，第363 页。

烈之时,中国商竟忘金银至对等价值之规则,有如孤注一掷,尽量购买。无何(不久),银价日落,货价因而日增,犹冀银价或起,未即与订货者结算。迨订货到津,未能提起者,所在多有,加之利息、栈租等费,亏损益巨。而国外工厂,则以他处市面停滞,订货合同不允中途取消,其亏累之深,实有不堪设想者。①

1920 年,银价高涨有利于进口,而后银价低落,使进口棉布的商人亏损不少。因而棉布交易量发生非正常波动。受世界市场金银比价波动影响,整个 20 年代,国内金银比价也变动异常。其间,华北市场交易也极不稳定。据载:

[1921 年]“年初电汇银价约值 4 先令 3.75 便士,未久亦即跌至 3 先令 0.075 便士,3 月内虽微有涨落,然逐渐腾高,直至 4 先令 5 便士,未几又行跌落至 3 先令 7.25 便士”,“据上年海关金银平均价格为 6 先令 7.125 便士,而本年则尚未及 4 先令。金银价格,相差如此之巨”。②

[1922 年]“平均银价系 3 先令 5 便士,而美金折合金镑行情亦甚稳定”,“本年汇兑行情,平均银价,较低于往年。只此一端,虽贸易实际上无大进益,而其货值较昂,亦足使贸易结算因之高涨也……其中跌落之骤,为世界史中别开生面。”[所以,尽管该年]“岁首,各种现象非常之佳,出产充裕,物价日增,商务殷繁,金融状况极为平静,银钱价格亦称稳定”。[但是]“旧历年关后,所希望之美满市面,竟未实现”。③

[1923 年]“国际汇兑价格,与上年大异,洋货市价,因之昂贵,其所缴纳之从价税,亦多于上年也。”④

[1924 年]“金银汇兑市价,亦有足论者,计全年平均计算 3 先令 7.75 便士,合海关银 1 两,而 1923 年则为 3 先令 5.75 便士。正月间,此项汇兑价值,为 3 先令 8.25 便士,厥后逐渐跌落,结至 5 月,为 3 先令 6.125 便士。自此以还,时有涨落,逮至 10 月中旬,逐渐升涨,始则徐缓,终则急骤,直至 3 先令 10.375 便士而始止。后复陡然跌落,及至嘉平(腊月)月杪,仅为 3 先令 6.125 便士矣。银元与行平银兑换价值,首 5 月,无甚变异。银行售出之价值,每百元合行平银 68.5 两左右,至 6 月渐见跌落,至 8 月中旬,竟达 67 两。嗣后军队麇集,需款甚巨,银洋之价,因而渐涨。至 12 月底,每洋百元,竟涨至合行平银 70.5 两。”⑤

上述材料显示,整个 20 年代,金银比价波动对华北市场商品交易量升降有极大影响。而在 30 年代,华北银市波动亦是跌宕起伏。1930 年,山西市面,本省所发巨额纸钞,“并无充分担保,在市面上只能按票面 1/2 至 1/3 行使。”同时,地方当局禁止现银出境,“金融益感停滞”。⑥ 天津市面也是“银价暴落,影响人民购买力甚巨”。⑦ 1931 年,“银价甚低贱,而

① 见吴弘明编译《津海关贸易年报(1865—1946)》,天津社会科学院出版社 2006 年版,第 372 页。
② 同上,第 381 页。
③ 同上,第 390 - 391 页。
④ 同上,第 403 页。
⑤ 同上,第 419 页。
⑥ 同上,第 490 页。
⑦ 同上,第 491 页。

汇兑价格,涨落不巨”。① 市场上,“虽曰汇价坚定,可助外货之畅销,而银价低落,仍为其障碍原因之一焉”。② 1932 年“金银汇价,变动靡常,而各国汇兑中,尤以日金跌落最巨,致本埠直接进口之大宗日货,价格随之猛泻”,③1933 年则是“因美元贬价之故……本年银购买力趋健”。④

金银比价波动引起货币比价变动,尤其是美元、英镑价格变动,亦加剧华北市场变动。仍以 1922 年为例,是年美元与英镑比价波动是市场变动的根本原因。其时,为防止因银价涨落不定使交易发生损失,商人都按预先商定的汇率进行市场交易。市场“新交易之大部分,系采用豫(预)立关约(契约、合同)法,售货与中国客人时,货价系按外国币制;而汇兑银价,则预先定妥,以免金银涨落之患”。⑤ 但即便如此,“至 11 月初,美金折合金镑行情低落,加以汇兑行情,亦随之大跌,商务因之稍形萧索,而各处市面遂亦大受影响”。⑥ 时至最后,市场又“所幸美金转折行情,不久即行复原,存货藉得出手,未致酿成大变”。⑦

日元与金银的比价变动,在银根紧张的市场中就曾直接转化为日本棉布的市场竞争优势。1924 年,“日本金币与纹银兑换价值,骇然见绌,以致其疋头货品在中国市场与华产之竞争,较占优势”。⑧ 1926 年,日元与金银比价变动仍对日本棉布的市场销售产生了影响。据载:

> 国外汇兑之投机,关于本年贸易者,亦属最为重要。当岁首时,因大条银价值增长,与日金汇价跌落之故,日货销路随之大畅。迨华商纷纷出售黄金,英、美互汇之价得以渐归复原,而银价日趋昂贵……至本年洋厘(银元折合银两数额)曾涨至每元合行化银 7 钱,为素所罕见之高价,于是中国官厅曾宣布禁止现洋出境之令,凡数逾 200 元者,均不准外运,以资补救焉。⑨

因上述原因,1926 年“冬季,疋头业始复稍振。盖日金价格,以前已上涨者,其时又复跌落,故对于疲滞已极之日货贸易,不啻饮以续命汤也。”⑩

3.4.2.2.3 投机与市面银根松紧

贸易条件变化后,投机盛行亦加剧华北市场银根紧张。如同在 1902 年的天津市场,“是岁银根紧急,自当归因于贸易逆差,但现银(或对外国银行所开支票)之升水,则因本埠投机活动而大受影响”。⑪ 再如 1903 年天津市场,“庚子之乱”洗劫天津存银虽是市场银根紧张的根本原因之一,但市场投机和汇率波动导致银根紧张之影响同样不可忽视。据载:

> 本口本年内市面奇紧,为从未所见,不料其结局至此地步,所有本埠通融

① 见吴弘明编译《津海关贸易年报(1865—1946)》,天津社会科学院出版社 2006 年版,第 492 页。
② 同上,第 493 页。
③ 同上,第 494 页。
④ 同上,第 497 页。
⑤ 同上,第 392 页。
⑥ 同⑤。
⑦ 同⑤。
⑧ 同①,第 421 页。
⑨ 同①,第 444 页。
⑩ 同①,第 446 页。
⑪ 同①,第 218 页。

赊欠,一切平常交易,情形大为改变,迥不如前……光绪二十八年逆料商务自必兴旺,是以皆欲买空卖空借以获利,第二故也。当拳匪尚未肇乱以前,约计各华钱行所开钱票有20 000 000两之多,迨光绪二十八年底,增至30 000 000两,凡钱票在未乱以前,出入一律(英文本为"恒按面值收受")。自庚子年后,即有贴现一成五以至三成不等,从此有若许小钱铺皆开钱票,过于原本。谨慎之西帮票号,为本埠商务极大关键者,陡将外欠各款收回,以备暂移他处再为设肆,以此市面愈觉空虚矣。①

1910年上海橡皮股票投机案,对华北市场的影响虽不及1883年白银风潮,但是年危机中,华北商人仍"放款于上海者,未能取偿,则不免大损失焉。"②

3.4.2.2.4 银根紧张与银号或银行经营行为变化

银行或银号经营行为变化,亦影响市场银根波动。1908年报告记录:

华洋各商亟于图利,洋商则广为招徕,罔论订货者(英文本为中间商)有无资本或相当担保,一律照单批定,大有来者不拒之概;而华商则肆意批定,鲜顾货之有无销路,遂恣其多多益善之心,惟是蒂(拖)欠银行之款项日增。厥后,银行不愿出借,以致华商批定之货无力提取,则经进口行商积货甚钜。闻所有定而未取之货,约计值银10 000 000两之多,是以营进口货之行商,除极力设法冀其将存栈货物提取清结外,否则惟有按所欠款项计以息利。③

"银根紧张"迫使银行或银号收紧银根,进一步加剧银根紧张。如1916年因中国银行和交通银行滥发纸币不能兑现,以及在银根紧张时银行或银号不为商家提供信用支持,导致市场银根更加紧张,更加恐慌。

本年夏间,因政治风潮,金融恐慌(即中国并交通两银行奉命停兑银元),遂演成停止兑现之事实。商人之信用,因即动摇,贸易大受影响。当中交两银行停止付现之际,各商家所存多数中国纸币,概不通用。纸币既不通用,货物之销售顿减……缘此种金融恐慌现象,为世所罕见。本国银行,各处汇兑营业,均亦废绌。

本年底两月间,银根奇紧,现银缺乏。外国各银行,于载运货物,代付垫款,时加取缔,商业颇受影响。夏季,现银出口过多,纹银之输入者,不足以补其缺。外国银行,又争购现银,出价竟逾市价之上,遂致本国银行之现款,多为彼等所吸收。金银兑换行情增长,又为影响于出口业者一大原因。④

3.4.3 "银根松紧"与华北棉布市场变动

"银根松紧"加剧华北棉布市场变动,主要体现在以下方面:

3.4.3.1 "银根松紧"与棉布市场交易量变动

"银根松紧"影响棉布交易量升降。银根松紧不定,使商人不敢大胆采购,市场洋布供给数量,时升时降。如"光绪十五年杪,市上银根异常紧逼,致倒银号数家,置货者不敢

---

① 见吴弘明编译《津海关贸易年报(1865—1946)》,天津社会科学院出版社2006年版,第226页。

② 同上,第286页。

③ 同上,第267-268页。

④ 同上,第333-334页。

贸然多办,存底因而较少"。1890年市面银根紧张状况稍有改观时,"众客商遂于开河之际赶办各货,多多益善,计棉布十六年进口综4 501 100余疋,较上年多220 800余疋;原洋布、美国斜纹及粗布、红洋布、袈裟等布疋,均觉减少,为棉布疋实增多,可补其缺,斯为进口一大宗出色生意也"。① 1892年,"因山西、河南、直隶等省商人银根短少,并受水旱之灾,致进口布匹比去年约少100 000疋。然其中各色棉布多10 000疋,印花布多25 000疋,蚊帐布多至加倍。惟各等斜(纹)布少93 000疋,粗布少25 000疋,内有7 000疋系荷兰国所织,为本年所初见;洋红布少14 000疋"。② 又是年,"各等绒布,比去年少至二成五"。③

"银根松紧"不定引起棉布交易量或升或降,凸显了华北棉布市场的不稳定性。例如:

> 1896年,(海关进口显示)洋货价值之多者,一则是来货多,二则是成本昂,皆汇水价低(英文本为,以银计价之货,因银贱而昂贵)所致也……本埠银根紧、汇水低(英文,本为银贵铜贱);加之河道阻滞,以致货物多受残短,商人之食亏者诚属不少。进口货最大宗者,莫如美国斜纹布并粗布。④

在本研究时段内,此类记录俯拾即是,更说明因"银根松紧"不定导致棉布市场波动具有长期性的特点。(见表3-19)

表3-19:银根松紧与津海关洋布交易变化情况统计＊

年份	银根松紧状况	棉布市场供给量变化(进口量)
1883	本期随时序之变迁,诸多银号处境维艰,惨遭破产者计有数家,殃及数位知名资本家,岁聿云暮,银根奇紧,包银并铜钱俱告匮乏。	到埠之首船载来大批棉布,以应晋商企望之需要,晋人每年屡至本埠选购商品,其数达300人左右;然本年得以到埠者为数甚少,大约不过50人,晋商鉴于融资与运输方面之重重困难,不肯与人交易。
1889	光绪十五年杪,市上银根异常紧逼,致倒银号数家。	置货者不敢贸然多办,存底因而较少。
1892	因山西、河南、直隶等省商人银根短少,并受水旱之灾。	进口布匹比去年约少100 000疋。
1894	银价大落,因而洋货价值俱形昂贵。	各项洋货俱形减少,只原布并美国粗布、斜纹布日见加增,因天津为各处军营云集之区,故此种货物畅销更旺。
1896	汇水价低。	疋头进口之多者……进口货最大宗者,莫如美国斜纹布并粗布。

① 见吴弘明编译《津海关贸易年报(1865—1946)》,天津社会科学院出版社2006年版,第158页。
② 同上,第168页。
③ 同②。
④ 同①,第187页。

（续表）

年份	银根松紧状况	棉布市场供给量变化（进口量）
1902	初夏华洋交易汇兑贴水无准……厥后外国汇价较前奇跌；又：是岁银根紧急，自当归因于贸易逆差，但现银（或对外国银行所开支票）之升水，则因本埠投机活动而大受影响。	（初夏之前半年）进口之货几乎全为停滞；又：天津市面物价之昂，皆视汇水（英文本为“银价跌低”）。闻贩运货物之华商获利颇巨，其旧存之货尤为获利，因批定该旧货之际，其汇价（银价）较现时昂贵也。洋商虽下半年无多生意，因去年所订之货颇巨，则本年批定明春所交之货亦无大宗，然而亦属获利。其最令人注意者，如美国斜纹布，去年共 390 278 疋，本年增至 729 230 疋；美国粗布，去年共 1 031 170 疋，本年增至 2 165 938 疋；英国原色布，去年共 542 693 疋，本年增至 1 420 978 疋。 1903 年津海关贸易报告中，记录 1902 年下属布匹数字则为：美国斜纹布 748 325 疋；粗布 2 298 653 疋；英国原色布 1 579 763 疋。
1903	本年内市面奇紧，为从未所见，不料其结局至此地步，所有本埠通融赊欠，一切平常交易，情形大为改变，迥不如前。	洋布进口生意，运进口之洋商获利无几。另：与 1902 年相比，1903 年进口洋布数字则为：美国斜纹布 470 418 疋；粗布 1 012 243 疋；英国原色布 639 247 疋。
1907	交易可以长期拖欠，毋庸现银，并因有人预云将来货价必涨所致。	迨至本年春季，市面积储之疋头为数良多，且各商向外洋订购各货，在西历前半年尚络绎进口，奈本埠市价较由外洋买价犹廉，是以殊难获利。至西历 6 月后，则进口货物立即寥落，各商所积滞各货始逐渐销售。当秋令金价跌减，各商均难向外洋批订新货进口存栈，非加价不能购办。
1908	有数家年深老行，以市面周转不灵，遂致进退维谷，斯时谣诼纷起，据云，尚有数家银根亦行薄弱……而华商……惟是蒂（拖）欠银行之款项日增。厥后，银行不愿出借。	闻所有定而未取之货，约计值银 10 000 000 两之多。又：布疋之中，美国粗布，计减 464 754 疋；英国白布，计减 830 694 疋；印花布并印花色布等，减 240 306 疋；洋棉纱，减少 129 047 担。
1909	华商积欠洋商货款并核历年蒂欠正款之息利，共有 14 000 000 两之巨。迨届年关告尽，除荒歉无著并折成归还不计外，犹欠有 5 000 000 两之谱。 又：市面镑价不合宜。	华商皆乐于由沪订购者多，而向外洋订购者鲜，溯厥原因，盖由于镑价腾昂故耳。布疋之中，英国原布较上年多 35 855 疋，咸由上海转运而来者；白色布较上年增 336 589 疋，其中 55. 5% 分系由外洋径运来津者。美国与日本原布较倍上年，美国者率由上海进口，日本来者率皆径运。英国与美国粗布较上年微有增益，无甚悬殊，惟日本粗布较去岁多一倍有奇。日本粗斜纹布进步硕然。较增上年有 188 943 疋之巨。美国粗斜纹布亦较上年几增倍蓰，然悉由上海转运者。标布一宗，本年大为冷落，产日本者仅及往岁 34%，而印度产则匿采韬光、杳然绝迹；英国标布略增上年。各类印花布竟较去年减 50% 有奇，殊难与他货争妍。棉羽绫并棉意大利布其减色与印花红布等。（有增有减）

（续表）

年份	银根松紧状况	棉布市场供给量变化（进口量）
1910	上海橡皮股票投机案引发金融危机（影响不甚严重）。	外洋布疋中，除日本粗布较上年增80 000疋外，余如各国各色原布、粗布，均为摧折。美国粗斜纹布较上年计减119 000疋，而日本产者则增有256 000疋，其他各类布疋皆有增无减。绒货类略均进步。
1911	京津华商银行、银号一时皆艰于周转，几乎闭市，幸竭力支持，旋即照常贸易。本省内地各交易指商家忽焉然绝迹，其故一系市面概既不通赊欠，且银号歇市，汇兑咸停，兼以各乡丁此秩序紊乱之秋，道路梗阻，皆弗敢捆载现银来兹购物。本埠各华商售货之外欠，亦因以上景况，率皆未能一一收回，惟闻各商号所欠洋商者，尚能应付。	本年入内地洋货价值，较上年减少四百余万两，约减在年终两个月内……英粗洋布较上年减少30 000疋，日本棉纱减少30 000担，印度棉纱较上年增加6 000担。
1912	正值国事改革之际，乱象环生，银根随之而奇紧；然本年贸易之盛，竟为初料所不及。且本关收数之旺，尤以今岁为首屈一指。其故殆由于出口生意之发达，兼之一年之内银价始终昂贵。	美国粗布：1911，638 177疋，1912，497 790疋；英国粗布：1911，121 205疋，1912，19 296疋；日本粗布：1911，342 320疋，1912，637 784疋。美国斜纹布：1911，158 872疋，1912，56 637疋。英国斜纹布：1911，2 495疋，1912，277疋，日本粗斜纹布：1911，392 920疋，1912，395 691疋。
1916	因政治风潮，金融恐慌（即中国并交通两银行奉命停兑银元），遂演成停止兑现之事实。商人之信用，因即动摇，贸易大受影响。又：年底两月间，银根奇紧，现银缺乏。	东洋斜纹布及粗布，最形减色。斜纹布进口，去年794 000余疋，今年减至40余万疋；粗布去年100余万疋，今年减至675 000疋。（本年度，还当考虑一战因素。）
1918	银价腾高；又：中国政治屡经变更，大失商人信用，复以内地土匪扰攘，以致交通不稳，运输商品、银两者，咸有戒心。而此等情形，于本省为甚。	美国细斜纹布，上年进口疋数系140疋，今年竟增至6 169疋；印花色布，上年进口疋数，系3 804疋，今年增至8 293疋；又：惟进口数目减少，颇堪注意者，如净进口数之原色布上年计839 774疋，今年减至516 133疋；标布，上年进口，计427 414疋，今年减至236 862疋；粗斜纹布，上年进口，计590 722疋，今年减至415 901疋。

（续表）

年份	银根松紧状况	棉布市场供给量变化(进口量)
1920	始则银价腾涨……迨银价涨至每两能兑英金半镑,此系空前未有之高数,即彼素称稳健之商人,尚有望其再涨高五成者……无何(不久),银价日落,货价因而日增,犹冀银价或起,未即与订货者结算。迨订货到津,未能提起者,所在多有,加之利息、栈租等费,亏损益巨。	本埠进口疋头,大抵来自日本,今年则大见萧索。
1921①	银价波动异常。	疋头进口之数,则见缩减,不但由日本来者遽为减少,即由英国来者,亦较前稍减色。
1922	商家因之受害不等(直奉战乱),然布疋商人,则无论大小,若不乞援于银行,无从度此难关,其贸易逾量者为尤甚。	本年年初,布疋营业现象较好,且自岁首至年终,日见起色,海关关册历历可考。又:若就六种主要进口布疋而论,即本色市布、本色粗布、漂市布、洋标布、粗斜纹布及细斜纹布,按所由运来之国名分析而比较之,可得一明显现象。试观美国布疋入口者,为数虽远逊于英、日,然实突然大见增加。英国布疋,情形无大变动。日本进口布疋,为数虽居第一,实则日见减色矣。
1923	国际汇兑价格,与上年大异。	本年6种主要布疋进口,比较上年短少353 566疋。若就百分比例,按三国分计,则短少之殊内44.7%,为美国货;36.6%,为日本货;18.7%,则英国货也。
1924	至本年金银汇兑市价,亦有足论者,计全年平均计算3先令7.75便士,合海关银1两,而1923年则为3先令5.75便士。正月间,此项汇兑价值,为3先令8.25便士,厥后逐渐跌落,结至5月,为3先令6.125便士。自此以还,时有涨落,逮至10月中旬,逐渐升涨,始则徐缓,终则急骤,直至3先令10.375便士而始止。后复陡然跌落,及至嘉平(腊月)月杪,仅为3先令6.125便士矣。银元与行平银兑换价值,首5月,无甚变异。银行售出之价值,每百元合行平银68.5两左右,至6月渐见跌落,至8月中旬,竟达67两。嗣后军队麇集,需款甚巨,银洋之价,因而渐涨。至12月底,每洋百元,竟涨至合行平银70.5两。	英美两国货物(布疋)销路已臻危境;而日货之销路,亦同归衰败,不过时期之早晚耳。

① 见吴弘明编译《津海关贸易年报(1865—1946)》,天津社会科学院出版社2006年版,第381、384页。

（续表）

年份	银根松紧状况	棉布市场供给量变化（进口量）
1926	国外汇兑之投机，关于本年贸易者，亦属最为重要。当岁首时，因大条银价值增长，与日金汇价跌落之故，日货销路随之大畅。迨华商纷纷出售黄金，英、美互汇之价得以渐归复原，而银价日趋昂贵……至本年洋厘（银元折合银两数额）曾涨至每元合行化银7钱，为素所罕见之高价，于是中国官厅曾宣布禁止现洋出境之令，凡数逾200元者，均不准外运，以资补救焉。	本年疋头市面情形，当岁首时，以为旧历新年前之沉闷时期过后，必能稍有起色，不意嗣因向赖天津供给洋货之各省，其贸易既均趋停顿……直至冬季，疋头业始复稍振。盖日金价格，以前已上涨者，其时又复跌落，故对于疲滞已极之日货贸易，不啻饮以续命汤也。溯当市面不振之际，日本大商行数家，以受时局影响之故，曾停止营业。
1927	市面金融震撼莫定，银行放款均趋收缩，以致商业前途黯淡无光也。 又：本年进口金银，计值关平银23 490 000两，其数之钜，为从前未有。查本年春间，本埠存银寥寥无几，而入秋后，出口贸易，为数极钜，致存银不敷周转。	本年次等棉布进口大为减少……本色及漂白之市布、粗布进口数，计共为691 308疋，较上年减147 513疋；印花市布，自上年之366 962疋，增至446 648疋；又，印花细斜纹布，自196 256疋，增至436 405疋。（银大量进口保证了市场支付。）
1929	本年金贵银贱，本年金镑货价折合关平银较去年为多，以关平银计算之进口货估价自较去年为巨。	棉疋头。本年进口由去年之关平银20 500 000两，减至15 250 000两……统计本年由日本输入之棉疋头，较之去年实减7 000 000两。其中主要为日本本色市布，减少11.7%；粗斜纹布，减少35%；洋标布，减少58%；漂白市布，减少56%；染色粗斜纹布，减少70%；染色洋标布，减少50%；有色羽茧，减少79%；棉纱，减少50%。惟日本绒布，则略有增加。俄国及英国棉疋头之进口，亦见进步。迨抵制日货风潮平定后，日本棉疋头贸易又因受汇兑之影响，亦未能恢复原状。（在此还应当考虑抵制日货的影响。）
1930	金融因华北战争关系，时在动摇之中，而晋省方面，尤为扰乱，缘该省所发巨额钞票，并无充分担保，在市面上只能按票面1/2至1/3行使。一面晋省当局，复禁止现银出境，金融益感停滞。 又：银价暴落，影响人民购买力甚巨。	本年进口货中，有最堪注意者，即日本棉布品。自1929年发生抵制日货风潮以来，销路斫丧不少，今则已能恢复旧观。不但寻常棉布品，因日货售价低廉之故，行销极畅，远非英国货所能望其项背，即尺六绒尺九绒等昂贵货物，亦独让日本产品畅销于市场，无与争衡者矣。

（续表）

年份	银根松紧状况	棉布市场供给量变化(进口量)
1934	巨量白银,源源外溢,竟值国币23 300 000元之多,金融市场,顿起波澜;对于贸易,不免亦有影响。	进口洋货,则消长不一,如棉布、煤油产品及糖斤,均形减少。
1935	惟是下半年间,时局稍形杌陧,商民多呈恐慌,驯至银行钱庄,力事紧缩,对于借贷,严加限制,商家周转,不免困难。	本年直接进口货值衰落之故,大部由于棉毛织品减退所致。

资料来源及说明:吴弘明编译,《津海关贸易报告(1865—1946)》天津,天津社会科学院,2006年,第187－502页。＊津海关贸易报告中直接叙述银根紧张的记录年份。

分析上表可发现,银价波动对棉布交易量变化产生了重要影响。但需说明者:① 报告中未以直接文字记述者就没有进入本表统计范围,但这并不意味着未进入本表的其他年份就不受银根变动影响。② 此统计分析并不预示着笔者为刻意突出银根松紧的作用而忽视其他因素之影响。相反,笔者相信正是多种因素的共同作用,使近代华北棉布市场变动具有复杂性。③ 为弥补上述研究缺陷,笔者将在后续相关章节中作具体分析,以使结论可靠。

3.4.3.2　银根松紧与棉布价格变动

价格是市场变动直接信号。1933年前中国作为银本位国家,受国际市场银价起伏之影响,白银的流入或流出,使其市场商品价格随之变动。在华北市场,棉布尤其是进口洋布的市场价格亦随银价起伏。具体情形如下:

① 汇率波动导致银价起落,影响棉布市场价格。如1894年天津市场,因“银价大落,因而洋货价值俱形昂贵”,使“洋纱较前少到,而价值每一件3担,比去年贵7两至9两之间”。[①] 同年布价随之波动。同时,汇率变动导致市场同类产品具有不同价格,一国货币若具汇率优势,其商品将具有价格竞争优势。如20世纪20年代后,华北市场日本棉布能占较大优势。日元相对于英镑、美元和中国银币的汇率优势,当是根本原因之一。

> 本年(1924年)金银汇兑市价,亦有足论者,计全年平均计算3先令7.75便士,合海关银1两,而1923年则为3先令5.75便士。正月间,此项汇兑价值,为3先令8.25便士,厥后逐渐跌落,结至5月,为3先令6.125便士。自此以还,时有涨落,逮至10月中旬,逐渐升涨,始则徐缓,终则急骤,直至3先令10.375便士而始止。后复陡然跌落,及至嘉平(腊月)月杪,仅为3先令6.125便士矣。银元与行平银兑换价值,首5月,无甚变异。银行售出之价值,每百元合行平银68.5两左右,至6月渐见跌落,至8月中旬,竟达67两……至12月底,每洋百元,竟涨至合行平银70.5两。[②]

但是年,“日本金币与纹银兑换价值,骇然见绌,以致其疋头货品在中国市场与华产之

① 见吴弘明编译《津海关贸易年报(1865—1946)》,天津社会科学院出版社2006年版,第177页。

② 同上,第419页。

竞争,较占优势”。[①] 且此类情况并不鲜见。1926 年,“国外汇兑之投机,关于本年贸易者,亦属最为重要。当岁首时,因大条银价值增长,与日金汇价跌落之故,日货销路随之大畅”。当“迨华商纷纷出售黄金,英、美互汇之价得以渐归复原,而银价日趋昂贵。惟嗣后汇价忽转不利,洋货销路因之减少”。但“直至冬季,疋头业始复稍振。盖日金价格,以前已上涨者,其时又复跌落,故对于疲滞已极之日货贸易,不啻饮以续命汤也”。[②]

② 银根松紧波动导致市场不同货币间比价变化。由此,棉布价格亦随之变化。如 1904 年“银价长落无定……本年货价不一”。[③] 1907 年棉布价格波动异常。

> 本年春季,市面积储之疋头为数良多,且各商向外洋订购各货,在西历前半年尚络绎进口,奈本埠市价较由外洋买价犹廉,是以殊难获利。至西历 6 月后,则进口货物立即寥落,各商所积滞各货始逐渐销售。当秋令金价跌减,各商均难向外洋批订新货进口存栈,非加价不能购办……本年下半年间,各商观望不前订购洋货,大半缘津地铜元价低之故。自当十铜元通用以来,制钱因之全无,及至迩来,则当十铜元,每元铜质(价)仅值制钱三四枚之谱……忆铜元向以洋 1 元可易铜元百枚者,至年终竟易 150 枚之多,是铜元价值减至 33%。[④]

③ 用银需求增加却存银不足,导致棉布市场价格波动。如 1903 年天津市面遭庚子变乱,所存库银被洗劫一空,“以至银根短少,市面破坏”。[⑤] 该年市场棉布价格急剧攀升,进口洋布急剧减少。(见表 3-20)

表 3-20:1902、1903 年津海关主要进口洋布、棉纱比较表

货别	1902 年	1903 年
美国斜纹布	748 325 疋	470 418 疋
美国粗布	2 298 653 疋	1 012 243 疋
英国原色布	1 579 763 疋	639 247 疋
印度棉纱	267 380 担	213 271 担
英国棉纱	20 018 担	2 887 担
日本棉纱	76 014 担	106 507 担

资料来源:吴弘明编译,《津海关贸易年报》(1903 年)天津,天津社会科学院,2006 年。

但应注意,银根松紧不定使商人获利状况发生变化,导致市场交易状况变动。如 1902 年:

> (本年)初夏时,即有商人预料商务渐衰,缘华洋交易汇兑贴水无准,以至许多生意受亏。厥后外国汇价较前奇跌,而进口之货几乎全为停滞,惟出口货物彼此踊跃,陆续尽行装运,迨缝合后,犹有小宗货物,由秦王岛装运出口也。华人所开之大小钱铺不免惶惶失措,因传言现银短绌,华商银票贴水十成之三(原文为增至),究

① 见吴弘明编译《津海关贸易年报(1865—1946)》,天津社会科学院出版社 2006 年版,第 421 页。

② 同上,第 444-446 页。

③ 同上,第 233 页。

④ 同上,第 258-259 页。

⑤ 同上,第 226 页。

之其中底蕴,即中国官、商[亦]无从捉摸,故此册内亦难确陈。再查都统衙门曾倡议禁止拨条(亦称划条),谕各银行、钱店必须取具妥实结,倘所出银条(不兑现纸币)不敷所保之数,即不准在写银条。未几,中国官禁止宝银出口,然俱未能照办者,实迫于势不得已,盖进口货共值关平银 80 181 683 两,而出口货只值 17 839 063 两,所有进口货银如许之多,不能不如数照付之故耳。中国官员与外国银行会商多次后,严饬将贴水逐渐减尽。①

材料显示:汇率变动导致银市波动。该年进出口货值的巨大反差说明市场用银需求极大。但市面却存银不足,其应对方法或是大量进口白银,或是大幅提高商品价格。所以,是年棉布价格动荡不定,经销棉布或棉纱的获利状况发生变化,市场交易亦随之变化。是年报告记载:

买卖皆须现银,惟洋布庄为甚。□时收用拨条或华商之银票,兹已概不收用。贩运进口货之洋商中亦拟订章,每次交货时均须兑付现银……天津市面物价之昂,皆视汇水(英文本为“银价跌低”)。闻贩运货物之华商获利颇巨,其旧存之货尤为获利,因批定该旧货之际,其汇价(银价)较现时昂贵也。洋商虽下半年无多生意,因去年所订之货颇巨,则本年批定明春所交之货亦无大宗,然而亦属获利。其最令人注意者,如美国斜纹布,去年共 390 278 疋,本年增至 729 230 疋;美国粗布,去年共 1 031 170 疋,本年增至 2 165 938 疋;英国原色布,去年共 542 693 疋,本年增至 1 420 978 疋;印度棉纱,去年共 138 162 担,本年增至 257 080 担。未棉纱一项,华商得益尤厚,每次销售可获利至 20% 左右。②

更需注意,银价波动引起棉布市场价格突升或突降,在本质上仍是银市变动的影响所致。这可从津海关的白银进出口流量变化得以管窥。(见表 3-21)

表 3-21:津海关金银进出口贸易状况统计※

年份	流入(进口)/流出(出口)及备注
1864	流入:129 900 两。
1865	流出:3 671 641 两。
1868	流入:2 155 777 两;流出:4 952 709 两。
1869	流入:483 230 两;流出:6 505 876 两。另载:1869:本年由洋船输出之金银其数共计:6 540 572两,加之出口货值 962 965 两,则得:7 467 537 两。逆差 10 020 677 两。合计:17 488 214 两,即货物与金银之进口值。
1870	流入:289 150 两;流出:7 232 726 两。
1871	流入:270 452 两;流出:6 883 020 两。
1872	流入:1 304 134 两;流出:3 742 794 两。另载:1868—1872 年进口金银大都街运京师,出口者则用以抵销贸易逆差。
1877	流出:2 187 175 两。

① 见吴弘明编译《津海关贸易年报(1865—1946)》,天津社会科学院出版社 2006 年版,第 211-212 页。

② 同上,第 213 页。

（续表）

年份	流入(进口)/流出(出口)及备注
1878	流出:2 431 853 两。
1879	流出:6 275 074 两。
1880	流出:5 389 610 两;另载:出口之金银谅必以某种方法,或许通过银行业务,由北方汇往南方,以建立经济平衡。
1890	流入:金条,合关平银 15 200 余两;纹银,计关平银 1 382 200 余两;洋银 74 200 余两;铜钱,值关平银 115 300 余两。流出:金条值关平银 1 191 800 余两;纹银,6 020 500 余两,洋银值 9 500余两。另载:金银共数,综关平银 8 809 000 余两。
1891	流入:金条,合关平银 400 余两;纹银,1 366 000 余两;洋银,计值关平银 118 000 余两;铜钱,合关平银 26 000 两。流出:金条,合关平银 1 468 000 两;纹银,5 435 000 余两;洋银,值关平银 900 余两。另载:进出口,共合关平银 8 418 000 两,比去年(1890)少 390 700 余两。
1892	流出:出口银,比去年少 2 275 000 余两;出口金比去年多关平银 576 000 余两。另载:全年金银进出口共计 6 665 000 余两……其银之少者,因洋货并未来到故耳。至于铜钱,全年未见进出口。
1893	流入:铜钱并银进口计值关平银 3 364 800 两;流出:出口,计值关平银 4 304 900 余两,内除出口金条计值关平银 2 291 600 余两,实出口银 2 013 300 余两。另载:进出口本年共计关平银 7 669 800 余两。
1894	流入:纹银、洋钱进口,共值关平银 2 743 000 余两。流出:金条出口,共值关平银3 217 000 两,较去年约多 1 000 000 两。
1895	流入:进口之银元宝并洋钱在内,共值关平银 9 278 000 两。流出:出口之金,共值关平银 3 461 000两,去年只有 3 217 000 两。另载:今年进口之银数除去出口之金数,尚盈 3 490 148 两,向来进口之数少于出口,而今年进口之数多于出口,实从未有也。
1897	流出:出口之金,共值 3 050 000 两,与上年无所出入。出口之银,共值 3 380 000 两,较上年少出 890 000 两。
1898	流出:出口之金,共值 3 940 000 两,较上年约多 100 万两;出口之银,仅值 760 000 两,较上年约少 2 620 000 两。
1899	黄金进口无;流出:(金)出口共值银 4 538 000 两。银出口共值 3 733 000 余两。
1901	进口金银共核关平银 5 200 000 两。流出:出口金银共核(关)平银 7 500 000 两。
1902	流入:进口之金数,共计值 83 000 两,银数,共计 6 233 643 两。流出:出口之金数,共计值关平银 4 645 430 两;银数,共计值 13 082 001 两。另载:有进出口之金银,海关无从查悉者,即如在本关所报出口铜钱,共值 13 000 两。
1903	流入:进口金数,共值关平银 20 040 两;进口银条及纹银、银元、小银元,共值 3 314 803 两。进口铜元及铜锭,共值关平银 350 938 两。流出:(金)出口共值关平银 697 656 两。出口银项大半皆系纹银,计值关平银 10 448 096 两。其出口金银内有铜元,值关平银 47 619 两;俄国卢布票,值关平银 8 550 两;银元票,值关平银 1 905 两以上。另载:统共进口,值关平银 3 685 781两;出口,值关平银 11 193 371 两。

（续表）

年份	流入(进口)/流出(出口)及备注
1904	本年进口金银多系条银、宝银、银元,较出口为多。往年系出口比进口多二三倍。本年进口现银多。
1905	流入:金银进口约值 14 500 000 两。流出:金银出口 7 000 000 两。
1913	流入:进口估值,计关平银 14 806 028 两。流出:出口数,总计关平银 8 330 202 两。另载:除出口外,净计进口关平银 6 475 826 两。
1920	流入:由海运而来者,2 000 000 两。流出:出口,约 1 000 000 两。另载:与南方各埠金银之出入:进口 14 000 000 两,出口 40 000 两。
1921	流入:3 397 327 两;流出:6 586 540 两;另载:金银出口超过入口者,达 3 000 000 两之多。
1922	流入:7 882 295 两;流出:3 521 424 两;另载:金银由陆路出入口者,无册簿可稽,姑不具论。
1923	金银由陆路出入口者,无册簿可稽,姑不具论。
1924	流出:本年季夏,大银币出口运往上海,以备发放军饷者甚巨。
1926	本年津地军事当局,曾宣布禁止国币出境。凡数逾 200 元者,均不准出口。且当岁初时,曾限制现洋入京。
1927	流入:金银 23 490 000 两;另载:其数之钜,为从前所未有……本年春间,本埠存银寥寥无几,而入秋后,出口贸易,为数极钜,致存银不敷周转。
1928	流入:14 000 000 两;另载:较之往岁均有增益,惟较 1927 年之数则减少多矣。
1929	本年金融出口总数,较之进口,计多关平银 3 500 000 两。历来生银进口,为数甚巨,用作购办出口货物之需;而本年竟不然,是可证明内地贸易之不振。其萧条景象,尤以下半年为最。再加以内地盗匪充斥,多数银元均储存天津各银行,不克流通焉。

资料来源及说明:吴弘明编译,《津海关贸易年报(1865—1946)》天津,天津社会科学院,2006 年。本表只强调以社会变迁视野观察本研究时段内银市松紧状况的变化,并无刻意强调纯粹数字反映之思维方式,所以,对于《津海关贸易年报(1865—1946)》中的文本部分没有数字记录就未作记录。

上表显示,较长时期内华北市场金银进出口数值一直反差较大。这必定会对本地市场上金银比价的变动产生影响,商品价格亦随之变化。

3.4.3.3 "银根松紧"与棉布市场竞争关系变动

"银根松紧"对棉布市场竞争关系的改变主要体现在下述方面。

一方面,就洋布而言,金银比价波动导致各国货币购买力变化。因此,在近代华北市场,一定时期内,如前述研究所证明,若一国货币比较便宜,则其棉布就具有市场竞争优势。以英美日货币为例:1897 年日本还实行银本位,日元比英镑和美金便宜。该年市场"疋头大宗,与上年并无上下,再比他年,大有起色……东洋纱,多来 45 000 担;而印度纱,少来 88 000 担"。其原因在于,"向来,日本以银为本,是以较他国以金为本者多得利益"。对日本采用金本位后的市场变动情况分析,当年报告指出:"现日本亦改以金为本,不知将来贸易情形如何也。"①1913 年"全年银价昂贵"。② 在天津市场,"本年洋货销路,始终甚畅。日本棉制各货,上年市面广销,今年尤多。本年因镑价低落,进口之英美疋头,故亦较前数年见优。例如英国原布,上年进口数系 321 000 疋,今年达致 446 000 疋。美国粗斜纹布,上年进口 56 000 疋,今年增至 101 000 疋。各类疋头,较上年均见增多"。③

日元便宜,这甚至有助于倭商采用倾销策略,获取市场竞争优势。如 1932 年天津市场上,"年内本埠抵制日货团体,曾一再设法,阻止日货之畅销,因而西欧货品,输入较佳;然卒以日货价格特别低廉,以致无利可图,难与抗衡。即使苏俄印花布,亦因是项关系,不能与之并驾齐驱"。④ 其原因就在于日元汇率降低。据载:

(本年)金银汇价,变动靡常,而各国汇兑中,尤以日金跌落最巨,致本埠直接进口之大宗日货,价格随之猛泻……汇价低落,本足以鼓励日货进口,然日商为保持其华北市场,及破坏抵货团体之效力起见,更不惜施行其一贯倾销政策,而以天津为尾闾,由是日货价格,不惟随日金以俱落,即自交易方面言之,亦非常低廉。且适值本年出口贸易不振,获益轻微,人民购买力薄弱,势不得不选购低廉物品,以应需要,因之日货仍得畅销如昔。是则此项原因,足以影响统计表内货值数字,而使之低减,毫无疑义。若就数量而言,由停止金本位各国输入之货物,尤以日本为最多,价格既甚低廉,则本年进口数量,较诸统计表内数字,自必甚巨,二也。⑤

再如 1931 年,

本年岁首,人心大定,地方秩序隐现佳兆。银价虽甚低贱,而汇兑价格,涨落不巨,以致影响于商务者甚微……货值较昂者,已不为市场所需要,虽曰汇价坚定,可助外货之畅销,而银价低落,仍为其障碍原因之一焉。如棉布品,日本所产者,价值低廉。虽因年终发生抵货运动,销路无不减色,然在市场上,仍不失其优越之地位。前所订购者,仍能陆续由日运进口。惟内地市场,实际上已停止发售。苟有土制或他国产品,则必以之替代,不似从前舍日货莫属也……倘日本所产价廉而类似质美物品之能力,仍能继续不变,则当此资金缺乏情况之下,日货在中国市场上,仍能立于不败之地。⑥

另一方面,金银比价波动使洋布价格升高时,国产棉布的市场份额就相应增加,市场竞争形势发生改变。如:1916 年津海关常关报告记录,"土棉线货,如粗布、斜纹布、棉纱等,因洋货价高,乃增进价值 1 500 000 两"。⑦ 其原因在于,因外洋棉布价高,"本国实业家,多由外洋购办洋纱,自行纺织布匹"。⑧ 是年"土制洋式布匹,出口之数日增,运往各口,以供制华服之需"。⑨ 出现上述现象的根本原因就在于,汇率变动有利于中国货币。以 1922 年为例:

本年汇兑行情,平均银价,较低于往年。只此一端,虽贸易实际上无大进益,而

① 见吴弘明编译《津海关贸易年报(1865—1946)》,天津社会科学院出版社 2006 年版,第 189 页。
② 同上,第 311 页。
③ 同上,第 312 页。
④ 同上,第 495 页。
⑤ 同上,第 494 页。
⑥ 同上,第 492－493 页。
⑦ 同上,第 338 页。
⑧ 同上,第 334 页。
⑨ 同上,第 335 页。

其货值较昂,亦足使贸易结算因之高涨也。但须知本年岁首,洋货价值,较欧战前只高出70%,而在1920年5月间,其高出之度,则两倍有奇。其中跌落之骤,为世界史中别开生面……洋货之制造费,虽因原料落价,及工人减薪而缩小,然现银之汇兑价格,平均计之,竟降至3先令2便士。洋货进口之利益,消减无遗,而国内工艺反借此得发展之机。最显著者,为棉业。①

另1923年,“本年本国机制洋货运入内地者,计值15 250 000两,所发运单9 545张,比较上年增加之数,与上年比较前年增加之数相等。所有布疋、棉纱、蜡烛等货,继续增多”。②同年常关贸易报告亦载:“本年各项重要货物,均见增加。其最显著者,为本埠工厂及中国各地工厂所制之棉纱。本埠出品,计204 000担,各地出品,共计183 000担。其中以上海运来者,为最多……此外,并有津、沪两地所制之布疋”。③

1926—1930年,银价波动相对有利于中国银元提升购买力,国产棉布的市场份额亦随之上升。1926年,“(输入内地之土货),本地商厂所出之机制洋式货物,本年大见进步,其尤著者,为棉粗布,由去年之273 000疋,增至366 000疋;棉纱由去年之188 000担,增至216 000担”;④1927年,“(秦皇岛关)(进口)惟国产之市布与粗布,由上年之39 500疋,一跃而至94 800疋”;⑤1928年,“本地工厂所出之机制洋式货物中,棉纱一项,已恢复以前市况而有余。计本年运入内地者,有253 000担之多,而去年只有172 000担,前年亦只有216 000担。粗细布总数,由去年只256 000疋,增至330 000疋”;⑥1929年,“本年因机制洋式货物,由津运入内地所发之运单,计由去年之12 500张,增至170 000张,所有货物估值,计由关平银16 500 000两,增至20 000 000两。此项增加,系因机制洋式货物出产增多之故,而尤以疋头为最”;⑦1931年,“银价虽甚低贱,而汇兑价格,涨落不巨,以致影响于商务者甚微”。但“货值较昂者,已不为市场所需要,虽曰汇价坚定,可助外货之畅销,而银价低落,仍为其障碍原因之一焉”。所以即使是低廉的日本棉布,在内地市场“实际上已停止发售。苟有土制或他国产品,则必以之替代,不似从前舍日货莫属也”。⑧

3.4.3.4 银根松紧与棉布市场商人经营行为变化

银根松紧不定,棉布商人改变进货地点,或产生惜售、抛售行为,加剧了市场变动。布商与“银界”的市场关系变化使市场形成一种结构性变革。⑨

① 银根松紧不定,布商时常变换进货地点,或径直向上海订货,或直接向外洋订货,以

---

① 见吴弘明编译《津海关贸易年报(1865—1946)》,天津社会科学院出版社2006年版,第390页。

② 同上,第411页。

③ 同上,第415页。

④ 同上,第454页。

⑤ 同上,第465页。附:秦皇岛关贸易报告。

⑥ 同上,第479页。

⑦ 同上,第488页。

⑧ 同上,第492-493页。

⑨ 按:此结构性变革主要是指:商人再也不能像开埠通商前那样控制市场。在一定意义上讲,控制市场的决定性力量则是银根所代表的资本力量。即布商的这类纯商业资本开始服从于金融资本的支配。若再考虑到特有的棉布供给方如近代化棉布生产厂商,布商这种商业资本在市场也不再居支配地位。但必须承认,银根松紧变化不可能只对棉布商人产生影响,它还必将对市场的有效需求产生影响。同理,对棉布生产厂商的影响亦客观存在,但由于厂商经营行为变化更多还会受到花、纱、布关系的价格传递机制影响,这类厂商的经营行为会变得更加复杂。

规避市场风险。如1909年,英镑价格上升,白银购买力降低。为规避市场风险,商人多直接在上海采办棉货。据载:

华商皆乐于由沪订购者多,而向外洋订购者鲜,溯厥原因,盖由于镑价腾昂故耳。至径向外洋订货一节,缘近时棉、毛二宗价值颇涨,各商复恐市面益形疲滞,是以仅由上海随时购运,而不愿径向外洋□批也。布疋之中,英国原布较上年多35 855疋,咸由上海转运而来者;白色布较上年增336 589疋,其中55.5%分系由外洋径运来津者。美国与日本原布较倍上年,美国者率由上海进口,日本来者率皆径运……美国粗斜纹布亦较上年几增倍蓰,然悉由上海转运者。①

即使银根充裕,但若汇率波动较大使布价上升,疋头商仍直接到上海订货。如1923年,"商人经济充裕,自必多购舶来物品"。但因"国际汇兑价格,与上年大异,洋货市价,因之昂贵",商人"办进口货者,意存观望,裹足不前"。据载:

疋头营业,极为颓败,昔日疋头一项,来自上海,继而贸易发展,直接向外洋订购,今则转为退缩,又多数来自上海矣。向之具远大眼光,在外洋大批订货之华商,今亦只守稳健主义,往上海零星订购,供求供应目前之需要而已……六种主要布疋进口,比较上年短少353 566疋。若就百分比例,按三国分计,则短少之殊内,44.7%为美国货;36.6%为日本货;18.7%则为英国货也。②

当银价合宜,中国货币购买力强时,布商就直接向外洋订货。非此,布商则不会向外洋直接订货。如1914年上半年银价合宜,天津"进口各布疋有盈无绌,惟由日本来者占多数",其中"由通商口岸运津者,不无退步,实皆直接向外洋各产货场交易,不由沪购"。该年下半年,"外洋货价皆涨,金价亦不一",加之受一战爆发影响,天津棉布进口量急剧下降,布商"不敢向外洋订货"。③

② 银根松紧不定,使布商经营获利情况变化大。由此,布商在经营中产生不敢交易、惜售或抛售行为,导致市场波动。布商惜售或抛售行为甚至发展成市场投机,市场产生更大波动。

晋商是经营布匹生意的重要商帮。在天津市场"晋人每年屡至本埠选购商品,其数达300人左右"。洋商常"载来大批棉布,以应晋商企望之需要"。1883年天津"所进棉货总计3 185 512匹,自1876年以还,唯有两次溢于此数"。但受当年上海金融危机影响,晋商不但"本年得以到埠者为数甚少,大约不过50人",而且"鉴于融资与运输方面之重重困难,不肯与人交易"。④ 1913年,"银根又复短绌,致本埠(天津口岸)商人不肯将货物贷与内地商贩,以及多项买卖均需现钱交易,皆为商务缩减之原因"。⑤

再如1902年,银根紧张,货价变化,交易需现银,布商因惜售而获利。据载:

因拨条贴水甚重,以致津埠洋商所有运入内地之货物,皆靳而不售。至本年底,天津洋商所有囤积、未卖之货物甚多,而闻内地所有囤积之货物无几,谅明春后之生意必有一番茂盛。华商现订章程,买卖皆须现银,惟洋布庄为甚。□时收用拨

① 见吴弘明编译《津海关贸易年报(1865—1946)》,天津社会科学院出版社2006年版,第279页。

② 同上,第403-406页。

③ 同上,第318-319页。

④ 同上,第129页。

⑤ 同上,第316页。

条或华商之银票,兹已概不收用。贩运进口货之洋商中亦拟订章,每次交货时均须兑付现银,但此事竟未议定。天津市面物价之昂,皆视汇水(英文本为“银价跌低”)。闻贩运货物之华商获利颇巨,其旧存之货尤为获利,因批定该旧货之际,其汇价(银价)较现时昂贵也。洋商虽下半年无多生意,因去年所订之货颇巨,则本年批定明春所交之货亦无大宗,然而亦属获利。其最令人注意者,如美国斜纹布,去年共390 278疋,本年增至729 230疋;美国粗布,去年共1 031 170疋,本年增至2 165 938疋;英国原色布,去年共542 693疋,本年增至1 420 978疋。①

但1907年,布商又因惜售而亏本。据载:

若徒论商务之多寡,则本年结局尚属称意。不幸者,大都阛阓中人并无利益。溯厥原因,皆由于阛阓中人贪利之心过侈,交易可以长期拖欠,毋庸现银,并因有人预云将来货价必涨所致。迨至本年春季,市面积储之疋头为数良多,且各商向外洋订购各货,在西历前半年尚络绎进口,奈本埠市价较由外洋买价犹廉,是以殊难获利。至西历6月后,则进口货物立即寥落,各商所积滞各货始逐渐销售。当秋令金价跌减,各商均难向外洋批订新货进口存栈,非加价不能购办。究所以致此者,大约各商前或不肯将存货早为出售,后或不能出售以冀收桑榆之补,然商务因此催折,其结果亦无利可图。(英文本为秋季银价暴跌,若不按高涨之价,则无以交付新货,结果使囤户一时获利,盖彼等先前未能或不肯出售存货故耳;但终必缩减交易额,而未增加利润。)②

与惜售行为相对应的则是布商的抛售行为。如1918年“银价腾高,可欺鼓励进口贸易”,天津口岸,“各货之进口净数,俱形增加”,“如美国细斜纹布,上年进口疋数,系140疋,今年竟增至6 169疋;印花色布,上年进口疋数,系3 804疋,今年增至8 293疋;剪绒,上年进口斤数,系10 213斤,今年增至12 145斤”,但棉布市场销售情况却不佳。因此,殷实洋商,“为补救中西交易起见,情肯低其价格于成本之下,以期销售”。③ 抛售并不能完全拯救市场,布匹销售仍然下降。④ 再如1922年,市场“自上海大宗棉布存货,咸以贱价拍卖后,商人既得此货物之来源,与其于6个月前,远向英国订货,致冒金银汇兑不利之危险;及货到时,又或有时局不靖,市面震摇之忧虑,何如少备存货,至必要时,再行添购之为愈也”。⑤

银根松紧不定,与惜售或抛售行为相关者则是布商突然增加或减少进货量。这亦加剧市场波动。如“光绪十五年(1890年)杪,市上银根异常紧逼,致倒银号数家,置货者不敢贸然多办,存底因而较少”。但其后市面银根状况好转,布商则“遂于开河之际赶办各货,多多益善,计棉布十六年进口综4 501 100余疋,较上年多220 800余疋;原洋布、美国斜纹及粗布、红洋布、袈裟等布疋,均觉减少,为棉布疋实增多,可补其缺,斯为进口一大宗出色生意也。”⑥1892年,“因山西、河南、直隶等省商人银根短少,并受水旱之灾,致进口布匹比去年

① 见吴弘明编译《津海关贸易年报(1865—1946)》,天津社会科学院出版社2006年版,第213页。

② 同上,第258－259页。

③ 同上,第353－354页。

④ 同上,第355页。

⑤ 同上,第421页。

⑥ 同上,第175页。

约少 100 000 疋。"①

1919 年,"金价低廉","除岁底二月外,终年银价高腾,几逾国外价格 20%",商人大量进货,使"本年进口布匹,增额颇巨,由其要项计之,实较去年增加 30%"。② 另外,"欧战告终后,欧美市场,均复旧观。银价之增长,向未经见,因而华商在欧市购买货物,极形踊跃。但使有船输运,即可尽力购置……用常关单照运内地洋货之加增,除少数货物外,布疋、五金最占多数"。③

但正如下则材料所证明,银价起伏导致银购买力变化,使商人突然增加或减少进货量的行为一度演变成市场投机。这更加剧了华北棉布市场波动。

> 本口贸易情形,本年商情迥异寻常:始则银价腾涨……而津埠商家,大抵进口、出口两者兼营,故本年年始,商人颇有喜惧莫测之概。迨银价涨至每两能兑英金半镑,此系空前未有之高数,即彼素称稳健之商人,尚有望其再涨高五成者。金价既如是之低落,中国之疋头商,向外洋以金价大订新货,无不争先恐后。于此兴高采烈之时,中国商竟忘金银至对等价值之规则,有如孤注一掷,尽量购买。无何(不久),银价日落,货价因而日增,犹冀银价或起,未即与订货者结算。迨订货到津,未能提起者,所在多有,加之利息、栈租等费,亏损益巨。而国外工厂,则以他处市面停滞,订货合同不允中途取消,其亏累之深,实有不堪设想者。际此时期,复有以银价在沪购买现货,贪廉价以极目前之需。日本亦以存货堆积,亦有低价出售之货。计至年终,此种纠葛情形,凡中国买主进口商人,以及银行等,莫不受其影响。苟欲恢复其平时贸易状态,实非去此重累不可,而此重累,约在英金 1 500 000 镑之谱。此数若以本年 12 月 31 日之银价计之,约为 7 500 000 两,而使每两仍以 10 先令计算,则仅 3 000 000 两耳。④

3.5 战争灾荒与华北棉布市场变动

战争、灾荒是近代华北棉布市场变动的重要影响因素之一。战争,诸如欧战爆发对中国棉布市场变动的影响,已成常识,毋需多言。而灾荒对华北棉布市场的影响亦非常突出。(见表 3-22)

表 3-22:战争与灾荒与天津关进口棉布变动统计

时间	灾荒发生地及状况	棉布销售市场状况变化及备注
1867	直隶北部:亢旱致使收成歉薄,据说今次大旱历时之久,实为多年所罕逅。春令及初夏之时,风沙横行,大地确遭蹂躏,殆至 8 月初,纵有雨泽亦不过些微耳。	本年津埠之贸易,因直省歉收而深受影响。歉收致棉织品及别种洋货之销路已见狭窄。天津:本色市布 1866 年 874 539 匹,1867 年 656 349 匹;漂市布 1866 年 175 188 匹,1867 年 164 558 匹;各色棉布 1866 年 250 712 匹,1867 年 244 722 匹。

① 见吴弘明编译《津海关贸易年报(1865—1946)》,天津社会科学院出版社 2006 年版,第 168 页。
② 同上,第 363-364 页。
③ 同上,第 370 页。
④ 同上,第 372 页。

（续表）

时间	灾荒发生地及状况	棉布销售市场状况变化及备注
1870—1872	直隶:1870 年教案;叛乱(西北回民起义):北省之扰攘不宁,及今多历年所;洪水:三阅月连降暴雨,被水之区由北之南计有 1 000 里,由东至西则计 600 里。但灾区半为不毛之地。	虽蒙受此类损伤,但 1871 年之进口贸易犹旺于 1870 年。究其致增之故,盖因上年岁杪外洋织物现货不多,而 1871 年初上海行市又异常之低。是故诱使进口商大量办货,终致 1871 年上半载所进洋布与洋药显见增多。另:直省作为如此地广人稠,总之,堪称富庶之清帝国首都所在地,竟与洋布以如此狭小之销场,似觉奇怪。
1877—1879	几乎整个华北:往日之经验证明本关所辖贸易之兴衰,多少视仰给于天津之省、县其收获之丰歉而定。由于连年歉收以及 1877 年之全面凶荒,极为普遍且具毁灭性之饥馑,侵袭中国北省与天津互市之大部地区。	1877—1878 年间进口贸易较之往岁显见衰退……盖因晋省遍地饥荒,致该省所阅乐岁中之巨大消费能力,以及相应之需求量,除鸦片而外,均形萎缩。另:相较于 1876 年,所进本色市布,1878 年为 751 647 匹,1877 年为 773 104 匹,1876 年则为 1 080 498 匹。
1882	洋货滞销有种种原因,然似可确信者,一则东北与晋省之旱情兼以鲁省所向披靡之洪水,皆令到埠客商不及往常之多。	抵埠之客商俱见存货日增,货价因之下跌,是故为其私利计,足能摆布屯户。客商实为行情之主宰。另:至于各色棉布,所到之货约共 3 000 000 匹,方之 1881 年之供给量计短 339 717 匹……绒货之销路亦未尝愈于棉货,本期之末,来货视前约少 10 000 段。
1883	(天津或华北内地):自本埠观之,此贸易年度堪称殊为失望之年,所以然者,其他影响确亦有之,而尤以气候之影响为甚焉……时届夏秋之交,沛然下雨,招致洪水遍地,多所毁坏,天津与内地物产销场之交通一为水患断绝,即足以遏阻各色进口货之销路。	到埠之首船载来大批棉布,以应晋商企望之需,晋商每年屡至本埠选购商品,其数达 300 人左右;然本年得以到埠者为数甚少,大约不过 50 人……所进棉货总计 3 185 512 匹,自 1876 年以还,唯有两次溢于此数,绒货虽同样难以售出,来货犹较客岁为多。
1887	今夏直省若干地区又遭洪水,天津附近下半年内犹没于水中。被水地区之民众饱经磨难,缺衣少食。	举棉布观之,1887 年进有 4 230 803 匹,而 1886 年则计 4 004 780 匹,或曰盈有 186 023 匹。
1889	以棉洋布而论,是年共入 4 276 888 匹,竟多入 198 178 匹,尤以该年之未结所到者为多。多增之故,首因山西及直隶各地方年谷顺成,亦缘河南郑工合龙(黄河决堤口被合围),避水灾者渐回故土,市面因而复元。 另该年报告记录:以绒货而论,是年共入 39 653 匹,值关平银 346 327 两,而光绪十四年之数有 47 327 匹,值关平银 438 597 两。其最减色者系俄绒一货,是年进口实得 1 903 匹,值关平银 60 910 两,已见减少 2 451 匹,值关平银 67 951 两。其减色之故,无他,只缘上数年北省遭灾甚重,民鲜盖藏,往日此布销场甚好之地,今反无人过问,销场因之减色。	
1892	今年货物价值所缺之项,进口洋货占 1/3,因山西、河南、直隶等省商人银根短少,并受水旱之灾,致进口布匹比去年约少 100 000 疋。	

（续表）

时间	灾荒发生地及状况	棉布销售市场状况变化及备注
1893	今秋歉收，民鲜盖藏，焉有余资购此平常所用洋货。至今夏霪雨之时，同受水灾者约二万里（英文本为2 000平方英里）。	上海运来洋货之价值，则不如前，缘今岁本地销路甚滞，加之，每匹洋布之价涨2钱，综计为数不赀。各项洋布由1 838 900余疋，少至1 496 700余疋，比之去年少300 000疋；斜布少28 000疋，其中花旗货少至1/3。另：复进口之货中，中国粗布并斜纹布俱大有起色。
1900	进口洋货，共值关平银14 728 354两，较上年之值未免悬殊，因拳匪倡乱，而物之多少则不能详细比较矣。洋商除去货物因扰乱时所失去及损坏外，于进口要货称巨擘者，谅不致大吃亏也。第一因高价售出；第二货色损坏或失去或写欠账，在赔兵费时，谅可取回……其真吃亏之人俱系华商，因伊等无政府帮助，奔驰多年方可复成富足，将欠账收回也。	
1902	窃查天津景象，自拳匪肇乱以后，犹若人之病愈，精神倍增，并无竭蹶不振之情形，殊可一望而知也。另：最令人注意者，如美国斜纹布，去年共390 278疋，本年增至729 230疋；美国粗布，去年共1 031 170疋，本年增至2 165 938疋；英国原色布，去年共542 693疋，本年增至1 420 978疋；印度棉纱，去年共138 162担，本年增至257 080担。惟棉纱一项，华商得益尤厚，每次销售可获利至20%左右。	
1911	本年春季东省疫疠流行，冬季复有反正之风潮（武昌起义）突现。	于本口及由本口灌输货物之区，贸易咸受影响焉。当疫疠肇起，自哈尔滨蔓延至奉天省，复近于天津，斯时各铁路防疫章程綦严，以故行旅群相裹足。至北路商贾，向之届时来津购办春季货物者，并此而亦不至焉。另：其进口贸易，似以客年，不惟无增而且见逊。
1920	本年旱魃为虐，赤地千里，颗粒无收，灾区蔓延至直省之南。华北人民所受之种种痛苦，尚不止此。复有直皖之战，人民所受损失亦巨。	本埠进口疋头，大抵来自日本，今年则大见萧索。另：入内地贸易，本年后半年，因政局不靖，饥馑荐至，该项贸易，估价短少，自在情理之中。
1926	自开年以来，本埠及邻境各处，时局均变幻莫测。	商人对于签订购货预约，未免心怀观望……本年疋头市面情形，当岁首时，以为旧历新年前之沉闷时期过后，必能稍有起色，不意嗣因向赖天津供给洋货之各省，其贸易既均趋停顿，本埠华界之商务，又因时局影响，备受阻碍，以致种种希望，均归泡影。
1933	年初数月，日伪军队，既占热河，又逼平津，人心震动，百业俱废……而年内黄河水灾，范围殊广，冀、鲁、豫、晋，咸遭波及。	本埠贸易，处此环境，日就萎缩，毫无足怪……本年直接进口洋货，较诸去岁，减缩26%。其中日本疋头，约占半数。人造粗、细丝，跌落亦巨，计本年进口者仅有130 000斤，而上年则达814 000斤，相差奚啻霄壤。

（续表）

时间	灾荒发生地及状况	棉布销售市场状况变化及备注
1934	惟黄河泛滥，冀南一带，咸遭陆沈，禾稼损失，自属不赀。	惟其他进口洋货，则消长不一，如棉布、煤油产品及糖斤，均形减少；而毛货、粗细人造丝、鱼阶级海产品、烟叶、金属及矿砂、机器及工具、车辆及船只、木材等项，莫不增加。 另：（是年）巨量白银，源源外溢，竟值国币23 300 000元之多，金融市场，顿起波澜；对于贸易，不免亦有影响。

资料来源：吴弘明编译，《津海关贸易年报（1865—1946）》，天津：天津社会科学院出版社，2006 年。

说明：本表系根据是书第 34－499 页相关内容整理所得。

上表证明，战争、灾荒及时局动荡常使市场交易量或突升或突降，商人参与市场交易亦随之大受影响。故而，论及棉布市场变动原因，对此不可不察。

3.6 结语

本章所论诸多变动因素，既有近代华北乃至中国社会一直就存在之问题，如“人口变迁”、“灾荒”，又有受外在刺激之结果，如近代工矿业和交通运输业的发展。它们使棉布的生产、供给、市场需求发生剧变。即棉布市场贸易条件根本改变。如“银根松紧”与棉布市场变动之关系已显示，棉布价格波动已不是传统市场单纯的生产者、消费者和商人三者间的博弈关系变化就能决定，而是深受世界市场商品价格波动影响。因此，这些因素理应是棉布市场的构成要素。但它们各具不同功能，相互间存在的结构性张力，迫使与商品棉布的生产、消费相关的个体、群体、组织，都自觉或不自觉地去修定棉布市场的特定规范或制度，甚至彻底颠覆它所依赖的社会环境。同时，这种颠覆又反而使市场变动本身可能表现为社会形态的更替。因此，若仍以此为视角，商人和政府行为变化也应是引起市场变动的主要变量之一。

4　厂商经营行为变化与棉布市场变动

布商、厂家经营行为改变，是引起华北棉布市场变动的必备因素。本章将主要考察布商、厂家的构成及其经营行为变化与近代华北棉布市场变动之关系。

4.1　华北市场上的棉布厂商

开埠通商前的华北棉布市场，依资本论，小商小贩与巨商大贾并存；在地域构成上，晋商、鲁商相当活跃。开埠通商后，本地商人、外地商人、洋行商、买办商与传统两大商帮形成竞争之势。近代机器纺织业的发展，新式棉布生产商和经销商的出现是市场的显著变化之一。

4.1.1　华北市场上棉布厂商的构成

本节主要从社会和地域结构方面考察棉布生产商或经销商的构成变化。

4.1.1.1　厂商的社会构成变化

从东周的“工商食官”制度，到秦汉之后的“士农工商”四民定位，传统社会习惯于将商人定义为买卖人。“士农工商”的四民定位，也成为中国传统社会中一种少有变化的凝固模式，商人始终地位不高。在近代中国，官绅商学却十分活跃。①

对于商人的界定或定义，学界除就其行为的买卖特征形成共识外，其余则分歧较大。一些学者以为商人可按古今或新旧来分类，并指出，“与古代所谓商人不同的是，近代所谓的商人，并非是单指买卖人的狭义商人概念，而主要是指一种广义商人的称谓……换言之，凡从事实业活动的人在近代都被称为商人。不仅晚清和民国时期的习俗如此，而且在法律上也有这种广义的商人界定。”②近代商人在思想意识、对政治的态度以及在经营管理方面虽受传统影响，却具近代化色彩。另有学者则主张将传统商人分成十类，四个层次。(见表4-1)

---

① 见朱英《近代商人与中国社会》序言，湖北教育出版社2002年版，第1页。

② 同上，第2页。按，朱英先生以为，对此，可以北洋时期北京政府1914年3月颁布的《商人通例》为据。该条例就将商人的范围界定为：从事买卖、赁贷、制造、加工、水电煤气、出版印刷、金融、信托、劳务承揽、旅店、堆栈、保险、运输、托运、牙行以及居间代理等业之人。

表4－1：商人类型划分

	类　别	划分标准及备注
分类	行商、坐贾	经营活动方式
	行业商人	经营的商品类别；如米商、盐商、木材商、茶商、珠宝商、茶商等
	专业商人	行业内部分工
	海商、内陆商	活动区域；如传统的十大商帮
	上贾、中贾、小贾	资产
	独资商人、合股商人	组织形态；传统商人大多独资经营，合股经营者鲜见。
	官商、普通商人	与政治权力的关系
	良贾、奸商；或廉贾、贪贾	伦理道德
	儒贾、受教育程度低的商人	受教育程度
分层	层次	划分标准及备注
	官商	财产、声誉、权力皆备；第一层次；传统社会皇帝是最大的官商。
	富商巨贾	财产、声誉兼得；第二层次；富商巨贾用财富换取声誉，又用声誉换取更大的财富。在传统社会，为获取社会地位，他们往往捐纳为官或培养子弟读书入仕，或投资于土地。
	商人	仅仅拥有财产；第三层次；他们又分作三类：下贾（资产较小但又不同于小商小贩）。既不能捐纳为官，也无力成为兼并之家；贪贾、奸商。在传统社会，他们聚敛财富具有短期行为，更能体现封建商业的掠夺性；违禁从事走私贸易之诸如私盐贩、私茶贩等。
	小商小贩	财产、声誉、权力皆无；第四层次。

资料来源：唐力行，《商人与中国近世社会》，商务印书馆，2006年，第15－33页。

说明：此表系根据该书第15－33页内容整理所得。

近代华北棉布市场，其商人群体与上述标准有相通或类似之处，但很难与之完全一一对应。如有的布商亦新亦旧；有的布商（或从事与棉布相关的行业）与政治权力的关系若即若离。总体上，其商人社会构成变化可作如下表述：开埠通商后，社会各界都相继投资经销棉布、棉纱，或直接投资兴办工厂（场）生产棉布、棉纱。商人社会构成变得更复杂。其中既有官绅、传统富商巨贾和小商小贩，又有买办商和洋行商。

社会位阶高者，声誉较浓者如周学熙、阎锡山等。其中，周学熙筹资兴办华新纺织集团，于华北近代机器纺织业发展有开创之功。此类旧事已为学界和社会熟知，不需多言。而阎锡山私人及其治下的山西政府投资棉布业的事例或许更具代表性。据统计，属阎锡山私人的总共21家商号（企业）中，棉布杂货业就有6家，其投资额占其私人总投资额的8.3%。① 此外，阎锡山主政山西时，山西地方政府开办的工矿企业中与棉布相关者仍属不少。（见表4－2）

① 见山西省政协文史资料委员会《山西文史资料》第16辑，山西人民出版社1985年版，第168－176页。

表4-2:山西开办的工矿企业中与棉布业相关者

企业名称	经营形式	资本额	成立时间	地址	经理或负责人	经营项目
山西平民工厂*	官督商办	40 000元	1917年	太原	厂长为李筱峰。	收容无职业游民从事棉织业生产。
女子职业工厂	公营企业	180 000元	1934年	太原	厂长先后为陈子俊、刘懿德。	专门制作军装。
山西平民合作工厂*	官督商营	30 000元	1934年	太原		经营织布业。
西北毛织厂		150 000元	1933年7月动工新建,1934年9月开始生产。	太原	厂长先后为杨玉山、梁鸿裁(子卓)、王达甫。	生产毛呢、哔叽、礼服呢、毛线。

资料来源:景占魁、孔繁珠,《阎锡山官僚资本研究》太原,山西经济出版社,1993年,第48、141、115页。

说明:带*号两工厂,原文就注明系官督商办、官督商营性质,在此为突出政府投资性质,故对原文说法未作变动。

尤应注意,与山西省政府投资兴办织布工厂的情况类似,在华北,一些地方政府投资兴办织布工厂,也是商人社会构成变得更复杂的重要原因。

1930年,河北景县"第四区工业毕业[生]刘自唐以县款开办县立第一工厂","织线毯、白布"。① 1931年,东明县建设局用公款创办"平民第一工厂"。该工厂"生徒两班,共二十四人,有织布铁机一架,木机十架,技师一、会计一,厂长由建设局长兼充,全年经费一千四百元,系随粮带征者,每月平均制平布三千尺,毛巾一百五十打"。② 1934年,内蒙归绥县,"省设毛织厂,拨洋十一万,海京工厂附股四万元,又借款十余万元,股本将三十万元"。③ 1932年,山东曲阜县,"省政府建设厅令设平民工厂一处……置有铁机四架,木机一架,袜机二台,召集工徒十余人织造各种实用物品"。④ 1929年,河南武安县(今属河北)公家创办"县立民生工厂"。该工厂"开办之初,只有旧石印机一部,约值洋一百五十元,作固定基金,又拨入罚款洋五百余元,作流动基金……每年所得纯益,陆续添置新式织布机十部、提花机两部、合线机一部,编为织染、印刷两科,举凡斜纹、哔叽、十字布等纱织品及账簿、表册、书报、讲义等印刷品,无不出货精美,为社会人士所乐用"。⑤ 1935年,灵宝县"由公家创利民生工厂,织布匹、毛巾等物"。⑥

除前述情形外,其他各界人士投资于棉布业更能说明商人社会构成变化的复杂性。如清末新政之际,京、津两地投资兴办织布工厂的社会各界人士中就或官,或绅,或"士",或不知名人士等。(见表4-3、表4-4)

① 耿兆栋修,张汝漪纂,《景县志》卷2,工业状况,公共工厂设立经过,1932年铅印本。

② 任传藻修,穆祥仲纂,《东明县新志》卷14,民生志,生计,生产,1933年铅印本。

③ 郑植昌修,郑裕孚纂,《归绥县志》,产业志,工商业,1935年铅印本。

④ 孙永汉修,李经野、孙昭曾纂,《续修曲阜县志》卷5,政教志,实业,1934年铅印本。

⑤ 杜济美修,郄济川纂,《武安县志》卷10,实业志,工业,1930年铅印本。

⑥ 孙椿荣修,张象明纂,《灵宝县志》卷2,人民,1935年铅印本。

表 4-3:北京织布工厂的设立情况表

时间	《大公报》所载日期	厂名	创办人	资本
1902		工艺商局	黄中慧	
1905.7	1905.5.5/1906.2.2	永丰纺织公司	候补道杨来昭、佛尼	银10 000两
1906	1905.12.21	女织布厂		
1906.1		裕华织布公司	董犹龙	4 000元
1906.2	1906.4.6	益华织布公司	职商韩树滋	10 000元
1906.3	1906.4.27	启化织布公司	职商吕鸿经	10 000两
1906.3	1906.7.27	和丰织布公司	大理寺寺丞任光裕(吏部主政舒君?)	10 000元
1906.4		华丰织布公司	郑云楼	京平足银5 000两
1906.5	1906.7.17	宝兴隆织布公司	宗室溥宜	银1 000两
	1906.5.8	织呢公司	某商	
	1906.8.17	富华公司	“一寒士”杭辛齐中翰	
	1906.6.6	华盛织布公司	纪佩芝	
	1906.7.2	富清织布公司	职商某	
	1906.7.17/1906.10.12	兴利织布厂	“志士”田授卿、张叶忠	学生30名
	1906.11.28	纺织厂	占柱臣部郎	
	1906.12.23	纺织局	商人某	
1906.10		卢荣珊纺织公司	卢荣珊	2 000元
1908		同昌织布股份公司	杨来昭、惮毓嘉	京平足银10 000两

资料来源:据《大公报》、《支那省别全志》等。

说明:① 本资料转引自林原文子:《清末天津工商业者的觉醒及夺回国内洋布市场的斗争》《附录:织布工厂的设立情况表》《天津文史资料》第41辑,1987年,第131页。天津人民出版社。② 原文附注:政府设立的,本表除外。官僚者以个人身份出资设立的,本表包括在内。

表 4-4:天津织布工厂的设立情况表

设立年月	《大公报》所载日期	厂名	创办人	资本
	1904.5.10	半日学堂第一工艺厂	严范孙太史、林墨青、卞赓言	
	1904.2.23/1904.10.2	民立第三半日蒙学堂工艺厂	富绅穆云相	三四千金
	1906.2.9	民立第三工艺厂		
	1906.10	织染公司		学生60名
	1906.7.12	劝业织布有限公司	职商苏君等	2 000元
	1906.8.15	劝业织工厂		

（续表）

设立年月	《大公报》所载日期	厂名	创办人	资本
	1906. 9. 19	第二艺徒学堂		学生 30 名
1906. 10		庆祥义织工厂		1 000 元
1906		万益织呢厂	潘汝杰	699 000 元? 699 000
1906	1906. 3. 6	公利织工厂	柴天宠、张鸣山、石朋、英敛之	招集一千股，每股 50 元。
1908. 8		商业织工厂		1 000 元
1909. 3		福记织工厂		1 000 元
1909. 9		修业织工厂		600 元
1909. 10		聚丰成织工厂		1 500 元
1909		华兴织工厂		5 000 元
1909		善记织染工厂		5 000 元
	1910. 4. 30	实业织染工厂	韩锡章	
1910		天津实业工厂		5 000 元
1910	1911. 3. 28	成业工厂	布商姚君	
1910	1910. 10. 14/1911. 9. 25	华兴永织工厂	商民崔翰魁	
	1911. 8. 24	长兴福织染工厂	苏兆范（商人?）	

资料来源：据《大公报》、天津历史研究所编：《天津史大事记》上册。

说明：① 本资料转引自林原文子：《清末天津工商业者的觉醒及夺回国内洋布市场的斗争》《附录：织布工厂的设立情况表》《天津文史资料》第 41 辑，1987 年，第 131 页。天津人民出版社。② 原文附注：政府设立的，本表除外。官僚者以个人身份出资设立的，本表包括在内；早期候选同知胡永升等曾定计划在北洋设立纺织公司，但该计划是否实现，不详；天津实业工厂和实业织染工厂或许是同一厂家，但目前无以判断。

前述材料从织布方面体现了布商社会构成的复杂性、多样性。此外，新旧富商巨贾直接经销棉布、棉纱，也能说明布商社会构成的复杂性。以民国时期天津竹竿巷之旧事①为据：

竹竿巷位于天津城北门外，是一条两端窄小、中间较宽的东西向小道，全长约三百米……却开设着一些具有代表性的天津商业巨户……这些大商号，大部分都是天津著名的“八大家”中的穆家、石家和“棉布业八大家”的金桂山、潘耀庭、卞润吾、胡树屏、孙焜轩、范竹斋、乔泽颂、纪卫瞻等，以及豪绅巨商章瑞廷、大总统冯国璋、大买办魏信臣、巨商孙樾桥、赵仲山、赵聘卿等人所经营的大棉纱庄、大银号、大杂货商、茶叶庄、麻袋庄、南北货的姜厂和关东烟铺，可谓天津商业之荟萃……竹竿巷这个小巷里，有大棉纱庄二十四家，大银号八家，大杂货贸易商三家，著名茶庄两家，大麻袋庄一家，最大最老的烟铺一家，共三十九家。其中二分之一以上是新老“八大家”所经营的。总计这些家的自有资金在二三千万两银子，因此素有“银窝子”之称。

① 见谢鹤声、刘嘉琛《记早年的天津竹竿巷》，天津人民出版社 1987 年版，第 160－171 页。

其中,最有代表性的四家简介如下。(见表4－5)

表4－5:竹竿巷四大著名棉布、棉纱店(号)

棉布(纱)庄名称及创办时间	创办人和经理人员及资本状况	经营状况和业务范围
隆顺号仁记棉纱庄 嘉庆年间	天津新“八大家”之一“乡祠卞家”卞荣卿、卞述卿昆仲独资经营,经理张华荪(卞氏昆仲逝世后由卞荣卿之子卞润吾和卞述卿之子卞抚吾继承父业,经理张华荪去世后由冯万青继任)。 除资本十万两白银外,尚有股东吉源堂卞存款及经理、股份掌柜、职工等的大量存款一百多万两,每年股东多分红款项,皆存在该号长期不动……虽与各大银行、银号有银钱往来,但在一般情况下,从不向银行银号透支或贷款……该号拥有谦丰银号、福康仁银号为后盾,在商业竞争中,因资金充裕、实力雄厚,占有绝对优势。	该号在上海、日本均有驻庄……该号在日本声誉很高,驻大阪负责人与日本各大纺织株式会社关系密切,可直接订购或包销大批棉纱棉布,吞吐能量庞大,并包销天津纱厂产品,与华北、东北、西北各大省市区县乡镇各地客帮交往广泛,具有很高信誉,为天津纱布业中的典型代表之一。
瑞兴益成记棉纱庄 1906年	股东为峰泽堂金桂山、耀远堂潘耀庭合资经营(金、潘两家皆为“棉布业八大家”),以金、潘二人为经理,资本十万两白银,金、潘各半。因金、潘两家财势大,从不占用银行、银号款项,在流动资金方面,有金、潘两家长期存款各百万两,还有经副理、股份同人等长期存款七八十万两……拥有洽源、晋丰两大银号为后盾,经济活动能量相当雄厚。	该号平日库存棉纱不下两万包,价值三百多万两,行市大涨时就大量卖出,暴跌时大量买回,因属自己资金,不受负债牵制,吞吐能量庞大,动辄千包,同业中多窥视该号动态如何而随之进销。 潘为长期驻日本大阪驻庄负责人,纱布业在日本设庄者首推该号。后来提升范竹斋、倪鉴堂为经理、倪谷香、刘竹久、吉士珍为副理,范竹斋与吉士珍长期驻申庄。潘耀庭逝世后,由倪谷香继任驻日本大阪负责人。
同益兴棉纱庄 1913年	股东范竹斋,经理任镜涵(范竹斋原为瑞兴益棉纱庄驻申庄负责人,瑞兴益营业发达,连年获得丰利,范竹斋也分得很厚的人股,羽毛渐丰,后来上海有两大纱厂股东与范合作,成立同益兴棉纱庄,范乃辞职瑞兴益,加入了同益兴,所出股本占总额的三分之一,并担任经理。不久,上海的两股东因故退出,改为范竹斋独资经营,由任镜涵任经理)。资本十万两。	欧战爆发后,海运中断,天津的西洋棉纱货源奇缺,行情猛涨,当时英镑价格暴跌,日元随之下降,但日本与中国尚能通航,日本棉纱依然可以进口,同益兴乃大量购进日纱,及时结汇,使同益兴获得低价买进高价售出的好机会,因而发了大财。后来范竹斋也成为同益兴、靖源隆、余丰厚、余甡厚四大棉纱庄股东,北洋纱厂经理,福安信托公司股东,法商东方汇理银行华账房买办,大房地产主,被称为天津“新八大家”之一。
庆生棉纱庄 1926年	孙仲凯(元隆绸缎庄股东孙焴轩之子)独资经营。经理李子滨、王子坡。 资本十万元,庆生号棉纱庄成立后,由于孙家有大量存款长年存于该号,有晋丰银号为靠山,资力相当雄厚,可与瑞兴益、隆顺、同益兴几大棉纱庄抗衡。	经理李子滨与北洋纱厂章瑞廷、裕元纱厂卢宠之关系密切,长期大量购进北洋、裕元所产的棉纱,后来裕元纱厂所产棉纱统由庆生号棉纱庄独家包销,得以操纵市场,左右行情,平日库存棉纱两三万包,吞吐能量惊人,各路大客商络绎不绝,营业大进,大有压倒瑞兴益、隆顺而称霸同业之势。孙仲凯被人称为“新八大家”之一。

资料来源:谢鹤声、刘嘉琛,《记早年的天津竹竿巷》《天津文史资料》第41辑,天津,天津人民出版社,1987年,第160－171页。

说明：本表系根据前述资料整理所得。此外，“九·一八”事变后，时局动荡，因企图借助外国势力的保护以求发展，瑞兴益棉纱庄迁到法租界五号路，改字号为泰丰号；隆顺号仁记棉纱庄迁往法租界五号路，改字号为慎益商行；庆生号棉纱庄迁到法租界四号路，改字号为和昌号；德和永杂货庄迁到和平路南头寿德大楼内，改字号为聚记号。

除上述四家外，在竹竿巷内，尚有纱布庄二十四家。（见表4-6）

表4-6：竹竿巷其余二十四家纱布庄统计

名称	股东（出资人）	经理	备注
恒泰永纱布庄	章瑞廷	邱俊峰	
同生源纱布庄	孙樾桥、孙润生	徐浩如	后改为广增祥。
华信成纱布庄	冯国璋		
庆丰义纱布庄	正金银行买办魏信臣	黄献臣	
锦隆纱布庄	纪卫瞻独资经营	左秉衡	纪卫瞻，天津著名大绸缎庄敦庆隆股东，“新八大家”之一。
隆源纱布庄	卞润吾	冀鼐亭	股东卞润吾，“新八大家”之一；该号与隆顺号仁记棉纱庄为联号。
靖源隆纱布庄	范竹斋	靳馥卿	
同昌源纱布庄	孙樾桥	孙哲忱	股东孙樾桥还系德和永杂货庄股东。
万德成纱布庄	李鉴泉	胡书林	
万和成纱布庄		唐桐轩	与万德成联号。
合春纱布庄	朱某、张某		朱、张两家合资经营。
合泰纱布庄	朱某、张某		朱、张两家合资经营，该庄与合春纱布庄联号。
通成兴纱布庄	刘子珍		股东刘子珍兼经理。
德聚纱布庄	田大文	齐馨圃	田大文系眼科专家。
义庆祥纱布庄	张博言		股东张博言，自东自掌。
荣华泰纱布庄		阎某	该庄除经营纱布外，并经营大宗浏阳夏布，畅销华北。
同心德纱布庄	王心容	李雨滋	
三兴纱布庄*			
厚记纱布庄*			

资料来源：谢鹤声、刘嘉琛，《记早年的天津竹竿巷》《天津文史资料》，天津，天津人民出版社。第41辑，1987年，第160-171页。

说明：本表系据前述资料整理所得。带*两号，其股东与经理原文记录是：“股东与经理已记不得。”故空缺。

一些富商巨贾不仅经销棉布、棉纱，还投资兴办实业。其所办实业既因市场变动而兴，又因市场变动而衰。以北洋纱厂为例，据当年该厂创办时负责监工的张泽生回忆：

1919年,国人抵制日货,因之国货畅销,尤其是棉纺织业大发其财。棉纱庄的老板一看红了眼,于是瑞兴义、同义兴、庆丰义、隆聚、隆顺、万德成、敦庆隆等7家棉纱庄和永成银号联合集资二百万,成立了北洋商业第一纺织公司。瑞兴义的吉士珍出任董事长,从上海请来日本留学生马子静作厂长,我以练习生名义到厂负责监工。厂址设在海河右岸的挂甲寺,占地20亩,请来日本人一东真义为之设计,于1919年破土动工……1920厂房建成,向美商慎昌洋行购买机器,纱锭25 000锭,从最早开办纱厂的彰德招来1 000名工人,翌年开工。欧战结束后,各国商品陆续在华倾销,中国纱厂受冲击,与兴办人的愿望相违,不仅没有赚钱,甚至无法经营。后来卖给恒源纱厂的副理章瑞廷,1935年又卖给金城、中南银行组织的诚孚公司。①

但需说明,一些富商巨贾跻身棉布市场后,他们对市场的影响力非中小商人可比。以民国时期天津、河北两地纺织业的生产能力比较为例。1931年,“津埠纺纱场(厂)凡六家:即裕源、恒源、宝成、北洋、华新、裕大是也。除裕大因债务关系,由日本伊藤、中古两行经理外,余均为华商”。②(见表4-7)

表4-7:1931年天津纱厂统计

厂名	投资者	资本	设备	产量
裕元股份有限公司	津人王郅隆	五百六十万元	纺纱机七万五千锭,织布机一千台,透平发电机四台,马达一百八十五座,锅炉四座,每日用煤七十吨。	产纱约三万七千包,布约七万匹,商标为松鹤、飞虎。
恒源股份有限公司	津人王敬修	四百万元	纺纱机三万一千锭,织布机二百台,立式水管锅炉五台,加煤机五架,透平发电机二台,马达百二十座。	产纱约三万包,布约十万匹,商标为(纱)蓝虎、八仙、(布)炮车。
宝成股份有限公司	刘伯森	三百万元	纺纱机二万七千锭,锅炉三个,每昼夜用煤二十六吨。透平机二个,电台一座,水磅二个。	年产纱一万零八百包,商标为三鹿、三喜、红福、万福。
北洋股份有限公司	津人章廷瑞	三百万元	纺纱机二万八千锭,摇动部共有机架一百六十部,原动部有长方形新式锅炉一架,每日用煤三十吨,交流电机二架。	(年)产纱二万包,商标为三光、三吉、三鼎。
华新津厂(股份有限公司)	周叔弢	三百七十万元	电机部有锅炉二个,每昼夜用煤二十八吨,电台一座。大小水磅各一,透平机三架,下有二水磅。共有纺纱机二万七千锭。	年产纱二万包。商标为三星、顺手、十金。
裕大股份有限公司	李淮生	三百万元	发电机三座,马达六十个,锅炉四个,共有纺纱机三万五千锭。	(年)产纱一万五千包,商标为八马。

资料来源:宋蕴璞辑:《天津志略》,第七编,物产,民国二十年(1931年)铅印本。

说明:本表系据前述资料整理所得。

---

① 见张泽生《北洋纱厂兴办小记》《天津文史资料》第41辑,天津人民出版社1987年版,第159页。

② 宋蕴璞辑,《天津志略》第7编,物产,1931年铅印本。

表 4 -8:河北成安县乡绅投资兴办织布厂统计

厂名	投资人或发起人	资本	主要产品	产量	备注
义兴工厂	韩荣斋、王守介	4 000 元	以织染布匹为业,所用棉纱购自津埠。合股线居多,织成布匹名爱国布,均平面,间有花纹布。颜色分蓝、青、棕紫、谢绿等色,颇蒙各界欢迎。棕色布在省垣品评会中曾得一等奖章。	每年产布四千匹以上。	(该厂)系合股经营。至民国八年,因地方不靖,暂停工作。
信义工厂	武存礼	3 000 元	专以织染为业,棉线从津埠购用,所织布匹均系平面,品质精美,且能耐久,时人多乐购之。	统计产量年约二四百匹左右。	民国八年,因乱歇业。
广裕工厂	张乐天	1 600 元	棉线购自津埠,所织布匹平面花纹致密坚美。	每年出产计一千二、三百匹。	民国七年,因地方乱,暂停办。

资料来源:张应鳞修,张永和纂,《成安县志》,卷 6,实业,工,民国二十年(1931 年)铅印本。

说明:本表系根据前述资料整理所得。

再如邯郸县,“城东门里王绅,自清季提倡织布工厂,屡兴屡蹶,迄未发展。嗣于民国十八年(1929 年),复设民生工厂,办法以线易布,合令织户于伊家中为之……厂内付织户洋线若干斤,责令交布如其数,统计每年产布一万二千余匹”。① 清苑县 1933 年创办的“第一工厂”,“全年经费约三千余元,工人二十五名,计有提花机五架,铁轮机六架,本(木)机十一架,出品柳条布、线毯、毛巾,行销本境及外县”。② 三河县,“县城有工厂一处,出品以布为大宗,余如袜子、毛巾间织之,惟资本无多,难期发展”。③ 河南武安县(今属河北)“裕民工厂为私人集股设立,初时股本为五千元,后因扩充营业,添置材料,二次增股已达万余元之谱,所出各种花格布、蚊帐纱颇受社会之欢迎。近来,因外货压迫,销场不利,顿形拮据”。④

从上述材料可知,投资规模较大的企业生产能力强,对市场的影响力比规模较小的企业强。总之,棉布市场商人社会构成已更复杂,洋商或买办商出现后,近代华北棉布市场商人社会构成变化就更具时代色彩。

4.1.1.2　厂商的地域构成

开埠通商前,传统大商帮影响较大。如晋商、鲁商,他们基本控制了华北市场棉布的远距离贸易。开埠通商后,平津、河北、河南商人、洋行商、买办商已与传统大商帮形成竞争之势。

开埠通商前,晋商活跃于棉布市场已有较长历史,其资本雄厚,市场影响力大。晋商中

① 杨肇基修,李世昌纂,《邯郸县志》卷 12,实业志,工业,1940 年刻本。
② 金良骥修,姚寿昌纂,《清苑县志》卷 3,风土,实业,1934 年铅印本。
③ 唐玉书修,吴宝铭纂,《三河县新志》卷 15,因革志,实业篇,工业,1935 年铅印本。
④ 杜济美修,郄济川纂,《武安县志》卷 10,实业志,工业,1940 年铅印本。

的“富商巨贾操重资而来市者，白银动以数万计，多或数十万两，少亦以万计”。① 据黄鉴晖研究，由明及清，晋商就在棉布主产区如松江、湖北、直隶、河南等地收布贩卖。② 如晋商去松江贩布，是在当地设肆收购棉布，然后捆载运至山西和京、边地区。在华北，直隶所产棉布销往关外、内外蒙古及山西的缺布地区，晋商起着关键作用。

开埠通商后，晋商活动虽已受市场竞争的影响，但其能量仍不容小觑。例如，河北无极是著名棉布产区。在1936年时，无极县主要商业行业仍“皆山西商人挟资为之”。③棉布贸易是其主要商业。该县布店六十余家开设“在县城、郭庄等集镇和产布的甄村、南马、南候坊等村”，“从业人员1 000人左右，其中四五百人是山西忻州、五台、繁峙、代县、宁武、大同人。近百人任掌柜、二掌柜。布店收购农家土布，经过加工印染，销往省外各地。”此外，无极“全县32家印染作坊中，从业人员177人，全是山西平定州人”。④宣化“商业半为客籍人所经营，尤以山西及蔚县人为多，本地商人势力甚微，故多失业游民”。⑤ 在口外，晋商势力依然不减，如至1937年前后，“包头贸易情形，其商人可分为两种：一曰晋商，一曰客商。晋商朴实耐劳，诚信素著，每一字号远如库伦、甘、凉、兰州、宁县、新疆等处，无处不有其分号，运输四达，呼应灵便。审时操纵如握左券，营业利息常有一倍。更以与蒙人交易，辄获十倍之利。其客商一项，仅民国改革后之洋货绸缎而已，门面辉煌，而内容薄弱，此种业以平、津人来此为多，苏、杭人亦间有之。入口货，晋商所经营者为河南老布、蒲州水烟、湖南砖茶、黑白车糖、五金杂货及本地烧酒、鞍等项，客商所经营者为绸缎、布匹、洋货、鞋、帽、薰茶、罐头、海菜、洋油、纸烟等”。⑥

开埠通商后，其他地区的商人迅速崛起。如天津市面，除晋商外，还有其他大商帮和众多洋行。其中，较重要者有闽粤潮帮、宁波帮、山东帮、天津帮、南宫帮、冀州帮。⑦ 其中只有闽粤潮帮棉布贸易记录较少。

宁波帮实为浙商，因宁波人较多而称宁波帮。开埠通商后宁波帮渐由行商成座商，多经营金银首饰、绸缎呢绒、钟表、眼镜、洗染、西装、南味等。与其相关的老九章绸布店、大纶绸布店是其时天津经营绸缎、布匹、洋布的主要商行之一。

山东帮在天津多经营绸布、饭馆、茶叶、皮货等。在天津估衣街的谦祥益、瑞蚨祥、瑞生祥、瑞林祥、庆祥等著名的“祥”字号系列绸布店均系其经营。

天津帮是当时外地商帮对天津商人的称谓，其主营有：棉纱、绸布、呢绒、茶叶、海货。著名的隆聚、隆顺、万德成等棉纱庄，敦庆隆、元隆、华竹等绸缎呢绒店都是天津商人开设。

---

① 叶梦珠《阅世篇》卷5，《食货》。

② 见黄鉴晖《明清山西商人研究》，山西经济出版社2002年版，第243页。

③ （清）曹凤来修，李凤阁纂，《无极县续志》卷1，地理志，风俗，1894年刻本；耿之光、王桂赵修，王重民纂，《重修无极县志》卷4，风俗志，礼俗，1936年铅印本。

④ 同②，第246－247页。

⑤ 陈继曾修，郭维城纂，《宣化县新志》卷5，实业志，商业概况，1922年铅印本。

⑥ 廖兆骏编，《绥远志略》第7章，绥远之县邑，第8节，包头市，1937年铅印本。

⑦ 见王绣舜、张高峰《天津早期商业中心掠影》，天津人民出版社1987年版，第65－67页。按：在天津，来自河北南宫、冀州两地的商人，被称为南宫、冀州帮，他们实力相对弱小，多经营与农村生活和生产有关的行业，如炊具、铁货、竹木制品、日用瓷器等。开埠通商后，他们往来于乡村与通都大邑之间，也经营一些纱布生意。

据日本人观察,各地布商在华北棉布市场确实已成竞争之势。以洋纱洋布的经销为例,各地商人在天津设立总批发布庄,直接从洋行批发洋布。这些商人“包括有山东、山西、河南、陕西、吉林、奉天等各省的洋布庄在内,称为外客。而把山东的洋布庄称为山东客;把山西、陕西的称为西客;把奉天、吉林、张家口等天津以东的称为东客;把河南的称为上河客”。[①] 而较重要的洋布庄[②]有:① 由天津资本家经营的布庄:隆顺、元隆、义泰昌、同和成、德华公、广和顺、陆聚、敦庆隆、聚兴义、荣庆益、德生厚、万庆成、瑞成锦、顺记祥、昌记、义生厚、和泰、元吉永、泰隆成、永裕、宝恒昌、和春、义昌元、益泰成、春华泰、德瑞恒。② 在天津设有分店的主要洋布庄:瑞林祥(总店在山东)、恒祥茂(总店在山东)、庆祥(总店在山东)、正祥义(总店在山东)、瑞蚨祥(总店在山东)。

开埠通商后,众多洋行商在天津经销洋纱、洋布,加入到了与本土布商争夺华北棉布市场的行列。他们多在天津设立总办事机构,通过买办把自己的商业触角伸向华北市场的各个角落。中外布商之间也就此而形成了独特的洋行→买办→本土绸布商人、洋行→买办→小商贩或杂货店的洋布经销模式。据日本人调查,“天津棉纱、棉布的主要输入经营者是欧美人和日本人。由中国人直接经营的非常罕见,并且规模也小。”[③]因此,依机构或组织而论,以洋纱、洋布为媒介,中外布商间的关系又体现为:洋行(直接输入洋纱、洋布)→洋布庄(中国商店:总批发布庄或中央批发布庄)→次级洋布庄(从上级洋布庄批发布匹:地方批发布庄)→洋货铺。

在天津经销洋布的外国商行影响较大的有:日本的三井、东洋、江商、武当、日信、武斋、川崎、长濑、增田、久原、伊藤等洋行,德国的美最时、鲁麟、礼和洋行,英国的怡和、永裕洋行,法国的永兴洋行,波兰的华亨洋行等。[④] 总体上以英、日两国的居多。

除通都大邑或通商口岸外,在一些县级区域市场,本地商人与外地商人形成竞争之势的情形也在不断发生。如山东冠县,在清光、宣以前,本地商人只占当地市场商人总数的20%。但“民国以来,本境商号逐年增加,外来者仅十余家,以籍隶南宫、冀县居多数,不过占十分之一二”。[⑤] 在菏泽县,“洋布商多周村人,间有豫省人,所售有洋棉纱、羽绸、羽绫、洋货等物甚多,每年售价七八万金之谱”。[⑥] 河北束鹿县,1906 年前后,“商九千二百四十一人,多贸易京、津间,张家口、归化城、盛京、汉口亦甚伙”。[⑦] 威县,“全县商号籍隶本境者居十分之七,外来者为十分之三。前清时代,外商之营业较为兴盛;民国以来,本境商号日见发达”。[⑧] 河南武安(今属河北)商人,足迹遍及大河南北东西,贩布是其主要业务之一。他们按各自经商区域分别形成具有重要影响力的河南武安商帮。(见表 4-9)

---

① 见侯振彤《二十世纪初的天津概况》,天津市地方史志编修委员会总编辑室 1986 年版,第 377 页(原名《天津志》(日)中国驻屯军司令部编,明治四十二年九月印行)。

② 同上。

③ 同上。

④ 同上。

⑤ 梁永康修,赵锡书纂,《冠县志》卷 2,建置志,机关,道光十年修,1934 年补刊本。

⑥ 汪鸿孙修,杨兆焕纂,《菏泽县乡土志》,商务,1907 年石印本。

⑦ 张凤台修,李中桂纂,《束鹿乡土志》卷 8,实业,1906 年铅印本。

⑧ 崔正春修,尚希贤纂,《威县志》卷 8,政事志,商会,1929 年铅印本。

表4－9：河南武安县县外贸易一览表　1935年调查

区域别	业　务	商家数	商人数
关东帮	药材、绸布	1 500	2 000
河南帮	绸布、山绸、药材	90	1 400
冀鲁帮	药材、绸布、油盐、鲜果	120	1 500
苏皖帮	药材、绸布	20	200
热察绥帮	药材、绸布	70	600
山陕甘帮	药材、绸布、其他	150	1 300
说明	一、本表所列贸易盛衰情形均按二十四年份前叙述统计。二、本表所列业务之外，尚有其他贸易，不能一一列入，阅者谅之。		

资料来源：杜济美等修，郄济川等纂，《武安县志》，卷10，实业志，商业，1940年铅印本。

与经销商的地域变化相对应，在生产商方面，因通商口岸、交通便捷地区以及一些商品化生产迅速发展的手织布区，一直是近代华北商品棉布的主产地，所以，依地域论，棉布生产商也主要集中在上述地区。如天津、青岛、唐山、高阳织布区、潍县织布区。

1895年后，洋商出现在生产领域，是商人地域构成变化的深入发展。因之，近代华北棉布市场商人地域构成变化更具时代色彩，其对市场变动的影响更深远。以日资为例，它挟资金、技术优势，又以暴力为后盾，在棉布市场一度居举足轻重之地位，其市场支配地位明显。据日本人自述：

青岛是仅次于上海的日本在华纺织业的中心地。工厂都集中在（青岛）郊区四方和沧口一带。由公大、通行、上海、丰田、大日本房、内外棉、富士纺、日清纺、长崎纺等九家公司一共经营了十九个工厂，拥有五十二万锭精纺机和八千九百台织布机。日本人在青岛的纺织业投资，至少有八千万日元，如果把全部资产都估计进去，可能达到一亿二、三千万日元。①

日本纺织工业很早就注意天津，所以有的公司在第一次世界大战结束不久，甚至连建厂的用地都收买了，不过因为各种情由未能实现，只有大仓组对裕元纱厂进行过贷款和东拓投资的裕大纱厂曾交由大阪伊藤忠委托大福公司经营而已。可是1936年以来，随着日本对华北经济工作的进展，日本的纺织业者陆续伸张进来，收买经营困难的中国纱厂，以及建设新工厂等相继出现。裕元纺织公司和天津华新纺织公司都被公大（钟渊公司）所收买，分别改为公大第六和第七厂，宝成第七厂被伊藤忠和东拓两家所收买，以此为基础建立了天津纺织公司。唐山的华新纱厂也被裕丰纺织公司（东洋纺织公司的子公司）所收买，改为中日合办的纱厂。这样，天津中国纱厂，有半数都归日本人所经营，同时进行建设新的工厂。②

综上所述，近代华北布商地域构成已发生显著变化，因此，棉布厂商经营活动变化应是

① ［日］桶口弘《日本对华投资》，商务印书馆1959年版，第212页。

② 同上，第219－220页。

影响市场变动的必备因素。

4.2 棉布厂商的资本类型及其经营制度演变

"小农经济的手工棉纺织品,在满足自己需要之后的剩余产品,必须通过商人之手,交换其他产品;或者他们为了输官还债,要把绝大部分甚至全部的手纺织品投入市场。商人资本起着扩大市场流通的作用,发展了远距离的运销,小生产者在市场上必然要受到商人的控制与剥削。土布商业资本就是在这个基础上发展起来的。"①因此,布商的资本流动和经营方式演变必加剧棉布市场变动。

4.2.1 布商资本类型演变

徐新吾先生将传统布商分作牙行、外地客商、产地运销商、布号、布贩、零售店六类。他们各具不同功能。笔者以为,华北棉布市场亦大体如此。

4.2.1.1 牙行

牙行,亦称布行,属于产地坐商,一般开设于城镇。其商业功能主要是在外地客商和生产棉布的小农之间起媒介作用,收取佣金,本身并不作经销业务。他们代客商收购布匹主要采取下述经营模式。外地客商先行拨付银两给牙行,委托其代为收购布匹,或是牙行自身垫付银两收购布匹售卖于外地客商。牙行对拓展华北棉布销售市场有重要影响。② 例如,河南孟县"以孟布驰名,自陕、甘以至边墙一带,远商云集,每日城镇市集,收布特多。车马辐辏,廛市填咽,诸业毕兴。故人家多丁者有微利,而巷陌无丐者。盖商民两得其便"。但因牙行奸商"不为平价估值;机户稍稍无利",于是偷工减料,致使"布遂不行。不惟西商(山西商人)不来,即本地贩卖布匹者,亦赴山东、湖广等地转买。邑中富贾寥寥,惟无(牙)帖小贩沿门收买杂用,亦复有限。行市遂至颓坏,杂业亦罕挹注。民失生活之计,而公私始困矣"。③ 开埠通商后的很长时段内,因农民仍主要是就近在乡村集市上出售棉布,故而,牙行和布贩的上述功能仍起着重要作用。如时至民国,在河南新乡,"白布,西南区(新乡)产棉最多,故小冀镇有布行数家,招客收买,行销山西"。④

4.2.1.2 外地客商和产地运销商

外地客商,即棉布贩运商,除富商大贾外,也有少量小贩运商。晋商大多属于前者。⑤他们通过牙行收布贩卖,或直接在棉布产区设庄收布贩卖。开埠通商后,一些贩运商也常在通商口岸,从洋布商处批发棉布销售。产地运销商,即棉布产区的商人。他们常直接在产地收购棉布贩卖远方。但开埠通商后,洋布输入华北市场,这两类商业资本同洋行商或同机制棉布厂商之间关系的建立和变化,使他们存在向近代批发商资本转换的趋向。如开埠通商后,天津、山东商人直接在上海、日本建立起自己的商业经销网络。把这类商人划分为纯粹

---

① 见徐新吾《江南土布史》,上海社会科学出版社 1992 年版,第 54 页。

② 按:需说明,牙行在棉布市场的重要作用应与"布贩"这类小商业资本关联考察。因为,被称为"袱头小经纪"的布贩,向农户收购布匹之后也主要是转卖给牙行。

③ (清)仇汝瑚修,冯敏昌纂,《孟县志》卷 4,物产志,1790 年刻本。

④ 韩邦孚、蒋濬川修,田芸生纂《新乡县续志》卷 2,物产,1923 年铅印本。

⑤ 按:因有些晋商在山西的一些棉布产区直接收贩。这部分商人又可划入产地运销商系列。

的外地客商或产地经销商较困难。以瑞蚨祥①为例：

瑞蚨祥号称“山东第一号”，其祖上孟闻助以在章丘旧军镇开设鸿记布店，贩卖“寨子布”起家。其最初经商时，主要是赶集市、赶庙会，甚至长途跋涉赶赴河北任丘县白洋淀邻近的鄚州，进行布匹交易。他们从章丘、邹平、齐东一带收购“寨子布”，销往辽东；收购的紫花布、格子布等贩运到博山、沂蒙山区。孟氏的鸿记布店（庄）传到第5代孟兴智、孟兴泰时，才在济南创建了庄祥布店和隆祥布店，后又在北京设立瑞生祥绸布店，并在周村经营恒祥染（坊）。1862年，孟氏商人在济南院西大街路南开设瑞蚨祥，经营绸缎、织绣品和布匹，以销售布匹为大宗买卖，不久其业务就迅速超过孟氏原在省城开设的庆祥、隆祥老店号。到孟洛川时，瑞蚨祥真正发展壮大，它不仅控制布匹来源，还控制染坊。如孟洛川执掌瑞蚨祥后，为解决布的染色问题，于1894年在济南开设瑞蚨祥鸿记染坊。瑞蚨祥重金聘用技艺高超的大师傅，选用上等布坯、上等颜料，对染坊工艺的每个环节严格操作，专人检查，发现瑕疵，立即返工。此等措施使瑞蚨祥店号出售的色布，泡在水里反复搓揉，永不褪色，迅速占据了市场优势地位。开埠通商后，瑞蚨祥同英商怡和洋行建立直接业务联系，长期坚持购销英国洋布。瑞蚨祥还实行多种经营，广设分店，采用类似于现代百货公司的做法。1893年，继济南、青岛和天津之后，孟洛川投资八万两白银，委派已在北京前门外布巷子经营山东“寨子布”多年的亲信孟觐侯，在大栅栏开设“瑞蚨祥绸布店”。1901年，经八国联军之乱后该店重建，除继续经营绸缎布匹外，还兼营洋货，如呢绒、钟表、化妆品等，发展成为具有近代色彩的综合性商业企业。至清末民初，瑞蚨祥已成北京最大的绸布店。此外，为拓展市场瑞蚨祥还先后在天津开设了瑞蚨祥土布庄兼钱庄，在烟台开设了瑞蚨祥分店。

不独瑞蚨祥如此。开埠通商后，产地商人如河北商人、河南商人、天津商人、山东商人直接摆脱外地客商自行收布贩卖的情况比较普遍。就他们在棉布市场的地位和作用而言，在一定意义上，这类商人对华北棉布市场变动更具根本影响。

4.2.1.3 布号

布号又称布局，有时称布行或布店，是专门经销布匹的商业资本。他们或通过牙行，或自行设庄收购棉布，发给染坊加工后，再卖给贩运商。其经营规模大，实力强者甚至自营染坊或控制染坊。在华北市场上，布商资本控制染坊、售卖布匹并不鲜见。如京城布商劲旅山西翼城县布商在北京开设布店的同时，又在通州开设染坊。即使是在开埠通商之后，这类商业资本仍有一定发展。前述的山西布商在河北无极县也是如此。他们收购布匹，经过加工印染，销往省外各地。他们注重商品质量，品牌意识强。据载，他们最初在布上加印店铺印记，到民初则使用花纹图案标记，在20世纪30年代后更是改用图文并茂的标记。在无极县，较为著名的“金牛牌土布商标”是“梨木质，呈芙形，中宽六寸，中高四寸，中间横刻楷书‘金牛大布’，上有金牛图案，下有‘隆记布店’刻字。向外发货，每捆布30匹，外包皮盖商标印记，并写明发货时间、收货单位和发货布店”。② 但从总体上看，机器染布兴起后，这类布商已开始转型，有的投资兴办新型印染作坊或企业，有的成为布匹经销商或另作他行。

布号或布局这类商业资本，在一些地方被称之为“布庄”，其经营能力在新的市场条件

① 见丁言模《齐鲁商雄》，广东经济出版社2002年版，第91－101页；刘秋霖、刘健、关琪等《老北京的传说》，中国文联出版社2006年版，第120－121页。

② 见黄鉴晖《明清山西商人研究》，山西经济出版社2002年版，第247页。

下并未完全被削弱，仍有极大影响。以潍县布商为例，1905 年，潍县自开商埠，依托烟潍商路和胶济铁路，商业发展日臻兴盛，时年从烟台、青岛输入的洋杂货即达 400 万海关两左右，[①]其中仅棉纱、布匹两项价值就达 350 万银两。这些棉纱、布匹由 15 家洋布庄分销，行销范围远达沂州、营州、泰安、临朐、蒲台、泗水等地。[②]

4. 2. 1. 4　零售布店

此类布商，一般规模较小，有的还经营杂货。他们向前述几类布商资本购进布匹，直接向消费者销售。应注意，在一些乡村集市，还有一类商人，他们在庙会或乡村集市交易，无固定经营场所。他们也可划入小零售布商系列。

4. 2. 1. 5　新型布商的出现——近代百货公司类型的商业资本

开埠通商后，在通商口岸或较大城市里，出现了近代百货公司这类新型商业企业。企业的经营者受过新式教育，或至少受过西式经营模式的培训。他们按照新制度模式经营，布匹只是其经销的商品之一。这类新型布商虽主要是在通商口岸或较大都市，但其商业辐射功能远非传统布商可比。它的出现预示着新商业模式将对棉布市场变动产生重要影响。如天津中原公司。[③]

中原公司创设于 1928 年。其主要创始人都曾是香港或上海先施公司的业务骨干。如林寿田、黄文谦先就职于香港先施公司，后被提升为上海先施公司助理（相当于总经理助理）；陈军海、何逸州、容厚刚、何嘉年则先后出任过上海先施公司主任、秘书等重要职务。它的另一重要创始人林紫垣，也侨居日本经商多年。就社会背景而论，他们已不同于传统布商。在企业组织和经营方式方面，中原公司采用股份制企业组织形式。在经营上，中原公司仿行香港、上海的各大百货公司的做法，经销商品门类众多。中原公司在天津的百货大楼楼高七层，是当时天津少有的高层建筑，其一、二、三层楼为百货商场，经营洋广杂货、布匹、呢绒、绸缎及食品用具，以后逐步增建鞋厂及家具工厂；四、五两层开设游艺场、大戏院；六楼及七楼露天花园附设酒楼。

中原公司的商业影响能力与传统布商不同。它直接从香港、上海、日本、英国进货。1928 年秋季，它在上海组织了大批滞销商品返销天津，由于进价较廉，在天津市场首创大规模减价促销。特别是由于绸缎布匹的削价倾销，以至于各界人士大肆抢购，竟至挤破柜台，其营业额高达日销五六万元之巨，不特为全市之冠，比之港沪各大公司亦无逊色。开业后，中原公司生意日渐兴隆，商业信誉日益巩固，因此，无论港沪及日本各厂商都乐于给其赊销商品。同时，他们较灵活的商业反应能力，也使其在市场竞争中占有优势。另外，为适应当时英、法租界上层社会人士之需，也为保证充足货源供应，经理林紫垣及陈军海等曾拟赴英国伦敦进货，其中棉布、绒布就是要采购的重要货品之一。自 1929 年后，金价暴涨，货价转昂，公司瞅准日货倾销之际，日本大阪、神户、名古屋各地的棉布厂商多给予优厚折扣，在旅日侨商裕贞祥、万利公司的大力协助之下，公司乃改派林寿田率领人等急趋日本采购。此举在民族工商业的痛苦呻吟中使中原公司的业务一度达到鼎盛时代。此后，中原公司开设分

---

① 见胶济铁路管理委员会《胶济铁路经济调查报告汇编·分编三》（潍县·青岛），文华印书社 1934 年版。

② 见庄维民《近代山东的市场经济的变迁》，中华书局 2000 年版，第 169 页。

③ 见《中原公司概述》，天津人民出版社 1987 年版。按：历史上曾有人怀疑其日本背景。但该史料中证明没有。公司资本主要以华侨和国内资本为主，但与日租界当局有关系是事实。

店，进一步挤占华北市场。

另如天津国货售品所，①其前身系官办的天津工业售品总所。② 1913年，宋则久辞掉敦庆隆经理职务，接办天津工业售品总所。该所改称天津国货售品所。在宋的经营下，该所专营国货，并加速向近代百货公司转变，即广辟货源，售卖多种商品，棉布是其经营的一重要项目。据统计，售品所经营的商品品种，1914年即从原来的300种增至750种，1915年增至1 250种，1916年增至1 900种，1917年增至2 500种，1918年则高达3 100种。在棉布经营方面，该所兴办织布厂13处，专织爱国布与仿制外洋的漂白布、染色布。纺织条格布代替进口印花布；派人去日本学制造绒衣技术，自制绒衣；自织花条斜纹布加工运动衣，代替进口针织运动衣。

除增加经营品种外，天津国货售品所以“爱人、惜物、忠事、守章、耐久”为所训，通过规章制度对天津国货售品所进行严密的组织与管理。其中一些制度不乏近代色彩。其要者如下：

① 在对员工的培养、选用、提升、工作管理方面。售品所对所内员工每人参加工作的时间、年龄、学历、任历、家庭情况等均有记载。根据工作需要，凡地区间调动安排，由总所掌握；非此，则由各分支机构内部自行管理。所内还办有补习班，除本所职工外，并招收一部分社会人员，订立学徒考试制度。凡初入所的店员必须经过学习所内规章、业务知识、技能、社会常识、风俗礼貌等，其后方能正式上柜台售货。另外有教授班，学习经书（“五四”运动后取消）、文学、经济学、货币学、簿记法、书札、英语、日语等，此外还有音乐、体育、演剧等。为提升员工售货服务技能，售品所还定期举行算账、收款、叠布、量尺、包装、递货等技能的现场表演，以资观摩，互相学习提高。

② 售品所采用近代会计制度，总账、批发账、零售账均各有规则。公积金的使用、折旧处理、各项营业统计报告均有详细的规定。账簿表册格式，由总所统一制定印发。各分支机构定期向总所报告营业情况，凭以检查总结各地及全部工作，以便向董事会报告。

③ 随着利润的增长，工资福利待遇也随之逐渐改善。除经理、副理外，工资按年逐级增加，按职务级别无偿或半价发给毛料或布料制服。职工本人及家属免费看病，并备有常用药品，定期检查肺部，高工龄的每年可免费去香山别墅休假十日，每年约50人左右。春夏有时组织旅游。职工结婚与父母亡丧除企业送礼外，公司全体同仁送礼一份，由企业报销。自1933年起，董监事及创办人让出红股半数，设立退养金及抚恤基金。退养金根据服务年限长短（从10年至40年），付给规定的金额（从200至4 000元），年满60岁时一次付给，前后领取的约十人左右。抚恤金留给死亡及职工服务满十年未到退休年龄致残而家计不足者使

---

① 见王绣舜、张高峰《宋则久与天津国货售品所》，天津人民出版社1987年版，第93－110页。按：天津国货售品所是1913年由宋则久接办官营的天津工业售品所而成立。至1956年公私合营为止，前后共44年，其名称除接办初期仍以天津工业售品总所为名外，先后被改为：天津国货售品所、天津百货售品所、中华百货售品所。其中以天津国货售品所为名时间最长，长达16年。

② 按：受晚清新政兴办实业思绪之鼓动，1903年，直隶总督兼北洋大臣的袁世凯派周学熙去日本考察工商业。考察后周认为，若要推行新政，除兴办军工、教育事业外，必须效法日本，兴办更多实业。受此启发，袁世凯即委任周学熙为直隶工艺总局总办，在天津成立工艺学堂及实习工场，首创爱国布，仿制竹、木、铁、瓷各种洋货，传授油画、照像、刺绣、石印、制造风琴等技术，并在天津北马路龙亭旧址设立考工场以陈列产品。该工场除展销实习工场产品外，也经营一些其他民营工厂的产品。1912年曹锟军队哗变（即壬子兵变）致使考工场被焚，其重建后改名天津工业售品总所，经营仍然是举步维艰，实习工场即行停办，工业售品总所不得不对外招商。

用，以维持生活，至自立时停止。

4.2.2 棉布生产厂商资本类型演变

开埠通商前，华北棉布市场家庭手工织布的生产形式较普遍，工场手工业不突出。开埠通商后，尤其在1895年后，家庭手工劳动虽仍占重要地位，但近代机器生产已迅速出现。因此，传统商业资本和近代产业资本的并存与竞争既是棉布市场变动的又一突出表现，也是市场变动的原因之一。

一方面，传统商业资本以包买制形式控制棉布的生产和销售。开埠通商前，华北市场，农民生产的手织布往往是在其家庭消费有余的前提下，在一规模较小的市场直接与消费者交换或由商人收购贩卖远方。同时，商品经济的发展，他们也日渐转换为市场交换而生产。此时，大多数农民还是独立的小生产者，他们一般自备原料或可自由购买原料，生产工具及产品归其所有。开埠通商后，他们在与机器纺织业的残酷竞争中或破产失业，或扩大再生产皆有可能。因此，市场变动中，个体小生产者大量破产。他们既无充裕资金购买生产原料，又缺乏直接在较大区域或进行跨区域销售产品的能力和经验，必须依靠商人为其提供生产所需原料并收购其产品。

其间，商人从最初仅向小生产者销售或赊欠原料，收购产品，发展到为满足客商对产品规格和数量的需求，商人则直接向小生产者提供原料和生产工具以换取布匹。即小生产者与商人间建立起“以纱换布”关系或小生产者直接为商人织布计件取酬（工资）。以高阳、宝坻之旧事为例。在高阳，1904—1914年间，洋纱大量涌入，随之引进的铁轮足踏机使织布效率大为提高，小生产者独立性丧失亦随之加剧。于此，吴知曾指出：“洋纱和足踏机的革命，足踏机生产能力大，消费原料激增，极少数资本雄厚的，固然还可以自购原料，依自己的计算，织布出售。但一般的农民，为原料不致缺乏计，不得不只有仰商人的鼻息，替商人织布而赚起工资，俗称为‘织手工’，从商人方面说，称之为‘撒机制’，即商人撒原料与其机户而收取布匹。”①在宝坻，“商人在市集之中，偶见某织户出售布匹较之平日贩者质地匀整，或所生产布匹为量较大，即愿与此家售户交易……少数大贾继之以其他商贩，感觉如此经营，不如由商人自行供给棉纱，交由织工纺织，然后按件予以工资，较为简单。同时使每一织工仅为一商人织布，布匹来源，亦较得集中”。②

于是，包买商制度产生了（后文将详述包买商制度与棉布市场变动之关系。在此不赘言）。传统商业资本以包买制形式对棉布生产和销售的介入更深，甚至起支配作用。此现象在近代华北棉布市场既较普遍，也早已为人关注。吴知、方显廷、毕相辉等将其称之为商人雇主制。③ 他们认为商人雇主（包买商人）将绝大多数织户置于其控制之下。其中，吴知在研究高阳织布业的案例中发现，1914年后，“织手工的布机就始终占多数，并且在比例上亦有进步”。④ 同期，方显廷也得出了相同结论。⑤（见表4-10）

① 见吴知《乡村织布工业的一个研究》，商务印书馆1936年版，第13页。

② 见方显廷、毕相辉《由宝坻手织工业观察工业制度之演变》，《政治经济学学报》1936年第4卷，第2期。

③ 见吴知《乡村织布工业的一个研究》，商务印书馆1936年版；方显廷、毕相辉《由宝坻手织工业观察工业制度之演变》，南开大学经济研究所1936年版；方显廷《中国之棉纺织业》，商务印书馆1934年版。

④ 见吴知《从一般工业制度观察高阳的织布工业》，《政治经济学报》1935年第3卷，第1期。

⑤ 见方显廷《华北乡村织布工业与商人雇主制度》，《政治经济学报》1935年第3卷，第4期。

表4－10:1932年高阳织布区手织户经营形式分类表

经营类别	织平面布		织提花布		总计	
	数量	%	数量	%	数量	%
织定货户	42 954	90.5	1 473	43.9	44 427	87.5
织卖货户	4 485	9.5	1 881	56.1	6 366	12.5
总数	47 439	100	3 354	100	50 793	100

资料来源:方显廷,《华北乡村织布工业与商人雇主制度》,《政治经济学报》,天津,南开大学经济研究所,1935年第3卷第4期。

表4－10说明,无论是技术要求简单的平面布,还是技术要求较高的提花布,织定货户均居较高比率。而且,总织户中织定货户数比例竟高达87.5%,可见前述判断确属不假。此现象在宝坻织布区同样存在。方显廷、毕相辉发现,“1923年,宝坻全县农户之从事织布者,共10 649户,其中2 999户为主匠织户,开织机3 207具”。①

在山东潍县,布、线庄(包买商)向普通织户进行商业借贷,控制织户现象同样突出。据王子建研究,(潍县)“织户自己出资买原料,织成了自己去求售的自然不能说没有,但在比例上为数极少”,因此多是“布庄或线庄放纱给织户,而换取织成的布”,或“织户代布庄织布,赚取工资”。② 土布销售方面,各地驻潍庄客采购土布时,往往“自立商标厂名,招织户若干家,使依所定之长阔数及布之稀密,议定价值,终年交易”。③ 另如山西平遥“概用包机办法,由布庄发给棉纱与机户,织成布匹,约工资一角至二角”。④

可见,近代华北市场传统商业资本以包买制形式控制棉布生产和销售是普遍存在的。但此类生产形式中的资本还是应当被看作传统商业资本。⑤ 加之中国传统商业历来有“前店后厂”的经营习惯,商人经营向生产领域渗透应当看作是商业资本对其活动领域的扩展,而不能就此说该类商业资本已转化为近代产业资本。如山东昌邑县寨子布一度畅销于北京市场,于是北京各布店“前往昌邑直接采办,其办货之法,系派人往青岛、济南等处,购买棉纱,运至昌邑之石埠镇、北孟一带,招请乡民代为织布(俗称放机)”。⑥

另一方面,开埠通商,尤在1895年之后,列强在华北直接投资设厂,用机器生产棉纱、棉布。华商受此刺激,并为挽回利权,也投资创办一些近代新式纺织企业,采用机器生产棉纱、

① 见方显廷、毕相辉《由宝坻手织工业观察工业制度之演变》,《政治经济学报》1936年第4卷,第2期。按:其后的研究者也大多同意他们的研究判断。如彭南生先生就引用他们的研究结论来说明自己在包买商问题上的观点(见彭南生《包买主制与近代乡村手工业的发展》,《史学月刊》2002年第9期,第93－101页)。

② 见王子建《中国土布业之前途》,中华书局1936年版,第131页。

③ 见《山东潍县之经济状况》,《中外经济周刊》1926年11月6日(第187号)。

④ 见《平遥县之生计状况与织布业》,《中外经济周刊》1926年10月23日(第185号)。

⑤ 按:对包买商人(商业资本)的界定,有学者将其划分为商人型包买主、商人兼工场主型包买主、工场主型包买主三种主要形态。三种形态依次演化,应是包买主制度下手工工场形成和发展的典型途径。然时至近代,工场手工业仍非中国手工业的主要形式,因此,乡村手工业中工场主型包买主尚不多见。(见彭南生《包买主制与近代乡村手工业的发展》,《史学月刊》2002年第9期,第93－101页。)笔者以为,华北棉布市场变动过程中,该类商业资本三种形态的依次演进也使其有可能发展成为近代意义上的产业资本。但由于其自身蜕变的艰难性,包买主兼商人、工场主于一体,以及市场异常变动也会导致其经营困难,所以,三者甚至反向依序转化现象的出现也客观存在。

⑥ 见《山东寨子布在北京之销行状况》,《中外经济周刊》1926年8月21日(第176号)。

棉布。此类资本则已是近代产业资本。

综上所述，棉布生产厂商资本类型的如此演变，实际上已预示着不同类型、不同性质的资本注定会采用不同的经营方式参与市场竞争，以及其间厂商关系的调整都将加剧市场变动。这既是市场变动的又一突出表现，也是市场变动的原因之一。就整体趋势论，近代产业资本市场资源整合能力强，它的大资本运作、高技术投入，已非传统商业资本可完全对抗。在社会变迁视野下，这实际上更意味着一种社会秩序的重建，市场竞争则更具体化为制度竞争。

4.2.3　资本构成变化与厂商经营制度嬗变

开埠通商后，华北棉布市场传统商业资本和近代产业资本并存。就此视角，本节将主要讨论作为资本组织形式的合伙制和近代企业制度（近代工厂、公司制度，尤其是近代股份公司制度）对市场变动的影响。另外，鉴于传统商业资本以包买制形式对棉布生产和市场销售产生的重要影响，从生产组织、管理角度，将其纳入一种广义的经营管理制度范畴是恰当的。现分述如下：

4.2.3.1　合伙制度

作为商业资本的一种组织经营制度，合伙通常是指两个或两个以上的人共同出资、共负盈亏、共同负担无限责任。就历史渊源而言，无论中西，合伙制古已有之。"合伙经营"在中国历史典籍中常称"合本"、"连财"等。中国"正式的合伙最早在春秋时代的文献中见诸记载，到战国秦汉时中国古代合伙制大体上形成资本与资本、资本与劳动的两种类型，历经魏晋隋唐的初步性发展，为宋代以后合伙制的较大发展创造了条件"，①至"明代以后，商业中的合伙经营更为发达，涉及的行业更广，也更加流行和规范化"。② 开埠通商后，合伙经营制度仍广泛存在，并有向近代公司企业制度转变的趋向，其与市场变动有着紧密关系。近代华北棉布市场亦大体如此。

4.2.3.1.1　棉布业中广泛存在合伙制

迄至光绪，乃至上世纪的二三十年代，当近代公司制度在中国已渐盛行之时，华北的地方志中有关此类商业经营制度的记录依然较多。这说明在包括棉布市场在内的整个近代华北市场，合伙制经营仍有相当影响。

在山东章邱县，"凡章邱人所设店铺皆用乡里人作伙，如济南、如周村、如津沪汉口等处，其大较也"。③ 河北昌黎县，"昌黎商界，多由各人出资或合资经营，集股权者仅新中罐头公司一家。营商业出资本者名东家，执事者名掌柜，号伙名劳金。东家与执事，每三年分赢余一次，亦有二年者，名曰算账期。赢余若干，东家与执事均股均分，而号伙与执事则由执事人按年酌给薪水，各拨劳金。营业种类，向以烧、当、钱、粮四行为首……其余油行、绸缎布匹行、杂货行亦属不少。"④怀安县商人"大率以数人之资本结合而成商号"。⑤

前述材料既显示开埠通商后传统合伙制仍继续发展，也说明了它的一些经营特点。一

---

① 见刘秋根、黄登峰《中国古代合伙制的起源及初步发展》，《河北大学学报》（哲学社会科学版）2007年第3期，第1-7页。

② 见邹进文《古代中西合伙制比较研究》，《商业经济管理》1996年第2期，第78-86页。

③ 杨学渊修，李洪钰纂，《章邱乡土志》卷下，实业，1907年石印本。

④ 陶宗奇修，张鹏翱纂，《昌黎县志》卷4，实业志，商业，1933年铅印本。

⑤ 景左纲修，张镜渊纂，《怀安县志》卷3，政治志，实业，商业，1934年铅印本。

些具有丰厚实力的传统商业资本以合伙制为资本组织形式，在华北棉布市场亦不少见。如瑞蚨祥虽在北京、天津、上海、济南、烟台均设有分号，各号之间严格资金往来，但其资本组织形式就仍属合伙制。以其账本为据。（见表4－11）：

表4－11：瑞蚨祥本银账（民国二十九年清算民国二十八年大账）

分号	借本	贷(结)余	款息	借	借
申号	洋600 000元	洋225 425.83元	洋166 027.1元	洋1 029 508.17元	洋582 787.69元
济号	洋350 000元	洋194 143.83元		洋63 211.26元	洋64 569.7元
京号	洋130 000元	洋191 901.35元			
烟号	洋90 000元	洋36 642.59元			
津号	洋300 000元	洋358 874.74元			
青号	洋90 000元	洋59 969.22元			
以上共存实洋4 703 061.48元。					
除济号备所得税　洋10 447.2元			除众寄存　洋64 569.7元		
除京号备所得税　洋17 049.71元			除寄存款息　洋3 874.18元		
除津号备所得税　洋1 832.13元			除馈补顶本　洋17 010元		
除青号备所得税　洋2 998.46元			除架货/外欠 例扣　洋9 502元		
除汇积(積)堂　洋582 787.69元			除利余　洋9 127.81元		
除清净存实　洋3 965 920.08元					
原本　洋1 730 000元					
矜恕堂顺带　洋55 857.4元					
克勤堂顺带　洋324 550.25元					
克俭堂顺带　洋324 550.25元					
克恭堂顺带　洋324 550.25元					
同人顺带　洋63 210.26元					
净余利　洋1 143 201.37元					
扣　明四分零五毫　按钱七人三分					
原本　洋1 730 000元					
四堂号顺带　洋1 029 508.1元					
同人顺带　洋63 210.26元					
共存　洋2 822 719.4元					
按　分得利洋1 143 201.96元					
除钱份按七劈去(三)洋800 240.96元					
人份得余利　洋342 960.41元					

资料来源：北京市档案馆：瑞蚨祥本银账(民国二十九年)(1940年)，J089－001－00022，第2－4、5页。

上表显示其四个堂号共同出资是其资本金的主要来源，而在其赢余分利中，也主要是依据资本分配。当然它的“钱七人三”分成方法，是其对管理人员和员工产生激励的一种分配机制。但因资本在分配中始终占七成，此“七成”亦是在四个堂号间分配，所以，瑞蚨祥虽已经在向近代公司制度转化，其基本性质却仍属合伙制。民国时的相关调查也于此加以确认。（见表4－12）

表4－12：北平特别市工商业调查表　1930年4月2日

名称字号	设立年月	已否注册	本支店所在地	组成性质	营业种类	资本总额	有无同业公会或商会	人数	工作时数
瑞蚨祥鸿记	光绪三十七年	民国十七年由农商部补呈注册	由本街瑞蚨祥；分交本店门牌33号	公司、合伙、独资	绸缎、布匹、洋货	万元华资	属绸缎洋货行同业公会	男工女工童工	自上午七时至下午十时止

资料来源：北京市档案馆：瑞蚨祥企业调查留底（1930—1940），J089－001－00060。

4.2.3.1.2　合伙制经营的特点及其向雇佣制转化

传统合伙制最主要特点是“基本上以人合为前提，契约对维系合伙具有重要意义，股份均一的原则在合伙制中基本得到了体现，合伙组织的所有权与经营权不发生分离，合伙人对债务实行共同清偿，但彼此之间一般不发生连带行为。同西方公司制比较，中国传统的合伙制比较接近于近代早期的私人合伙公司”。① 在欧洲，“私人合伙公司”在股份有限公司制产生之前普遍存在。亚当·斯密将其特征归纳为：“第一，在私人合伙公司中，非经全公司许可，伙员不得把股份让渡给他人或介绍新伙员入伙。但伙员如欲退出，得预先声明，经过一定时间提回股本……第二，私人合伙公司在营业上如有亏空，各伙员都负责任。”②

就上述比较而言，二者似无根本差异。但二者演化路径不同。后者在近代早期的私人合伙制的基础上衍生出以“有限责任制”和“法人制度”为根本特征的股份公司制度。中国合伙制只是于开埠通商后，受近代西方公司制度传入之刺激，才有了向公司制转化的契机。其基本制度创新缓慢，且似乎又有自己独特的演化路径。据学者研究，“中国古代这种合伙制度至近代以后，以股份组织制度的进化，似乎已经比较少见，但它却以变异的形式存在于合股制度中，形成合伙性质的合股制，或又可称之为“分股合伙制”。③ 此特征可通过一些合伙经营的内部分配比例得以观察。其分配比例有二八、三七、四六、五五四种。如清代晋商，掌柜、顶身股伙计与股东之间一般就按四、六分成，即银股60%，身股40%。④ 北京瑞蚨祥绸布店实行三、七分成制度，其经理和不拿工资而占股份的内伙计与东家之间的红利分配是

① 见李玉《从巴县档案看传统合伙制的特征》，《贵州师范大学学报》2000年第1期，第33页。

② ［英］亚当·斯密《国民财富的性质和原因的研究》，商务印书馆1997年版，第302页。

③ 邓拓研究北京西部山区煤矿生产契约时，将其股份组织制度称之为“分股合伙制”（见《中国资本主义萌芽问题讨论集·续编》；张正明研究明清山西商人的资本组织时，亦认为晋商实行的是“合伙股俸制”，《中国社会经济史研究》1989年第7期）。

④ 同上。

“钱七三人”。① 但更应看到，开埠通商后，华北棉布市场的合伙制经营已在向商业雇佣制转化。（见表 4－13）

表 4－13：瑞蚨祥的开交（支）、年纳捐税状况调查表，1930 年 4 月 20 日

名称字号	每月开交					年纳捐税					
	薪金与工资	房税	膳费	杂费	其他	捐税	厘金	印花税	营业税长年铺捐	杂税	利润分配
瑞蚨祥鸿记	长年总计四千余元	无定额	无定额	无定额	无定额			长年二百余元	四百八十元	无定额	除顾（雇）员及一切开销外，经理人之利润派□，待年终生意好歹，由东方酌量分给之。

资料来源：北京市档案馆：瑞蚨祥企业调查留底（1930—1940），J089－001－00060。

表 4－13 显示，瑞蚨祥每月开支中，薪金与工资较固定；在利润分配中，雇员与经理已相区别。这说明其在内部员工的使用方面已属雇佣劳动性质。此现象既表征市场变动，又必将影响市场变动。如表中利润分配栏显示，经理人的利润分配，需待年终生意好歹，由东方酌量分给之。此制度就意在迫使经理人努力开拓市场。这对市场变动产生影响则是必然。

4. 2. 3. 2　包买商制度

棉布商人包买制度既是市场变动的产物，又反作用于市场变动。

4. 2. 3. 2. 1　华北棉布市场上的包买商

近代华北棉布市场的包买商制度，主要指布庄向农村织户放纱收布，计件取酬，俗称撒机制，亦称商人雇主制度。它以河北高阳、宝坻织布区、山东潍坊织布区的包买商制最典型，发展较为迅猛。如宝坻织布区，1923 年有包买商 67 家，拥有领纱织户 7 650 户，织机 8 180 台，占当年全部织户 10 857 户的 70. 5%，全部织机 11 387 台的 71. 8%。② 在高阳，包买商制度同样发展迅速。（见表 4－14）

① 见齐大芝《近代中国商号内部结构的等级系统》，《北京社会科学》1994 年第 2 期，第 63－72 页。

② 见方显廷《由宝坻手织工业观察工业制度之演变》，《政治经济学报》1936 年第 4 卷，第 2 期。

表4-14:高阳土布区包买商生产形式的发展(1912—1920)

年份	织卖货		织手工		织机总数
	织机数	占总数的%	织机数	占总数的%	
1912	955	65.5	503	34.5	1 458
1913	1 576	61.7	980	38.3	2 556
1914	2 211	58.4	1 574	41.6	3 785
1915	2 754	48.1	2 972	51.9	5 726
1916	3 461	35.5	6 290	64.5	9 751
1917	4 059	30.8	9 124	69.2	13 183
1918	4 006	25.1	11 938	74.9	15 944
1919	4 312	22.6	14 730	77.4	19 042
1920	4 517	20.6	17 387	79.4	21 904

资料来源:吴知,"从一般工业制度演进观察高阳的织布工业",《政治经济学报》1935年第3卷1期,天津,天津南开大学经济研究所。

说明:高阳土布区包括高阳、蠡县、安新、清苑、任邱;织机包括平面织机和提花织机;"织手工"即包买商放纱织布,织户领取工资。

上表显示,织卖货的比例持续下降,织手工即为包买商生产的比例则持续提升,即生产者独立性丧失现象加剧。这是市场变动在生产领域的反映。反之,这也表明包买商在棉布市场的地位和作用变得更突出。

4.2.3.2.2 包买商制度产生的历史条件及其特点与命运

对商人包买制,一般有两大经典定义。马克思从生产组织角度,以17世纪的英国呢绒商人为例,强调其包买主控制原料和产品。他说呢绒商人"把那些仍然独立的织工置于自己的控制之下,把羊毛卖给他们,而向他们收购呢绒"。① 列宁从商业资本职能的角度强调商人包买主是"专门从事销售产品和收购原材料的商业业务",指出,"小生产者的分散性,孤立性以及他们之间在经济上的差别和斗争"、"商业资本所执行的那些职能上的特点,即制品的销售和原材料的收购"②是其产生的历史条件。

据此,就商业资本职能变化而言,有学者认为,小生产基础上的商业资本发展为执行收购职能的商业资本后,明清时期中国许多商业领域就已出现商人包买主。③ 就市场变动原因而论,上述经典定义实质上已说明棉布生产和供给条件、市场竞争关系变化与包买制的产生互为因果。

近代华北棉布市场的包买商制度的主要特点是:商业资本通过提供原料或工具,收购小生产者的产品,表现为"以线易布"或"计件区酬(资)"。如河北邯郸县,"城东门里王绅自清季提倡织布工厂,屡兴屡蹶,迄未发展。嗣于民国十八年复设民生工厂,办法以线易布,令

① 见《列宁全集》第3卷,人民出版社1955年版,第321页

② 同上。

③ 见刘秀生《商人包买主产生的历史条件》,《中国社会经济史研究》1986年第3期,第53-59页。

织户于伊家中为之,限定于百十六尺成匹,每匹给工资洋七角。匹重七斤为率,次其制式粗疏,专供怡丰公司面袋之用也。厂内付织户洋线若干斤,责令缴布如其数。统计每年产布一万二千余匹,工资八千余元。织户之机系新式人力木机及铁机,计共百二十余张,铁机三分之一,皆王绅创办工厂时所遗机式,土著木工所仿造也"。①

此则材料里,包买制"以线易布"、"计件区酬"的特点体现得较明显,也说明包买制的出现与发展是与市场变动相关。

首先,商品生产条件变化。开埠通商,洋纱、洋布输入冲击手织布的销售市场,也促进了土布生产改良。在华北,农民用铁机、洋纱织土布现象已较普遍。即棉布生产技术条件有了改善。吴知先生在对高阳织布区的个案研究中指出,使用铁机后,织布效率有极大提高。这为商人控制棉布生产和销售创造了条件。② 一些研究者指出,"小布生产转入洋布生产的过渡期"和"撒机制"的兴起是高阳包买制发展的重要阶段。在此过程中,机纱和铁机的使用是重要条件之一。③

其次,商品流通条件变化,也是包买商产生的重要原因。相比于生产领域,商品流通领域出现包买商现象的历史或许更悠久。棉布市场的包买商制度亦是如此。长途贩卖棉布,以及商业资本职能变化是棉布包买商产生的重要历史条件。其原因是:商品经济发展使棉布交换已突破"地方小市场的网"④的界限而走向地区间贸易,市场扩大了。在华北,"冀北巨商挟资千亿,岱陇东西,海关内外,卷驴市马,日夜奔驰,驱车冻河,泛舸长江,风餐水宿、达于苏常,标号监庄,非松不办"。⑤ 开埠通商之前及其后,华北市场棉布跨省长距离贩卖已是平常之事。市场规模急剧扩大。而且,布商到棉布产区收购棉布首先会利用集市中专门的棉市,这会促进棉布产地市场的形成和发展。据记载,在山东齐河县布市,"民皆抱布以期准于集市,月凡五六焉,交易而退,谓之布市,货通关东,终岁且以数万计,民生衣食之源,商贾辐辏之势在焉"。⑥ 山东寿光县上口镇布市,"昌邑、掖县巨商在上口镇收买,陆运至京师"。⑦ 河南正阳县陡沟店布市,因"惟陡沟店布独盛","商贾至者每挟数千金,味爽则上市,张灯设烛,骈肩累迹,负载而来,所谓布市也"。⑧ 另河北阜城县,"行货之商,贩阜城之斜纹带、布、被、毛巾于京师者,多聚于花市"。⑨

棉布专业市场的出现,长途贩运棉布的商人的商业活动越来越失去地方性特点,经营规模也越来越大,采购日益频繁,执行收购业务的商业资本已形成。收购商品的商人已从一般商人中分离出来,产生包买商的历史条件已经形成。尽管最初的棉布贩运商在业务上并无

---

① 李肇基修,李世昌纂,《邯郸县志》卷13,实业志,工业志,工业,1940年铅印本。

② 见吴知《乡村织布工业的一个研究》,商务印书馆1936年版。

③ 见高宝华《我国近代手工业制中的包买制兴衰探微:以高阳手织布区兴衰历程为例》,《山东社会科学》2007年第3期,第90-93页。按:该文作者强调:"包买制的兴起与机纱和铁轮机的内力推进、商人资本和商会团体的外力推动密切相关,市场需求状况关乎包买制的兴衰成败,包买制的几起几落与政治局势、国内外需求以及包买制的自身特点都有关。"

④ 见《列宁全集》第3卷,人民出版社1955年版,第340页。

⑤ 《清朝经世文编》卷28,《松问□问》。

⑥ (清)周以勋撰,《布市记》,周以勋修,嘉庆《齐东县续志》,1803年刻本。

⑦ (清)佚名编,光绪《寿光县志》,商务,1904年抄本。

⑧ (清)彭良弼纂修,《正阳县志》卷9,物产志,1796年刻本。

⑨ 陆福宜修,杜念先、多时珍纂,《阜城县志》卷12,风俗,雍正十三年刻本,1908年铅字重印本。

分工，从采购，贩运到零售都是由同一商业资本进行。他们最初在原籍采购、贩运他处，但棉布市场扩大，棉布商人的采购和售销两端在外，即不再是纯粹的原籍贩卖。专门从事收购业务就从一般商人中分化出来。其中，最初长途贩运棉布的商人是以棉布产地的牙行，或行户充当采购代理人。开埠通商后，此类商业资本借助近代交通运输工具，挟其资本优势，则其职能变化就更具时代色彩。以文献为据：

潍县运输业以布匹为主，洋布、棉纱、铁货及杂货次之，业此者为转运公司，亦名商栈，兼有旅店性质。外县客商来潍买货，即住在栈内，故除代客打包装货外，尚须招待客商。河南布商驻县收买布匹者，多以商栈为常驻之所，每日纳饭费银元六角。商栈转运布匹分邮运、路运二种，邮运由邮局寄运，发送邮局须先打成邮包，打包由商栈担任，每包收取费六分或八分；路运由铁路发运，按重量计算，每百斤取费二角，商栈向铁路装货，则按车计算，由铁路转运之货物除布匹外，并有棉纱、铁货、杂货等。潍县商栈现有十余家，以协和、义德栈、昌兴、同丰、悦来兴为较大。①

从上述材料可知，长途贩卖棉布已非纯粹的小生产者可完成，更非小商人零星小规模贩运能够胜任，只能是大商人大规模的贩运。因此，棉布生产和流通条件变化，是近代华北棉布市场包买制出现和发展的重要原因。

但开埠通商后，华北市场棉布生产和运销的资本主义化形式的发展，特别是洋布产销体系的建立，包买制度在几起几落之后已显衰退之势。因为，资本主义化的工厂生产形式出现后，产品数量的迅速增长就要抛开包买商而发展自己的推销业务，包买制度这类商业资本“从属于产业资本”②已势所难免。包买主“随着资本主义生产方式的发展而消灭”。③

4.2.3.2.3 对包买商制度与华北棉布市场变动关系的评价

经典作家对包买商制度在市场竞争中发展趋势的分析符合近代华北棉布市场的实际情况。包买商制度自身也确有诸多缺陷，以往学界对其评价贬褒不一，但贬者居多。一些学者称“（包买）商人成了织户腹中的绦虫，完全是靠织户的膏血养肥的”。④ 笔者以为，人们更应注意包买商制度的特殊性——它既是市场变动的产物，又是加剧市场变动的条件之一。正如一些研究者所强调的那样，包买制度对市场反映的灵敏度、对产品规格和质量的标准化要求等方面，是业主制下的自主经营的家庭手工业无法比拟的，从而为近代乡村手工业经济区的兴起和发展创造了条件。⑤ 在商品市场和要素市场发育不健全，却又高度竞争并隐含高风险的条件下，包买制的存在并有一定发展，是市场主体的理性选择的结果。⑥ 以文献为据：

放机制通行以来……既可免除管理之烦，又可节省工厂之基地；在工人方面，既可免除每日往返之劳，兼可兼顾家事，利益均沾，法颇善也。⑦

---

① 常之英修，刘祖干纂，《潍县志稿》卷24，实业志，商业，1941年铅印本。

② 马克思《资本论》第3卷，人民出版社1975年版，第368页。

③ 同上，第374页。

④ 见严中平《中国棉纺织史稿》，科学出版社1955年版，第265、267页。

⑤ 见彭南生《包买主制与近代乡村手工业的发展》，《史学月刊》2002年第9期，第93－101页

⑥ 见张玮《近代化进程中传统手工业再透视：包买商制度和手工工场》，《甘肃社会科学》2007年第2期，第116－119页。

⑦ 见《常熟之经济状况》，《中外经济周刊》1927年6月4日。

以一千台布机计,假如集中生产,不但厂房要很大,即使把一千台机的用纱染色晾干,就得有几十亩的土地;还得置备千台布机,招用千余工人,这样就决非一家土布庄所能胜任。而放一千台机却只要几十件棉纱周转就行,显得轻而易举。①

农民织布如欲自产自销,在工具和原材料方面必须具备三捆纱约合两担米的资金,才能应付周转……一般不易筹措,不得已只能向布商领纱织布;小生产者也经不起纱价涨跌和布价上落的损失,领纱织布可以避免风险,工资虽极微薄,也只好忍受剥削。农民贫困,是造成包买主'放机'的根本原因。②

就包买制与棉布市场变动的关系,如下几点当注意:

首先,在棉布流通方面,包买业务虽在本质上是商业资本为自己开拓新的攫取利润的方式,但他们扩大了手织布的市场。而且,随着其业务的进行,使棉布市场本身形成了具有收购、集散、消费(即零售)三个完整市场环节的市场结构。这体现了商业资本的不同职能分工,有助于扩大市场规模,提升市场发展水平。事实上,至20世纪20年代,"国内棉布的资本主义生产中,手织工厂和包买商形式生产的手织布数量远大于中外纱厂生产的机制布数量"。③ 而据吴承明先生判断,苏浙和河北棉织区年产的1 800万余匹土布中,有60%的产量基本上均为包买商控制。并且,包买商控制的土布殆皆远销,质量和价值略高。④ 商人包买制对促进近代华北棉布市场之发展作用明显。

其次,包买商人固然通过压低产品价格等手段,剥削了小生产者,但在大多数小生产者因逐渐丧失生产独立性而陷入贫困的条件下,其较大规模的资金投入,对维持或扩大棉布市场规模的作用确实突出。至少,其进入生产领域后满足了市场日益增长的需求这一作用是明显的。

在棉布市场,包买商的资本投入要比其他类型的传统商人的资本投入大。吴知先生发现,"商人每一镖期内(一个经营周期)经售2 500匹布匹共需7 040元,而商人雇主(包买商)则需8 878元或8 883元"。即每一镖期(三个月),包买商需多投入一千八百余元,一年之中则需多投入七千三百余元。(系加权平均数)故小生产者虽遭受包买商的剥削,但因其无需付出购买原料及销售产品的费用却仍可继续生产并可能扩大规模以获取一定收入;且尽管此收入较其自主经营要低,但"如计入在主匠制下主匠自任销售所需时间在内,则此项损失亦未必尽然"。⑤ 而包买商也可以此为凭借,降低竞争成本,获取市场优势。(见前引材料)

同时,从理论上讲,与工场手工业中雇用劳动者相比,一些小生产者虽逐渐丧失了生产独立性,但在包买商制度下,因其能继续生产并可能扩大生产规模。其对生产工具有所有权,能自由支配自己的劳动力,他们在最大限度利用自身劳动力完成一定(资本)积累后,重新成为独立生产者(为市场交换而生产)或者是工场化经营的作坊主的可能性客观存在。这说明包买制有利于棉布市场发展。

再次,包买制下的商人能提升市场竞争水平,加速市场变动。一方面,包买商通过其敏

① 徐新吾《江南土布史》,上海社会科学出版社1992年版,第490页。

② 同上,第489－490页。

③ 见吴承明、许涤新《旧民主主义革命时期的中国资本主义》,人民出版社1990年版,第922－923页。

④ 同③,第922页。

⑤ 见方显廷、毕相辉《由宝坻手织工业观察工业制度之演变》,《政治经济学报》1936年第4卷,第2期;彭南生《包买主制与近代乡村手工业的发展》,《史学月刊》2002年第9期,第93－101页。

锐市场意识组织织户织造市场所需产品，这无疑会对市场竞争态势，乃至棉布价格变动都将产生影响。吴知先生指出，在河北高阳，由于市场所需货品的“种类和花色，日益复杂，有许多货品在市场上是买不到现货的，只得自己拟定花色标准，雇机户代织。又布商为适应大批的定货起见，货品力求标准化，若在市上购买现货，就无从买到重量品质完全相同的大批货品，结果是不能不自己来撒机以监督农民的织造”。①

另一方面，包买制下的小生产者为反抗剥削往往采取偷工减料等消极方法，致使市场易“盛极而衰”。但正如前引材料表明的那样，包买商通过直接或间接地介入织布生产环节，制定统一的产品质量及其规格，以尽量防止生产者的粗制滥造，从而维持或扩大市场。同时，在近代华北，包买商为适应日益扩大的市场需求，或将织布中的某些关键领域集中起来实行工场化经营，或直接经营工场（或一些小织布工厂），他们实际上已有向近代产业资本转化之可能。这使资本竞争逐渐演变成产业资本之间的直接竞争，进而可能改变华北棉布市场是建立在小生产者基础上的商品市场性质，或者至少可能降低近代产业资本相对于传统商业资本所具有的市场竞争优势。如一些包买商通过引进铁机，借于农户织布，对于扭转小生产者在生产工具方面的劣势，提升产品竞争力方面的作用就非常明显。这加剧了市场的竞争程度，提升了市场的整体竞争水平。

4.2.3.3　华北棉布市场变动中的近代企业制度

4.2.3.3.1　华北棉布市场近代企业制度的“嵌入”

对“合伙制”的讨论中，人们还能找寻其在中国社会的固有传统，而若专文论述近代企业制度的产生及其对华北棉布市场变动的影响，则是较危险的事情。②

近代企业制度（工厂、公司制度，尤其是股份公司制度）的产生有其明显的西方背景和特定条件。以股份公司制度为例，商品经济的发展、社会化大生产，是其产生和演进的根本原因。其中，社会具有大量闲置货币资本、高度发达的信用经济，是其产生的直接前提。而近代中国社会，基本上不具备产生该制度之上述条件。诚然，在上述制度嵌入近代中国社会之前，包括近代华北，商品长距离贩运较发达，市场整体交易量巨大，商人具有较好的商业意识，商业或经济活动的进行也有其特定的制度支持，但我们却不能否认下述事实。即：其整个社会经济结构基本上是自然经济结构，资本主义发展缓慢。甚至在洋务运动之前中国尚未进入工场手工业阶段，社会化大生产尚无从谈起。在信用制度方面，与银行这类近代金融资本相比，传统的高利贷、当铺和钱庄为产业资本的发展提供资金的能力有限，市场上资本严重匮乏。此种情形可从当时中国资本市场上的高利率现象得以观察。如据杨联升估计，晚清时年利率高达15—25%。③ 张謇则估计市场资本利率至少在20—30%。他在《拟组织江苏银行说》中指陈：“上海资本金挟母财以一应兑存放之钱庄，基本不出十万金，获利则称是，或十之四五，或十之二三。”④在上述领域，经济发展较为落后的华北地区未必好于江南。此外，中国近代企业制度，尤其是近代公司制度不甚发达又确属言之凿凿。⑤

---

① 见吴知《乡村织布工业的一个研究》，商务印书馆1936年版，第11－12页，

② 按：笔者以为，想要通过讨论不同职能的资本对商人经营制度、甚至市场变动的影响，以透视在社会变迁过程中如韦伯在其《经济与社会》一书里所强调的不同时代的实际商业行为制度化差别与矛盾问题，其难度就更大。

③ 见费维凯《中国早期工业化》，中国社会科学出版社1990年版，第73页。

④ 见张謇《拟组织江苏银行说》，节选自张孝若《张季子九录·政闻录》第3卷，上海书店1991年版。

⑤ 见陈真《中国近代工业史资料》第4辑，生活·读书·新知三联书店1961年版，第58、57、481页。

但鉴于近代华北棉布市场变动中，近代企业制度，尤其是股份制公司又确是一个无法回避之客观存在。如天津当时较著名的纺织企业即裕源、恒源、宝成、北洋、华新、裕大，就均属股份有限公司。即在华北内陆，股份制公司也已出现。如在河南安阳，“豫新纺纱股份有限公司，清光绪二十九年（1894 年），邑人马吉森、晋人郑子固、皖人徐仙洲等，集资 150 万元，创设广益纱厂于城北二里许之郭家湾，滨洹河（安阳河），临铁道，为锭子 29 000 枚，规模宏大，因办理失当，旋告歇业。宣统元年，袁绍明收买旧股，复集新资，再行开工，尚称发达。入民国后，时局纷扰，无法进行，至民国十七年停办后，经郑县人田靖波、许昌盐商牛敬亭会同邑人霍栋庭、孙文庵、刘敬宸等另集流动资本 20 万元，与旧股东订定合作合同，续行开办，改名豫新纱厂，实行商办，力矫前弊。迄今雇佣工人 1 300 余名，日出纱 30 余包，营业颇称发展云”。①

综上所述，开埠通商后，华北棉布市场上近代企业制度的产生虽无像西方那样的背景和特定条件，但它一经产生又确实影响市场变动。至少在市场交易的制度环境方面看来是如此。

4.2.3.3.2 近代企业制度对华北棉布市场变动的影响

传统合伙制或合伙股份制、独资制，其显见缺点是“资力薄弱，范围狭小，机构散漫，营业不大”。② 而近代公司制，尤其是股份公司制，其资本雄厚，规模庞大，组织严密，与之成鲜明对照。它对华北棉布市场变动的影响更大。

首先，近代公司制具有较强筹资及整合市场能力。在近代华北棉布市场，与张謇齐名，素称“南张北周”中的北方实业界领袖周学熙，对此可谓言之甚详。他认为“天下事以一人为之则不足，集众人为之则有余”，采用近代公司制可扩大财力，集思广益，倡导先进生产方式，故组织民办，使小民受益，甚至能为实施地方自治创造条件。因为“公司之团体，实自治之基础也”。③ 事实上，近代公司制的此种能力，稍作比较即可说明问题。（见表 4－15）

表 4－15：股份制公司与合伙制企业资本、设备、产能比较

	股份有限公司							合伙制工厂（公司）			
名称	天津裕元纱厂	天津恒源纱厂	天津宝成纱厂	天津北洋纱厂	华新纱厂（津厂）	天津裕大纱厂	豫新纺纱股份有限公司	河北成安县义兴工厂	河北成安县信义工厂	河北成安县广裕工厂	河南安阳孚惠织布工厂
资本	五百六十万元	四百万元	三百万元	三百万元	三百七十万元	三百万元	清光绪二十九年，集资一百五十万元。	四千元	三千元	一千六百元	

① 方策修，裴希度纂，《续安阳县志》卷 7，实业志，工业，1933 年铅印本。

② 陈真《中国近代工业史资料》第 4 辑，生活·读书·新知三联书店 1961 年版，第 57 页。

③ 见钟祥财《中国近代民族企业家经济思想史》，上海社科院出版社 1992 年版，第 123 页。

（续表）

	股份有限公司							合伙制工厂(公司)			
设备	纺纱机七万五千锭，织布机一千台，透平发电机四台，马达一百八十五座，锅炉四座，每日用煤七十吨。	纺纱机三万一千锭，织布机二百台，立式水管锅炉五台，加煤机五架，透平发电机二台，马达百二十座。	纺纱机二万七千锭，锅炉三个，每昼夜用煤二十六吨。透平机二个，电台一座，水磅二个。	纺纱机二万八千锭，摇动部共有机架一百六十部，原动部有长方形新式锅炉一架，每日用煤三十吨，交流电机二架。	电机部有锅炉二个，每昼夜用煤二十八吨，电台一座。大小水磅各一，透平机三架，下有二水磅。共有纺纱机二万七千锭。	发电机三座，马达六十个，锅炉四个，共有纺纱机三万五千锭。	锭子二万九千枚				铁机三十余架，木机四五十架。
产能	产纱约三万七千包，布约七万匹，商标为松鹤、飞虎。	产纱约三万包，布约十万匹，商标为（纱）蓝虎、八仙，（布）炮车。	年产纱一万零八百包，商标为三鹿、三喜、红福、万福。	（年）产纱二万包，商标为三光、三吉、三鼎。	年产纱二万包。商标为三星、顺手、十金。	（年）产纱一万五千包，商标为八马。	雇佣工人一千三百余名，日出纱三十余包。	每年产布四千匹以上。	统计产量年约二四百匹左右。	每年出产计一千二三百匹。	男女工人一百七八十名，每日出产布匹五六百丈。

资料来源：宋蕴璞辑，《天津志略》，第 7 编，物产，1931 年铅印本。张应鳞修，张永和纂，《成安县志》，卷 6，实业，工，1931 年铅印本。方策等修，裴希度等纂，《续安阳县志》，卷 7，实业志，工业，1931 年铅印本。

说明：本表系据前述资料整理所得。

其次，近代公司制要求商人具有更高素质，才能适应市场发展，否则其在市场竞争中就命运堪忧。此类情形，可从实行近代股份制公司制的过程中，时人抨击一些人不得股份公司制之要领，劣习依旧的现象中得一侧面透视。需说明，由于时人的此类批评并非只针对特定地区，此侧面透视只能是管中窥豹，以图引申思考华北棉布市场中的同类现象。

商人劣习与实施近代企业制度极不适应。以股份制的实施为例，张之洞就曾指出："华商陋习，常有借招股欺骗之事"，①"招集股份，竟有诳骗，事未办成，资已用罄，遂至人人畏

① 见赵靖、易梦虹《中国近代经济思想史资料选辑》中册，中华书局 1982 年版，第 107 页。

避。公司难集,商务莫兴,实缘于此”,故“必须明赏罚以示劝惩”。① 鉴此,严复以为“当一公司方起之时,诚宜付之警察之吏,必力副所图而后许之从事,否则禁止,此亦补偏救弊之不容已者也”。②

市场竞争中,一商品市场份额之多寡,一公司(工厂)之兴衰成败,经营者、管理者素质之高低至为关键。可是,一些商人“则不能知人善任,凡事为人所愚,措置不当”。③ 一些商人滥事挥霍,好讲排场,终难成事,以致张謇痛陈:“吾见夫世之企业家矣,股本甫集,规模初具,而所谓实业家者,驷马高车,酒食游戏相征逐,或五六年,或三四年,所业既亏例,而股东之本息,悉付无何有之乡,即局面阔绰之企业家,信用一失,亦长此已矣。”④另有商人“创兴大公司,皆以乞灵宦成大富之人,若可依为长城者,不知做官发财非能其洞明商务也”。⑤

此外,一些商人盛行投机,短期行为突出。有识见之士曾言:“今日思想最足为中国实业之障碍者,莫过于投机心。无论何人,无论何业,苟其人日日沽业外之名,谋业外之利,则其业必败。而况实事求是之工业哉。”⑥“迄今此种劣根性,尚深入人心,苟不能改正视听,所谓人心已死,国将不国。”⑦

商人劣习依旧,不得近代企业制度之要领,无论官商亦或民商,其在公司的经营管理方面更是毛病多多。民营企业,“股东经理好任用私人,只论情面,不论人才,教小舅子管账,弄得账目不清,舞弊百出,公司的钱向自己的袋里跑,这是企业的致命之伤”。⑧ 但官办、官督商办、官商合办企业的此类痼疾尤甚。因“创设一厂,设一局,动称官办,既有督,又有总,更有合办、提调诸名目。岁用正款以数百万计,其中浮支冒领挥霍者不少,肥私囊者尤多”。⑨ “盖官督商办者,既有委员监督,而用人之权操自督办,股东不能过问”。但督办委员不得其人,则“结党营私,毫无顾忌,而局务遂日规腐败矣”。⑩ 梁启超痛斥“奸吏舞文,视为利薮,凭挟狐威,把持局务”。⑪ 张謇抨击“排调恢张,员司充斥,视为大众分利之薮,全无专勤负责之人,卒之靡费不赀,考成不及,于财政上有徒然增豫计溢出之嫌,于实业上不能收商贾同等之利,名为提倡,实则沮之。”⑫

若前述讨论属泛泛而论,棉业巨子穆藕初就“失败商人”的素质问题所发议论则鞭辟入里,更能透视华北市场棉布商人之劣习。“傲慢”、“疏忽”、“舞弊”、“侥幸”等劣习使他们成了“失败商人”。⑬ 此外,穆藕初还直接批评一些商人不注重企业积累,警告商人绝不可“置于投机之险地”。他说:“股东狃于目前小利,偶有盈余,分散靡遗,公积一项素未注意,一旦市况有

① 见赵靖、易梦虹《中国近代经济思想史资料选辑》中册,中华书局 1982 年版,第 355 - 356 页。
② 见严复《原富》(按语),商务印书馆 1930 年版,第 759 页。
③ 见钟祥财《中国近代民族企业家经济思想史》,上海社科院出版社 1992 年版,第 51 - 52 页。
④ 同③,第 86 页。
⑤ 同③,第 19 页。
⑥ 见陈真、姚落《中国近代工业史资料》第 1 辑,科学出版社 1957 年版,第 30 页。
⑦ 见宫玉松、王成《近代关于公司制的认识与思考》,《齐鲁学刊》1995 年第 3 期。
⑧ 见陈真《中国近代工业史资料》第 4 辑,生活 · 读书 · 新知三联书店 1961 年版,第 97 - 98 页。
⑨ 同③,第 52 页。
⑩ 见郑观应《盛世危言后编》卷 8,[出版社不详]1920 年版,第 3 页。
⑪ 见宫玉松、王成《近代关于公司制的认识与思考》,《齐鲁学刊》1995 年第 3 期。
⑫ 见赵靖、易梦虹《中国近代经济思想史资料选辑》下册,中华书局 1982 年版,第 355 页。
⑬ 同③,第 157 - 158 页。

变,以致周转不灵,不虞之亏损。遂至无从弥补而搁浅,或因信用扫地,竟至闭歇。”①他认为商人经营(企业)“不可不厚储公积,以预为之防也。至于未获盈利之新厂,更不得移本作息。”②

综上可推论,时人批评中确能反映出近代华北棉布市场的下述事实。即:近代企业制度的出现并有所发展表明,制度竞争已成市场竞争的重要内容,甚至是核心命题。华商若要获得或保持市场竞争优势,学习新的科学管理方法,重视人才和市场营销,增加企业积累,甚至要求改良社会政治环境,都是提高其自身素质的应有之义。这有助于改善市场整体环境,利于华洋商之市场竞争,也是市场变动的体现。由此,市场变动也就与商人素质提高及相关制度嬗变形成互动关系。思考近代华北社会变迁于此互动关系不可不察。

第三,近代企业制度的出现与市场整体环境相对改善,不仅是近代华北棉布市场变动之重要内容,亦加剧市场变动。

西方的近代企业制度是一相对完整的制度体系,有其特定文化背景、社会制度体系的支撑。如商人之契约精神,必须受制于外在的近代意义上的国家法制体系的保护与规范,使制度本身具有体系性、可规范性、透明性。由此,它才能在一种安全的环境中为扩大市场整体规模提供资本、商品。以股份公司制度③为例,“十九世纪上半叶,股份制在西方主要资本主义国家开始以法律的形式确定下来。”④但股份公司制度“嵌入”近代华北棉布市场,其自身的体系性、可规范性、透明性却失去了相应社会条件的支撑,反而处于一种功能性缺陷状态,致使它聚集资本,有效率地提供大量商品,提升资本增值,扩大市场整体规模等能力急速下降。反之,这又扼制其进一步发展,恶化其现存市场环境。其在市场的显见缺陷即是:“大规模之工业宜有公司式组织,然股东对于公司之业务无从过问,而大权乃操诸董监事之手。虽有时召开股东大会,而营业报告是否表现事实,账目有无虚报,股东无由知悉,董事与监事为常任,往往沆瀣一气,以蒙蔽一般股东。且董监事之职权有时更为少数人所操纵,而法律对于尸位素餐者并不加责罚,董监事多为社会上稍有地位之人,即或有违法举动,经人检举,除非案情重大,证据确凿,亦多以和解了事……因此一般人对于工业投资,殊多顾虑。”⑤有人直言:“公司制度固可集多数人之小资本而兴办大事业,然以公司制度之结果,大股东得以垄断一切,其事业成败操之于少数人之手,因是小资者往往裹足不前。”⑥

外在约束机制方面,近代企业制度本质上是一种近代(现代)法制经济,市场发展客观上要求国家或权力实体以严格而完备的法制体系确保有序的、安全的交易环境。如公司法就是建立近代公司(企业)制度不可缺少之法律依据。但近代华北棉布市场,于此却显然不能令人满意。

张謇曾指出:“(公司法)以积极而言,则有诱掖指导之功;以消极言,则有纠正制裁之力”,“无公司法,则无以集厚资,而企业为之不举,无破产法,则无以维信用,而私权于以重丧。”⑦他甚至强调其“所见诸企业之失败”,推其缘故,“则由创立之始,以至于业务进行,在

① 见宫玉松、王成《近代关于公司制的认识与思考》,《齐鲁学刊》1995 年第 3 期,第 59 - 64 页。
② 同上。
③ 见张忠民《艰难的变迁:近代中国公司制度研究》,上海社会科学院出版社 2002 年版,第 17 - 34 页。
④ 见顾海良、郭建春、顾海兵《简明帕氏新经济学辞典》,中国经济出版社 1991 年版,第 210 页。
⑤ 见陈真《中国近代工业史资料》第 4 辑,生活 · 读书 · 新知三联书店 1961 年版,第 98 - 99 页。
⑥ 见钟祥财《中国近代民族企业家经济思想史》,上海社科院出版社 1992 年版,第 263 页。
⑦ 见张謇《实业政见宣言书》,节选自张孝若《张季子九录 · 政闻录》卷 7,上海书店 1991 年版。

皆伏有致败之衅,则无法律导之故也。将败之际,无法以纠之,既败之后,又无法以制裁之,则一蹶而不可复起。”①于此,其他人士亦有同感。如时人指出因“有法律以规定其内部各种机关,使之互相钳制;有法律以强逼之使其将业务之状况明白宣示于大众,无得隐匿;有法律以防其资本之抽蚀暗销,毋使得为债权者之累”,②反观近代华北棉布市场,国人于法治不知,崇人治而法治观念淡薄,经济法规建设非常滞后。近代企业虽已出现,但公司法确久未出台。就此,时人痛陈:“我中国商人,沈沈冥冥为无法之商也久矣……因是以失败者,不知凡几,无法之害,视他社会为尤烈,此可为我商界同声一哭者也。”③

上述议论言之有物,句句在理。它们折射出华北棉布市场的整体环境及其变动之原因。因此,当人们提出上述问题并试图努力纠正其缺陷时,市场整体环境的相对改善也自在其理。

一方面,近代企业制度的出现导致国人观念变化,这为其在华北棉布市场的迅速发展提供了必需的社会文化环境。同时,此现象本身也表明文化要素既能为市场变动创造条件,又能影响其变化或发展程度。事实上,国人对近代企业制度有一从排拒到认可,再到仿效的思想观念转变过程。④ 在华北,此现象在思想领域的反映,可从下述言论得以管窥。梁启超虽曾伤感“中国四万万人怀安重迁,曾无思纠一公司,通以轮船,往他国以与人相角者,真可悲矣”,⑤但却深信“夫生产之法变,非大资本则不能博赢,而大资本必非独立所能任,于是乎股份公司起。此欧人经过之陈迹,而我国将来亦不能不学之者也”,“将来风气大开,人人知非资本结合不足以获利,举国中产以下之家,悉举其所贮蓄以投于公司,生产方法大变而进于前”。⑥ 严复推崇以公司制救民救商,指出:“独是合股公司,制皆有限,此所以救民力之所以穷而置商贾于安而无倾轧之地也。”⑦棉业巨子穆藕初以为采用股份制可团结棉业商人抗击日本人挤占我棉纺织品市场。他说:“团结之法维何?即将各大埠纱厂联合成三大公司,资力愈足,则抵抗力战斗力愈大。夫如是而后原料品不受把持,制造品不受倾轧,迎机进取,与人角逐,则今后之恐慌,不难悉数扫除之。”⑧实践方面则有华新集团、裕源纱厂、豫新纺纱股份有限公司等企业的创办,其中豫新纺纱股份有限公司的创办则更能说明近代企业制度的影响已深入华北内陆。因为直至1905年,《河南官报》都还以西华县为例说明推行股份制缺乏社会文化环境。官报上云:“风气未开,民多守旧,间有一二绅商家道殷实。每一议及集股份创设工艺,莫不视为畏途,甚至谓集股即捐别名,率皆借词推诿,纵使谆谆开导,亦属貌若罔闻。”⑨此类情形,在华北又何止一处?可见,其间国人思想观念的转变确实为棉布市场发展创造了条件。

另一方面,商人及其他社会各界人士为近代企业制度的鼓与呼及其实践,以图能转变社会风气、影响政府决策又确是市场变动的推动力量。从清末新政直至民国南京政府时期,公司律、公司条例、公司法、商人通例等法规的得以颁布,商部、农工商部等相关机构的相继建立,就有上述背景作铺垫。它确实推动了市场发展的制度化进程。尽管其实施效果确属差

---

① 见张謇《实业政见宣言书》,节选自张孝若《张季子九录·政闻录》卷7,上海书店1991年版。

② 见上海市档案局《旧上海的证券交易所》,上海古籍出版社1992年版,第267页。

③ 见《申报》1907年9月10日。

④ 见宫玉松、王成《近代关于公司制的认识与思考》,《齐鲁学刊》1995年第3期。

⑤ 见赵靖、易梦虹《中国近代经济思想史资料选辑》中册,中华书局1982年版,第254－255页。

⑥ 同上,第278页。

⑦ 见严复《原富》(按语),商务印书馆1930年版,第759页。

⑧ 见钟祥财,《中国近代民族企业家经济思想史》,上海社科院出版社1992年版,第143页。

⑨ 见《河南官报》第51期。

强人意。如政府机构效率缺乏，护商不力却压榨商民；有法不依，使法律也是聊胜于无。以时人抨击文献为据：

华官不能助商，反朘削之，遏抑之。①

官尊商卑，上下隔阂，官视商为鱼肉，商畏官如虎狼。②

或督抚留难，或州县留难，或某局某委员留难；有衙门需索，有局员需索，更有幕府需索，官亲需索。不遂其欲，则加以谰言，或谓其资本不足，或谓其人品不正，或谓其章程不妥，或谓其于地方情形不合，甚或谓夺小民之利，夺官家之利。③

甚至有商人切齿痛心之事，而因牵涉洋商之故，官场惮于理论，卒至百口呼吁，莫可如何。④

皇皇商部，名曰保商，无恐华商被洋人欺凌灭绝，而商部诸公尚高症不知也。⑤

中国近日亦有所谓公司律者矣，其律文卤莽灭裂毫无价值且无论，借曰律文尽善，而在今日政治现象之下，法果足以为民保障乎？中国法律，颁布自颁布，违反自违反，上下恬然，不以为怪……夫有法而不行，则等于无法。今中国者，无法之国也。⑥

但更需说明，近代企业制度，尤其是公司制度始终未能成为企业的主要组织形式之原因众多。⑦ 这更表明因缺乏整体的制度嬗变，致使市场既发展又不充分发展的现实困境深刻地制约着近代华北棉布市场变动的方向和程度。这是其自身变动的条件之一。因为事物发展到一定阶段（程度），就必会形成其自身发展逻辑和动力。直言之，即是：近代华北棉布市场本身的既发展又不充分发展状态成了其自身变动的一原因。商人居于其间，其经营行为变化与市场变动中的制度嬗变之关系是：既难逃其责，更难辞其咎。所以，棉布商人经营行为变化对市场变动有重要影响。

4.3　布商经营行为嬗变与棉布市场变动

商人经营行为变化对近代华北棉布市场变动的影响主要体现在下述方面：

4.3.1　布商大量采购并推销洋布

布商大量采购并推销洋布，虽丰富了华北棉布市场的商品结构，却扩大了洋布的市场份额。天津被辟为通商口岸后，“洋货”大举进入。欧美洋布，除一部分直接由天津口岸输入外，其余则是天津各大商店派人在上海驻庄采购后运津。日本棉布销往华北市场时，天津各大批发商亦纷纷派人到东京、大阪等地采购。

洋布市场份额的迅速扩展，除其本身质量原因外，也与布商积极推销紧密关联。仍以天津市场为例，如津帮的敦庆隆、元隆、华竹这类大绸布店在经营中大搞广告宣传，常雇来一些人，穿上奇装异服，打鼓吹号，游街撒传单。特别是华竹，1930 年前后，为替法国永兴洋行推

① 见赵靖、易梦虹《中国近代经济思想史资料选辑》中册，中华书局 1982 年版，第 100 – 101 页。

② 见《东抚袁复条陈变法折》，《皇朝经世文新编续集》卷 1，通论中。

③ 见汪敬虞《中国近代工业史资料》第 2 辑下册，科学出版社 1957 年版，第 1126 页。

④ 见《中外日报》1904 年 11 月 17 日（光绪 30 年）。

⑤ 见《中华报》第 157 册，1905 年 4 月 17 日（光绪 31 年）。

⑥ 见《辛亥革命前十年间时论选集》第 3 卷，生活 · 读书 · 新知三联书店 1977 年版，第 660 页。

⑦ 见宫玉松《近代中国公司制不发达的原因探析》，《文史哲》1996 年第 6 期，第 30 – 35 页。

销一批积压的巴黎哔叽呢，竟别开生面，从内蒙买来两只骆驼做广告，牵骆驼的人穿上蒙古族的服装，吹吹打打，招摇过市，销出全部积压的哔叽呢，华竹净赚两万元。华竹经理徐华民也被聘为法国永兴洋行的华账房（即买办）。① 敦庆隆则在从北京到山海关的铁路沿线较大的村镇做广告牌，吸引来津客人。②

即使是在一些县级市场上，洋布市场份额因一些商人之经销而扩大。如时至光绪年间后，山东肥城县，"洋布、洋油、煤炭、火柴、洋绸缎及一切洋式器具，大抵皆由本境坐商贩自省垣、周村、潍县、青岛等商埠，零销本境，每岁约出银五万余两"。③ 河北满城，1931年前后，"布商，全境布商共七家，资本约三千余元，其布匹半出本地机织，半由高阳输入。杂色外洋之布，均由保定趸来，销无定数"。④ 而且，在此类市场，经销洋布的商人也越来越多。山东临清在开埠通商前亦是重要的土布销售中心。但开埠通商后，时至民国，"洋布（销售），民国初年，全市布庄仅两家，每家销货最多不过二万元，今已增加至十余家，其销货最多者每年可达十万元，其余各家销两三万元不等，约计每年销项在六七十万元左右，每尺布昔值铜元五六枚者，今已超过二角矣"。⑤ 更需说明者，洋布输入后，一些棉布生产者在其破产后转化为小商人，也贩卖洋布，这对洋布扩大市场份额的作用亦较突出。如在山东茌平县，"布为衣之源，昔时本地出产甚多，尚可外销。今因机制之淘汰，反转以贩运洋布为生。虽有六家，亦多为一二千元小资本"。⑥

在华北内陆的一些县级市场，其大宗物资输入，洋布赫然列入其中，这同样与商人的积极采购相关。山东清平县，"洋纱、洋布为本境最大销项，乡间日货充斥，每年统计几五十万元，强（大）半来自济南"。⑦ 再如冀之张北县大宗物资输入，"我（张北）县除本地出产供给于社会应用外，仍有仰给于他省货物者甚伙，如煤油、火柴、烟纸、茶、糖、布匹、盐碱之类。有贩自平、津者，有贩自山西省，亦有购自蒙古者，此皆属于消费物品"。⑧ 其中，洋布、粗布和棉花即是输入之大宗物资之一。（见表4-16）

表4-16：张北县大宗物质输入表中与棉布相关者

名称	最近三年入境数量			来源地	每单位平均价值	最近三年消费数量		
	民国二十一年	民国二十二年	民国二十三年			民国二十一年	民国二十二年	民国二十三年
洋布	1 400 匹	1 800 匹	660 匹	本省及平津各地	11	1 200 匹	1 500 匹	700 匹
粗布	6 500 匹	8 000 匹	5 300 匹	同	13	600 匹	600 匹	400 匹
棉花	24 000 斤	30 000 斤	22 000 斤	同	5	24 000 斤	28 000 斤	18 000 斤

资料来源：陈继淹修，许闻诗等纂，《张北县志》，卷5，户籍志，商业，1935年铅印本。

说明：每单位平均价值当是以元为计算单位。

① 见《天津早期商业中心》，天津人民出版社1987年版，第69页。

② 同上。

③ （清）李传熙纂修，钟树森续修，《肥城县乡土志》卷9，商务，1908年石印本。

④ 陈宝生修，杨式震、陈昌源纂，《满城县志略》卷7，县政，实业，1931年铅印本。

⑤ 张自清修，张树梅、王贵笙纂，《临清县志》，经济志，商业，1934年铅印本。

⑥ 牛战诚修，周之桢纂，《茌平县志》卷9，实业志，商务，1935年铅印本。

⑦ 梁钟亭、路大遵修，张树梅纂，《清平县志》，实业志4，商业，1936年铅印本。

⑧ 陈继淹修，许闻诗纂，《张北县志》卷5，户籍志，商业，1935年铅印本。

4.3.2 布商与棉布市场的拓展

布商拓展华北棉布市场主要体现在下述方面：

① 布商长途贩卖棉布，扩展华北棉布销售市场。至开埠通商前后，此状况依然如故，其经营行为变化对提升华北棉布市场整体发展水平有重要影响。以方志记载为据：

> [直隶正定府灵寿县，据同治修《正定县志》记载]商，其大者，曰盐，曰典，皆非土著之民。其余菽粟、布缕、鸡、豚、酒、蔬之属，不过随时贸易，以谋朝夕，视都会之地百货萃焉者，相去霄壤矣。①
>
> [献县]邑无大贾，其盐局、典局多他省人为之，贩绸、贩粟即商之巨者……其他菽粟、布缕、牛、羊、鸡、豚、果、蔬之类，趁市贸易，不足名商也。②
>
> [直隶定州]商，大者盐局、质库，然其人不皆土著。至布缕、粟米、鸡豚、酒蔬之属，交易往来，乡民亦只以谋朝夕焉。③
>
> [直隶平山县]"商之大者，曰盐、曰典，其余如菽、粟、布、缕之属，只随时贸易，以谋朝夕，亦无甚奇货之萃于市，惟在上者使四民不失其业可矣。"④
>
> [直隶顺天府固安县]商之大者，曰盐、曰典，其余布缕粟帛随时贸易，无奇货之萃于市。⑤

从上述材料可知，棉布生产者大多依赖集市出售布匹。华北棉布销售市场之拓展多依赖商人长途贩卖。但在传统市场交易条件下，商人在市场中的支配地位。开埠通商后，商人对华北棉布市场之拓展作用依然至关重要。据载：

> [同治十二年(1874 年)前后，直隶正定府栾城县]商，除盐、典外，菽、粟、布缕为多，要皆四方转运，随时懋迁，其人多非土著。⑥
>
> [光绪二年(1876 年)前后，直隶永平府]郡非四通而习质朴，故无富商大贾，其挟资营运者，多出口贸易，至于列肆称贾者，土著多，客民少。城堡市集皆有定期，遇期远近毕集，日夕而散，所易不过布、粟、鱼、盐之属，无他异物也。⑦
>
> [光绪四年(1878 年)前后，直隶保定府唐县]商之大者，盐局、质库，其人非土著，至布缕、粟米、鸡、豚、蔬菜之属交易往来，乡民只以谋朝夕，别无巨资奇货。⑧
>
> [光绪六年(1880 年)前后，宁河县]宁邑统分县前后，总无大商，所有一二开典者，来自山右与邻近之左右县耳。市有常期，列肆中只布、米、鱼、虾、菜蔬之类，其他绸纨珍馐衣履器玩及零星杂物未尝见也。⑨
>
> [至民国二十二年(1933 年)前后，昌黎县]地非通商，故无富商大贾，若粟米则籴于关东口外，绸缎则来自苏、杭、京师，土著多而客民少。虽城堡各有集市，集

---

① （清）陆陇其修，傅维柸纂，《灵寿县志》卷 1，地理志，风俗，1686 年刻本；刘赓年纂修，《灵寿县志》卷 1，地理志，风俗，1873 年刻本。

② （清）万廷兰修，戈涛寿纂，《献县志》卷 4，礼乐志，风俗，1761 年刻本。

③ 宝琳、劳沅恩纂修，《直隶定州志》卷 19，政典，风俗，1850 年刻本。

④ 王涤心纂修，《平山县志》卷 1，舆地志，风俗，1854 年刻本。

⑤ 陈崇砥修，吴三峰纂，《固安县志》卷 1，舆地志，风俗，1859 年刻本。

⑥ 陈咏修，张惇纂，《栾城县志》卷 2，舆地志，风土，1873 年刻本。

⑦ 游智开修，史梦兰纂《永平府志》卷 25，封域志 7，风俗，1879 年刻本。

⑧ 陈咏修，张惇纂，《唐县志》卷 2，舆地志，风俗，1878 年刻本。

⑨ 丁符九修，谈松林纂，《重修宁河县志》卷 15，风物志，风俗，1880 年刻本。

市皆有定期，日出而聚，日昃而散，所易者不过绵布鱼盐，以供邑人之用。①

［民国十七年(1928 年)前后，山西襄垣县］商业，远游外省，或住居各大商埠，与现代之捷足商人经营胜利者，占最少数。凡在县经商，除盐、当两商外，向以酒商与毡帽行居首……余如茶、糖、油、布、药、烟、皮、缎等，利权半操外商之手，间有业者，获利无几。②

在华北不产布地区，此情形则更明显。据载：

［光绪三十四年(1909 年)前后，绥远土默特旗］其服惟茧绸来自山左登莱等郡，大布、夏葛之类亦购自客商、客民。③

［至民国二十六年(1937 年)前后，绥远鄂托克旗］鄂托克旗为本省最富庶之旗，物产丰饶……至牲畜、皮毛、产量至巨，每年营业值约在百万元以上，多为隆泰玉、天成西及榆林商人所经营。隆泰玉及天成西为鄂旗最大商号。隆泰玉资本最高，天成西次之，各项营业总值约各数十万元至百万元不等……至各小商百余家，亦系贩运茶、布、烟、糖与蒙民交易牲畜、皮毛。④

开埠通商后，在近代华北，洋布市场份额扩大，仍与商人远距离贩卖紧密相关。商人对洋布或土布在华北内陆或在像西北这类内陆地区销售市场的扩展有突出贡献。如山东菏泽县在 1907 年前后，“洋布商多周村人，间有豫省人，所售有洋棉纱、羽绸、羽绫、洋货等物甚多，每年售价七八万金之谱”。⑤ 再如民国时，布商采用近代化运输手段长途贩运棉布仍是山东潍县棉布拓展销售市场的主要手段。⑥

② 一些地方能人⑦、商人引进新式织机，传习新的织布技术，促进棉布生产技术提高，这既是市场变动的结果，又加剧了市场变动。以高阳、宝坻和潍县手工织布区为例：

一方面，商人大量引进铁轮机，使华北棉布纺织技术有了显著提升。这有助于华北自产棉布扩大销售市场。在高阳，起初购进日本铁轮织机之时效果并不理想，留祥左村人王士颖，鉴于此举“行之数年少成效”，于是“公研其故，仿其制而改造之，始适于用。自是高、蠡、清、安各县机声相接，布货之流通，遍各省矣”。⑧ “本县李叔良、李希古诸君赓续提倡，盛甲北省”。⑨ 此外，在民初，苏子权将提花机引进高阳，为高阳产品创新提供了技术支撑。且另据高阳县志载，“张兴汉，字造卿，以商起家……与韩伟卿、杨木森、李秉

① 陶宗奇修，张鹏翱纂，《昌黎县志》卷 5，风土志，礼俗，商，1933 年铅印本。

② 严用琛、鲁宗藩修，王维新纂，《襄垣县志》卷 2，生业略，1928 年铅印本。

③ 贻谷修，高赓恩纂，《土默特旗志》卷 8，食货，1908 年刻本。

④ 廖兆骏编，《绥远志略》第 16 章，绥远之商业，第 4 节，各县商业状况，1937 年铅印本。

⑤ 汪鸿孙修，杨兆焕纂，《菏泽县乡土志》，商务，1907 年石印本。

⑥ 常之英修，刘祖干纂，《潍县志稿》卷 24，实业志，商业，1941 年铅印本。

⑦ 按：“地方能人”之构成比较复杂，如有绅，或一些在外学习或在城市新行业工作的人，也包括一些生产技术能手等，所以一些学者不以为他们都是商人。（见彭南生《地方能人与乡村手工业的发展》，《江苏社会科学》2003 年第 4 期。）但就棉布市场变动而言，应将这些能人视为商人。其理由即是：开埠通商后，洋布对土布市场的挤占使国利丧失，相继在“商战”和“实业救国”思潮的影响下，一些人士为挽回民族利益，或投资实业或投资于商业，其实就已经转化为商人了。在华北棉布市场，一些能人引进新式织布机器或技术，其目的仍是在与洋布进行市场竞争以挽回民族经济利益的同时获取自身经济利益，其从事职业及社会身份已发生转化。这是市场变动在社会变迁层面的外在表现。如此，将此类能人视为商人更妥当。

⑧ 李大本修，李晓泠纂，《高阳县志》卷 2，实业，1933 年铅印本。

⑨ 同上。

熙等创办商会,改良织布。二十年来,附高百里间,赖织布以营生者十居八九”。① 在宝坻,20 世纪初,一批本地子弟赴天津实习工场学习新式纺织,“传入日本织布机器与新式织布方法,复因邻接天津,耳濡目染,于洋布之价廉物美,亦渐有认识,肆意仿制,织布业亦于是发展”。②

另一方面,商人对新式织机的引进或仿制以及广泛传习纺织新技术,实则又是华北棉布市场自身扩展的外在表现。以山东潍县为例,据彭南生教授研究:潍县东乡腾家庄人腾虎忱,鉴于中华利权丧失,“他勃发了创办机器厂的欲望”,于 1920 年创办了该县第一家机器制造厂——华丰铁工厂。为此,他变卖家产,联络广文中学校长尹焕斋等人集资 3 000 元,创办了华丰铁工厂,“取‘中华’‘丰盛’之意”。③ 该厂主要产品就是以一架日本“石丸式”织布机为样机,并经多次改进,试制出的脚踏铁轮织布机。此机器性能优异,1931 年,山东工业试验所鉴定该厂生产的铁轮机“诚为现代人力织机之良品”④。在此带动下,其时潍县相继成立了 10 家铁工厂,年产织布机七千四百多架,占其全部出品总值的 73%,占全省织布机总数的 86.55%。⑤ 而华丰铁工厂自身,1920 年刚建厂时,仅出 100 架,1927 年产增至 700 架,1930 年产则增至 1 000 架。此后每年能出 3 500 架,占全省布机产量的一半。在潍县,东乡潍河两岸各村率先采用了新式织布机,1915 年约有布机 500 台,1931 年由东乡传入南乡、北乡乃至西乡而遍及全县,布机台数达 50 000 架以上,后又超出县境而至昌邑、安邱、寿光等境,形成以潍县为中心的手织区。该县棉业公会统计,该区织布机已达 90 000 台以上,号称 10 万大机。⑥

另据《潍县志稿》记载:民初,东乡人胡曰汉、胡玉瑶自天津购机数架回乡,推广传习技术,改良出品,获利颇丰。胡曰汉曾直接去哈尔滨俄国机器厂学习,并充任该厂机师十余年。回乡后到天津日商三井洋行购买织布机 4 台并联络乡人购买,数年之间“潍县一带有铁机二万余架,附近昌邑、安邱各村亦仿效焉”。而胡玉瑶则家以耕织为业,当得知营口有铁机织布厂,“乃命长子赴营口肄习并购机器以乡人”。⑦ 此外,潍县文史资料还记录:潍县寒亭镇寒亭村人张瑞芝,早年曾远赴日本留学攻读印染专业,是近代潍县最早引进宽面织布机的人。1907 年,张瑞芝卖掉部分家产,直接由日本购入 6 台铁木织布机。⑧

从上述材料,确可推知,用铁机织布使织布效率急速提升,市场供应量增加,土、洋布的市场竞争加剧自是明显。商人经营行为的此种变化成为市场变动的主要影响因素之一也就不言而喻。

③ 商人通过组织化的行为扩展棉布市场。商人组成商会,维护棉布市场秩序,参与市场竞争,成了棉布市场变动中的一突出特点。商人此类组织化行为的出现,有助于其在市场竞争中获取优势。这影响土洋布之市场份额变动亦属客观存在。

---

① 李大本修,李晓泠纂,《高阳县志》卷 2,实业,1933 年铅印本。

② 见毕相辉、方显廷《由宝坻手织工业观察工业制度之演变》,《政治经济学报》1936 年第 4 卷,第 2 期。

③ 见孔令仁《中国近代企业的开拓者》(下),山东人民出版社 1991 年版,第 579 – 585 页。

④ 见庄维民《近代山东市场经济的变迁》,中华书局 2000 年版,第 479 页。

⑤ 见实业部国际贸易局《中国实业志(山东省)》,商务印书印 1934 年版,(丁)第 87 页,(辛)第 600 页。

⑥ 见阙名《山东潍县之织布业》,《工商半月刊》第 6 卷第 1 号,第 91 页。

⑦ 常之英修,刘祖干纂,《潍县志稿》卷 29,人物志,义行。

⑧ 见栾云洲《潍县纺织业发展史话》,节选自《潍坊文史资料选辑》第 3 辑,潍坊市新闻出版局 1987 年版,第 383 页。

高阳商会“在事人员提倡织纺，悉心筹划，调查本地之情形，因时度势，煞费苦心，竭尽百般之心力，方成一邑之生计”。① 在高阳，商会实属最先组织土布改良者，仅1910—1912年该会就曾14次开会研讨扩充铁轮机、劝立织布场、筹议减免税、设立工艺研究所等事宜，其工艺研究宗旨则是“提倡织纺，振兴实业，研究工艺，改良布质”。② 1906年“高阳商会集资向天津日商田村洋行购买织机，试办工厂，是为高阳布实行改良之始，光绪末年商会诸人所办之织布工厂已养成工徒多人，加以天津实习工厂及各县工艺局养成之工徒，亦多散归乡间辗转传习，因之高阳附近农民熟悉织布新法日渐增多”。其间，对一些贫困织户无力购置铁机或机纱者，商会“又联合各布庄筹集资金，向天津购买大批织机，规定贷机并领纱织布之办法，”③并“选本地良工匠仿做若干架，放给织布客户，改织宽面土布，推广实行，日增月益”。④ 如此这般，在华北，形成了以高阳县城为中心的包括高阳、蠡县、安新、清苑、任邱等五县共计414村、43万人在内的手织业经济区。这影响华北棉布市场变动确属一不证自明的命题。

在山东潍县，商会在维护商人利益和扩大潍县土布销售市场方面，亦是不遗余力。以1934年潍县改良土布行销南昌引起同业竞争一事为例。至20世纪30年代，潍县土布因织造精良、物美价廉，销路几乎遍及全国，致使在江西南昌市场，本地土布销售困难。鉴此，1934年，南昌市土布业同业公会借抵制日货之际状告国民党江西省党部，以图借此杜绝潍县土布入境。潍县商会则据理力争，强调潍县利用日纱织布实因国产棉纱不敷应用的被迫而为，而潍县土布本为“优良国货，鲁省之冠”，政府都曾减轻营业税以资鼓励，只有振兴此项国货，方可有利于更好地抵制日货。经潍县商会努力，此事最终得以平息，潍县土布的销售市场也进一步扩大。⑤

④ 商人兼业或专业化经营，为棉布市场扩展提供资金、技术、人才等的支持。棉布市场规模扩大，经营棉布、棉纱利润急增，市场上，尤其是在一些棉布产区，商人资本在地域上的拓展、行业上的渗透、区域内外商人群体的联合以及商人兼业现象更突出。他们不再只基于血缘性宗族关系认同，而以地缘、行业为纽带进行联合经营或合作，甚至成为专业性商人群体。商人经营行为的如此变化，不仅进一步扩大了市场整体规模，更提供了棉布市场发展急需的资金、商品销售渠道、人才支持。

在山东潍县，手工织布业的兴盛，使潍县商品流通结构显著变化，20世纪二三十年代其商品贸易主要以大批集散棉纱、布匹、猪鬃、绣货为主，其中因棉纱、布匹的集散量占很高比重，造就了一批专营纱、布为主的专业商人。至20世纪30年代，潍县经营布业的商号有400家(实业部调查数据则为257家)，年交易总额1 300万元，而“附带而起者为棉纱业，就南流及潍县两站观察，已有万吨棉纱输入，总值不下一千万元”。⑥ 在棉布方面，20年代中

---

① 见天津市档案馆《天津商会档案(1903—1911)》上册，天津人民出版社1989年版，第227页。

② 同上，第233页。

③ 见《高阳之布业》，《中外经济周刊》1927年1月(第195号)。

④ 同①，第225页。

⑤ 见栾云洲《潍县纺织业发展史话》，节选自《潍坊文史资料选辑》第3辑，潍坊市新闻出版局1987年版，第383页。

⑥ 见胶济铁路管理委员会《胶济铁路经济调查报告汇编·分编三》(潍县·青岛)，文华印书社1934年版。

期，其所出土布、斜纹布销售至沙河、黄县、青岛、烟台、徐州、南京等地，年收入720万两。[①] 30年代，其发展高峰时，潍县手织区年出布匹1 080万匹，总价值7 560万元，分别占全省布匹产量及总额的62.96%和76.73%，[②]从通商大邑到普通县市甚至偏远乡镇都可穿用潍县布。[③] 通过商人推销，其市场规模之大可见一斑。

棉布市场整体规模扩大，一些从事棉布贸易或与之相关的商人的经营实力随之增强，而且商人或兼业或进行商业合作，则能获得更充裕的资金以拓展棉布市场，推动市场整体规模扩大。仍以潍县土布销售市场拓展为例。潍县每年经由布庄运出的土布高达8 000吨，共计200万匹左右。[④] 其所产土布90%以上由布庄负责收购并转运至区域外市场。布庄把集市收买和放纱收布获得的土布，先交由染坊漂染、轧布厂整理并自配商标，后自行售出或由经纪人居间介绍将成品布"源源运往外埠"。[⑤] 另据实业部20世纪30年代的调查，潍县"土布业贸易中心机关为布庄"，全县共有布庄257家，大多数集中于县城东关。各庄资本多则2万元，少则2 000元。各庄即使年营业额达十余万元，资本也不过如此。因为即使资本短缺，贷款也比较便利。257家布庄全年营业额共七千余万元，各布庄年营业额多在5 000元以上2万元以下。[⑥]

再如棉纱贸易方面：织布业的发展为机纱输入造就了可观市场，一批专营棉纱的商人亦因之而崛起。二三十年代，潍县织布业发展的黄金期，每年由青岛运入棉纱6万件左右，值1 500万元以上。[⑦] 棉纱发运全部依靠青岛潍县帮货栈与当地线庄之间进行交易。青岛4家潍县帮货栈代理着潍县二十余家线庄的购纱业务，其中义德栈约占经销总量的60—70%。4家潍县帮货栈以义德栈成立最早，开设于1909年，其次为德增福（1921年）、源兴恒（1926年）、恒盛德（1936年）。4家货栈资本组织形式以合资为主，共有出资者19家，资本总额26万元。19家出资者中，除1家为即墨籍、2家昌邑籍外，其余原籍皆在潍县。[⑧]

在潍县，商人兼业或进行商业合作现象也非常突出。这为布商获取充裕资金以拓展棉布市场，提供了极大支持。据20世纪40年代满铁调查，潍县谦和、同盛、同贺诚、阜聚怡、源兴德、德和等17家线庄的资本组织形式全部为合资。80名出资者中，商人46名，农民、工厂职员、无业者各11名，私塾先生1人。且46名从商者中，专门从事棉纱贩卖的仅6名，其余的经营领域多集中于土产、百货、铁工厂、药铺、木厂等行业。[⑨] 商人兼业现象（或称之为商人跨业经营）说明，棉布市场整体规模扩大使商人逐渐将资本投向利润空间大、资本收益率高的织布业。同时，这也证明市场整体规模扩大，与各类商人提供充裕资金紧密相关。另据统计，30年代，潍县商人投资的新兴商业行业及其数量如下：染织业46家、绣货业46家、嵌银业9家、银号43家、转运业26家、轧布业5家、皮货业35家、铁工厂30家、铜器业34

---

① 见《山东省之织业》，《中外经济周刊》1924第93期。

② 见《山东潍县之织布业》，《工商半月刊》1934年1月（第1号）；实业部国际贸易局《中国实业志（山东省）》，实业部国际贸易局1934年版，第49页，

③ 见《山东潍县之织布业》，《工商半月刊》1934年1月（第1号）。

④ 见龙厂《山东潍县之农村副业》，节选自千家驹《中国农村经济论文集》，中华书局1936年版。

⑤ 见《山东潍县之织布业》，《工商半月刊》1934年1月（第1号）。

⑥ 见实业部国际贸易局《中国实业志（山东省）》（丁），实业部国际贸易局1934年版，第112－114页。

⑦ 见龙厂《山东潍县之农村副业》，节选自千家驹《中国农村经济论文集》，中华书局1936年版。

⑧ 见张静《近代乡村商人的崛起及其社会经济影响：以潍县帮商人为例》，《中国农史》2006年第1期，第92－98页。

⑨ 见满铁北支经济调查所《潍县的线庄业》，大连满铁调查部1943年版，第64－70页。

家、线业24家、土布业190家、绸缎业22家、颜料业26家、铁器业110家、竹货业15家、纸坊13家、磨坊15家、酒业41家、油坊13家、发网业2家、酱菜业16家、卷烟业5家、麻绳业2家、炭庄43家。① 从上可见,棉布行业或与之相关行业较多。由此而占据的商业资金较多自是情势所在。

在商业经营合作方面,棉布贸易商与金融商进行合作,或自身就涉足金融业,使其在市场拓展方面或市场竞争时,凭借充裕资金支持获取市场优势。此现象在潍县织布业兴盛时期,布、纱商品流通在潍县整个进出口商品结构中居主导地位时表现得尤为明显。当时,潍县的银行、钱庄、线庄等金融机构的存放款业务均与织布业有关。(见表4－17)

表4－17:潍县金融机关一览表

	家数	资本总额	存款	放款
银行	中国银行、交通银行、中国实业银行、平市官钱局		以活期存款为主,皆为“布商之往来存款”,定期存款则寥寥无几。	以布业最多,其次为棉纱、钱业、猪鬃、土产、烟草及染织工厂。
钱庄	25家	112 800元	存款大部分吸收外来资金,总额1 065 000元。	放款以土布业为最大,顾客大多为布贩、猪鬃、商贩。总额为1 777 000元。
线庄	24家	426 400元	存款多为四乡布贩之进出,总额为1 640 000元。	放款以布商为主,四乡布贩皆以线庄为其金融接济机关。放款总额为210万元。

资料来源:公英,“山东潍县之金融业”,《工商半月刊》,1934年,(2)上海,实业部工商访问局印。

表4－17显示,潍县金融机构经营业务以布业为主,这证明商业合作确实有助于华北棉布市场整体规模的扩大。其次,经营棉布、纱交易的线庄,其资本额比钱庄的资本额高出3倍之多,它被称之为“布业之金融机关”确属不假。这也可引申说明,一些具有充裕资金支持,经营能力强的商人对于扩大棉布市场规模的突出作用,乃至在市场流通的相关环节居支配地位都是显而易见的。

⑤ 商人参与棉布流通的相关环节,市场整合能力加强。商人经营棉布、棉纱贸易额的扩大和利润的急增,尤其是青岛华资、日资机器纱厂的兴起及潍县手织业大量采用洋(机)纱织布,一些在青岛从事批发业务的潍县商人(主要是经营货栈类的商人)从最初经营洋纱进口业务,转向代理经销青岛各中外纱厂出产的棉纱。货栈自洋行大批购进棉纱后批发销售于潍县各线庄,线庄再转售于当地的布庄、大线贩、织布工厂、染织工厂。② 棉纱经由青岛各纱厂、洋行、潍县帮货栈到线庄最后到广大农村织户,形成一以潍县帮货栈为转运批发枢纽的商品购销网。③ 据日本人调查,在此过程中,青岛潍县帮货栈不仅合作经营,如著名的义德栈即由潍县庆和堂、永睦堂、永吉堂、博仁堂、东厚堂、义德堂、怡和堂、义信堂8家堂号联合出资而设,也直接投资于当地各线庄经营棉布、纱业务,并与织户发生直接联系,把经营

① 常之英修,刘祖干纂,《潍县志稿》卷24,实业志,附表。

② 见满铁北支经济调查所《潍县的线庄业》,大连满铁调查部1943年版,第27－35页。

③ 见王子建《中国土布业之前途》,节选自千家驹《中国农村经济论文集》,中华书局1936年版,第31页。

触角伸向潍县各城镇的农村市场。因业务的日益频繁,潍县各线庄、染织工厂也向在青岛潍县帮货栈常年派有驻员,如潍县的同盛、阜聚怡、阜聚、蚨祥、信丰染织厂、德和染织工厂以及德聚工厂向义德货栈常年派有驻员;源兴德线庄、大华织染工厂向源兴恒货栈常年派有驻员;大顺线庄则向恒盛德货栈派有驻员。①

此外,华北机器织布业的肇始和勃兴,以及土布生产的改良使对原料、染料、织布工具、机器加工整理工具的市场需求急速增加,但市场却因资金、技术缺乏,此类相关产业的发展很受其限。而单就资金而言,一些商人或投资兴办此类产业或购买相关急需的机器设备,对市场竞争的影响当不言而喻。

如前述的滕虎忱投资创办华丰铁工厂;再如潍县商人张荆芳于1923年与人合伙筹资10万元开办制造化学合成染料的新式企业——裕鲁颜料股份有限公司。该厂产品质量较好,至20年代中期,"潍县东乡各织布厂之染布色,已悉用该厂所制颜料。"②

机器染织厂的创建也与商人投资息息相关。在潍县,线业公会主席康子周,属潍县"实业界最有实力者",募集初始资金20万元创办的信丰染厂,因"资本规模最大,技术水平最强,生产经营能力最高"而执潍县机器染织工业之牛耳。日本人调查资料显示,该厂自上海购进染槽8对、丝光机1部、精炼罐1部、五节锅炉2部,另从日本购进拉宽机、烘干机、烧毛机、抓绒机、叠布机各1部,机器设备居当时同业领先水平。③ 此外,1936年,潍县聚兴旭、同盛银号出资5万元买下经营困难的德聚染厂的全部设备继续经营,并投资添购染槽6对、烘干机1部、拉宽机1部、兰克管5节,单眼锅炉2部,柴油机1部。④

综上可知,商人对扩大近代华北棉布市场整体规模、提升棉布生产技术和生产装备水平,改变市场竞争态势,提供资金支持等作用实不可小觑。商人此类作用之凸显也在更深层次反映了其商业观念、市场意识的变化。

4.3.3 本土布商营销理念演变与市场变动

商人经营理念变化加剧近代华北棉布市场变动主要体现在下述方面。

① 理顺进货渠道,改变市场竞争地位。经销商与批发商之间的关系对市场竞争态势有重要影响。布商能否经营适销对路的商品,尤其是它在商业链条中的位置决定了其在市场竞争中的地位。鉴此,进货时,布商如瑞蚨祥等就强调,要有利好销,签订合同,直接从洋行或产地进货。进货时机则讲究"货赶先头"、"宁让货等客,不让客等货",要求"季前备好货,季中补充货,季末不进只甩货"。而且,此类现象早已有之,对市场变动的影响非常明显。据津海关报告:"此项贸易(洋布)虽达目前之规模,但若以现行方式经营之,则于洋商无甚价值。以外洋制品在华之消费口岸言之,天津虽居最大者之列,但皆仰给于上海。因此,华商惯于径趋上海备办货物,借以规避天津外洋代理商必有之苛索,从而得与洋商贬价竞争。"⑤洋人还以是年天津棉布进口量猛增进行佐证。(见表4-18)

---

① 见满铁北支经济调查所《潍县的线庄业》,大连满铁调查部1943年版,第26页。

② 见《山东潍县之经济状况》,《中外经济周刊》1926年(187号),第11页。

③ 见满铁北支经济调查所《潍县土布业调查报告书》,大连满铁调查部1942年版,第237-240页。

④ 见宋伯良《江北机器漂染基地:潍县七家染厂》,节选自《潍坊文史资料选辑》第5辑,潍坊市新闻出版局1989年版。

⑤ 见吴弘明编译《津海关贸易年报(1865—1946)》,天津社会科学院出版社2006年版,第2页。

表4-18:1865年天津口岸与其他主要口岸进口棉布数量比

货色	上海	广州	汕头	厦门	福州	天津
本色市布(匹)	550 391	44 216	20 986	24 972	47 627	164 359
漂市布(匹)	212 286	42 376	8 387	13 602	16 182	72 135
染色市布(匹)	72 735	14 457	2 700	5 154	2 285	14 948
洋标布(匹)长24码	171 340	22 352	7 000	2 334	57 989	36 520
洋红布(匹)	15 685	192	910	5 390	4 088	5 840

资料来源:吴弘明编译,《津海关贸易年报(1865—1946)》,天津,天津社会科学院出版社,2006年,第2页。

上表说明,除上海外,是年天津口岸棉布进口数量确实比其他口岸多。即"天津华商之操棉布业者,近年恃其派驻上海之代理商,而获得大宗现货"。① 另"(是年)上海进口本色市布为550 391匹,内有复运天津者不下163 000匹,往烟台者39 000匹,"②布商直接进货,减少交易中间环节,不仅使布商获益,亦有助于华北棉布市场交易规模扩大。相较于以往学者坚持认为,近代以来整个棉布产业链条中,作为纯商业资本的布商只能是分享产业资本榨取工人的平均利润,对产业发展的支配作用已大大下降。尤其是本土布商,在整个产业或商业链条中由于位于相对末端,往往难有所作为。在此笔者以为,布商此举对市场变动的影响并不仅限于市场交易量扩大,而是在整个商业链条中,布商通过市场博弈改变了自己的市场竞争地位,对棉布市场变动有重要影响,而非无所作为。对此,津海关记录同样多有记载:

> 1874年棉布进口逾于开埠以来任何一年,唯1871年则例外,该年洋标布进有1 279 955匹,本年则为694 515匹。洋标布乃惟一重要之棉织物,该布之进口可谓显著减少…… 以棉布、实则整个布匹贸易论,本年洋商处境艰难。春令有轮船一只由英国直抵本埠,所载率皆布匹,或属本埠洋商自置之货,或托其代销者,人们自必以为此等径运之货成本较低,在津易得销路,盖每日售出者数以千计。但情况并非如此。华人屯户故伎重演,因其人多势众自然无往不胜。市价每当见有相当之利,而洋商欲售其货之时,华商既以无利之价销卖小宗存货,同时以其惬然而定之低价大批购入。③

1877—1879年津海关报告则云:

> 前数年之报告所备陈者,即棉布业之手段与手法,迄今一成不变。设于天津之洋行,无论代理行、抑或自立门户之进口商,于布匹生意中几难获得分毫之利。④

再如1882年,洋布滞销,"抵埠之客商俱见存货日增,货价因之下跌,是故为其私利计,足能摆布屯户。客商实为行情之主宰","至于各色棉布,所到之货约共3 000 000匹,方之1881年之供给量计短339 717匹。自英国径运津郡之货,令有关之人蒙受亏损"。⑤ 1884

① 见吴弘明编译《津海关贸易年报(1865—1946)》,天津社会科学院出版社2006年版,第24页。

② 同上,第2页。

③ 同上,第88页。

④ 同上,第101页。

⑤ 同上,第125页。

年,“各色棉货殆皆有所加多,职(只)因1883年贸易不振定然导致物极必反。客年晋商之来津者为数无几,而本年之到埠者则为数多颇,晋商之出现,俾销路得以畅旺”。①

其实,不仅自上海进货,若条件许可,布商直接赴外洋进货,以获取更大市场竞争优势,则更能说明其营销理念变化。若前述中原公司的主要经营者远赴英日订购棉货,还可多归因于西化影响,而较早期的山东、天津商人直接出走东洋进口棉纱、棉布回销华北,控制进货源头,以图控制市场的行为,则说明其营销理念的变化就更具有代表性。开埠通商以来,尤其是1895—1904年间,据庄维民先生研究,华商在对日贸易中起关键作用。此期间,烟台对日贸易的大部分被当地华商和旅日侨商掌握。同期,青岛港的对日贸易,则十有八九属于青岛或神户的华商、德商经营,日商不能参与其中。② 另外,“从19世纪80年代到20世纪初,是山东旅日华商发展最盛的时期,输往烟台的日本商品十有八九系通过侨居大阪、神户的华商之手,在烟台所见的日本纺织品销售,悉为华商杂货行栈经营。当时除瑞蚨祥外,烟台没有专门从事纺织品经营的商号,大商号在上海、大阪、神户设有分号或外庄,他们不需藉外商之手,而是自行经营出入。烟台商人和内地商人采购外货,主要通过瑞蚨祥、万盛栈、裕盛号、丰裕号、双盛泰、同泰和、系盛永、生城通、西公顺、盛和冒等商栈,他们既很少购买外商直接输入的商品,也不愿看到外商在烟台自行经销外货。在此情况下,日商开设商行直接推销商品的做法往往困难重重。19世纪90年代末,曾有日商输入日货在烟台试销,结果受到当地几家华商会馆组织的联合抵制,使日货推销归于失败”。③ 可见直至民初,他们的商业实力仍可为华北棉布市场之翘楚。而且,棉布、棉纱也是鲁商对日贸易的主打项目。(见表4-19)

表4-19:大阪山东商人开设商号一览(截至1910年)

商号	经理	总号地址	自日本采购商品	对日输出商品
东顺泰	从良弼	烟台	火柴、棉纱、杂货	柞蚕丝
丰泰仁	贺俊臣	烟台	火柴、棉纱、杂货	丝织品、柞蚕丝
中和盛	原福堂	烟台	棉纱、棉布、火柴、杂货	柞蚕丝
中顺盛	高廷臣	烟台	棉纱、棉布、火柴、杂货	柞蚕丝
中盛恒	王松波	烟台	棉纱、棉布、火柴、杂货	
同泰和	王大华	烟台	棉纱、棉布、火柴、杂货	柞蚕丝
元复号	李溥汝	烟台	棉纱、棉布、火柴、杂货	柞蚕丝
双盛泰	赵巨川	烟台	棉纱、棉布、火柴、杂货	柞蚕丝、草辫

① 见吴弘明编译《津海关贸易年报(1865—1946)》,天津社会科学院出版社2006年版,第132页。

② 见庄维民、刘大可《日本工商资本与近代山东》,社会科学文献出版社2005年版,第47页。按:据庄维民、刘大可研究,华商旅日经商于近代则可溯至日本幕府时期。其间,“侨居日本的华商按乡籍划分为广东帮、福建帮、三江帮和包括华北、东北商人在内的北帮,而当时北帮中人数最多的为山东籍商人。广东、宁波商人多集中在长崎、横滨,山东商人则多集中于神户和大阪两地,另外,在长崎、横滨也有少数山东商人居住经商”。“旅居日本的山东商人实际是以烟台商人为主体的胶东商人,后来其来源扩大至青岛和济南。烟台、青岛的行栈商人与旅日侨商声气相通,或委托旅日华商行栈,或派人寄居于侨商开设的行栈中,以设立‘外庄’(‘站庄’)的方式,从事日货进口和土产出口”。另,甲午战端一开,旅日华商实力曾大损,1900年,在日华商才重新活跃。此后从日俄战争结束直至民初,受国内外形势变化之影响,在日华商之经营境况则江河日下。(见该书第47-59页。)

③ 见庄维民、刘大可《日本工商资本与近代山东》,社会科学文献出版社2005年版,第49-50页。

（续表）

商号	经理	总号地址	自日本采购商品	对日输出商品
聚盛长	孙鹏九	烟台	棉纱、棉布、火柴、杂货	
万盛栈	单雨亭	烟台	棉纱、棉布、火柴、杂货	柞蚕丝
复和栈	李书堂	青岛	棉纱、棉布、火柴、杂货	
万顺恒	郝茂林	烟台	火柴、棉纱	柞蚕丝
文成栈	唐文光	烟台	火柴、棉纱、棉布	柞蚕丝
会复号	焦鼎臣	烟台	火柴、棉纱、棉布	柞蚕丝
泰生东	张武卿	青岛	火柴、棉纱、棉布	柞蚕丝
协茂栈	刘树栋	烟台	火柴、棉纱、棉布	
丰豫号	孙元福	烟台	火柴、棉纱、棉布	柞蚕丝

资料来源：[日]农商务省总局，《对清贸易　趋势及取引事情》，1910，第31－32页。引自庄维民、刘大可著，《日本工商资本与近代山东》，北京，社会科学文献出版社，2005年，第52页。

另据日本人统计，1910年，在大阪有北帮商号27户，其中鲁商17户，津商5户，哈尔滨商人2户，营口、仁川、北京商人各1户。此外，在神户还有1户（原为2户）北帮商号。[①]

由此判断，后来的华北棉布市场上，若不挟暴力为后盾，逞流氓之凶，日本商人岂能喧嚣尘上！但上述材料更反映出，布商直接进货使自己获得了极大的市场竞争优势。布商此等商业经营理念对市场变动的影响显而易见。

② 扩大经营规模或多元经营是布商经营理念转变的又一重要表现。以一些老布店为例，他们大多开有分店，实行多元经营。如前述所举瑞蚨祥在济南、青岛、天津、北京、烟台开设分店。清末民初时，瑞蚨祥北京店即拥有东鸿记茶庄、瑞蚨祥总店（也称东号）、鸿记皮货店、西鸿记茶庄、西鸿记绸布店（也称西号）五个字号。20世纪30年代初，鼎盛时期的"瑞蚨祥"全号有16个企业，房产达三千余间，房产总值达八百余万元。[②] 瑞蚨祥经营的商品齐全，货真价实，其经营主要品种有：水獭、貉绒、黄狼皮、灰鼠皮等皮货，进口各种洋布，河北、山东、江浙等地自制花布、青布、绫罗绸缎等。[③] 谦祥益同样以货色齐全、服务周到而闻名。清末民初，谦祥益在周村、任丘、上海、济南、天津、烟台、苏州、汉口、青岛等地开设分店达二十余处，形成了一庞大的谦祥益系统，其总投资达白银四百万两，合银元六百万元，比开张之初资产增加百倍。谦祥益亦成为全国规模最大的丝绸布匹店，声誉遍布国内外。[④] 尤需强调者，瑞蚨祥在济南直接开设染织厂，向产业资本领域延展，这更说明在新的市场竞争中传统布商多元经营已与单纯的多品种经营有了很大不同。另如天津元隆绸布店于1896年由胡树屏、孙烛轩合伙开办。开业初期，元隆绸布店只单项经营批发，专从上海进货，称为"下南家"，只能赚上海和天津两地的地区差价，利润不

① 见庄维民、刘大可《日本工商资本与近代山东》，社会科学文献出版社2005年版，第52页。

② 见刘秋霖《老北京的传说》，中国文联出版社2006年版，第122页。

③ 同上，第121页。

④ 同上，第127页。

大，而税率重，又有二十多个伙友的开支，曾入不敷出，但却谎言赚得大钱，增辟门市，引不少钱庄与之交往，吸收 24 万银两的大户存款……经八国联军之乱，该店复业后，兼办申汇；派人到上海和日本驻庄，购进适销洋布；承做军装或铁路制服；兼营百货；与瑞蚨祥一样，还自创品牌布。它将白布由染厂专人染色加工，染后的布颜色正，不变形，耐穿。商标则用本店专用的"园龙"商标，售价较一般色布高，但却销路大增，也创出元隆品牌。如此腾挪，极尽商人奸敏之能事，使元隆绸布店在天津布行中曾一度首屈一指。1937 年前其极盛时期，纯利即达 30 万元。①

③ 改进销售方式。受西方商业文化影响，布商传统经销方式新陈代谢加速。他们既保持注重商业信誉和商业形象的文化传统，又采行近代商业企业销货方式。以谦祥益店训为例，其店训有云："谦恭自古属经商，祥瑞云集客满堂。益取公平贵有道，真丝绸缎展辉煌。"这是一首藏头诗即"谦祥益真丝绸缎展辉煌"。其中：谦恭自古属经商（讲和气生财），祥瑞云集客满堂（希望顾客满堂，给绸缎庄带来吉祥瑞气）。益取公平贵有道（做买卖公平、合理，"君子爱财，取之有道"），真丝绸缎展辉煌（带来了全国各地的真丝绸缎）。② 为吸引顾客，瑞蚨祥房屋设计古色古香，店堂宽宏，雕梁画栋，金碧辉煌，非常注重自己的外在商业形象。其店名"瑞蚨祥"中的蚨字，是参照《淮南子·搜神记》中"青蚨还钱"的典故。③ 于此，布商借助传统文化表达了自己的商业伦理和目标追求。布商秉持此等理念和追求也有助于其改进销货方式。近代华北棉布市场，布商主要靠门市售货、送货上门、外埠函售等形式销售棉布。其中，门市售货是主要形式，且各自都有自己的销货技术。以天津市场为例，清末民初，天津市场较有名的绸布店分作新老两派，以"祥"字号为代表的老派，虽不擅作广告，却讲究"货真价实"、"牌子老"、"尺码足"；新派的如敦庆隆、老九章、谦盛祥等绸布店则注重广告宣传；而且他们在服务顾客，改进销售方式方面都力求作足功夫。如在商品陈列上，一改旧式商业大多铺面狭小、设备简陋、柜台很高，且货架商品也是严密包封之陋规，采用玻璃架、橱窗，力求商品橱窗陈列式样，新奇、漂亮，以方便顾客挑选并刺激其消费欲望。在营销方面：瑞蚨祥的经典营销套路是："买卖和气，服务周到；量布'加一放尺'；低档货薄利多销，高档货利润加倍。"④此做派虽不乏传统商人之奸诈，但其对顾客心理的把握确值得注意。而研究顾客心理也非瑞蚨祥独家所为。谦祥益绸缎庄曾经营不佳，为此谦祥益进行"挑毛病月"的促销活动，鼓励顾客批评。"挑毛病月"活动每年一次。海报贴出，无论何人只要给谦祥益挑出任何一条毛病，即重赏。一时间，其商誉隆起，生意火爆。⑤ 元隆绸布店售卖棉布时，发售"礼券"；定期搞赠送礼品；专设"走街"登门送货；其利用媒体做广告，堪称一特色。元隆绸布店将天津《益世报》重要版面全部包下，把"天津元隆号，货全价公道"十个大字横贯全版，造声势；从天津到北京的铁路沿线各站全登上元隆的广告，连北京站站口

---

① 见宋美云、宋鹏《话说津商》，中华工商联合出版社 2006 年版，第 226 – 229 页。

② 见刘秋霖《老北京的传说》，中国文联出版社 2006 年版，第 127 页。

③ 同②，第 121 页。

④ 按：所谓加一放尺，就是量布时，在 10 尺以内加一尺，10 尺以上多给 1 尺多。另："低档货薄利多销，高档货利润加倍"系指：瑞蚨祥在和同行竞争时，对人所皆知一二种大路货不惜削价出售，以图薄利多销。如此这般，却便于顾客比较，产生误以为其货便宜的错觉，从而导致各种商品多销。而对绸缎呢绒、皮货等高档商品，则高价售卖，迎合官绅富贾价高货好的虚妄心理，其利率达 30 – 50%，甚至高达一倍。

⑤ 同①，第 82 页。

的最重要地带正阳门两侧也全被元隆的广告占据。①

诚然,棉布商人改进销售方式,倾心服务顾客,采取各种促销手段,尤其是运用近代媒体做广告,这些确实有助于扩大棉布市场销售规模。但或许最应注意者则是,布商倡导使用国货,推销国货,借助于民族主义情绪巧做商业宣传,并力图改变本土棉布与外洋棉布的市场竞争态势,以求挽回民族利权。以前举天津国货售品所故事为例,宋则久在其主持国货售品所期间,首创专门宣传国货运动的《白话报》,四开铅印一张,使用通俗易懂的天津味儿白话文体,比五四运动提倡白话文还要早七年。特别是创作民谣宣传国货,则更是一种创举。②

国货好,国货好,人人尽用本国货,工厂多时闲人少。
国货好,国货好,衣食充足知礼仪,地方安靖盗贼少。
国货好,国货好,事浮于人工价涨,赚钱容易穷人少。
洋货好,洋货好,每年进口数万万,雪白银子不见了。
洋货好,洋货好,中国工厂立不住,穷人遍地怎么了。
救中国,用国货,国货畅销民安乐。
虽然自己是富人,须想中国穷人多。
穷人多,将奈何,安插救济人有责。
国货畅销工厂多,穷人工作得吃喝。

从上可知,在激烈市场竞争中,有识见之布商已把自身商业目标、商业伦理原则与民族国家利益紧密相连,其经销理念不可不谓之转变剧烈。若再勾连特定时空环境,布商此等经销理念实则是近代中国市场竞争为民族国家间市场竞争之实质的外在反映。它以民族国家为基础,以知识、观念、制度、资本为本质。近代华北棉布市场变动亦确属剧烈。因此,市场竞争加剧亦迫使有识见之布商注重近代商业人才培养,于此宋则久同样堪称代表。这既是布商营销理念转变的重要体现,亦是促进棉布市场加速嬗变的原因之一。(布商自身经营管理制度演变,前已涉及,在此不赘述。)

4.3.4 布商劣行与棉布市场变动

布商经营行为的前述变化,使市场交易规模扩大,竞争激烈,促进市场发展模式加速转型。尤需说明者,洋商于恃强凌弱之外,还注重研究国人消费心理,以开拓市场,同样值得注目。如1906年津海关报告称:“近数年来,各种洋布销路日见增长,且屡有新花输入,多有颜色之新鲜、花样之灿烂,特为中国人习尚而制造者。”③但从整体上看,中外布商经营行为客观存在的局限性往往使市场交易量或非正常萎缩或非正常增加,加剧市场波动。其劣行主要是:

① 用诈劣之术,以次充好,使市场交易量下降。如1872年,“(天津口岸——笔者所加)

---

① 见宋美云、宋鹏《话说津商》,中华工商联合出版社2006年版,第228－229页。

② 见宋美云、宋鹏《话说津商》,中华工商联合出版社2006年版,第244－245页。另,是书第244－245页记录:1915年2月15日,宋则久创办了《售品所半月报》,由他主持编写、设计,在当时天津是独有的一份由商店出刊的报纸。《售品所半月报》的内容包括言论、要闻和小说,另辟“孩童小岛”栏目,刊登童话、歌谣等。这份小报先后出版了七年。宋则久除利用各种手段宣传国货外,还采用各种营销方法,达到推广的作用。1916年8月10日又以工商研究会的名义举办国货展览会,达到“衡量优劣,比较粗精,互受观摩,共筹共进之谋”。参展厂商已达144家,展品有397种。为了宣传国货,两年之内,宋则久以一个商店独力举办了34次展览会,这在当时及以后都少见。截至1926年的14年间,共举办国货展览会11次,竞卖会7次,每次一个月;儿童选举会5次。在历次会上,或随货赠彩券,或随货赠选举票,或随货赠礼品、赠荣誉章、赠名人书写对联等,名目繁多,形式新颖别致,总以刺激顾客购货心理,扩大国货影响为主,收效甚大。

③ 见吴弘明编译《津海关贸易年报(1865—1946)》,天津社会科学院出版社2006年版,第252页。

本色市布进口锐减,1872 年较 1871 年约短 600 000 匹,姑不论其他原因,必因近时销场所见霉变之布,致大半棉布蒙恶名故耳,亦因 1871 年之大量进口所导致之物极必反”。[①] 另载,“近年来外洋棉布厂商上浆过重之伎俩,已达报章屡屡言及之惊人程度,致布匹贸易大为亏本,此种骗术似属不择手段又最为短视之自戕策略。棉布之价与岁俱减,冀以此法鼓励更多使用之。但华人买客对布价一跌再跌淡然处之,对办货却日益谨小慎微;恕我直言,往日对洋商无欺之信任,岁每批新到霉布而降低。此种上浆诈术不仅危及整个布匹贸易、又复殃及背运之华人进口商,而且终令布匹厂商蒙受极明显之损失,厂商苟非直接受害者,则必病及不幸之投机商,其在欧洲置货以转销中国。棉布因霉变而在津公开拍卖,其售价每匹低于市价 0.30 两,此事屡见不鲜”。[②]

② 经营刻板,市场开拓能力不强,市场交易量增长受限。1885 年津海关贸易报告,“进出口货物表,几无变更而沿用二三十年之久,一见其贫乏而刻板之特点时,则难免有如是之感想:进出口业若由西洋厂商并企业家来经营似更周全。此种意见已为上述现象所证实:洋纱类之商品需求孔亟……另有常见之生货——美国粗布,亦见激增。商人对此类商情变化之缘由,是否尽然确知似可置疑,盖彼等无有时间,且又对贸易之增长极少兴趣,故不愿为此事劳神。其实,天津之洋货贸易今时殆皆操于华商之手,其货则取给于上海之大销场。但因华人销用者以及商人俱无开拓能力,故贸易之扩展似难借助其力。唯欧美之厂商乃最关心贸易之扩张,若能不畏劳苦,耐心考查华人之生活实况,以便从中生出某种新构想,即以优于盲目臆测者为依据,供以其所必需之物,如是,或于欧美厂商均皆有利。”[③]

此外,市场应变意识不济亦是缺陷所在。如 1916 年,“本年内洋货来自外洋者,为数见少。盖制就各类物品,置价过高,其来源多为欧战所限制。此为本国销货者意料所不及”。[④]

③ 投机和商业交易陋习使市场交易量非正常增加或减少。1903 年津海关贸易报告记,“窃查,本口本年内市面奇紧,为从来所未见,不料其结局至此地步,所有本埠通融赊欠,一切平常交易,情形大为改变,迥不如前……厥后,光绪二十八年逆料商务自必兴旺,是以皆欲买空卖空借以获利,第二故也。”[⑤]1908 年报告又称,“窃查本口贸易,历年来以本年为进口商务之一大衰落,殊足令人系念而不易望也。推原其故,半因各国贸易疲滞,尤因迩数年来华洋各商经营越分,遂为困顿,于是赔累过深,挽救乏术,不得不歇业清账者有之,勉强支持以待时机者亦有之。庚子年后,进口贸易骤见发达,迨后发现之事实,始征向之发达者非真发达也,乃虚伪耳,盖由于向之纵任有可赊欠之冒险办法而生,讵(若)谓此法只能行之于暂,未可行之于久,彼商家何尝计之也。”[⑥]而是年的布匹贸易记录则是:“总之,本年进口洋货纵有一二种确见增旺,其余大率减少,然减少虽有多寡不同,括而言之,则皆大形减色也。布匹之中,美国粗布,计减 464 754 疋;英国白布,计减 830 694 疋;印花布并印花色布等减 240 306 疋。洋棉纱,减 129 047 担。”[⑦]

---

① 见吴弘明编译《津海关贸易年报(1865—1946)》,天津社会科学院出版社 2006 年版,第 73 页。
② 同上,第 84 页。
③ 同上,第 137 页。
④ 同上,第 334 页。
⑤ 同上,第 226 页。
⑥ 同上,第 267 页。
⑦ 同上,第 269 页。

综上所述,此等劣行不独华商所有,洋商斑斑劣行使市场波动,同样昭然若揭。由此,人们则更应思考华洋商之间或竞争或合作之关系演变对市场变动的影响。

4.4 中外布商竞争、合作关系演变与华北棉布市场变动

华洋棉布商之关系演变对近代华北棉布市场变动的影响客观存在。

4.4.1 洋商间市场竞争与华北棉布市场变动

整体上,华北棉布市场洋商间的竞争似可以1895年为界分。前期,主要是欧美商人间的市场竞争,英国商人独自为大,居市场主导地位。此后,则主要是东西洋商间的竞争,日商利用特定时空环境,一度获市场独占优势。雷麦曾以为,“兰开夏的传统、棉布贸易的推销方法、日本的竞争、中国棉纺织业的兴起以及棉布贸易受抵货的影响,都是使英国对这种贸易所占成分及英国对中国一般进口贸易所占成分跌落的原因。”①笔者以为雷麦此论无疑具启发性。

首先,从产业竞争角度讲,“在工业落后的国家,棉织业最易举办,棉织品最易遇到竞争,并且最易受到抵制”。② 事实亦正如此。中、日两国近代化过程中,机器纺织工业均占有重要地位。相较于英国,中日两国无疑是工业落后国家。因此,在近代华北棉布市场,英国棉布的此等境遇亦属情势之中。同理可证,其后中日棉布之市场竞争亦是如此。

其次,雷氏所说“兰开夏的传统、棉布贸易推销方法”又确实道出了英日布商间市场竞争策略的不同。依雷氏所言,英国棉布市场份额下降的原因自是多端。但有些原因之根源则在兰开夏和伦敦:

> 据谓棉织业的资本太多,而组织散漫,以致生产者不能合作。最近棉业考察团很以为必须“根本改良兰开夏货输出与推销方法”。但普通多以为最重要的原因有两个。第一个原因是日本依赖严密的组织和低廉的工资来竞争。正像其它观察者一样,都承认日本的低廉工资并不因工作效率不高而抵消。棉业考察团声言“日本纱厂所雇的工人,并不比兰开夏同样纱厂多,每人的工资较低,工作的时期较长,而每人每小时的产量则与英国一样高。”第二个原因可分好几方面来说,他们说,中国根本是个价格市场。中国人买不起质佳价昂的货物。我们把这些话加以分析,就要讲到产销方面。中日厂家在廉价竞争方面的竞争确实成功较大。但质佳价昂的货物,英国仍能保持地位。英国的推销方法缺乏合作,所以力求货物标准的提高。推销方法的成功,不是靠商人的信用,便要依靠法院的严格执行契约。③

单就市场竞争而言,雷氏所言确实反映出:一方面,尽管双方都以为价格竞争是包括华北在内的中国棉布市场的竞争实质,但英商在市场竞争中却逐渐集中于高端产品。④ 而日

---

① [美]雷麦《外人在华投资》,商务印书馆1959年版,第276页。

② 同上,第274页。

③ 同上,第276页。

④ 按:英日布商此种市场竞争策略可从下述文献推论:据棉业考察团团长汤普生爵士(Sir Earnest Thompson)在1930年12月8日上海晚宴席上说:“我刚自日本回来……我可以很确定地说,我所看到许多织成的布匹,至少我所看到打包的一半货色,是满(曼)彻斯特认为决计不适于运销中国的。如果我们把这种劣货输入中国来,你们也一定会反对。我请你们……看清楚:如果我们为了与日本竞争起见,改变营业方针,把运华的货物不依照定单上所开的做,而用粗制滥造的欺骗手段,那么我们也可以和日本得到同样的利益。”(见1930年12月英国商会会刊(上海)第345页。)(引自[美]雷麦《外人在华投资》,商务印书馆1959年版,第276页第3条注释。)

商,甚至包括华商却主要集中于低档产品市场。另一方面,英商组织散漫,日商却组织化程度高,还依靠低工资成本之优势,倾销商品。对此,严中平先生则特别注意日人在华纺织企业与其国内财阀之特别关系。①

第三,与欧美洋商竞争中,日商的地理优势,亦有助于东洋棉布挤占市场。海关报告显示:

> 就地理而论,日本对华贸易,确多便利。盖其货物订单,数星期内,即可交货。若中国向欧美定购者,则必须数月,常有缓不济急之处;且经过之时日过长,则货物之式样颜色,在市场上恒起重大之变化,仍能继续不变,则当此资金缺乏情况之下,日货在中国市场,仍能立于不败之地。②

可见,与欧美厂商相比,因地理之关系,日人厂商在交通运输、市场信息反馈及应对市场变化方面,都具有相当优势。加之日商惯用低价倾销手段,来自英美或英美在华织造洋布在华北市场份额的降低就自是情势所然。

总之,上述论证表明竞争应是市场变动的根本原因之一。总括其过程,华北棉布市场洋商间的竞争又主要集中体现为英日商人间的竞争。③ 此市场竞争态势可从华北棉布进口变化趋势中得到观察。(见图4-1)

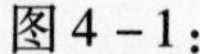

图4-1:

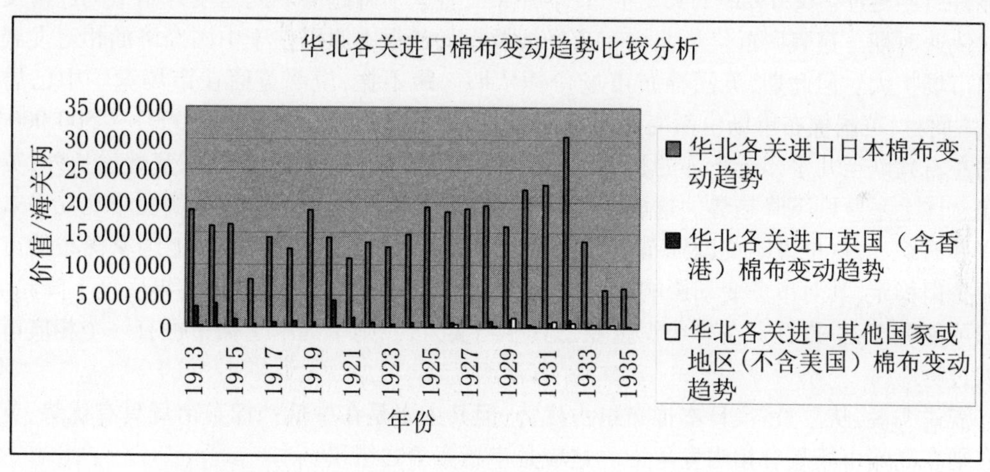

资料来源:中国科学院经济研究所藏抄件。引自严中平,《中国棉纺织史稿》,北京,科学出版社,1955年,第360页。见附录表14。

---

① 见严中平《中国棉纺织史稿》,科学出版社1955年版,"第五章第二节:日本财阀改变侵华方式"、"第六章第二节:危机期内日籍纱厂的倾轧及其繁荣"。

② 见吴弘明编译《津海关贸易年报(1865—1946)》,天津社会科学院出版社2006年版,第493页。

③ 按:除上述竞争内容外,还应注意英日布商市场竞争策略中对不断变化的政治局势的借用。如1929年英国组织远东棉业考察团,1931年英国组织远东经济考察团,1931年前后英、日、印召开棉业(纱)国际会议等,受史料所限,在此处要把这些问题阐释清楚,实有所难,但于此可以引申思考。如仍以雷麦书中所录:"英日两国输入中国的疋头,常受中国历届抵货运动的影响。1925年至1927年的抵制英货,使英国在对华的进口于1927年降到最低点。但翌年因济南惨案以后发生抵制日货,英货的进口又迅速上升。1931年及1932年英国输入的疋头的比例,续有起色。"([美]雷麦《外人在华投资》,商务印书馆1959年版,第275-276页。)这反映了抵制外货运动时期英日棉布市场份额变化与两国商人潜在的对此种政治形势的借用相关。

图 4－2：

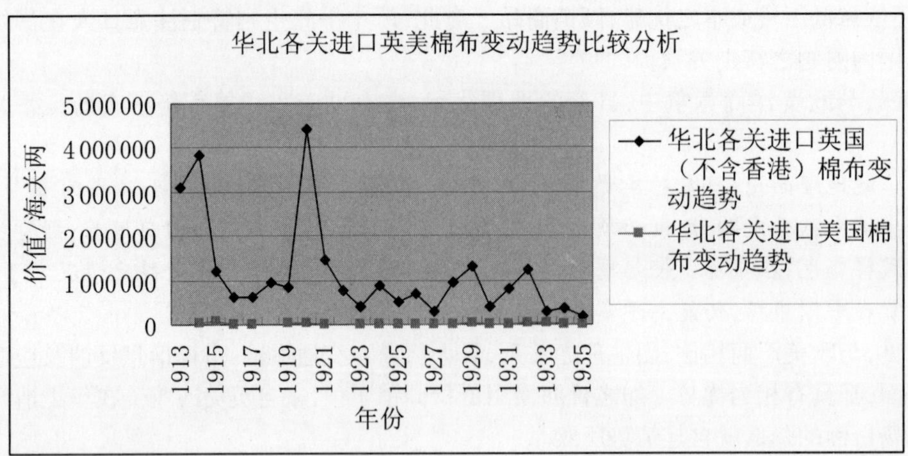

资料来源：中国科学院经济研究所藏抄件。引自严中平，《中国棉纺织史稿》，北京，科学出版社，1955 年，第 360 页。见附录表 14。

图 4－1、图 4－2 显示，① 以 1913 年为基点，英国棉布的进口量与日本棉布的进口量相比显得微不足道。② 1922—1932 年，日本棉布一直呈上升趋势。此期刚好是中国经济发展相对快速时期。这表明近代华北棉布市场规模扩大的根本原因在于中国经济的相对发展使国内市场扩大。但此期，英国棉布市场份额依旧一蹶不振，说明英商在市场竞争中已居下峰。① 而且，英国棉布市场份额变化波动明显，从其最高市场份额 3 000 000—4 500 000 海关两左右猛跌至几乎接近于零的状态。除 1919—1920 年间有一短暂的恢复性增长外，英国棉布总体上呈急剧下降趋势。这说明市场不稳定而且竞争激烈。鉴于英商在华北几乎未投资兴办纺织厂，这也说明英国棉布似已基本退出华北市场。③ 美国和其他国家棉布的市场份额少但稳定，其对市场变动影响不大。④ 日本棉布的市场份额在 1931 年后呈下降趋势。原因可能在于：一是日资在华纺织企业已具相当实力；二则中国本土棉布也有一个相应市场扩展过程。

需说明者，从总量看，日本棉布虽占优势，但其主要是在中低档棉布市场具有优势，英国棉布则在高端市场具有相当竞争力。这应是市场竞争之结果。

4.4.2 中外商人间的市场竞争与合作

于华洋布商间之关系，（包括生产商、经销商）特别是经销商间之关系，单就商业交易环节的程序论，华商处于被支配地位。二者是支配与被支配之关系。于市场变动影响力言，洋商（包括生产商）主导市场的能力的优势明显。即棉布市场基本为外商控制。这似乎已是定论。如据承明先生判断：（图 4－3）

① 按：需说明，就整个中国棉布市场而言，情况亦大体如此。雷麦研究证实，“1909 年至 1913 年期内，英国占世界棉织物出口贸易总额 60% 至 65%，日本不到 3%。1929 年英国减至 45%，而日本增至 17%。1909 年至 1913 年间，英国对中国及香港的出口，每年平均 5 亿 8 700 万码，1929 年减至 2 亿 1 000 万码，1930 年仅有 6 900 万码。1913 年英国对中国及香港的出口，四倍于日本出口的价值，但 1930 年仅占日本出口价值的六分之一而已。”1913 年中国输入的“本色市布”，来自英国不下 85%；1930 年 73% 的“本色市布”来自日本。在印花布及精细布匹的进口方面，1929 年与 1939 年英国仍居重要地位，但日本所供给者占半数以上。（［美］雷麦《外人在华投资》，商务印书馆 1959 年版，第 275 页。）

图4-3:棉布市场的流转环节

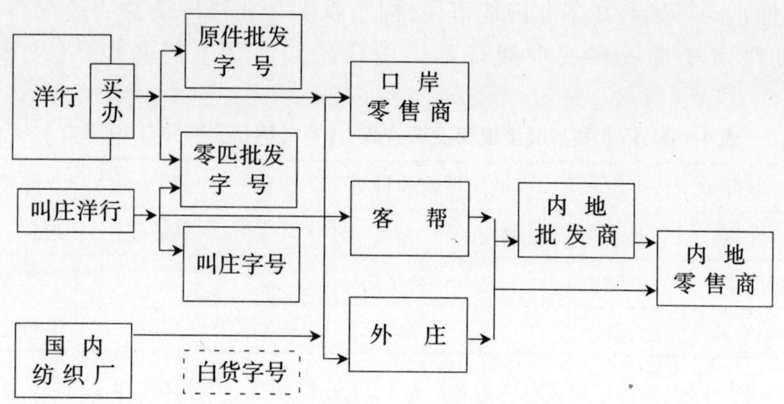

资料来源:许涤新、吴承明主编,《中国资本主义发展史:旧民主主义革命时期的中国资本主义》,北京,人民出版社,1990年,第192页。

就上图所反映布商间的商业交易程序论,上述结论似乎不假。但它未能反映出华洋布商间既竞争又合作之市场关系。事实上,此关系于华北棉布市场变动确有直接影响。据方显廷先生研究:

> 纱号及布庄——销售棉纺织物质商家,不特销售国内产品,且亦销售进口棉纺织物。是类商家之初兴,约在1870年后外国棉纺织物之输入基础渐稳定之时。其时输入者仅为疋头,直至1890年左右,始有大量外国棉纱之输入。殆欧战以还,我国棉纺织业勃兴,结果洋货为本国产品所替代,因此棉货商家多直接与本国制造厂家进行交易。同时乃有专行之发生,经营纱布贸易。如纱商组织纱号,布商组织布庄。二者之组织颇相似,除贸易品不同外,大致多无异点。事实上,纱号亦有经营疋头者,同时布庄亦有经营棉纱者。但各庄号营业之大部分,当为其本身之专业,如纱号,其大部分营业当为棉纱贸易,布庄大部营业当为疋头贸易也。据上海市社会局估计上海一市共有纱号六十三家,布庄八十七家;至于天津据天津市社会局估计,有纱号三十二家,布庄四十四家。故布庄纱号为多,适可证明在津沪两市场中,疋头贸易较棉纱贸易占优势也。①

方氏上述论断实际上透视了华洋布商间竞争与合作关系变化于市场变动之重要影响。如华商或采购本土棉布,或采购洋布,或作兼营或作专营,其与洋商间市场关系变化对市场交易量、商品结构变动、市场分工关系及市场组织变化程度均产生了影响。鉴此,判断此关系在时间维度的变化当以1895年为界点较妥。尽管竞争可能是主要的,但合作也不乏表现。在此,笔者既意图说明二者合作推动市场发展,维护市场稳定性,又强调二者对市场份额、原材料的争夺,以及由此引起的市场变动。

4.4.2.1 市场合作方面

近代华北棉布市场,洋布与土布(手织布)的市场竞争,或者说洋布市场份额的扩大,若无华商参与实难想象。就此而言,正是二者的合作才导致出现了上述情形。它作为常

① 见方显廷《中国之棉纺织业》,国立编译馆1934年版,第118-119页。

识,无需多言,在此仅试举其例。首先在销售渠道或销售体系上,洋布销售需利用华商的销货渠道或体系。特别是在华北内地市场,棉布就多是在洋广杂货店或棉布店销售。因此,在一些初级市场都或多或少拥有此类商店。如河北下述两地。(见表4-20、表4-21):

表4-20:河北良乡县全境商业调查表①(有关棉布业部分)(1923年)

区域	营业种类	户数	区域	营业种类	户数	区域	营业种类	户数
县城内	布商	七家	琉璃河	布商	八家	窦店镇	布商	二家
	洋广货商	二家		杂货店	六家		洋广货商	二家
	染布商	二家		染行	六家		染行	三家

资料来源:周志中修,吕植等纂,《良乡县志》,卷1,舆地志,市集,1924年铅印本。

另如,

表4-21:河北完县城关上户统计

名称	户数	说明
洋布店	五家	此表仅就完县城关镇统列。至乡镇,如吴村、神南、下叔、常庄等处虽有商户,惟资本极微,规模太小,姑从缺略。另:完县民十九年建设局调查,该地由天津输入洋线四百五十包,价值十万余元;由天津保定输入洋布二千匹,价值二万元。
染布铺	二家	

资料来源:彭作桢等修,刘玉田等纂,《完县新志》,卷7,食货第五,1934年铅印本。

上述两表说明,洋布要深入华北内地市场,需靠华商长途贩卖,并在华商的销货渠道内销售。更为甚者,一些中小商人亦加入此列,此种市场合作对拓展洋布市场更具实质意义。如山东东阿县,“东阿地瘠民贫,无大资本家操纵市面,而业烟、酒、杂货、布匹、洋货者,多系本地居民,以数千元或数百元之资本,应时贩运,以供人生之取求而已”。② 再如山东沾化县,“全县商店,俱系小本营业,除零星小铺外……其资本至多不过万元。贸易以杂货、粮食为多,广布(洋布)、洋货次之,药房、钱号又次之”。③ 河北邯郸县,“售卖洋布设肆营业者,城里车站及苏曹镇等处共十五家,资本以二千元为最,少则数百元”。④ 中小布商或居于城镇或居于乡间,他们拓展洋布市场既为获利,虽或主动或被动地参与了洋布市场营销体系的建构,也在有意或无意间与洋布商的市场合作中扩大洋布的市场销量,挤占了土布销售市场。且若把上述粗略论述归因于市场逻辑的必然发展,而使“合作”论断稍显牵强,那么在市场波动时,他们之间主动合作,维护市场稳定,则更具说服力。

1908年,“华洋各商亟于图利,洋商则广为招徕,罔论订货者有无资本或相当担保,一律照单批定,大有来者不拒之概;而华商则肆意批定,鲜顾货之有无销路,遂恣其多多益善之心,惟是蒂(拖)欠银行之款项日增。厥后,银行不愿出借,以致华商批定之货无力提取,则

① 周志中修,吕植纂,《良乡县志》卷1,舆地志,市集,1934年铅印本。

② 周竹生修,靳维熙纂,《东阿县志》卷7,政教志,商业,1934年铅印本。

③ 梁建章修,于清泮纂,《沾化县志》卷6,建设志,实业,1936年铅印本。

④ 李肇基修,李世昌纂,《邯郸县志》卷13,实业志,商业,1940年刻本。

经进口货之行商积货甚钜。闻所有定而未取之货，约计值银 10 000 000 两之多。”①由此，是年棉布贸易，“布疋之中，美国粗布，计减 464 754 疋；英国白布，计减 830 694 疋；印花布并印花色布等，减 240 306 疋。洋棉纱，减 129 047 担。”②为摆脱此困境，维护市场稳定，中外商人间合作则主要“是以营进口货之行商，除极力设法冀其将存栈货物提取清结外，否则惟有按所欠款项计以息利”。③ 鉴于“设非将积滞之货布销罄尽，将来交易难以取信，故彼此咸鼎力维持，遂得结局”，“本年为规定银色计，故暂设一决不可少之公估局”。④

1921 年，市场金银比价异常变动，国内货价甚高。华北棉布市场，“因货价昂贵异常，故进口之货为数见少，而疋头、五金类少更为显著。其业疋头者，欲将上年客人以高涨汇价所定之大宗积货出售，亦甚觉困难。年初，此项存货价值 4 500 000 两之谱。洋布庄知合同之条件势难履行，于是请于进口之洋行，将其困难之情形，加以考虑，而与以适当援助，以期达到稳固之地位。乃经多日之磋商，进口洋行与背约洋布庄，始有解决之办法，于是准诸后开之条件，遂缔结一种契约”。⑤ 为维护棉布市场稳定，该契约中就进口洋行、洋布庄及华商间交易行为、商人与银行欠款之关系处理，尤其是就事关因应银价波动导致棉布价格变化及相关交易费用应作何处理均达成约定。如该契约规定：“所有进口行代存洋布庄订购货物，议经公卖处出售。公卖处，由进口行、洋布庄共同管理，双方共举同数代表之人，公卖经费，既归中国洋布庄公会担负，公卖处，管理卖货、估定银价事宜。”⑥

组建“公估局”，重订“契约”，均是于市面银根不稳、支付困难致使棉布交易波动加剧，不利于市场稳定的情况下出现的。其间中外商人合作处理危局，这对维护市场交易秩序、扩大洋布交易量，或至少是力图保持其市场销售状况稳定，具有明显促进作用。据载，其时市

---

① 见吴弘明编译《津海关贸易年报（1865—1946）》，天津社会科学院出版社 2006 年版，第 267 页。

② 同上，第 269 页。

③ 同①。

④ 同①。

⑤ 同上，第 381 页。

⑥ 同⑤。另报告第 381－382 页记录：第二款：所有货物凡经公卖处售脱者，于起货时，全数价值，均用现款交付。若货经洋布庄转卖，洋布庄应先代交现款。惟准由赊卖价值内，扣除利息暨佣钱。出卖之货，关系何家进出口行，何家洋布庄，如未经通过两方面之允许，不得将货出卖。有何货物拟出卖，洋布庄、进口行不同意其价值，进口行，有权按洋布庄拟卖之价值买入此货。银行即须按第四条内载计算相差之数，并按照第五条所说理由，开具票期，交给进口行……第四款：因为预知银行应行担负最多债额，即如第五条所载者，须先对于各洋布庄，各进口行，所订合同之镑价，折合银两如下：在 7 月 1 日，或 1 日以前，汇水尚未结出，自然无何理由，可以 3 先令 5 个便士为折合未结汇水之价值，故从此无理由之价值，与 7 月 1 日前已经结出汇水价值内，折中取一汇水价值。惟直至起货之日，为折中价值之标准。第五款：按第四条，所开合同内货价折合银两之后，洋布庄各家开始各进口行详细清单，标明现核市面货价，以合同原价与单开市价比较，相差为何数，银行即允许担负进口行债务为何数，然不担过数之责任。银行付此数款项，分年摊还至 10 年止，但为保证付款，由银行开给期票，此期票不加利息。凡合同内货物，或合同内一部分货物，如已卖出，银行即给进口行上项之期票。银行应付进口行款项，有核算少付缘由，或因现卖价值，较洋布庄清单所开卖价为优；或因汇水结定价值，较无理由所定 3 先令 5 个便士价值独高；或因货物，有何与原合同不符，商允减让货价，致使现得卖价，较洋布庄单开价值还多；或因应付进口行银两缩少数目，此皆银行少付款项一切之动机。此少付盈余款目，不必提动常年付款之数，可用作银行在第 10、第 9、第 8 等年应付之款，俾便提前限定之年份。第六款：按照上开洋布庄清单内载市面价值，应算为极低价目，便于用现款付价起货。倘货卖出时，所得之价，在洋布庄开具清单所载市面价值之下，或汇水在无理由之 3 先令 5 个便士以下，其不足者，当未提货之先，洋布庄须用现银如数补偿。第七款：洋布庄确实保证，自立合同日起，10 个月内，须先起去批买一切货物，即进口行所代存者，所有未结汇水，均得结出。结定汇水，总须于货物未起之先，按照合同内完全货物结算。至所起者，则无论其为全数之货，或为一部分之货。第八款：汇票之利息，货物之火险、栈租，直至起货之日，概归进口行担认。其余条款，如登录记载，如洋布庄，因进口行让免上项一切息费，情愿取消货物迟到所有之要求；如解释手续，遇有何轇轕，或双方有不同意之处，交公正人公断等节，另有条款详载。

场“其他各种磋商，皆系疋头会社及中国商贩，为巩固彼此利益起见，皆有接洽。其由买价或定银之内，将来须提出1/10，以及修正现时买主与掮客之合同式样，亦有所提议。此等办法，或者裨益商务匪浅。其旋兴旋灭之商号，则将因此为之淘汰”。① 于此最可注意者则是出现的“旋兴旋灭之商号被淘汰出局”现象。这种双方于合作中进行市场整合之现象亦是棉布市场变动的重要体现。这是过往研究或过多强调二者的竞争性或支配与被支配关系未曾洞见的市场变动原因之一。

4.4.2.2 市场竞争

于二者间市场竞争对市场变动的影响而言，除前已论及的通过直接进货争取市场主导地位外，尤应强调，1895 年后，手织布改良及本土机器纺织业的兴起对市场变动的影响。但因 1895 年后华北棉布市场日商优势逐渐凸显，因此，中外商人间的市场竞争在很大程度上就是中日商人间的竞争。其主要影响即是：

一方面，华商贩卖土布，或本土洋布，使外洋布市场份额急剧下降。手织布市场的兴衰更替与此相关。如据记载，至 1936 年前后，河北香河县，“布商，本县线店四十余家，均收买土布，向北平、口北一带行销，为香河出品大宗，乡民赖以生活，其杂色布匹，类由天津转运，销无定数”。② 再以河北完县民国十九年土布、洋布输出输入为例：(见表4－22)

表 4－22：1930 年河北完县输出输入物资统计（土、洋布部分）（1930 年建设局调查）

	货物名称	输出数量	行销地点	出境价格（额）
出境货物	棉花	一千万斤	天津、张家口	一百二十余万元
	土布	四十余万匹	涞源蔚县张家口等处	四十余万元
	毛布	六万五千余打	绥远张家口	七万一千余元
入境货物	货物名称	输入数量	货物来源	入境价额
	洋线	四百五十包	天津	十二万余元
	洋布	二千匹	天津保定	二万元

资料来源：彭作桢等修，刘玉田等纂，《完县新志》，卷 7，食货第五，1934 年铅印本。说明：19 年度完县棉花丰收。

表 4－22 中，土洋布市场份额相差巨大，来自天津和保定之洋布也断难完全肯定是西洋或东洋布。即华商大量贩卖土布，于维持本土棉布的市场份额，实功不可没。在华北内地市场，华商的此种作用尤为突出。

另一方面，中外商人，尤其是中日商人不仅在流通领域竞争激烈，而且其竞争更使棉纺织业生产领域的投资急速增加。这对市场变动的影响更具实质意义。在生产领域，一则小生产者采用铁轮织机、洋纱织布均拜华商所为；二则华商直接投资兴办近代纺织企业挤占洋商，尤其是日商在华北的棉纱、棉布市场份额。以双方在天津、山东市场的争夺为例：（详见表 4－23、表 4－24）

① 见吴弘明编译《津海关贸易年报（1865—1946）》，天津社会科学院出版社 2006 年版，第 382 页。

② 王葆安修，马文焕、陈式谌纂，《香河县志》卷 3，实业，1936 年铅印本。

表4-23:列强在华棉纺织业的投资(与华北相关部分)(1890—1932)

投资机构	时期	被投资的中国纱厂	投资方式	投资额	投资的结果
日本中日实业	1917	天津华新纱厂	借款	500 000日元	1936年由钟渊收买
日本中日实业	1919	济南鲁丰纱厂	借款	600 000日元	
美国慎昌洋行	1920后	郑州豫丰纱厂	借款	2 000 000元	因无力偿还债务被接管
日本大仓组	1921	天津裕元纱厂	借款	2 900 000日元	1936年卖与钟渊
日本东洋拓殖	1921	天津裕大纱厂	借款	3 947 778日元	1925年被东拓接手经营
美国慎昌洋行	1922	天津宝城第三纱厂	借款	3 000 000元	因无力偿还债务被接管
日本裕丰纺织会社	1932	唐山华新纱厂	合办	3 000 000日元	1936年由日厂接办

资料来源:严中平等编,《中国近代经济史统计资料选辑》(第1辑),北京,科学出版社,1955年,第137页。
说明:原表系全国内容,为表述方便,本表中只选取了与华北相关部分。

表4-24:上海、青岛、天津日资纺织业比较(1925—1937)

设备	年份	总数	上海	%	青岛	%	天津	%
纺纱机(千锭)	1925	1 234	976	79.1	238	19.3		
	1930	1 478	1 109	75.0	344	23.3		
	1935	1 869	1 352	72.3	492	26.3		
	1936	2 068	1 350	65.3	523	25.3	170	8.2
	1937.7	2 093	1 358	64.9	592	28.3	219	10.1
织布机(台)	1925	6 430	5 312	83.8	1 109	17.5		
	1930	124 341	9 172	74.3	2 869	23.2		
	1935	22 932	15 518	67.7	7 114	31.0		
	1936	27 788	17 298	62.2	8 790	31.6	1 400	5.0
	1937.7	31 010	17 370	56.0	11 238	36.2	2 102	6.8

资料来源:根据小岛精一《华北经济读本》,1937年,第115-120页有关统计制成。引自庄维民、刘大可著,《日本工商资本与近代山东》,北京,社会科学文献出版社,2005年,第387页。

上述两表表明,在生产领域投资的洋商主要是美日商人,日商居绝对优势。日商在华北的此类投资基本始于一战末期。两相比较日资具有资本足、规模大,投资迅速增加的特点。这有助于保障其市场竞争优势。但就竞争与市场变动之关系而言,则更应注意外资,尤其是日资大举进入也极大地刺激了国人,华商的此类投资因此亦急速增加。(见表4-25、表4-26)

表4-25:天津纱厂调查

公司	开车年	创办人或大股东	创办人或大股东资历或资本来源
直隶模范纱厂	1916	直隶省政府	公款
华新	1918	周学熙、杨翰西	官僚

（续表）

公司	开车年	创办人或大股东	创办人或大股东资历或资本来源
裕元	1918	王郅隆	官僚
恒源	1920	陈玉亭	潮帮商人
北洋	1921	黄献忱、范竹斋	资本多来自纱号或银号
裕大	1921	王克敏	官僚

资料来源：严中平，《中国纱厂沿革表（1890—1937）》《中国棉纺织史稿》，北京，科学出版社，1955 年，第 327 - 353 页。

说明：本表系据上述内容整理所得，为表述方便，只选择与天津相关部分。其中，直隶模范纱厂，1918 年与恒源帆布厂合并为恒源纺织有限公司，1937 年因债务关系由中国、金城、大陆、中南四银行管理。另外，山西榆次晋华、河南卫辉华新纱厂、石家庄大兴纱厂暂未列入此表。

表 4 -26：山东日商与华商纱厂增长指数

年份	日本资本		民族资本	
	纱锭（枚）	指数	纱锭（枚）	指数
1920	20 000	100	29 964	100
1925	235 756	1 179	57 192	191
1930	346 178	1 731	68 684	229
1935	489 620	2 369	104 684	379

资料来源：满铁天津事务所：《山东纺织业概况》，1936 年 3 月，第 8 - 9 页。引自庄维民、刘大可著，《日本工商资本与近代山东》，北京，社会科学文献出版社，2005 年，第 387 页。

上述两表说明，同期华商投资的增长速度虽逊于日商，但在整个时期内，双方竞相同步投资确系事实。这一则说明双方对市场前景预期看好，棉布生产领域的投资随之急速增加；其二则更能体现出华北棉布市场处于迅速发展，且内部竞争激烈的状态。同时，日商资本投入的优势势必转化为其市场竞争优势。（见表 4 - 27、表 4 - 28）

表 4 -27：山东中日纱厂生产规模比较（1935）

	中资纱厂总数	每厂平均	日资纱厂总数	每厂平均
纱锭（枚）	104 692	26 173	445 172	55 646.5
线锭（枚）	8 960	2 240	12 795	1 599.4
布机（台）	211	52.8	7 214	901.8
电力（千瓦）	2 400	600	29 320	3 365
工人人数	4 598	1 149.5	23 336	2 917

资料来源：据满铁天津事务所调查课《山东纺织业概况》（1936 年）第 13 - 25 页整理而成，电力数有 1 家日资厂未计入。引自庄维民、刘大可著，《日本工商资本与近代山东》，第 389 页，北京，社会科学文献出版社，2005 年。

表 4－28：山东中日纱厂棉纱产量比较(1930—1934) 单位：包

纱厂＼年份	1930	1931	1932	1933	1934
日资纱厂	176 950	227 213	214 406	223 332	192 840
比重(%)	82.7	86.2	81.8	82.5	73.8
其中内外棉	50 000	56 700	73 000	75 244	72 570
富士	20 000	19 394	57 032	57 032	22 787
公大	29 450	72 419	12 716	15 185	17 202
隆兴	14 600	26 200	26 350	27 871	28 716
宝来	20 800	24 000	22 808	23 000	21 000
大康	42 100	28 500	22 500	25 000	30 565
中资纱厂	37 000	36 350	47 612	47 148	68 469
比重(%)	17.3	13.8	18.2	17.5	26.2
其中：华新	17 000	15 010	22 560	19 000	22 800
鲁丰	20 000	21 340	25 052	20 528	23 085
成通	——	——		7 620	1 4000
仁丰	——	——			8 584

资料来源：据满铁天津事务所调查课《山东纺织业概况》(1936 年)第 28－29 页整理而成，电力数有 1 家日资厂未计入。引自庄维民、刘大可著，《日本工商资本与近代山东》，北京，社会科学文献出版社，2005 年，第 390 页。

上述两表显示，在生产设备和生产量方面，日商优势明显。但应注意，一、市场竞争确实深刻影响华北棉布市场变动；二、上海始终是日商在华纺织业投资主要地区，一战后，日本棉布在整个中国市场，尤其是华北棉布市场，较长时段内都居优势地位。且华北布商也多从上海进口棉布回销华北市场。

因此，论及华洋商人市场竞争与华北棉布市场变动之关系，须从全国范围内审视华北市场中外商人市场竞争结果。具体而言，竞争除导致市场规模扩大外，洋布和洋纱(外洋或外资生产的)在华北市场占有率呈下降趋势，以及竞争形成的市场平均利润率，最终决定了华洋商人的市场命运。(见图 4－4、图 4－5)

图 4－4：

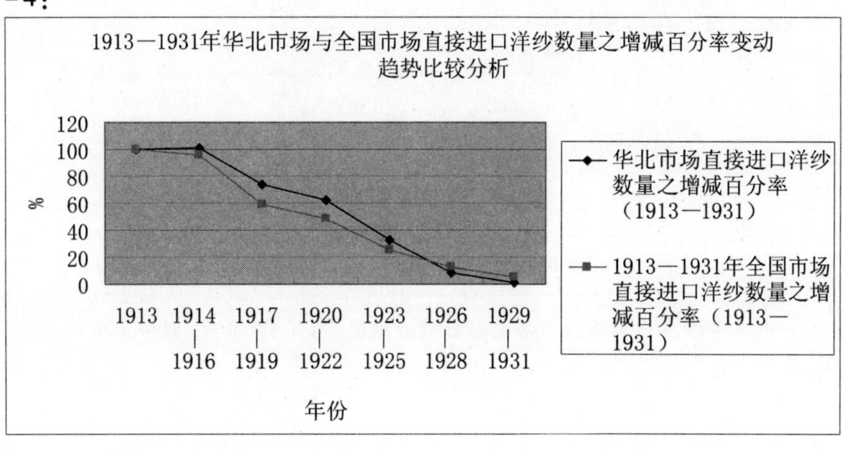

资料来源：严中平，《中国棉纺织史稿》北京，科学出版社，1955 年，第 151 页。见附录表 16。

华商真正较大规模投资兴办近代纺织业，甲午战败的刺激“功不可没”，且就此之际，日本棉布开始迅速进入中国市场。因此，若以 1913 年为基点，以三年为一个平均时段，图 4－4 说明，无论是全国市场，还是华北市场，洋纱进口数量均呈现下降趋势，1914—1916 年当是市场变动拐点，至此到 1929—1931 年，进口洋纱的增长幅度几乎接近于零。这说明：本土棉纱正在获取市场优势！华商纱厂市场份额在迅速增长，中外商人竞争焦点有自棉纱转向棉布领域之趋势。

图 4－5：

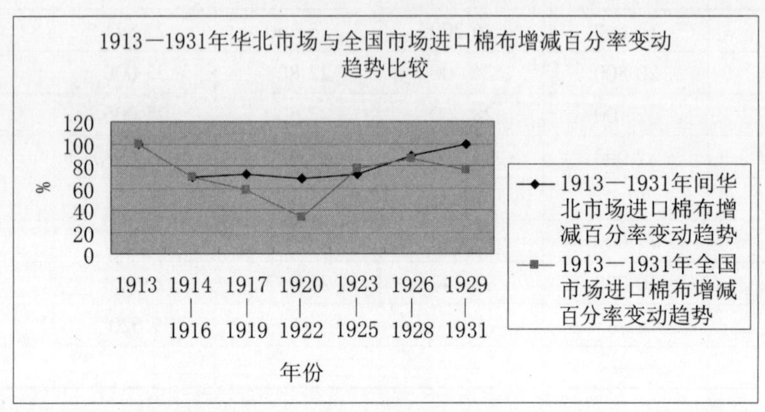

资料来源：严中平，《中国棉纺织史稿》，北京，科学出版社，1955 年，第 153 页。见附录表 17。

与上图一样，仍以 1913 年为基点，① 1913—1928 年，华北市场和全国市场的棉布进口增长百分率均未超过 1913 年，1913—1925 年进口增长率呈下降趋势。这与其时国内机器纺织业大发展的趋势基本一致。② 华北市场与全国市场有所不同。1926—1931 年，全国市场棉布进口重新呈下降趋势，而华北市场却呈上升趋势，并恢复到 1913 年水平。于此，若勾连 1931 年前后，日本侵占东北，加速倾销棉布，华北受此影响，其进口总量增加则属正常，但这并未改变其总体下降趋势。市场呈现出如此变动趋势，根本原因在于中外商人市场竞争中投资策略的变化。此市场竞争必然影响华北棉布市场变动。（见图 4－6、图 4－7）

图 4－6：

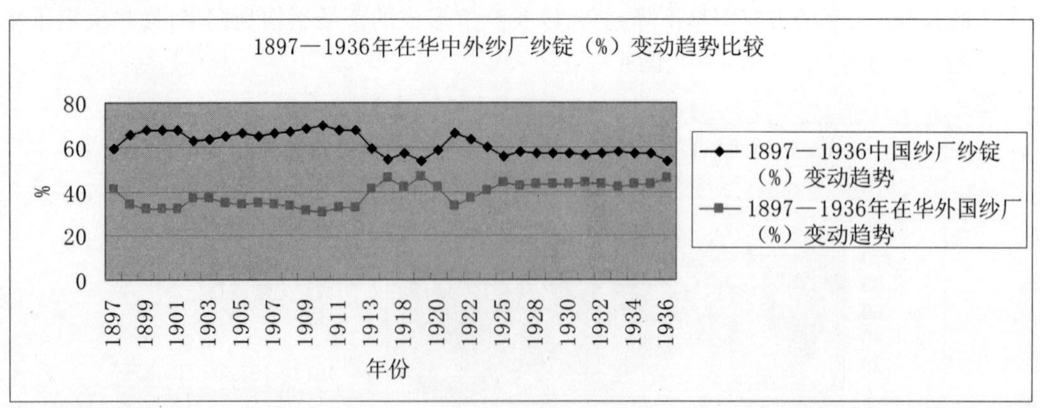

资料来源：严中平等编，《中国近代经济史统计资料选辑》第 1 辑，北京，科学出版社，1955 年，第 136 页。见附录表 18。

图4-7：

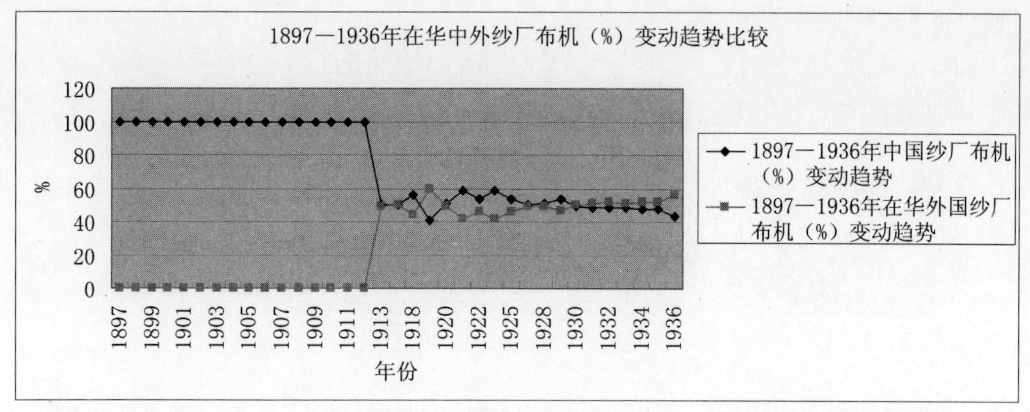

资料来源：严中平等编，《中国近代经济史统计资料选辑》第1辑，北京，科学出版社，1955年，第136页。见附录表18。

对照上述两图发现，① 华商的投资策略是全面发展，既争夺棉纱销售市场份额，又试图控制棉布市场，所以，华商在纱锭百分比方面占据优势，其纱锭百分比一直在60%的高位上下徘徊。外商只是在1913年前后，于纱锭投资方面才超过40%（个别年份除外）。因此，在棉纱市场的争夺中，华商具备一定优势，加之外商投资兴办机器纺纱业，洋纱进口下降自是情理之中。② 1913年前后外商的布机百分比基本处于零增长状态。这表明此期洋商的竞争策略主要是倾销棉纱及直接拓展棉布市场。但此后，华商竞争加剧，洋纱利润降低，市场培育已达到一定程度，控制整个市场时机已较成熟，外商开始迅速加大棉布生产的投资。至此，华商在布机方面的优势迅速丧失，至少是与外商难分伯仲。以1930年为界点，外商在布机增长百分率方面超过华商。市场上本土（包括华商、洋商在内）棉布生产能力急剧增强，所以，棉布直接进口总体下降。如此，国产棉布市场份额则势必会降低。但就市场变动而言，由于此后华商棉布生产能力与外商难分伯仲，在华北市场，加之有如高阳、潍县这类棉布手织区对市场争夺的客观存在，因此，华商又确能极大地挤占洋商的棉纱、棉布市场份额。

此外，中外商人间以及本土华商间的市场竞争，促使市场平均利润率形成，这与传统棉布市场“贱买贵卖”形成的一般商业利润有极大区别。华北棉布市场发展模式由此而根本改变，平均利润率已成市场变动的核心原因之一。以资本纯益率变动为例：（见图4-8至图4-9）

图4-8：

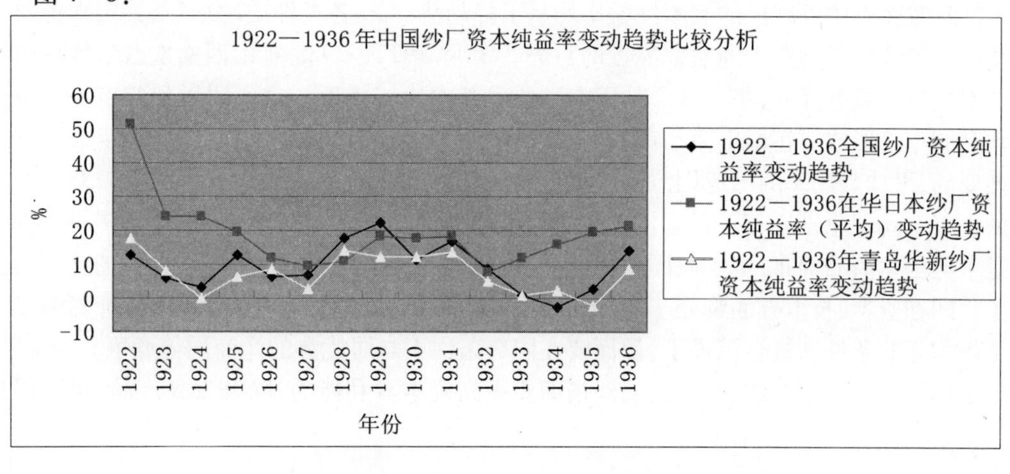

资料来源：吴承明、许涤新主编，《新民主主义革命时期的中国资本主义》，北京，人民出版社，1993 年，第 138－139 页。见附录表 19－1、表 19－2。

图 4－9：

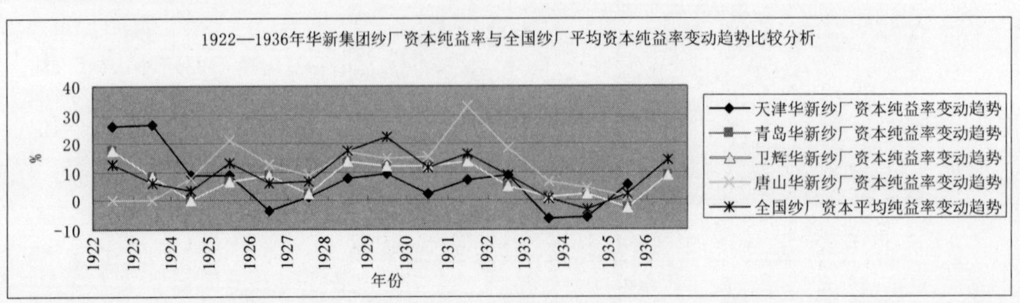

资料来源：吴承明、许涤新主编，《新民主主义革命时期的中国资本主义》，北京，人民出版社，1993 年，第 138－139 页。见附录表 19－1、表 19－2。

说明：1922—1936 全国纱厂纯益率变动趋势含外资在内。

7 图 4－10：

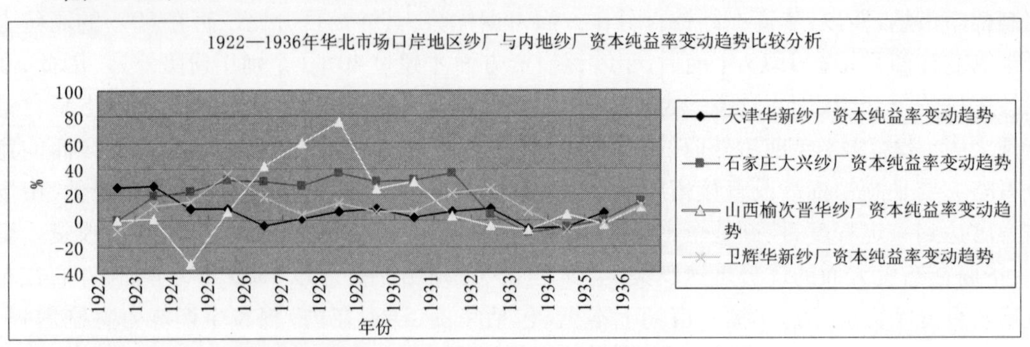

资料来源：吴承明、许涤新主编：《新民主主义革命时期的中国资本主义》，北京，人民出版社，1993 年，第 138－139 页。参见附录表 19－1、表 19－2。

图 4－8 至图 4－10 显示，日商资本纯益率要较华商高。这也是棉布市场变动过程中，日商及其棉布居优势的根本原因之一。但更应注意市场平均利润率形成后对棉布市场变动的根本影响。

图 4－8 至图 4－10 中资本纯益率剧烈变动表明，① 不稳定性是棉布市场的基本特征之一。且整体上中外纱厂的资本纯益率均呈下降趋势。② 各类性质的纱厂，其资本纯益率都呈向全国纱厂平均资本纯益率靠近的趋势。③ 除 1924—1928 年山西榆次晋华纱厂资本纯益率或突升或突降外，华商纱厂的资本纯益率基本比较接近。这说明激烈的市场竞争中平均利润率已形成。在即定商品市场，若市场购买力、原材料、设备等之价格即定或未发生剧烈变动，平均利润率的形成则意味着企业或经济组织在市场上依靠市场购买力差异而存在的生存空间被急剧压缩。在近代华北棉布市场，中日生产商或经销商，向市场提供的都主要是中低档的商品棉布，基本属同质化商品，由此，在激烈的市场竞争中，有差异的购买力消失了。即在资本、技术方面都处于弱势的华商原本可依靠向贫穷消费者提供廉价棉布以完成市场积累的条件和机会消失了，反而要在同等条件下与居优势的洋商同等竞争。

市场平均利润率形成后，厂商或经销商要提高资本盈利能力，除开发新产品，培育或拓展新市场外,提高商品的市场占有率则势为必需。对消费弹性系数较小的棉布而言,洋商无论是在加大资本、技术投入,还是在控制商品原料,甚至以降价倾销提高市场占有率方面都居绝对优势。以进口棉布市场价格变动为据:(见图4-11至图4-13)

图4-11:

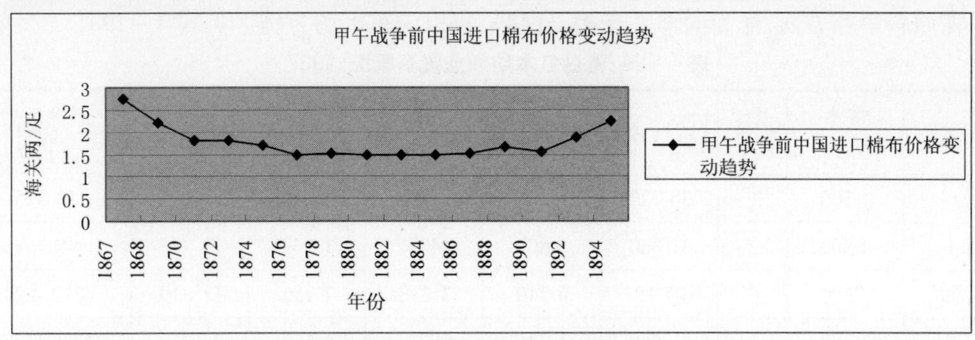

资料来源:姚贤镐:《中国近代对外贸易史资料》第3册,1962年版,第1368页。见附录表20。

图4-12:

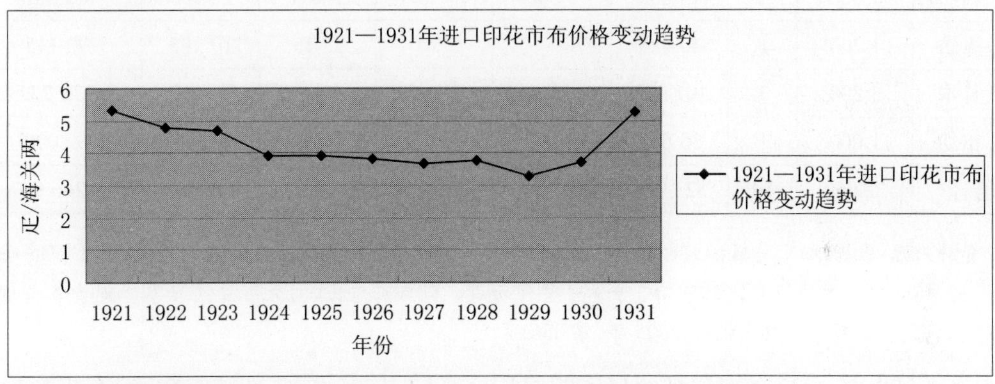

资料来源:本图相关数据系笔者据海关华洋贸易关册资料分类统计、计算所得。见附录表21。

说明:价格=年进口价值量/年进口数量。

图4-13:

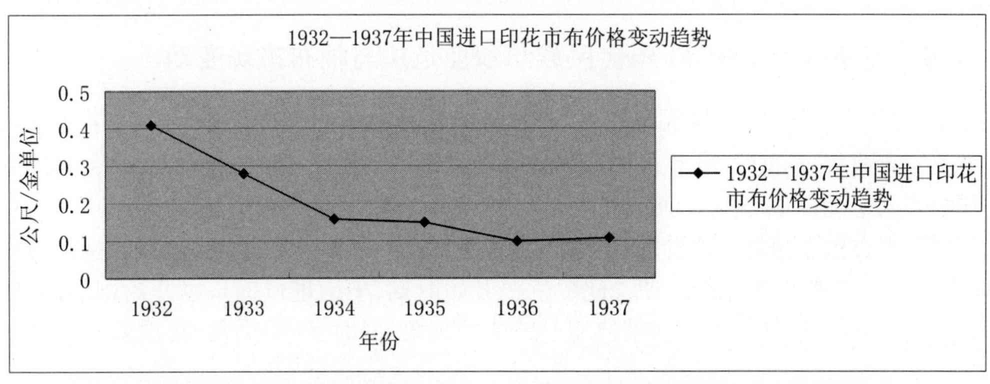

资料来源:本图相关数据系据海关华洋贸易关册资料分类统计、计算所得。见附录表21。

说明:价格=年进口价值量/年进口数量。

图4－11至图4－13显示，① 总体上，进口棉布价格呈下降趋势。② 印花布价格1929—1931年虽有短暂的上升过程，但也仅属恢复性上升而已，其余时段内则呈下降趋势，特别是1932—1937年其价格下降幅度最大。鉴于近代华北市场，棉布市场流通总量增加属客观事实，这表明洋商挟持资本优势而降价倾销棉布的竞争策略或行为是客观存在。

在原料争夺方面，洋商同样具有相当优势，仍以山东市场为例：（见表4－29）

表4－29：青岛日本纺织业投资概况（1937）

公司名称	资本（万元）	厂数	纱锭（枚）	线锭（枚）	织机（台）	中国工人	年产棉纱（捆）	原棉消费（担）
同兴	1 500	1	30 720	——	1 152	1 670	——	12 315
富士	4 500	2	31 360	1 600	480	1 539	18 722	98 761
钟渊	1 500	6	107 152	9 240	3 218	7 255	11 819	312 408
日清	2 850	1	42 660	3 746	520	1 659	28 259	82 870
内外棉	3 300	3	90 400	8 000	——	3 619	66 000	233 000
长崎纺	1 000	1	43 602	2 040	——	1 446	22 400	80 161
上海纺	1 200	1	40 488	——	720	1 915	10 197	90 113
大日本	5 200	3	101 192	14 136	2 160	3 940	36 112	272 279
丰田纺	1 000	1	35 640	——	540	1 539	14 676	85 000
合计	22 050	19	523 214	38 672	8 790	24 582	208 185	1 266 907

资料来源：根据［日］马场锹太郎《北支八省资源》（1937年），矿部和夫《北支经济大观》（1938年），［日］樋口弘《日本对华投资》（1959年）等资料整理而成。引自庄维民、刘大可著，《日本工商资本与近代山东》，北京，社会科学文献出版社，2005年，第386页。

表4－29中，1937年时青岛的日资纺织厂已高达19家之多，其纱锭数、织布机数均较大。即日资纺织厂具备惊人的棉花消耗能力和棉布生产能力属客观事实。华商纺织厂因此而承受巨大的市场竞争压力。综上分析确可断言：市场平均利润率形成后，洋商的资本、技术优势更有利于其拓展市场、开发新产品、控制原料，进一步强化其市场竞争优势。

4.5 竞争视野下的30年代民族纺织业危机与棉布市场变动

市场变动中，竞争使交易规模扩大，亦使竞争主体具有不同发展前景。在华北棉布市场，手工织布业在20世纪30年代初期出现急剧衰退。民族机器纺织业则自1931年下半年起，开始陷入逆境；1932年后，演变成危机；1936年下半年，才稍稍复苏。[①] 但同期，市场上日本棉纱、棉布销售却是一片看好；就纱布之对比言，棉纱销售艰难（内地纱厂生产、销售却相对稳定），棉布销售却较稳定。[②] “此次危机开始时期，中国进口棉布也开始剧烈的跌落，结果遂造成纺业危机期内织业却维持相对繁荣的现象；同时，针织染各业，也就连带的维持

① 见严中平《中国棉纺织史稿》，科学出版社1955年版，第192页。

② 同上。

兴盛。”[①]对于此市场变动，学界较主流看法是：手织业所带有的自然经济色彩，落后的生产组织形式，决定了它在30年代的衰亡是势所必然。而近年来虽强调手织业非纯粹自然经济可言，对其衰退原因则更强调诸如1929年的经济危机、白银流动、战争、政府经济政策等因素之影响。于机器纺织业，除论述前述原因外，则更突出双方在资本、技术上差距对其市场竞争力的影响。上述观点无疑都有其一定的正确性。但笔者以为，既是市场竞争，且其一开始就是非公平可言，市场有效需求既定，事实就未必尽如上述所述！而坚持以市场竞争为视角来观察和审视此历史现象，或许更能接近历史的本质。

首先，手织棉布业未必尽是全面衰退。学者研究证实，1923—1933年，宝坻土布在东北市场销量自高峰时的3 982 693疋减少到727 010疋，下降幅度高达81.75%。[②] 同期，高阳棉布在东北市场销售状况亦是如此。若此，东北沦陷确使华北棉布失去一重要市场。但此后，华北手织棉布却大力拓展西北、西南市场。其市场未必是全面萎缩。

据载，1931年后，高阳布业者中资本较大者，却趁物价下跌之际，广购原料，根据西南各省人民“习尚华美”的风俗，对产品推陈出新，开辟西南市场。且1934年后整体经济形势日渐好转，高阳不仅旧有织机重新开工，还有新织机增加，在全面抗战前，形成了第三次发展高潮。[③] 潍县织布业在全面抗战爆发前亦曾发展到极盛。[④] 另如，河北香河的土布业于1934年末至1935年初亦逐渐呈现重新市场销售畅旺。[⑤]

西北棉纺织业不甚发达，向为棉布输入地区。以甘肃为例，“纺织一项乃为一最大问题”，“数量微小远不足甘肃地方之需要，故棉布由外输入，年达万余吨，价值四百余万元，实为甘肃最巨额之输入品”。[⑥] 东北沦陷后，华北布商极力拓展西北市场。仍以宝坻棉布为例，宝坻棉布历来的主要市场是在东北，其在1923年时仅有246 000匹土布销往西北，但1933年当年就突增为792 000匹，同比1923年猛增达320%。[⑦] 东北沦陷后，高阳棉布也同样加大了对内地、西北、西南市场的开拓。（见表4－30）

表4－30：1932年高阳布匹销售区域分布情况统计

区域名称	销售数量（疋）	百分比	销售价值（元）	百分比
河北	515 581.0	42.95	4 283 301.25	39.88
山西	238 857.0	19.89	1 990 542.62	18.53
河南	177 515.0	14.79	1 566 649.14	14.59
山东	6 700.0	0.56	82 006.41	0.76
绥远	52 326.5	4.36	278 953.55	2.60
察哈尔	21 772	1.81	181 374.15	1.69

① 见严中平《中国棉纺织史稿》，科学出版社1955年版，第219页。

② 见方显廷、毕相辉《由宝坻手织工业观察工业制度之演变》，《政治经济学报》1937年第4卷，第2期。

③ 见彭泽益《中国近代手工业史资料》第3卷，中华书局1962年版，第453－454页。

④ 见彭泽益《中国近代手工业史资料》第4卷，中华书局1962年版，第11页。

⑤ 见天津《益世报》1935年4月16日。

⑥ 见铁道部业务司商务科《陇海铁路甘肃段经济调查报告书》，文海出版社1989年版，第45页。

⑦ 见方显廷、毕相辉《由宝坻手织工业观察工业制度之演变》，《政治经济学报》1937年第4卷，第2期，第46页。按：是书还记录同期宝坻土布对其他地区销售急剧下降。

（续表）

区域名称	销售数量（疋）	百分比	销售价值（元）	百分比
陕西	82 610	6.88	829 698.81	7.73
甘肃	27 386	2.28	247 524.28	2.30
湖北	23 309	1.74	324 399.28	3.02
湖南	11 571	0.96	163 599.94	1.52
四川	31 966	2.66	665 700.58	6.20
江苏	1 168.5	0.10	13 157.04	0.12
广东	1 965	0.16	27 751.03	0.26
总计	1 200 361	100.00	10 740 224.90	100.00

资料来源：据吴知，《乡村织布工业的一个研究》第236－238页整理所得，上海，商务印书馆，1936年。

上表显示：东北沦陷后，河北、山西、河南、绥远、察哈尔、陕西、甘肃、四川七地区的市场销售额已占到高阳棉布市场总销售额的95.62%，可见华北、西北、西南市场已基本是其主要市场。河北本地市场销售额高达42.95%，则说明其更加重视开拓本地市场。山西、河南在其销售份额中分别高达19.89%、14.79%。这说明高阳棉布开拓华北内地市场亦是不遗余力。

丧失东北市场后，山东潍布也极力拓展其他市场。“九一八”后，西北、西南成潍布的重要销售市场；同时，潍布也极力开拓华北内地市场。河南既是高阳棉布的市场，也是潍布的重要销售市场。如1932年潍县火车站运出3 600吨外销布匹，其中3 250吨销往河南。此外，还用邮件把潍布寄往河南许多地区。①

综上所述，华北棉布丧失东北市场后，其市场并未全面急剧萎缩，而是有新扩展，华北手织业仍有发展。

其次，此次棉布业危机，应是市场竞争的外在反应。其理由是：前述研究已证明，因市场有效需求既定，市场平均利润率形成后，市场竞争主体势必只有拓展新的销售区域，或不断开发新产品，才能巩固或改变其市场地位。因此，若华北棉布对西北、西南市场的拓展是因日本人侵占东北而增添了特定时代的扭曲因素，那么，未必全面衰退华北棉布业，其市场竞争转向注重生产技术和能力的提升，则是市场平均利润率形成后这一竞争实质的最好体现。以高阳棉布产品的升级换代及市场拓展为例，据载：

民国以前，初兴织布，布业所用棉纱大半来自日本，纱之细者以三十二支为最，粗者则有十大把、十二把、十六支、二十支等类之纱。织成洋布后，或染佛青、缸月、青蓝等色，其白色布匹则运赴辛集、南宫、顺德、高邑、得州一带、北平、涿州一带，山西榆次、太谷、太原一带批发销售……至民之后，国内各纱厂风起云涌，仿制日纱，而日本则出一种四十二码合股线以作竞争。是时高阳又创行爱国

① 见《山东潍县之织布业》，《工商半月刊》第6卷，第1号。按：据此文献记录：潍县布商通过邮寄，向陕西、山西、甘肃、云南、贵州、绥远等地销售大量土布；潍县布商通过邮寄把布寄往河南怀庆、郾城、信阳、巩县、武陟、睢州、郑州、驻马店等地。此外，河北、山东、四川、江西、湖北、湖南、安徽、江苏、浙江、福建等省，都有潍县布的销路。

布，将合股线先行染成各种颜色，再交织户织成十斤左右之爱国布，销路则辟河南之洛阳、陕西之长安、察哈尔之张家口各处，各处最盛时，年可销百万匹，利益最薄……嗣后，白布、色布、爱国布等渐就衰微，而花条布、色条布又应时而兴。盖因山东潍县亦继高阳而营织布业，且成本较轻，货质亦稍高，凡高阳布业界足迹所到之地，无不有潍县人与以竞争。自受此打击，始改创杂色条布，以作维持，而旧有之各种白布等布成为附带品，爱国布则绝迹。至民国十年以后，麻、丝卒兴，提花机亦盛极一时，昔日之织平面布者皆一变而为麻丝提花品，销路亦大加扩充，如江苏之上海、福建之福州、厦门、汕头、广东之澳门、安徽之蚌埠、芜湖、湖北之汉口、武昌、宜昌、沙市、湖南之长纱、岳州、宝庆、四川之重庆等地，均有高阳之销售麻织品者。①

材料显示，高阳棉布产品每次升级换代都有相应的市场扩展过程。即在市场有效需求既定，市场平均利润率形成后，市场竞争主体只有或拓展新销售区域，或不断开发新产品，才能巩固或改变其市场地位。

再以华新青岛公司生产 32 支纱为例。

据严中平先生的研究结论可判断，华北棉布市场，华商纱厂于数量占优，却大多集中在低端产品市场。危机中，华商纱厂必须开发新产品方能获得市场先机。当时山东市场，初以 16 支纱、20 支纱为大宗，日纱主要集中在支数超过 42 支以上的高端产品。据此，华新青岛公司，遂突击发展市场短缺产品 32 支纱，尽管此类产品销量较小，但利润丰厚，华新公司基本独占此类产品的山东市场。除 32 支细纱外，华新青岛公司还生产 42 支、60 支、80 支三种规格细纱（合股纱线），从而获得转机。1933 年 9 月，华新厂生产的 32 支、42 支、60 支、80 支细纱“曾代表国货运往美国参加芝加哥百年进步世界博览会”。②

无疑，华新青岛公司通过开发新产品，赢得了“在夹缝中求生存”的一线机会。不仅限于此，危机中华商也急速提升了自身的生产技术水平。

第三，经历此次危机，市场竞争使手织业、机器纺织业的生产技术水平或规模有极大改善。据载，高阳仅用 10 年左右时间就基本淘汰旧式织机，其时间也就在 30 年代前后。据载：

高阳县城东 15 里的小王果庄，不过 300 户人家，人造丝织业兴起，人们争相购买，小提花机迅速淘汰，到 1937 年，全村有大提花机 300 多张；高阳县城东 12 里的李果庄，1937 年全村不到 400 户人家，拥有铁轮织布机 700 多张；高阳县城西南 10 里的于留佐村，100 多户人家有 200 多台织机，还有 20 余家小工厂。县南的延福村共 200 多户人家，1921 年，铁轮织机只有 20 多张，1927 年改织大提花机，很快就发展到 300 多张。③

即截至 1937 年止，高阳织布区较大规模地更换了铁轮织机，因此在是次市场危机中，更换铁轮织机当不在少数。并且，从小提花机到大提花机。这表明高阳棉布开发新产品的能力有了极大提升。相关研究结论亦可对此加以印证。对土布业的衰退，徐新吾教授就以为

---

① 李大本修，李晓泠纂，《高阳县志》卷 2，实业，1933 年铅印本。

② 见唐少君《周学熙与华新纺织股份有限公司》，《安徽史学》1990 年第 4 期。

③ 见《高阳织布业简史》，《河北文史资料》（第 19 辑），第 37－45 页。

是仿洋布、改良土布挤占了土布市场,造成了其衰退。[1] 于这类事实,徐氏多以江南土布为案例进行论证。但在华北,这类事情同样不少。所以,这实际反证了市场竞争中手织业整体生产技术水平有极大提高。否则,华北手织布根本不可能在危机中继续拓展西北、西南市场。

相较于手织业的生产技术提升,此次危机中,机器纺织业生产技术水平提升更快。不同者:由于天津、青岛的民族纱厂多由于经营困难而被日本纱厂兼并,所以,此时华北市场,机制棉织品的竞争实质上演变为全国范围内纱厂的市场竞争。[2] 且由于缺乏华北地区此时段内纱厂的连续数据资料,笔者就以全国纱厂的相关数据来讨论此问题。

是次市场危机中,停工减产或扩大产能是纱厂的主要应对措施。这对市场变动有重要影响。(见表4-31、表4-32)

表4-31:全国纱厂半年间停工锭数及全工开动率

年份	停工锭数	全工开动率(%)	年份	停工锭数	全工开动率(%)
1931年上半年	490 155	92.5	1934年上半年	1 224 267	87.4
1931年下半年	572 021	91.8	1934年下半年	963 683	90.0
1932年上半年	2 385 360	76.8	1935年上半年	1 344 986	85.1
1932年下半年	657 790	90.9	1935年下半年	1 360 273	79.7
1933年上半年	2 696 022	88.8	1936年上半年	1 555 014	77.7
1933年下半年	1 119 334	87.4	1936年下半年	1 596 224	83.8

资料来源:严中平,《中国棉纺织史稿》,北京,科学出版社,1955年,第198页。

表4-32:三十年代危机期间各年下半年六个月的停工周期数与全工开动率 (%)

年份	停工周期数				全工开动率			
	华商	日商	英商	总平均	华商	日商	英商	总平均
1934	3.19	0.26	16.74	2.44	87.2	99.0	33.0	90.0
1935	7.51	0.19	19.11	5.08	70.0	99.2	23.6	79.7
1936	6.87	0.97	4.98	4.05	72.6	96.1	80.1	83.8

资料来源:严中平,《中国棉纺织史稿》,北京,科学出版社,1955年,第217页。

说明:本表名称系为表述方便而取此名。严书中本表原名称是"各年下半年六个月的停工周期数与全工开动率"。

---

① 见徐新吾《江南土布史》,上海社会科学院出版社1992年版。第301-302页。

② 按:"九一八"后,日本棉货倾销华北,以针织品为例,天津市场上日货市场份额高达65%,来自上海的棉货市场份额30%,本地华商所生产货品市场份额只有3%。在此次危机中,天津、青岛的民族纱厂经营困难,日本纱厂资本乘机以"入股"、"合作"的方式,实行吞并。如:"那时天津最大的纱厂,如裕元关了门,卖给日商;恒源纱厂因欠银行团的债,由诚孚公司代管;裕大和宝成也先后卖给日商"(见《天津文史资料选辑》第38辑,第74页)。华新津厂因"所负债务竟达全部资本的百分之六十以上",亦被吞并,于1936年以120万元被日本钟渊公司强买,被改为"公大七厂"(见《天津文史资料选辑》第38辑,第74页)。(日本钟渊公司总厂——"上海制造绢丝株式会社"设在上海,中国名叫"公大厂"。收买裕元改名为"公大六厂",华新厂改为"公大七厂"。战时产品专供军用。)

上述两表说明：当时中外纱厂都在停工减产。双方生产状况均未能恢复到1931年前之水平；日商生产状况明显好于中国纱厂，若暂不考虑战争、关税等特定因素，此状况与双方产品结构有紧密关系。（见表4-33、表4-34）

表4-33：各籍纱厂外销棉纱平均支数

年份	华商	日商	英商
1932	17.2	26.1	19.3
1933	17.4	26.4	19.3
1934	17.5	27.0	19.3
1935	17.5	27.5	23.0

资料来源：严中平，《中国棉纺织史稿》，北京，科学出版社，1955年，第225页。

表4-34：纱厂附设织厂外销棉布品质分配及各籍商所占之百分数　（%）

年份	总销量之品质		粗布销量中各商			细布销量中各商		
	粗布	细布	华商	日商	英商	华商	日商	英商
1932—1933	82.5	17.5	40.9	48.1	11.0	17.0	79.2	3.8
1933—1934	80.8	19.2	40.1	51.7	8.2	19.4	80.4	0.2
1934—1935	80.0	20.0	39.2	53.7	7.1	18.6	80.7	0.7
1935—1936	78.7	21.3	32.6	61.5	5.9	21.5	71.5	7.0

资料来源：严中平，《中国棉纺织史稿》，北京，科学出版社，1955年，第203页。

两表显示：① 日本棉纱平均支数达26支，明显高于中、英棉纱平均支数。鉴于其市场优势，即市场需求已不再以支数较少的粗纱为主。而日英棉纱平均支数都超过中国的17.5支纱则显示，市场竞争已主要转向细纱。华商要改变自己的市场劣势，势必要在细纱方面着力。由此就不难理解华新青岛公司在危机中能获得一线生机的真正原因。② 整个市场，尽管粗布销量下降，细布则呈上升趋势，但粗布仍居主导地位。鉴于日本棉纱平均支数超过26支，由此可推断，日商用细纱织粗布当是一客观存在。若此，这当属于市场平均利润率形成后，商人以开发新产品进行市场竞争。③ 粗布销量变化百分率显示，1932—1935年，华商粗布只分别下降0.8%、0.9%，鉴于自日本棉货取得优势后，英商就逐渐放弃低端市场而专注于相对高端产品的市场，这表明前期日商主要挤占的是英商的粗布市场份额。1935—1936年华商粗布市场份额虽猛降6.6%，但同期，华商在细布的市场份额增加了近3%，日商细布的市场份额却下降了近8%，这说明此种状况与华商市场竞争能力和方向变化相关。④总体上看，华商的粗布市场份额虽呈下降趋势，但在细布方面却呈上升趋势。即华商在市场竞争中开始注重高端产品竞争，至少其在开发新产品以改变自身市场劣势地位的努力是明显的。

显然，市场上述变化，尤其是华商的新变化，必定与双方在市场竞争中的投入有关。（见表4-35）

表4-35:各籍纱厂机器设备之增加率 (%)

年份	纱锭			布机			线锭	
	华商	日商	英商	华商	日商	英商	华商	日商
1931	100.0	100.0	100.0	100.0	100.0	100.0	100.0	100.0
1932	106.7	104.7	107.4	106.9	110.4	100.0	120.0	117.6
1933	111.5	105.5	108.4	117.5	119.6	100.0	126.4	127.1
1934	114.2	114.4	108.4	127.0	136.3	100.0	127.3	127.7
1935	116.0	114.3	133.1	140.2	146.1	139.1	139.5	147.0
1936	111.2	125.3	129.7	141.2	141.7	139.1	153.3	151.3

资料来源:严中平,《中国棉纺织史稿》,北京,科学出版社,1955年,第224页。

表4-35显示,三者均对纱锭、线锭、布机,尤在布机方面加大了投入。鉴于前述研究已证明华洋商都力图以开发新产品改变各自市场地位之事实,尤其是华商纱厂本已面临产品大量积压、市场萎缩、大量停工的情形,这说明市场平均利润率形成后,市场竞争主体只有依靠加大资本投入以提升生产技术水平和开发新产品从而获得市场先机。它表明当市场竞争导致能形成市场平均利润率时,且市场有效需求又既定,市场要求竞争主体或不断开拓新市场或向市场提供新产品。就此而言,30年代民族纺织业的危机实应与其自身缺乏能迅速满足或适应这一市场需求变化的能力相关。我们甚至可以说市场发展模式的根本转变是30年代民族纺织业危机的根本原因所在。就此,也就不难理解,为什么在是次危机中,华商纱厂在面临产品大量积压、市场萎缩、大量停工的情形下,却又不得不加大投入来扩大生产规模、提升产品层次以求生存和发展之根本原因所在。这也应成为手织业危机的重要内容。

第四,市场竞争与华北手织业危机关系余论

承继前述思路,将30年代华北手织业危机与机器纺织业的危机联系,或许更能具体说明此次危机中土布市场变动实质上是市场竞争中机纺纱市场危机的继续。即棉纱的生产与供给结构变动是手织布市场波动的重要原因。

近代华北手织业能迅速发展,大量使用机纱实功不可没。反之,它亦为机器纺织业,特别是民族机器纺织业发展提供了其急需的庞大市场。如1929年河北手织业使用机纱6 348.23万斤。①1933年山东手织业使用机纱达8 124.48万斤。② 再如河北定县,纺织品是其输入的最大宗工业品种,价值共计97.85万元,其中国产棉纱价值66.78万元,另有价值31.07万元的各种棉、麻、丝制品中,进口产品仅5.78万元。即进口纺织品百分比仅占全部纺织品的5.91%。③ 事实上,到19世纪末中国自建近代棉纺织厂之前,市场上的洋纱主要来自印度,此后就主要是印度棉纱、日本棉纱、国产棉纱三方争雄。其中国产机纺棉纱的市场集中于华中、华北地区,并居市场优势。但客观地讲,华北手织业的危机也确与此有关。(见表4-36)

① 见史建云《从市场看农村手工业与近代民族工业之关系》,《中国经济史研究》1993年第1期。

② 同上。

③ 同上。

表 4 -36:1931 年河北省的工农业输出入统计　　(单位:万元)

	输　　入			输出价值	余额价值
	种类	价值	国产品比重(%)		
工业产品	洋布	1 994.32	37.95		
	棉纱	2 587.28	93.53		
	棉毛制品	222.83	51.36		
	食品	630.62	69.67		
	煤油	415.89	0		
	杂类	1 433.68	24.38		
	合计	7 284.62	56.01	5 873.46	-1 411.16
农产品	4 953.37			6 373.76	1 420.39
总计	12 237.99			12 247.22	9.23

资料来源:史建云,《从市场看农村手工业与近代民族工业之关系》,《中国经济史研究》1993 年第 1 期,第 54 -60 页。

表 4 -36 中,国产棉纱、棉毛制品输入百分比高达 93.53%、51.36%。即:1931 年前的华北市场,国产棉纱已居优势;国产洋布仅只有 37.95%,则说明市场使用国产棉纱所织土布依然具有相当大的市场份额。若非此,其余市场份额则可能被洋布所占据。仅就经济角度而论,此种局面实质上意味着手织业若不断以向市场提供新产品而参与市场竞争,则势必依赖市场不断供给机纺纱新品。就此,手织布市场前景实际上由机纺纱品种是否符合市场需求而决定;若国产纱不能满足此要求,手织业要维持其自身发展,势必另作选择,日商的细纱则必是其选择之一;上述事实又说明华商机器纺织厂主要在棉纱领域着力,在棉布方面则用力相对较少。(见表 4 -37)

表 4 -37:全国纱厂纱布销量分国百分比　　(%)

年度	棉纱(以各商总计为 100%)			棉布(以各商总计为 100%)		
	华商	日商	英商	华商	日商	英商
1932—1933	69.1	28.5	2.4	35.6	55.3	9.1
1933—1934	68.1	30.6	1.4	36.1	57.3	6.6
1934—1935	69.4	29.3	1.3	35.0	59.2	5.8
1935—1936	66.1	32.6	1.3	30.2	63.7	6.1

资料来源:严中平,《中国棉纺织史稿》,北京,科学出版社,1955 年,第 201 页。

据表 4 -37 分析:是次危机中,华商纱厂的棉纱市场份额仍具相当优势,日商主要是在棉布领域具有很大优势。这说明,与华商不同,日商主要着力于棉布领域,对棉纱则相对着力少,但日商尤注重通过专注于细纱挤占市场。(见表 4 -38、表 4 -39)

表4-38:各籍纱厂外销棉纱平均支数

年份	华商	日商	英商
1932	17.2	26.1	19.3
1933	17.4	26.4	19.3
1934	17.5	27.0	19.3
1935	17.5	27.5	23.0

资料来源:严中平,《中国棉纺织史稿》,北京,科学出版社,1955年,第225页。

表4-39:全国各籍纱厂外销棉纱支数分配百分比 (%)

支数	1932—1933年			1933—1934年			1934—1935年			1935—1936年		
	华商	日商	英商	华商	日商	英商	华商	日商	英商	华商	日商	英商
1-10支	97.1	2.1	0.8	95.4	3.8	0.8	97.4	1.9	0.7	96.9	2.1	1.0
超过10-13支	97.7	2.3	——	96.5	3.5	——	95.9	4.1	——	95.4	4.6	——
超过13-17支	74.1	25.6	0.3	75.6	24.3	0.1	77.9	22.1	——	76.9	23.1	——
超过17-23支	64.1	29.2	6.7	62.8	33.2	4.0	62.5	33.9	3.6	62.1	35.4	2.5
超过23-35支	48.6	50.7	0.7	45.5	54.2	0.3	46.5	52.5	0.7	39.4	57.9	2.7
超过35-42支	25.67	74.4	——	24.7	75.1	0.2	21.9	77.7	0.4	20.7	77.9	1.4
超过42支	18.0	82.0	——	27.8	72.2	——	15.8	84.2	——	13.3	86.7	——

资料来源:严中平,《中国棉纺织史稿》,北京,科学出版社,1955年,第202页。

上述两表显示,在13支及其以下的粗纱领域日商基本放弃生产,在华商大量生产的17支纱领域,日商也仅在25%、30%左右徘徊,于此类产品,华商居绝对优势。但23支纱以上领域,日商占绝对优势。鉴于是次危机主要表现为:一方面,"花贵纱贱",国产机纺纱销售不畅,用国产机纺纱所织土布的市场随之一度急剧萎缩。华商纱厂被迫大量停工减产,同时加大投入提升生产规模或技术水平以降低成本或开发新产品,以图恢复纱的市场价格。另一方面,日商的细纱、棉布迅速挤占市场份额。若暂时性忘却日商倾销、双方经营管理水平差异因素,并考虑到持续发生的抵制日货运动在一定程度上又确有助于土布拓展市场之事实,此现象说明市场对粗纱需求已大为下降。因此,在日商大量推出细纱、以细纱织粗布或细布之刺激下,市场需求迅速改变,所以,手织布市场危机迅即发生也自在情理之中。就此而言,30年代的手织布危机,实质上是机纺业应对市场需求变化能力不足之危机的继续。

4.6 抵货运动与华北棉布市场的变动——以抵制日货为侧重兼及棉纺织业危机

自开埠通商,洋货蜂拥而入,国人发起的抵制外货运动不可谓不多。如1894年,英军入侵广州使广东爆发抵制英货运动。但此类事件毕竟是局部性事件，规模较小，不具全国影响。以 1905 年抵制美货运动为标志，抵货运动则往往具有全国性规模，并对商品市场变动有重要影响。居弱势的华商又往往藉此参与市场竞争。于此，既有研究多论述其如何有力地推动了民族产业发展，维护了民族市场。① 是否尽是如此，似可讨论。在本节以抵制日货为中心，讨论抵制外货与华北棉布市场变动之关系。

4.6.1 近代华北抵制外货运动的起因

近代中国抵制外货运动，虽是经济斗争，但常因政治、军事事件而起。如 1905—1907 年的抵制美货运动根本原因于抗议美国歧视华工。1908 年，德国强占胶州，自青岛始发生抵制德货运动；一战爆发后，日本乘机入侵山东，1915 年逼北洋政府签订二十一条，爆发全国性的抵制日货运动；"五四"运动时，抵制日货自 1919 年持续到 1922 年；1925 年 5 月"五卅惨案"发生，6 月"省港大罢工"事发，全国掀起抵制日货、英货运动。南京国民政府时期，收回租界运动中，全国爆发抵制英货运到；"九·一八"日本人侵占东北，跨越长城，进逼关内，至全面抗战爆发前，抵制日货运动达到高潮。综上所述，华北棉布市场英日洋布遭到抵制亦与此直接关联。

4.6.2 抵货运动与华北棉布市场的变动

抵制外货运动于华北棉布市场变动的影响，主要在下述方面：

首先，外洋布匹市场份额下降。以《津海关贸易报告》中有关抵制日货之记录例：

> [1919 年]日本商业在下半年微感停销日货之痛苦，虽统计表中不见日货进口之凋落，而销场限制，小贩亏累，尤以布疋、棉纱、洋袜、卫生衣、胰皂等杂项为最。②
>
> [1920 年]本埠(天津)进口疋头，大抵来自日本，今年则大见萧索。③
>
> [1926 年]盖自五卅沪案发生，南省各处，时有抵制及罢工风潮，"溯当市面不振之际，日本大商行数家，以受时局影响之故，曾停止营业"。④
>
> [1929 年]本年 4 月以前，津埠抵制日货，异常严厉。日本疋头货之进口，乃为一落千丈。" ⑤[是年海关记录中]棉疋头：本年进口由去年之关平银 20 500 000 两，减至 15 250 000 两。此项减少，完全由于抵制日货之影响。统计本年由日本输入之棉疋头，较之去年实减 7 000 000 两。其中主要为日本本色市布，减少 11.7%；粗斜纹布，减少 35%；洋标布，减少 58%；漂白市布，减少 56%；染色粗斜纹布，减少 70%；染色洋标布，减少 50%；有色羽茧，减少 79%；棉纱，减少 50%。惟日本绒布，则略有增加。⑥
>
> [1931 年]棉布品，日本所产者，价值低廉。因年终发生抵货运动，销路不无减

① 见严国海《中国近代国货名牌的创立》，立信会计出版社 2000 年版；潘金祥主《近代中国国货运动研究》，上海社会科学院出版社 1998 年版。

② 见吴弘明编译《津海关贸易年报(1865—1946)》，天津社会科学院出版社 2006 年版，第 363 页。

③ 同上，第 374 页。

④ 同上，第 443、446 页。

⑤ 同上，第 483 页。

⑥ 同上，第 484 页。

色……内地市场,实际上已停止发售。苟有土制或他国产品,则必以之替代,不似从前之舍日货莫属也。①

[1933年]溯当年初数月,日伪军队,即占热河,又逼平津,人心震动,百业俱废……本年直接进口洋货,较诸去岁,减缩26%。其中日本疋头,约占半数。②

上述文献表明,抵货运动确使外洋棉布市场份额一度急剧下降。它确系影响市场变动的重要因素。诚然,上述材料似乎只能反映进口之变化,而甲午之后,尤自一战爆发始,日本纺织业大举对华资本输出,因此,要反映抵货运动影响华北棉布市场变动的真实状况,就必须说明进口减少的市场份额被国产棉布替代或被在华日本工厂产品替代的状况。于此,因受资料所限,笔者无法用数字精确地反映此市场变动状况,但仍可通过《津海关贸易报告》中国产棉布(包括土布)的市场销售状况记录,说明抵货运动有助于民族纺织业发展。

其次,抵货运动有助于民族纺织业发展。文献记录显示,抵货运动期间,民族纺织业(包括手织业)的产品市场份额确有相应提升。这不能不说与抵货运动具有一定关系。如"五四"时,全国抵制日货。其对棉布市场之影响持续至1922年。因而,同期华北市场,本土棉纺织品市场形势颇佳。据载:

[1919年,天津]裕源纺纱有限公司,本年出纱16 504包,该公司尚拟扩充25 000锭,将来出纱,仍可增多。华新纺织有限公司,虽未达上年贸易论内预料之目的,然已出纱约50 000担,其结果亦颇称良好。恒源帆布工厂,由1月至8月,共出帆布660 000码。然后与模范纱厂合并,只制棉纱一项。本年发生停销日货,系为学之提倡,颇形激烈。人民愤慨情形,本埠屡次发现。其结果,乃有北洋商业第一纺织股份有限公司之组合,已在美国定购机器。发起人之目的,欲增加本埠棉纱出产,使其足供所需,将来不致有缺乏之患。③

[1920年]本埠(天津)进口疋头,大抵来自日本,今年则大见萧索。④[而华资工厂则是另一番景象,]中国本国工厂制造品,运入内地者,大抵为棉纱、粗布、斜纹布等,较诸去年增加1/10。计天津一带,所产之棉花,其为本埠棉纱厂所采用者,共200 000担;计天津及邻近共有此种工厂六所,资本共为12 000 000元;纺锤,共132 000个,或谓此数不久将增至300 000个,而彼等本年营业,极为发达。尚有新工厂五处,正在建筑之中。所制之棉纱,大抵为14、16或20支者。⑤

[1922年]本年本国机器仿造洋式货物,运入内地者,计值11 500 000两,所发运单,共6 391张,而上年则仅值8 500 000两,所发运单3 941张。此项贸易发达,颇有可观,而增加之货,以斜纹布、粗布、棉纱及蜡烛为大宗。⑥

抵货运动期间,手织品的市场销售形势亦是一片看好。仍以前述事件为例:

[1914年,津海关常关的土货进口]仿造洋货,如粗布及粗斜纹布疋,销场异常

① 见吴弘明编译《津海关贸易年报(1865—1946)》,天津社会科学院出版社2006年版,第493页。
② 同上,第497页。
③ 同上,第371页。
④ 同上,第374页。
⑤ 同上,第375页。
⑥ 同上,第392页。

活跃。棉纱,由108 500余担,增至130 100余担。①

[1921年]政府现时对于手工土布,乃采取一种保护政策,故该营业之发达,大有一日千里之势。本年由南直隶及山东运津之手工棉织物品,约50 000担,估价3 000 000两有奇。该项物品,均系转运至东三省者。②

另据《津海关贸易报告(1925)》记载:

近年以来,天津市场以及其他中国多数商场中,所有价值低廉之外国疋头,大有渐为土制者驱逐之趋势。此种现象,尤以本年为更著。本年本埠之土制粗、细市布进口,异常加增。其细市布一项,与去年相较,竞增五倍有余,但各类外国粗布及粗斜纹布,几均形锐减。现时,此项洋货既受土货竞争剧烈之打击,数年后,其进口或将完全绝迹。③

前述材料确能证明,抵制外货期间,手织布市场确有显著扩大。但笔者更以为,既不可忽视抵货运动对市场变动的积极影响,亦应看到其对市场变动影响的另类表现形式。

4.6.3 抵货运动与华北棉布市场变动的另类表现形式

抵货运动影响华北棉布市场变动的另类表现形式应注意下述事实:

4.6.3.1 尽管抵制日货运动频发,但日本往往利用特殊时机,仍能维持一定市场优势

如1914年日本乘一战爆发而入侵山东,1915年逼北洋政府签订二十一条,全国爆发抵制日货运动。但与此同时,日本却乘机独占包括华北在内的中国棉布市场。据载:

洋货仍属本埠畅销,欧美既不能完全供应,故洋货来源,几乎全由日本独占。该国因见他国商业不能与其竞争,故提昂货价,获利颇丰。如布疋、化学用品、电料、纸张及若干制作颜料等类,此其最著者也。④

查本年洋货进口,贸易极佳,前已提及,估值计银69 020 000两。其中以日本贸易,占大半。进口货仍为本埠畅销,故时甫开河,货物之输入,颇形蓬勃。华人置办者,又极踊跃,惟布疋销路最旺。欧美既不能供其所求,则布疋来源,几乎全由日本独占。日本布疋,不第能维持昂价,且较前数年,大有蒸蒸日上之势。其输入货物者,乘其商业劲敌受欧战所累,无能与其竞争之时,故其诸凡得利。且未稍用思谋,使布疋花色翻新,引人入胜。综览以下之表,即可知日本货,于近两年颇占优点。⑤

另据《津海关贸易报告(1931)》记载:

棉布品,日本所产者,价值低廉。虽因年终发生抵货运动,销路不无减色,然在市场上,仍不失其优越之地位。前所订购者,仍能陆续由日输运进口。⑥

4.6.3.2 抵货期间,日商低价倾销棉布,挤占国产棉布市场

[1922年]本地纱厂所出之货,及附近村庄手机所出之货,市价深廉,使日人直无从与之竞争。日人在棉业所占之地位,日形减色,有江河日下之势。然有数种日

① 见吴弘明编译《津海关贸易年报(1865—1946)》,天津社会科学院出版社2006年版,第320页。
② 同上,第389页。
③ 同上,第433页。
④ 同上,第342-343页。
⑤ 同④。
⑥ 同上,第493页。

货,虽本口市价较长崎为低,而依然进口竞卖。推原其故,想系防范该国内工厂及工人失其工作,或因出货太多,无法销售,或故意贬价与中国土货争销路,藉使津埠各工厂难与之竞争也。按11月15日市价行情,日本24支及42支之棉纱,进口值价为150两及270两;然在本地售出,则144两及260两也。粗斜纹布,及市布亦然。进口值价6两及7.5两,而在本地售价,则为5.75两及7两也。①

[1929年]本年进口货中,有最堪注意者,即日本棉布品。自1929年发生抵制日货风潮以来,销路斲丧不少,今则已能恢复旧观。不但寻常棉布品,因日货售价低廉之故,行销极畅,远非英国货所能望其项背,即尺六绒尺九绒等昂贵货物,亦独让日本产品畅销于市场,无与争衡者矣。②

[1932年]年内本埠抵制日货团体,曾一再设法阻止日货之畅销,因而西欧货品输入较佳;然卒以日货价格特别低廉,以致无利可图,难与抗衡。即苏俄印花布,亦因是项关系,不能与之并驾齐驱,而角逐之力,则依然存在。③

4.6.3.3 抵制日货期间,商人的投机性交易,使日本棉布增多

如1925年,因"五卅"惨案爆发抵制日货运动,但商人投机,华北棉布市场日本棉布反而销量大增。据载:

当6、7月间,因上海事变之结果,本埠日本疋头之贸易,大见兴盛。在7月初间,本埠华商从日本大阪订购之布疋,达22 000件之多。在曩昔,此数月间,本为一年中疋头贸易最形冷淡之时期,而本年,则隆盛若此,洵为怪事。惟诚恐此种购买,难免有投机性质存于其间也。迨至7月杪,日本疋头销场,已不若前之活动,及年终数月,即见商号,欲将所有存货竭力销售矣……日本棉纱,本年进口之数,亦较去年为多,计共增30 000担;但英国棉纱,则本年几乎绝迹。土制棉纱亦见减缩,计共少90 000担。而日纱之所以优胜若此者,缘暂时之变故所致。其重要者为当沪上罢工之际,华厂停车,势不得不需用日纱以代之。证以近数年内日本之16支纱,因土货竞争,几织不见,而在上海罢工时期,又有若干进口,更可知矣。迨至岁暮,土制棉纱,又起与抗衡。日纱进口,因之减缩。④

4.6.3.4 日本走私,使华北市场抵制日货运动受到影响

全面抗战爆发前,日本侵占东北,进逼关内,抵制日货运动随之再次高涨,国民政府也对日本棉布征收高额税收,日本棉布市场占有量下降。于此,日商却与奸商勾结,大量走私既破坏抗战,又挤占我棉布市场。如1936年天津市场:

本年本埠附近,走私情形,猖獗异常,为害之烈,空前罕见。所有糖品、人造丝、疋头、煤油以及其他高税物品,私运进口者,源源而来,充斥市廛,正当贸易,备受摧残……本年进口洋货价值,较诸上年,减少12 600 000元。其中进口棉布,仅及上年16%,而零售价格,因私运猖獗之故,极为廉贱,实非正式进口商品,所可抗衡……估计本年私运进口棉布,约值金单位10 000 000元,而正式进口者,尚不及

① 见吴弘明编译《津海关贸易年报(1865—1946)》,天津社会科学院出版社2006年版,第392页。

② 同上,第491页。

③ 同上,第495页。

④ 同上,第433-434页。

其什一也。私运进口之丝及人造丝并其织品,为数亦伙,其人造粗丝一项,约值金单位4 500 000元。是故正式输入者,仅及上年半数,实无足异。①

4.6.4 抵货运动与华北棉布市场变动之关系再评价

抵货运动虽有助于降低日本棉布市场占有率,但其市场占有率降低的根本原因则在于市场竞争。

首先,民族纺织业的生产规模、技术能力的迅速提升是其能扩大市场份额的关键。如1915年的抵制日货运动爆发时,华北市面上,尽管"布疋一项,因颜料缺乏,于本年内确实加价,不过仅旧式之数种流通而已。除有限之数宗日货运津,销路有莫御之势外,其他各洋货,均各竭蹶"。② 但同时,华人工厂的生产规模和技术能力都有了急速提升。当时"本省各纺织工厂,仿造之土布,销路非常宽宏。有数处工厂,添设最新式机器,延聘最有经验技师,授以纺织之术,并示用新机之便利。各该工厂出品,较由外洋运华者,不但分量、花色罔不相同,即市面上之销场亦堪称媲美。华人咸愿购用土货,不用价廉之日货,及欧美物高价昂之货","近闻一部分商人,设纺纱厂二处,曾向美国定购最时式纺纱机器。设筹办奏效,则华北一带创立此项工厂者,自不乏人。况本省产出棉花,足供纺纱之需"。③

另据《津海关常关贸易报告(1915)》记载:

棉花纺织公司,均甚兴旺,其发舒气象,得未曾有,且多获厚利者。收获既佳,更佐以最新式之器机,制造家乃得土产短絮棉花制造,较前大见成效,竟能与洋商竞于布业商场,而获良好之效果。本口工厂,颇堪自负,所织布疋,既精且美,为全国冠。丝织品之贸易亦然。现有人创设纺纱厂两处,考诸纺织营业,有左右商务之能力。该两纱厂,凡百事项,谅当推行无阻。此种商业,大概皆个人出资设立,非若自来火、烛、皂等工厂,往往由集股开办也。集股开办公司,各国皆获莫大利益,尤以日本为最著。华商有鉴于此,近年来仿效是法者,颇不乏人。④

是年常关记录则还显示:

棉纱一项,本年因由印度、日本进口之货缺,中国棉纱遂增长价值关平银631 916两。倘使内地各工厂,染料无难得之虞,则棉纱运入内地之价值,必更超过以上数目无疑。⑤

"五四"时期是抵制日货的又一高潮,华资工厂的生产规模、技术能力仍处于继续提升过程中。

中国本国工厂制造品,需求甚殷,良以洋货不足供人民之消耗,故发特照,藉免内地厘税者,几有日增月盛之势。有织工厂数家,正在建筑之中,尚有多数亦已建议创设,专为纺纱、制织粗细布疋。其机器大半运自美国,资本则本口自集,凡此等工厂,皆采用电力。由此而论华北织工一项,虽现时毛羽未丰,未足操纵市面,将来

---

① 见吴弘明编译《津海关贸易年报(1865—1946)》,天津社会科学院出版社2006年版,第505页。
② 同上,第326页。
③ 同②。
④ 同上,第332页。
⑤ 同上,第330页。

或竟执全国布业之牛耳，亦非奢望也。①

下述材料更能说明，抵货运动只是加剧市场变动的外在表象，而生产规模、技术能力之竞争才是根本原因。如市场销售方面：

[1916年]数年以来，华字报章，屡见以杜漏卮而挽利权之名词。近则此等论调，亦见其多，盖欲以此为鼓吹中国得免仰给于洋货之具。②

东洋斜纹布及粗布，最形减色。斜纹布进口，去年794 000余疋，今年减至40余万疋；粗布去年100余万疋，今年减至675 000余疋。③ 土制洋式布疋，出口之数日增，运往各口，以供制华服之需。本省制造布疋之工艺，异常进步。所积者，除窄面布疋外，又有多种土布，足以代外来粗细斜纹布及各色标布。洋货遂因之见绌。④

[1923年]至本埠停销日货风潮，至8月底业已平息，与进口商业影响有限。因日本货物进口之不见增多，实由于彼本国工业之衰落，非受停销之影响也。查自1917至1920年间，日本国内工厂蜂起。凡欧洲产品，因战事不能运到亚东者，日本皆行纺造以供给外国市场之需要，而中国又为日本之第二商场，故日人颇获厚利。二年前，欧洲各国工业渐渐恢复，群起而与日本竞争。此项工业，在欧洲本有完善之组织，其经理亦有良法，而在日本，不过采取皮毛，依样葫芦而已。⑤ 土货：本年各项重要货物，均见增加。其最著者，为本埠工厂及中国各地工厂所制之棉纱。本埠出品，计204 000担，各地出品，共计183 000担。其中以上海运来者，为最多……此外，并有津、沪两地所制之布疋。⑥

同期华商工厂的生产规模、技术能力却是：

[1916年]其减色之故，缘本国实业家，多由外洋购办棉纱，自行纺织布疋。所用织机，概用机器之力，以代人工。⑦ 溯此项实业振兴之源，拳匪乱定，前直隶总督袁项城(世凯)，为鼓励本埠工艺起见，设立手工教练所一处。由东洋购办织机，延聘专门技师，教授贫寒之子弟。嗣又设立大小学校多处，皆为织业振兴之基础。⑧

[1923年]查本埠8大纺织厂，占有中国全国纺锤1/10，皆能纺织粗布……总之，中国国内纺织业日益发达，所有廉价之疋头，皆能自行织造。舶来品遂逐年减少，而其最大宗者，则为本色布，亦中国最多需要之品也。又如中国自织之粗斜纹布，自他口岸运来天津者，足抵前载进口减少数目中35%，尤为脱离倚赖洋货最著之举例。唯此项发展，必颇为迟缓。盖工业之由此国移植于彼国，非只建筑同样之纱厂，购买同样之机器，即为完备，尤须有合宜之组织，技巧之工人与多年之训练也。⑨

① 见吴弘明编译《津海关贸易年报(1865—1946)》，天津社会科学院出版社2006年版，第365页。
② 同上，第339页。
③ 同上，第334页。
④ 同上，第335页。
⑤ 同上，第404页。
⑥ 同上，第415页。
⑦ 同③。
⑧ 同④。
⑨ 同上，第407页。

由上可知，本土棉布无论机织布或手织布的销售市场扩大与其生产规模扩大、技术能力提升有极大关系。对生产规模和技术能力在华北棉布市场竞争中的重要性，西人亦有直接洞察。他们直接指出，由于识见差异，尽管国人屡兴抵制外货运动，无论是机器织布或手工织布，华商资本于生产规模和技术能力方面也改善颇巨，但与洋商相比，其差距仍然不可小觑，所以，其产品市场前景堪忧。仍以前述1916年津海关贸易报告为据：

> 数年以来，华字报章，屡见“以杜漏卮而挽利权”之名词。近则此等论调，亦见其多，盖欲以此为鼓吹中国得免仰给于洋货之具。然此时机，未能完全利用者，实缘于缺乏艺术专家，及资本家狃于保守主义之习惯，兴办实业，筹款维艰也。虽然津郡尚有纺纱厂三处，共有锭子75 000支，现正在组织中。有织布厂一处，尽力工作，以应此需用土布日殷一日之机会。新式手摇织布机，前由日本进(340)口，近则本地工人自造。其售与居民者，动成巨数，信用日彰，成效大著。但此等小实业家，终不免为势利雄厚之汽机、电机工厂所排挤耳。①

综上可知，抵制外货运动期间，民族纺织业生产规模、技术能力的迅速提升是本土棉织品市场份额扩大的关键原因。

其次，除价格竞争手段外，市场销售竞争中双方不同种类的棉布又各具优势，华洋商优势各显。如据记载：

> 括而言之，进口布匹有盈无绌，惟由日本来者占多数。曩由英美运来之原布、粗布、粗斜纹布，颇为疲惫。日本产之大宗者，粗斜纹布、标布、及棉纱也，日本方眼面巾，去年进口共299 790余打，今年陡落至214 610余打。盖由本口已设有纺织工厂，价值较廉，故能抵制外货。②

> 而日货现时相与为剧烈之竞争者，为中国机制物品。现英、美棉布，尚能销售于中国者，非为其价值低廉，而在其质地精良。迩来日本所织市布，质地既已改进，而售价仍形低廉，因之销路得以激奋。至粗布一项，中国机制出品，日见兴盛，难与竞争。日货运往近东各处，较易销售。粗、细斜纹布，中国机制尚不甚盛，较之宽标布亦然，故此种洋货之销路仍佳。日产棉纱，除17支以上者外，销路为华纱所排挤者，势甚敏速。③

> 五卅惨案，溯当市面不振之际，日本大商行数家，以受时局影响之故，曾停止营业……本年中，所有近年来天津市场之低廉外国疋头，几为土制者起而代之之趋势，已不若往年之显著。盖因军事当局，征税繁重，不利于本埠工业之发展。市上所需疋头，只得从外洋进口也。但所有价值低廉之外国疋头，如市布、粗布等，除美国间有进口外，其大部分几全自日本运来。其余价值较贵、精工制造之外国疋头，如印花布、羽绸、泰西缎、法兰绒、罗缎、细洋纱、尺六绒及尺就绒等，则尚未受土制品竞争之影响，进口之数，均稍有增加。惟由近数年来之统计观之，天津市场中，华商经营疋头业者为数渐多，而开设较久、基础稳固之西商，其营业实不免为所侵

① 见吴弘明编译《津海关贸易年报(1865—1946)》，天津社会科学院出版社2006年版，第339-340页。
② 同上，第319页。
③ 同上，第421页。

夺也。①

上述材料显示，华商经营实力虽有急速提升，但在华北，质高价昂的欧美洋布基本占据高端市场，中日棉布主要是在中低档棉布市场竞争。具体反映为，17支以上棉纱以及由多支纱纺织而成的粗、细斜纹布方面日本占据优势，华商机器织布业仍处于早期成长阶段。抵货运动并未根本改变这一市场竞争形势。

第三，日本棉布市场占有率状况变化受诸如货币比价变动、政府行为、社会舆论，尤其是国民购买力等多种因素影响。以文献为据：

> [1916年]数年以来，华字报章，屡见“以杜漏卮而挽利权”之名词。近则此等论调，亦见其多，盖欲以此为鼓吹中国得免仰给于洋货之具”。②“而中央政府，又予以按机器仿造洋货例，准其完纳正税一道之特利。是以所制布疋，得与洋货并驾齐驱”。③“溯此项实业振兴之源，奉匪乱定，前直隶总督袁项城(世凯)，为鼓励本埠工艺起见，设立手工教练所一处。由东洋购办织机，延聘专门技师，教授贫寒之子弟。嗣又设立大小学校多处，皆为织业振兴之基础。现土布染织工厂，设有百余处之多。北京农商部，亦认此项织工为实业，又许该布疋出口时，按机器仿造洋货例，免纳进口半税。④

> [1918年]惟日货进口骤形减少，则诚出人意料之外。前数年来，日货见增加，不料今以人民生计之艰难而受击打，以致本年进口忽而见绌，此尤显然易见者也。⑤

> [1926年]五卅惨案，溯当市面不振之际，日本大商行数家，以受时局影响之故，曾停止营业……本年中，所有近年来天津市场之低廉外国疋头，几为土制者起而代之之趋势，已不若往年之显著。盖因军事当局，征税繁重，不利于本埠工业之发展。市上所需疋头，只得从外洋进口也。⑥

> [1929年]俄国及英国棉疋头之进口，亦见进步。迨抵制日货风潮平定后，日本棉疋头贸易又因受汇兑之影响，亦未能恢复原状。本埠日货之商人所受之损失，当必重且巨也。⑦

> [1931年]则当此资金缺乏情况之下，日货在中国市场，仍能立于不败之地。惟抵制期内，日货销路，不无受打击，致前此积存之他国货物，皆脱售无余。本年棉布进口，为之减少，系因国产棉布，已能代替价值高昂之舶来品，有以致之。至印花布及印花粗、细布之市场，因为俄货侵入倾销，致生纷乱。盖其以价值之廉，绝非他国所产者，所能与争。⑧

> [1932年]本年贸易数量未尝减少。试申言之，金银汇价，变动靡常，而各国汇

① 见吴弘明编译《津海关贸易年报(1865—1946)》，天津社会科学院出版社2006年版，第447页。
② 同上，第334页。
③ 同②。
④ 同上，第335页。
⑤ 同上，第354页。
⑥ 同上，第446页。
⑦ 同上，第484页。
⑧ 同上，第493页。

兑中,尤以日金跌落最巨,致本埠直接进口之大宗日货,价格随之猛泻,一也。汇价低落,本足以鼓励日货进口,然日商为保持其华北市场,及破坏抵货团体之效力起见,更不惜施行其一贯倾销政策,而以天津为尾闾,由是日货价格,不惟随日金以俱落,即自交易方面言之,亦非常低廉。且适值本年出口贸易不振,获益轻微,人民购买力薄弱,势不得不选购廉价物品,以应需要,因之日货仍得畅销如昔。①

总之,抵货运动在一定程度上确实有利于本土棉织业的发展。但于市场变动角度而言,它只能是一种外在的表因,是特定时空环境中国人参与市场竞争的路径依赖之一。正因如此,它又是市场变动的一种观察纬度,但其作用不可过分夸大。华北棉布市场变动,尤其是中外棉布市场份额变化受多种因素影响,但市场竞争是其根本原因之一。

4.7 结语

商人经营行为变化,尤其是商人间的市场竞争加剧,使华北棉布市场规模扩大,亦有助于实现市场发展模式转型所必需的资本组织形式(制度)变迁,加剧了市场变动。以社会变迁之视角检视,这确又证明:在社会变迁中,个体、群体、组织、制度以及社会何以会自觉或不自觉地修订其自身所依赖的特定规范或行为。由此,若视政府为特定组织甚或是特定制度,它调整自身的特定规范或行为对近代华北棉布市场变动之影响就需被关注。

① 见吴弘明编译《津海关贸易年报(1865—1946)》,天津社会科学院出版社 2006 年版,第 494 页。

5 政府政策调整与华北棉布市场变动

虽很难完全依凭经济学中“政府与市场关系”之相关理论考究政府与近代华北棉布市场变动之关系，但以政府经济职能审视之，其相关政策确是市场变动的制度化环境、条件、内容。

5.1 开埠通商前华北棉布市场变动的制度环境分析

“中国前近代时期政府经济职能是一个非常复杂的系统，且不同时代还存在一定的差异，但就从整体来看，中国前近代社会的政府经济职能主要表现在政府直接经营一定的行业或领域，政府在一定程度对经济进行宏观调控和政府制订经济政策法规三个层面。”①于市场层面，传统政府虽未如现代政府一样能颁行法治化的成体系的商品流通政策。“但是在当时的商品流通中，清廷确实下达了一些有关的政策及法律、法规。这类政策、法规通常反映在每项具体事务中，对同一事，上有政策，下有管理。”②笔者以为，传统政府主要是从控制大宗物资和提供公共产品两层次管理或干预商品市场。前者在一定意义上形成了国家控制的有限度市场，如“盐、粮、铁”等；后者即指政府提供的诸如公共政策、榷酤和水利、交通等公共工程及国防建设等公共产品。因此，论及开埠通商前政府管理，或干预棉布市场当关注上述两层次变化。

5.1.1 公共产品层面

一方面，“对商品流通的基础设施建设，或清廷中央下达设置命令，各级衙门具体执行，如：修理桥梁、道路、河道、渡船、集、场、市等；或由民间提出要求，各地官府顺应民情而设立；或由民间自行建立，经朝廷批准。这些都表明清廷在商品流通的基础设施方面，有政策、有

---

① 见魏明孔《中国前近代社会国家的经济职能》，《学术月刊》2006 年第 8 期，第 120 - 123 页。

② 见方行、经君健、魏金玉《中国经济通史：清代经济卷（中）》，经济日报出版社 2000 年版，第 1407 页。按：在此，笔者应强调下述判断，即传统政府与市场关系较复杂。一方面，前近代时期（学界多以为是自春秋战国末期至鸦片战争时期）政府既直接进行经济经营，如主要表现在较长时期内曾直接经营的官府手工业和矿藏的开采，对盐粮、煤铁等物资实行专卖专营、以榷酤等形式等进行管理。同时，从总体上看，政府又以征收赋税，摊派徭役，财政支出的方式对社会财富进行分配和再分配。这既是统治者的政治意志的体现，也是国家（政府）履行经济职能，对经济进行宏观控制。另一方面，尽管“重农抑商”成历代之基本国策，如政府调整农业、手工业和商业的律令较多，尤其以皇帝诏令形式颁布的法令，大多突出保护小生产农业，限制商业、商民（这仍是国家以赋税和各项经济政策干预社会再生产。）但它又对商业实行鼓励与限制相结合的方略，力图使商品市场活跃却又不至于影响农业生产。因此，前近代中国社会政府在经济上又必须颁行一系列政策法规。这既保障了稳定或发展社会经济所必需的正常秩序，又成为农业、手工业和商业相对协调发展的法律保障。例如，政府划分“四民”，即“士、农、工、商”，限制商人政治地位提升，培植和鼓励自耕农经济、允许土地买卖却又限制土地买卖等。此外，政府重视水利、交通、城市等公共工程及国防建设等又确实为社会经济发展提供了必需的公共产品。

管理、有倡导，起到关键作用。当然不能说这是完美无缺的"。① 另一方面，政府亦注重维护市场交易秩序。如清代，政府"反对任何行业、任何人员垄断市场和物价，以及在经营中依靠权势，纠集同行，欺行霸市的行为，以便维护正常的市场秩序"。"在各大市镇派驻机构和官员管理市场，以保证经济秩序。"同时，"统一度量衡，也是(政府)市场管理的一项重要内容"。② 另外，政府为维持货币价值稳定还对相应金融机构进行管理，如在清代，政府常干预银钱比价，以防止商品价格随之剧烈波动。③

5.1.2 具体实践层面

在传统社会，政府主要从下述方面管理或干预棉布市场：

① "劝课农桑"在客观上增加了棉布市场供给量。学者研究指出，开埠通商前，因少见资本主义性质的织布作坊或手工工场，商品棉布的生产实系小生产者的家庭劳动所为。④这也与政府注重"劝课农桑"相关。于此，文献常多有记述。如河北遵化直隶州知州陈以培劝民种棉织布即为显见证据。据载："州人本不习纺织，种棉无复讲求者。""州人初不习纺织，贩布者远至德平，近则饶阳，岁辄钜万计。""近实禀准，先在州城设课织官局，招各乡子弟来局习织……习成者领机自织自售。又仿集股之法，另设课纺商局，听民间领棉纺线，领线织布。不能自售者，并由局酌给工直。棉布之利庶可渐兴矣。"⑤再如山西阳曲县，"城乡妇女……缝纫汲□而外，蚕织之事，亦所不习。前令戴公梦熊议制纺车，分给四乡；其贫乏者，并给木棉，按月察其勤惰。惜未及行而代"。⑥ 偏关县妇女"皆不省纺织"，"清雍正三年改设县治，后贤今(令)尹亦有提倡纺织者"。⑦ 即政府劝课农桑的传统在客观上确有助于增加棉布市场供给量。

② 通过征税或直接干预棉布价格防止市场波动。在清代，政府设行征税多以地方"物产之丰者"或以"外来货物"交易量较大者为对象。⑧ 棉布即位列其中。如道光五年(1825

---

① 见方行、经君健、魏金玉《中国经济通史：清代经济卷(中)》，经济日报出版社2000年版，第1421－1422页。

② 同上，第1423－1427页。

③ 按：银钱比价变化受多种因素影响，但嘉道之前，多是钱贵银贱，其主因则是官钱太重而致使社会上大量私毁官钱以获铜价高昂之利，由此则多导致市面制钱大大减少从而价贵。对此，康熙十年，时人就曾指出，"毁千钱已可得铜八斤有余，铜价浮于钱价，直可获利以倍。"(《清朝文献通考》卷14，《钱币考》)康熙23年(1684)，吏部左侍郎陈廷敬则更坦陈："钱日少而贵者，盖因奸宄不法，毁钱作铜，以牟厚利所致。鼓铸之数有限，销毁之数有限，销毁之途无穷。"(《皇朝经世文编》卷53，《户政》)此现象至嘉庆未见缓解，以至嘉庆16年(1811)，"私销制钱例禁綦严，乃奸民冒法趋利，巧将官铸钱文熔化，改制器皿，"于此，政府下令从速严查，"从重治罪"。(《清嘉庆朝实录》卷239，第17－18页。)另，尽管清代银钱比价市场波动异常，但学界往往依清初所定银一两合一千文比价的约定俗成来判断银钱比价的市场波动。其在一千文之上者则视为银贵钱贱，反之则视为银贱钱贵。而且学者大多以为，嘉道之前由于未发生大规模白银外流，多是钱贵银贱，嘉道之后，因白银大量外流，则是银贵钱贱。银钱比价的波动在开埠通商后，亦深受国际市场影响，这对包括棉布在内的整个市场的商品价格波动带来了极大影响，也是近代华北棉布市场变动的根本原因和特征之一。

④ 见郑昌淦《明清农村商品经济》，中国人民大学出版社1988年版，第104页。

⑤ 光绪(十四年修)《遵化通志・物产志》，《遵化通志・风俗志》。

⑥ 道光《阳曲县志・风俗志》。

⑦ 《偏关志・风土志》1915年修。

⑧ 《济宁直隶州志》(乾隆)卷6，赋役，引吴桱《杂税论》。见方行、经君健、魏金玉《中国经济通史：清代经济卷(中)》，经济日报出版社2000年版，第1101－1103页。按：清代设行征税时往往各州县具体征税对象多有不同。概言之，清代多数省区在集市征收的商税主要有畜税、牙税以及各种商品税三项，多系牙行代为征收……牙税、商税两项大体包括了牲畜和专卖商品食盐之外的集市贸易的各种主要商品。(见是书第1103页。)

年)政府就明定一些布匹之税例:

> 粗白布将二丈八尺以上者,均以二丈八尺科计,每十匹作八匹,征税二分四厘。二丈八尺者以下者,均以一丈四尺科计,每二十匹作八匹,征税二分四厘。闽广粗麻布,每件作四尺,税八厘。①

政府较注重棉布市场价格的相对稳定。一旦其发生急剧波动,政府或强制进行官方定价,或直接调配大宗物资平抑价格。如乾隆初登大位,就召集工部等九卿大臣商议如何平定市场高昂物价。② 其中,绸缎、布匹,包括染料即是主要内容之一。

> 缎匹:
>
> 金黄妆缎,幅宽二尺二寸,每丈旧例银六两五钱。
>
> 白云缎,宽二尺,每丈旧例银一两八钱三分二厘,今核定银一两四钱。
>
> 月白云缎,宽二尺,每丈旧例银一两八钱三分二厘,今核定银一两四钱。
>
> 白素缎,宽二尺,每丈旧例银一两七钱七分二厘,今核定银一两四钱。
>
> 金黄素缎,宽二尺,每丈旧例银一两七钱六分六厘,今核定银一两四钱。
>
> 蓝素缎,宽二尺,每丈旧例银一两七钱三分九厘,今核定银一两四钱。
>
> 石青缎,宽二尺,每丈旧例银一两七钱六分,今核定银一钱四分。
>
> 红彭缎,宽二尺,每丈旧例银一两五钱,今核定银一两三钱五分。
>
> 布匹:
>
> 白粗布,每尺旧例银一分,今核定银九厘。
>
> 麻布,每匹旧例银二钱四分,今核定二钱一分六厘。
>
> 苎布,每丈旧例银八分,今核定银七分。
>
> 颜料:
>
> 红泥金,每两旧例银七两八分六厘,今核定银十六两二钱五分。
>
> 红飞金,见方三寸三分,每千张按时价旧例银二两九钱二分四厘,今核定银七两。
>
> 朱砂末,每斤旧例银二两七钱五分二厘,今核定银一两五钱。
>
> 明光漆,每斤旧例银一分,今核定银一分二厘。
>
> 熟漆,每斤旧例银四钱二分,今核定银七钱。
>
> 黑漆,每斤旧例银三钱二分二厘,今核定三钱七分六厘。
>
> 生漆,每斤旧例银四钱二分一厘,今核定银六钱。
>
> 漆黄,每斤旧例银二钱九分二厘,今核定银三钱四分。

上述文献说明,在前近代时期,政府经济政策对棉布市场的干预不仅只是在流通领域,还直接影响到了其生产领域。

③ 惩治奸牙,维护市场秩序。政府设置牙行及通过牙行商管理市场。"凡廛市交易,但

---

① 《大清会典事例》(光绪)卷238,《户部·关税》。

② 《九卿议定物料价值》(乾隆)抄本卷1,北京图书馆藏。按:当时九卿大臣就曾据雍正元年、七年、八年所定物价进行比较,提出定价标准,并建议"画一遵行"。(见郭蕴静《清代商业史》,辽宁人民出版社1994年版,第41-43页。)

设牙帖,令牙侩平估物值"①,"贸易货物设立牙行,例给官帖。"②即牙行及牙行商持政府颁发的"官帖"(牙帖),可管理市场。牙帖有效期一般五年,到期即换新帖。在清代,几乎各行各业均有牙行存在,③且行商人数不等,牙帖数额及所征税银也因州县、行业而不同。④ 其主要作用在于"平准物价","买与卖之中介","向政府交税"。⑤ 对棉布或棉花交易,政府也设置了较多布行、花行。

但利之所在,即弊之所生。于此,政府也厉行惩治奸牙以维护市场秩序。如对"衿监充行其弊与胥役等,应将见在牙行逐一详查,如有衿监充认者,即行追帖,令其歇业,永著为例"。⑥ 且嗣后,如有"仍蹈故辙而州县官失于查察者,著该上司查参议处","如不肖衿监藐视法纪,州县官奉行不力者,照胥役兼充牙行例分别治罪"。⑦ 清代律令明定,"凡贩鬻之徒通同牙行共为奸计,卖物以贱为贵,买物以贵为践者,杖八十。"⑧对州县官吏管理牙行和牙商不力者,政府也明定处罚。所以,各级官员除劝课农桑外,也需着力维护交易秩序,在客观上促进了棉布市场发展。如河南孟县盛产孟布,为维护其市场秩序,地方政府就常严厉打击奸牙。据郑昌淦先生考订:

> 河南孟县孟布驰名,市场交易甚旺。但一个时段内,牙行奸商"不为平价估值,机户稍稍无利",于是偷工减料,布稀,面窄至九寸,长仅二丈九尺。"布遂不行。不惟西(山西商人)不来,即本地贩卖布匹者,亦赴山东、湖广等地转卖,邑中富贾寥寥,惟无(牙)帖小贩沿门收买杂用,亦复有限。行市遂至颓坏,杂业亦罕挹注。民失生活计,而公私始重困矣。"为扭转此颓坏现象,"乾隆三十八九年间,前令鲁鸿颇为访察,市集稍兴数载。旋又败坏不整。今(乾隆五十四五年)仇令汝瑚加意整顿,酌定适中丈尺,出示晓谕尊行。"⑨

综上所述,政府的此等努力确定了前近代时期华北棉布市场的制度化环境。开埠通商则使其面临新挑战。

---

① (清)施尧化、蔡光纂修,《光山县志》卷11,《市集》乾隆年刻本。

② 《清康熙朝实录》第238卷,第7页。

③ 按:牙行出现时间虽无从查考。但可推论,在私有制出现,有了商业买卖后,牙行或牙行商人才随之产生。它应是商品经济发展的产物。清代,官方牙行和私立牙行同时存在。但后因私牙发展迅速,对官牙形成威胁,为支持和维护官牙利益,康熙四十八年(1709年)清政府以"私立牙行名色勒掯商民"为借口,下令"尽数革除""一切私设牙行"(《清康熙朝实录》卷238,第7页)。这使私牙一时受大挫。但雍正后期,私牙仍有很大发展。直至前近代社会晚期,市场上仍是官牙、私牙并存。但政府总是通过制度化的努力试图将其纳入官方体制。

④ 见方行、经君健、魏金玉《中国经济通史:清代经济卷(中)》,经济日报出版社2000年版,第1102页。

⑤ 按:"平准物价",即替政府相关机构检查商人是否领取官方印信税票,是否漏税和挟带私货;在此意义上讲,牙行似已成为政府税收检查机构。买与卖之中介功能并非政策最初预期。后来牙行及其商人往往强制商人交易。但随着商品经济的发展,一些行商实力往往能左右商人活动,对市场交易秩序、市场稳定发展影响甚大。如:"巨本经商,远方估客,非用行户",否则"交易难成"(《乐安县志》(雍正)卷4,《市集》)。这也是政府后来藉此取缔一些牙行,尤其是取缔私牙的主要理由之一。牙行及牙行商不仅通过强制商人交易谋利,往往也凭借替官府"平准物价"之功能乘机对过往商品见物抽税。所以,凡商货聚集之处,"谋充牙行者,争先恐后"(《济宁直隶州志》(乾隆)卷6,《赋役》)。

⑥ (清)王先谦、朱寿朋《东华续录》第6卷,上海古籍出版社2007年版,第8页。

⑦ 同上。

⑧ 《大清律例》卷15,《户律肆廛》,1740年刻本。

⑨ 《孟县志·物产志》(乾隆);见郑昌淦《明清农村商品经济》,中国人民大学出版社1988年版,第130页。

5.2 不平等条约与近代华北棉布市场制度体系剧变

5.2.1 不平等条约体系与传统市场的制度体系的结构性矛盾

开埠通商后,不平等条约体系解构了包括华北棉布市场在内的整个中国商品市场原有的制度性环境。于此需强调者,这也是华北棉布市场被深度裹挟进世界资本主义市场体系后必然而至的影响。它加剧了市场变动。一方面,列强依靠强权确立了有利于洋商的市场制度安排;①另一方面,华商却大多受制于旧市场制度体系的约束。同时,为获利,一些华商又托庇于有利于洋商的新市场制度体系。② 市场制度体系处于新旧矛盾的结构性冲突中。以商品税则变化对棉布市场之影响为例:(见表5-1、表5-2)

表5-1:1843年协定关税前后主要进口货物新旧税率水准

货物	单位	1843年前的旧税率	1843年的新税率	新税率较旧税率减少的百分数
棉花	担	24.19	5.56	77.02
棉纱	担	13.38	5.56	58.45
头等白洋布	匹	29.93	6.95	76.78
二等白洋布	匹	32.53	6.95	78.64
本色洋布	匹	20.74	5.56	73.19
斜纹布	匹	14.92	5.56	62.73

资料来源:严中平等编,《中国近代经济史统计资料选辑》,北京,科学出版社,1955年,第59页。

表5-2:1868年进口本色市布在通商口岸和内地市场价格对比

单位:匹

口岸名称	在通商口岸的价格(包括进口税8分)	内地市场		内地市场价格
		名称	与口岸距离	
牛庄	2.20两	宽城子	209英里	2.30两
天津	2.13—2.20两	山西太谷县	500英里	2.50—2.70两
烟台	2.20—2.50两	章邱县	300英里	2.24—2.70两

资料来源:姚贤镐,《中国近代对外贸易史资料》第2册,北京,中华书局,1962年,第837页。

说明:此文献原据1869年海关贸易报告。且姚书中还整理了汉口、九江、镇江、上海、宁波、福州、打狗、厦门、汕头,但为表述方便就暂略上述口岸与内地市场价格对比。

---

① 列强依靠强权形成于其有利的市场制度安排的主要内容是:割让租借领土、开放通商口岸、协定关税、取消行商制度、领事裁判权、片面最惠国待遇、控制海关、沿海贸易权的丧失、内河航行权和内地通商权。按:对于近代不平等条约体系与市场制度安排的关系,学界主流看法多从列强依靠特权获取市场竞争优势这一角度来论述。如刘佛丁、王玉茹《中国近代的市场发育与经济增长》,高等教育出版社1996年版;吴承明、许涤新《中国资本主义发展史》,人民出版社1990年版。

② 按:因洋货与土货之内地税差别大,华商为减轻税负,多将土货冒称或改作洋货入口,甚至将土货以洋货运入海关,再运回内地市场。市场出现商人“悉隐化常税为洋税”,“常税短绌”的现象。因为,常关由政府控制,海关由洋人控制。如此既减少了政府收入,也削弱了政府干预市场的能力。同时,华洋商间的关系发生相应变化,尤其是买办商人市场地位随之变化。另:“洋商运货只完正半两税……于是不肖华商贿买牌照,假托洋商之名。洋商出售保单,(即子口单—笔者注)坐收华商之利,流弊遂不可究诘。”(见《光绪21年12月24日总理衙门议复讲求商务疏》,《皇朝经世文四编》第23卷,第5页。)

两表显示,税则变化,尤其是"值百抽五"、"百分之二点五的子口税"、"免征厘金",确有利于洋布拓展销售市场。洋布在通商口岸的价格与其内地终端市场的价格相差无几。相较于华商,其商品税负水平确属非常低。鉴于1853年清政府始行厘金制度,华商销售商品的税负亦更沉重。时人记载:"洋商运货只完正半税两税,华人则逢关纳税、遇卡抽厘。"①姚贤镐先生就此而有断语:"因为苛重的内地厘金就要阻止或大大限制洋货运往内地。"而"子口单"确使"布匹被运往最遥远的地方,而且数量很大"。② 由此,华商除托庇于洋商所依存的新制度体系外,其经营行为亦随之变化。据《申报》报道,为转嫁厘金之负担,商人或即"加价于货","暗令买户完此捐款,而于彼仍无所损而已";或"冒捐漏捐,而加捐款于货价者"。③

5.2.2 政府与市场关系的结构性调整

不平等条约体系使政府与市场关系出现结构性调整。

一方面,不平等条约体系破坏市场原有制度体系的完整性,降低政府管理市场的行政能力的有效性和依靠原有制度体系约束商人行为的能力,急剧缩减政府管理市场的边界。例如,若依原有制度体系,政府可严格限定或管控商人经销商品的范围或领域。但自由通商、取消行商制度却使其效力随之下降。另如:1902年《中英续议通商行船条约》中要求取消厘金,裁撤厘卡,华商产品、洋商产品同由海关收出厂税,但洋商产品仅纳税百分之十,即可运往各地销售。对于机制(棉织)品,条约第八款第九节则规定:

> 凡洋商在中国通商口岸或华商在中国各处用机器纺成之棉纱及制成之棉布,须完一出厂税,其数系倍于光绪二十七年议和条约所载之进口正税。惟各该机器厂所用之棉花,若系外洋运来者,应将已完进口正税全数及进口加税三分之二发还;所用者若系土产棉花,须将已征之各税及销场税全数一并发还。凡以上所指华、洋各商在中国用机器纺织之纱布既完出厂税后,所有出口正税、出口加税、复进口半税以及销场税概行豁免。此项出厂税须由海关征收。凡别项货物与洋货相同者,若洋商在通商口岸、或华商在中国各处用机器造成者,亦须按照以上章程办法办理。④

即不平等条约使政府基本不可能限制或管控商人经销商品的范围或领域,尤其是"领事裁判权"使政府更不可能限制或管控洋商的经销商品范围、领域及其经营行为。⑤ 近代华北棉布市场的整体制度环境已改变。

另一方面,此结构性矛盾,又要求政府供给市场发展所必需的新制度。其症候可从"商战"思潮的论争中窥视端倪。如对于棉布市场之变动,人们竞相提出政府颁行政策应"外争利权"、"保商"、"发展近代机器纺织业"、"允商人自建商业组织"、"整顿金融"等。即市场变动要求政府供给新的制度以维持自身发展。以文献为据:

---

① 见《上海各业公禀货捐局底稿》,《申报》1874年9月15日(同治十三年)。

② 见姚贤镐《中国近代对外贸易史资料(1840—1895年)》(下册),中华书局1962年版,第823－824页。

③ 见《申报》1879年11月12日。

④ 见鲁子石《帝国主义侵华罪行录:中国近代史上的不平等条约选编》,山东人民出版社1986年版,第252页。

⑤ 按:对于"领事裁判权",一些学人以为:"作为近代不平等条约体系的核心领事裁判权,在政治上,既是干涉中国内政、破坏中国司法主权的凭依,又是外国罪犯的护身符和保护伞;在经济上,领事裁判权是掠夺中国资源和侵吞中国财富的法律保障;在同其他特权关系上,领事裁判权是列强在华名目繁多的各种特权的政治保障和法律依托,起着主导作用。"(见程道德《试述近代中国不平等条约体系的形成与扩展》,《中外法学》1994年第3期;吴孟雪《美国在华领事裁判权百年史》,社会科学文献出版社1992年版。)

① 直陈利权丧失、旧市场制度不合理

开埠通商后，时人痛陈洋布冲击本土棉布市场，致使民族利权丧失。郑观应在《商战》一文中指出：

> 我之受害者缕析言之。大宗有二，一则曰鸦片，每年约耗银三千三百万两，一则曰棉纱棉布，两种每年约共耗银五千三百万两，此尽人而知为巨款者也。不知鸦片之外又有杂货约共耗银三千五百万……洋布之外，又有洋绸、洋缎、洋呢、洋羽毛、洋线绒、洋羽纱、洋被、洋毯、洋毡、洋手巾、洋花边、洋纽扣、洋针、洋线、洋伞、洋灯、洋纸。①

刘桢麟在《论中国宜开赛会以兴商务》中言：

> 鸦片之耗岁三千三百万，纱布之耗岁五千三百万，杂货之耗岁三千五百万。卮漏已罄，□蚀及腹岌岌哉。②

时人于“官商隔膜”的讨论中，直陈政府原有管理或干预市场方式、政策不合时宜。

> 鼓铸银元可以救圜法之衰，可以便上下之用，可以塞暗耗之患。然成色掺杂，重率无准，私铸日多，洋商相戒而不用，小民兢兢但防售伪能弥其弊而要其信乎？供内地之必用，抵洋货之大宗莫要于织布，而土棉未能广种花式，未能自创轧花纺纱，机厂未盛，何以减进口之货乎？自余新政……何以让诸人商股烦难？何以不能集结银行，则用人何以得宜？行钞何以取信？押款何以无弊……内河以多淤塞，至于纺织何以屡开而屡闭？③

时人还指出：

> 商之视官政猛如虎，其能上下相维之益乎……至于洋商仅完正半两税，便可畅行无阻，利权较华商而优。然华商食毛践土，当能仰体国家立约通商之故，不应自外生成，何以假冒招牌之风，年来愈炽良？由官商隔阂。官既不恤商艰，商复何知官法？该御史请于各省设立商务局，俾得维护商，渐收利权，诚而为当务之急。惟请派设专员作为提调，以官府之体而视阛阓之业，终难透辟。④

政府错误的税收政策亦受到时人批评。如麦孟华在《榷署议内地机器制造货物征税章程书后》中，痛贬政府接受赫德建议，对内地机器制造物推行值百抽十的税收政策。⑤ 同期张之洞也曾著文直陈不能行此苛政。⑥

② 祈愿政府推行发展近代机器纺织业之新政

洋布冲击市场使发展近代机器纺织业以抵制洋商、洋布已势成必需。但浅见之人却以维护织工利益为口实，阻碍其发展。对此，时人痛加抨击，并祈愿政府能推行发展近代机器纺织业之新政。

---

① 见郑观应《商战》，《皇朝经世文编》第9卷，第655页。

② 见刘桢麟《论中国宜开赛会以兴商务》，《皇朝经世文新编》第10卷上，第675页。

③ 同上。

④ 见总理衙门《覆奏讲求商务折》，《皇朝经世文新编》第10卷下，第690页。按：据同文记录，假冒招牌当是指：自立约互市以来，洋商运货只完子两税。华商则逢关纳税，遇卡抽厘，于是不肖华商贿买牌照，假托洋商之名，出售报单，坐收华商之利，流弊遂不可究诘。

⑤ 见麦孟华《榷署议内地机器制造货物征税章程书后》，《皇朝经世文新编》第10卷下，第694－695页。

⑥ 见张之洞《请缓征值百抽十之税而请改存储关栈章程》，《皇朝经世文新编》第10卷下，第698－700页。

以现在缫丝、炼钢、纺纱织布诸局厂为之根，凡华洋所需各物一律购机自制，或销本国，或运外洋，有业者改图，无业者有业……使中国各行省工厂大开，则千万穷民立可饱食暖衣，安家室而养妻子，向日之手工糊口者亦各免艰难困苦，忧冻啼饥，咸得享豫大丰亨之福也。天下之功德孰有如是之不可思议，不可限量者乎？①

就市场变动而言，此民意之表达，非仅在于风气开化，其诉求主张以现有之局厂为根基推而广之，均反映时人冀望政府推动近代机器纺织业之发展。于此现象，外人相关记述亦可透视：

以机器为工人之仇敌自昔然矣。迄今制造日新，而袭是论者踵相接出一新法可以裁省人工若干。姑置不问而必悬为之禁。曰一厂兴众工废。当纺织轮车兴，又缝纫诸机器初出之时，无不执是说以相阻挠。彼其自命为先，几妄矣。而或罪以造言亦苛也。直一无真识者耳。知利赖之偏者而忘其普者耳。故，织机一而可兼数工，必怨曰是夺我织工之业也，不知布价廉而用者广，用广则需共奚啻十倍。②

虑千万缝工之失业而今不且多于无缝器之时乎？是皆信而可征，有册籍可稽者也。大抵新法机器其制物也纵以速且多，而价逾廉至夺一人一业之工而所增者恒五十倍。近今街谈巷议见国中贸业之衰，失业之众，群归咎于机器之夺人工，信乎？否乎……机器原以代人工，代之适以废之。不废亦无为贵机器矣。然而废者一而用者十，他业之缘是以兴者且百焉。③

于发展机器纺织业，民众、华商，乃至政府内部不同派别之态度和识见尽管并非整齐划一，但此吁求还是获得了政府回应。据德人观察，“且闻中朝新定之例，宽待创用机器之人，纳税从轻。然则机器不能不增盛于彼矣。”④此种回应之深层意义则在于：市场变动已要求政府具有明确的产业发展政策及相关理念。政府与近代华北棉布市场变动之关系已非传统的“劝课农桑”可论。

③ 要求政府变抑商为保商，重构市场制度体系；允许商人自建组织，推行机器纺织。时人以为：

变法之自下者何？泰西诸国是也……民智豁闭欧洲诸国，人人知有自主之权，人人知有当为之事而哗然而起。英民尤甚……虽英廷助以国努而化学格致则民自为考究也。纺织之厂七千二百九十四所，出口之数，价值四垓八京镑……迨其后……商务为五洲之冠……今之中国……无士也，无农也，无工也，无商也……非无工也，工而不群，故无工局以讲制造，无工器以辟心思，便日用则无妙制，御漏？则无巧式，外工裳裳，吾工芒芒于吾工同也。非无商也，商而不群，故无商会以厚财力，无商学以归钜利，资小而取微势，分而志轧……苟民自立会，厚集工资自为保护，自精格致，自妙制造，行见夺回利权，如操左券。英日购棉于吾国而复运以入，所获尚为倍蓰。吾民据沃衍之产，无转饷之劳，精造出口握利无算。虽外国多用机器成功较捷，然以吾工人之众，工价之廉，作工之久，实足相抵。能若自创机巧，直可衣被全球也……开商会，各直省设大商会，各州县设中商会，各乡间设小商会。⑤

① ［德］阙名《工艺养民说》，《皇朝经世文编》第9卷，工艺，第620页。
② ［德］阙名《人工与机器论》，《皇朝经世文编》第9卷，工艺，第623页。
③ 同上，第624页。
④ 同上，第626页。
⑤ 见欧榘甲《变法自上自下议》，《皇朝经世文新编》第1卷中，第96－97、99页。

汪康年比较华洋商所处的不同制度环境,使此类主张变得更具体。他说:

西国商务之极盛也,以其保护之甚力也。保护之道维何?曰使之便利,使之有权而已。是以定钱式及金银铜三品之价,开官私银行,定汇票使用票,轻出口之税。凡税不与物价相比者,得随时改定。开铁路行轮船,凡至他国者得载以己国之船而护之以兵轮。又定开设公司之例,定专利之条严冒牌之禁。凡以使之便利也。许商人设市馆为议论贸易及定价值之所。又许设立商会使得商禁约他国货物之法。他国之币不得流入内地,或恐碍本国货之销路则重进口之税,恐碍本国之工作则轻进口之税,凡以使之有权也……夫使商人便利,使商人有权所以保商也。即严治商之禁令厘剔商人之弊病,亦所以保商也。西国之治商也。凡商家册籍及存货底单及进出款之簿,皆有一定程式,岁呈之官以便稽核。凡商之章程必请于官。官允其行必力保护之,其行使银行之票及保险之法,皆有定章。至若不得已而倒闭,则官稽其存数而使之摊还,不得有所偏倚。又定报穷之令,凡报穷者不得齿于其类。若有意讹骗或经商不合法度而致倒他人之财,则官得按法严治之。店之伙友侵没主人之财者皆严治其罪。夫如是故,商人皆慎重不敢为非,而彼此相信相保也。①

而华商所处的制度环境却是:

振几(原文如此—笔者所加)则捐之商,御敌则捐之商,有大亡大役又捐之商,而报效之款尚不在此列……呜呼,中国商人之困,至今日而已极矣。一不铸金币,又不定用银币之制,致受西国镑价之亏。二银钱价低昂不定,致商人有受暗亏之虑。三各省平色万殊致受钱庄抑尅之亏。四假贷抵押及存银均无定法,使商人运掉不灵。五不明许商人立会,致商人无自主之权。六不设市馆以定随时公平之价。七各业所立行规不与官相通。官可任意废去。八不立专利之条,致商人不敢出重赀创办新业。九不严禁冒牌使美劣得以混淆出重。②

汪氏上述言论涉及西方近代市场的金融、银行和公司制度、商人组织制度、处理官商关系的法律制度、专利保护制度等。他坦言西洋商务发达,洋商强势,实与上述制度支持密切相关。薛福成则强调发展机器纺织业,政府应推行专利制度、减税政策。他说:

一曰制造之利。英人用机器织造洋布,一夫可抵百夫之力,故工省价廉。虽棉花必购之他国而获利固已不赀。每岁货价之出中国者数千万两。中国海隅多种棉花,必购备机器纺花织布。既省往返运费其获利宜胜于洋人。然中国虽有此议而尚无成效者,何也?创造一事人情每多疑沮,其才足以办此者苦于资本难集。而一二股商非所索习而不为。此大利所以尽归洋人也。窃谓经始之际,有能招商股自成公司者宜察其才而假以事权,课其效而加之优奖。创办三年之内酌减税额,以示招徕。商民知有利可获,则相率而竟趋之。迨其事渐熟,利渐兴,再为厘定税章,则于国课必有裨,推之织毡、织绒、织呢羽,莫不皆然。夫用机器以代工作嫌于夺小民之利,若洋布以及毡绒呢羽,本非出自中国,中国多出一分之货,则外洋少获一分之利,而民自得食一分之力。③

---

① 见汪康年《商战论》,《皇朝经世文新编》第10卷上,第656-666页。

② 同上,第666页。

③ 见薛福成《商政》,《皇朝经世文编》第九卷,工艺,第654-655页。

薛、汪此等言论绝非单纯“保商”，而是在吁求政府重构近代化的市场制度体系。对此，政府也具有相当回应。如光绪二十二年(1896年)12月，总理衙门回复军机处给事中褚成博奏洋商改造土货请饬筹抵制一折，该折称：

伏思洋人每争一利，必合上下财力惨淡经营。而华商势涣、情睽、力分、财绌，自非官力为护，持一志齐。心痛除向来官商隔膜锢习，断难与彼族争权。应请旨饬下南北洋大臣各先筹款二三百万，在内地广设丝纱机厂以为倡导，并饬下各将军督抚酌度士(土)宜一体兴办。奉夫直隶等处又宜添设织造呢羽毡毯之厂，其紧要关键首重得人，应令严定章程，公举般实廉干商人，分任厂务，由官认真督查，不准丝毫瞻徇。并准本省各官及京外大小官绅量力附股。每届年底，将章程款目由总厂详刊送阅。如有弊混，无论何人皆准赴厂办诘，并详附股之人赴京呈控。查实后，除经管之人勒赔重处，并将督辖之大吏量予处分等语。(臣)等查……欲设厂制造抵洋商，自非官商合力，广筹巨款，不能集事。上年闰五月间，钦奉谕旨另多设织布织绸等局，广为制造。①

与此呼应，盛宣怀则直接提出应裁厘加税，建立银行。他说：

纱布各厂成本之重不足敌洋产，五金各矿收效之速不足济急需。今之併局卡裁冗费以节流也……欲求足中国，先无病民。欲收商利在挽外溢……厘金既免，即仿行西国印税之法……而免厘则出口土货易于流通，举国之财为通商惠工之本。综其枢纽皆在银行。中国宜亟仿办。毋任洋人银行专我大利。②

社会实践层面，《山西商务局集股章程》亦能显示华北市场的此类变化。

今之商务非第法泰西之所长，实则复周官之遗意耳。或谓滨海之区耳濡目染，故业商者易于争长而取法，晋则见闻所限，瞠乎后矣……然非聚众人之力以为力，合众人之财以为财，势必观望迁延，因循自误……由是观之，开矿以出煤铁，火车以利转输，实晋中之先务。如织布火油毛货等亦宜次第扩充……晋省此次筹办商务事烦款巨。首为开采煤铁业……次为火车；三为机器纺织，即以本省棉花毛货织成布疋毡毯，分路行销，免至利权外溢……晋省设局督办绅办，照中国买卖常规，忝以外洋公司章程，所有各项司事多于商股之中选充，以期得为不派委员，并除去书差文案名目其挂名乾馆之类，一律禁绝。③

即在内陆之山西，因应于抵制洋布，维护民族利权，政府整体性重构市场制度体系时，“官督商办”既“照中国买卖常规”，又“忝以外洋公司章程”之现象亦出现，则表明近代华北棉布市场的制度环境已渐趋改变。

④ 吁求政府维持市场交易秩序，维护市场稳定。如总理衙门回复1895年11月17日军机处交片御史王鹏运奏请讲求商务一折中，就拟通过官设商务局，听任商办，调查市场行情，维护市场交易秩序。

---

① 见总理衙门《奏覆洋商改造土货应筹抵制折》，《皇朝经世文新编》第10卷上，第692－693页。

② 见盛宣怀《自强大计折》，《皇朝经世文新编》第1卷中，第84－85页。

③ 见《山西商务局集股章程》，《皇朝经世文新编》第10卷下，第749－750页。按，该章程规定，一各股应得息银均自各事开办之日起算。如矿务从开炼煤铁之日起；铁路从开车行走之日起，织布系从开机动工之日起，每年除正腊闰不计外，其余十个月按五厘行息，余外再分红利。付利分利皆于每年腊月中旬，由晋省总局先期知会各省，即由各票号就近按折支付。

拟请饬下各省督抚于省会设立商务局。由各商公举一般实稳练,素有声望之绅商派充局董,驻局办事,将该省物产行情,综其损益,逐细讲求。其与洋商关涉者,丝茶为大宗。近则机布、纺纱、制糖、造纸、自来火、洋胰子诸业,考其利病。何者可以敌洋商。何者可以广销路。如能实有见地,确有把握,准其迳禀督抚,为之提倡。再由各府州县于水陆通衢,设立通商公所,各举分董,以联指臂,所有各该处物产价值涨落、市面消长盈虚,由各分董按季具报,省局归总造册,仿照总税务司贸易总册式样,年终由督抚咨送(臣)(总理)衙门,以备参考。其华商互相贸贩,不与洋商相涉之货,亦应按照市价公平交易,不准任意高抬或故为跌价,以累同业。设经局董查确,应即明细为告诫。若复怙恶,即由局董禀官,将该行店劣迹榜示通衢以儆效尤。该局所遇有禀官之事,无论大小衙门均不得勒索规费各局所地方长吏月或一二,至轻骑减从,实心咨访。①

综上所述,不平等条约体系对棉布市场的冲击,迫使政府须检视自身与市场发展之关系,亦成了棉布市场制度体系剧变和重建之核心命题之一。在此命题下,政府必须把发展包括近代纺织业在内的实业,确定为决策之基本前提,重构管理或干预市场的制度体系,以推动市场发展。近代华北棉布市场亦势必随之而变动。于此,一些在华洋人已显露其隐忧。他们担心在政府鼓励和推动下,本土机器纺织业的发展必对洋布市场销售产生冲击。

东方诸国工艺初兴,机器亦渐推广,迩来织纺之机器自泰西运往东方者日加多。观时局则知天下兴衰为之一变,其关系殊非轻也……试思中华之大,人民之众,若能各般勤弃旧从新,广用机器,则西国人不能无虑。彼华人之进境正未可量。纺纱机其已然者也。又因银贱而金贵,西工难与东工争胜,不独今日为然,将来亦无不然也!何也?机器之用彼已植其根矣……勿谓东方振兴工艺不无大碍于西商也。②

另据英人相关记录:

中国当纺织伊始所需锭子已多,以彼幅员之广,生齿之繁,素为白人所畏。今若此异曰更未可量。其故,由于金贵银贱,昔日中国所用之纱布购自外洋,以银价较金价耗折殊多。一旦自设机器制造或可转绌为赢,不然未必汲汲于是,即有志兴造亦须俟诸异日。今此事,中国已植其基,将来必有渐推广之势,国家更薄其税□以鼓励之,现彼所出纱布夺我利权尚微。即数年内或不致有碍商务。盖如此钜业不能奏功于旦夕也。譬如植木当其始,枝叶未臻蕃衍,然济以人力需以天时,其茂盛实可预卜。③

总之,政府与市场关系的结构性调整,使颁行新法令、新政策成了政府重构近代华北棉布市场制度体系的重要内容。在近代中国特殊的生存境遇中,这些新法令、新政策已渐具有“近代”色彩。它是政府在此特殊生存境遇中,将“近代”观念的诸多暗示转化为实体性的市场法律、规则体系。这加速了市场新秩序的生成。由此,探究政府政策调整与市场制度体系重建之关系,以论证市场新秩序的生成应具备相应制度基础就属必要。

① 见总理衙门《覆奏讲求商务折》,《皇朝经世文新编》第10卷下,第690页。

② [德]阙名《论中国工艺》,《皇朝经世文编》第9卷,工艺,第625-626页。

③ [英]阙名《中日近年制造情形考》,《皇朝经世文编》第9卷,工艺,第627页。

5.3 政府政策调整与近代华北棉布市场制度体系之重建

政府相关机构或组织的变化，以及由此而实行的扶持和鼓励工商业发展的政令或措施，可视为“政府规定了特殊的比赛规则”的“制度”安排。它是重构近代华北棉布市场制度体系的前提及其市场变动的又一主要内容。

5.3.1 设立新职能机构

自19世纪60年代始，晚清政府就筹设一些兴办洋务之机构。它具有临时性、非正式性的特点，但却拉开了政府设立管理近代工商业的专门职能机构的序幕。甲午蒙羞后，此进程大为加快。如张之洞就主张各省专设“商务局”、“工政局”，以振兴实业。“商情涣散”、“商务日坏”，亦促使侍郎惠荣奏请设商务大臣。① 戊戌变法时，光绪则谕令设立矿务铁路总局和农工商总局。庚子乱后的1902年，袁世凯领衔督办商务大臣。但上述努力却成效不彰，商务和实业之管理也屡受制于地方督抚弄权。鉴此，1903年9月，光绪谕令设立商部，撤销矿务铁路总局，将矿、路二政权项划归商部。载振首任该部尚书，其余职官除额定之外，另在各商埠选取“行谊诚实、熟悉商务”的商董为商部委员。②

同时，商部于各省分设商务局、矿政调查局等机构，并委任诸局总办、总理等为议员。汇报货源、市场行情、局所学堂公司状况，代商寄呈、禀报注册，保护出洋归国侨商，保奖资厚有成商人与匠心独运之工匠，提出有裨商业的建议等亦属其分内之事。因各省农工商矿局“无专官以资董率”，③为促地方“认真劝办实业”，1907年各省设置“专管全省农工商业及各项交通事务”的劝业道，于各厅州县设劝业员，“监督掌理该厅州县实业及交通事宜”。④ 至1910年，除山西、江苏、甘肃、新疆、黑龙江外，其余18省均已设置劝业道。由此，政府对工商实业的提倡和管辖具有全局性、制度化的特点。⑤

民国时，政府序列中均设有管理工商实业之专门机构，建立起了从中央到地方的较完整的专门功能化的职能机构体系。如政府颁行新法律、章程，倡立组织商会、农会，开设实业学堂，统一度量衡等。此等大变动亦成了近代华北棉布市场变动的既定制度前提，在此意义上，近代华北棉布市场以近代法制为核心的制度体系重构之趋势日趋明显。

---

① 见《清朝续文献通考》第391卷，实业，商务，商务印书馆“十通本”，第14页。

② 见《大清光绪新法令》（第3册）见《大清光绪新法令》，商务印书馆1910年版，第77页。按：商董委员考察商务，却无薪俸和办公开支，但“有异常劳绩”者可保奖商部郎中、员外郎、主事各职衔，直至头等“顾问官”。另，农工商总局后被慈禧以“总局设在京城，文牍往还，事多隔膜，一切未能灵便”为由而裁撤。（见朱寿朋编，《光绪朝东华录》（第4册），中华书局1958年版，第4220页。）

③ 见《大清光绪新法令》（第2册）见《大清光绪新法令》，商务印书馆1910年版，第5页，

④ 见《大清光绪新法令》（第4册）见《大清光绪新法令》，商务印书馆1910年版，第15－16页，

⑤ 按：1906年11月，清廷再革中央官制，工部、商部被合二为一，称农工商部，下设农务、工务、商务、庶务四司；并将其管辖轮船、铁路、电线、邮政之职项专设，成立邮传部，下设2厅5司及馆所局堂若干。同时，晚清政府对市场制度体系重建中的全局性、制度化特点，可从商部四司职能中窥见一斑。如：（1）保惠司，处理商务和商业学校事宜，负责保护商人，奖励兴办工商企业，颁发专利权等事；（2）平均司，专管开垦、农务、蚕桑、山林、水利，树艺、畜牧等生植之事；（3）通艺司，专管工艺、机器制造、铁路、街道、行轮、射电、开采矿务、聘请矿师、招工诸事；（4）会计司，专管税收、税入、银行、货币、工商交易会、度量衡和处理工商诉讼等事。（见汪荣《论晚清新政中的经济政策及其法制措施》，《重庆师范大学学报（哲学社会科学版）》2006年第6期。）

5.3.2 重构市场的近代化法制体系

商人作用及其法律地位被肯定，近代产权制度被确立，政府机构职能的专门化及其行为受法律制约，政府依靠法制维护经济秩序，引导社会经济的发展方向，是市场发展模式转型的主要标志。这也是近代华北棉布市场发展模式转型之基本前提。其主要内容是：

政府颁布了一系列法规，使各商经营有轨可循。① 基本制度：《商人通例》、《公司律》（北洋《公司条例》）、《破产律》、《公司注册试办章程》、《商标注册试办章程》、《商业注册章程》、《临时约法》等。其中，《商人通例》规定了商人的身份、权利与经商规则。《公司律》则对公司的分类，创办呈报方法，股东的职责，董事、查账人的条件，董事、股东会议的召开，账目的结算，章程的修订，公司的停闭、惩罚等都作了明确的规定。《破产律》涉及商人破产后，有关呈报、清资、核账、分产、偿限、销案等事项。《商标注册试办章程》则主要涉及商标的制作、贮存、专用年限、转售、注销、维护、注册等。② 奖励商人的主要法规或章程：《奖励华商公司章程》、《奖给商勋章程》、《华商办理农工商实业爵赏章程及奖牌章程》、《暂行工艺品奖励章程》、《公司保息章程》等。③ 政府允许商人建立商会，互通往来，联络商情，使商人成为组织化的商人。商部认为，东西诸国“以商战角胜”，“实皆得力于商会”。它向各省颁布的劝办商会谕帖中强调：“商会一设，不特可以去商与商隔膜之弊，且可以去官与商隔膜之弊，为益商务，良非浅鲜。”①1904 年 1 月，商部公布《商部简明章程》，规定在大城市或省会所在地设商务总会，中小城市及城镇设商务分会。

上述法律亦体现了一定程度的护商之意。如《公司律》中明定“凡现已设立与嗣后设立之公司及局厂行另辅店等”，均可由商部注册，“以享一体保护之利益”。② 政府奖掖引导商人发展工商实业之意图明显。如《华商办理农工商实业爵赏章程及奖牌章程》规定，“此项爵赏，总以所办实业，能开辟利源，制造货品，扩充国计民生者为合格。”③

需说明，近代中国市场制度体系的重建，其一些基本原则在清末新政阶段就基本已被底定。其后，民国历届政府颁行经济政策和法规所体现的建构市场制度体系的原则也基本未出其左右。如北洋时，尤在袁世凯主政期，张謇就任农商总长时先后颁行了近四十部经济法规，奠定了北洋时期的经济政策的基本形态，也是其最高水平。④

南京国民政府时期，其颁行经济政策深受孙中山经济理念的影响，甚至可以说确立近代产权制度当是其建构市场制度体系的核心内容之一。

上述事实表明，市场制度体系整体性重构，使近代华北棉布市场的发展可能呈现如下趋势。即：社会必须重新肯定棉布商人的作用并确立其法律地位。同时，近代市场制度体系的建立和政府引导棉布产业发展，管理或干预棉布市场的专门化职能机构的设立及其运行均受法律制约和规范，成为市场发展关键因素之一。在此，将“近代”观念的诸多暗示转化为实体性的市场法律、规则体系成了市场变动中的一个突出特征。而在前近代时期，政府对棉布市场的管理或干预则不具备上述内涵。若此，华北棉布市场发展模式已开始发生根本改变。

---

① 见《东方杂志》1904 年第 2 期，第 200 页。

② 见《东方杂志》1904 年第 1 期，第 216 页。

③ 见汪敬虞《中国近代工业史资料》（第 2 辑），科学出版社 1957 年版，第 645 页。

④ 见沈家五《张謇农商总长任期经济资料选编》编者序者，南京大学出版社 1987 年版；张学继《论袁世凯政府的工商业政策》，《中国经济史研究》1991 年第 1 期；黄逸平《辛亥革命后经济政策与中国近代化》，《学术月刊》1992 年第 3 期；徐建生《民国时期经济政策的沿袭与变异》（附录 4、5、6），福建人民出版社 2006 年版，第 328 – 348 页。

5.3.3 政府重建市场金融(货币)制度体系的努力

功能完善且具备较高效率的金融(货币)制度体系是市场变动的关键因素之一。小农经济条件下的金融(货币)制度体系向以法制、产权为基础的近代金融(货币)制度体系转变,是近代华北棉布市场变动的基本条件或内容之一。对此,在前述章节中笔者已有详尽证明。因此,尽管政府重建市场金融(制度)体系的努力——主要以立央行制度、整顿银行体系、统一币制,以及建立资本市场等为核心内容——动机复杂,成效也难令人满意,但其加剧棉布生产和交易的市场条件变动当是基本事实。例如,河北高阳、宝坻两织布区棉布的全国市场的形成,就基本发生在政府重建金融(货币)制度体系的时期。即与政府规范币制等整顿金融市场环境的诸多努力紧密相关。

5.4 政府引导或推动棉布市场发展的相关政策

产业政策调整直接加剧棉布市场供求关系变动。它主要体现在下述方面:

5.4.1 政府通过奖励政策引导棉纺织产业发展

1910 年 1 月清廷农工商部拟定《奖励棉业章程》中,根据"能仿造轧花、弹棉、纺纱、织布各项手机(即手工机器),运用灵便,不逊洋制者",①对创种、改种棉花,收获丰硕的植棉公司、独资农场、个体农户进行奖励。需注意者,政府对包括手工织布业在内的传统手工业和新式工业、交通运输业的奖励,特别突出"有创制新法、新器以及仿造各项工艺,却能挽回利权,足资民用"。② 此外,政府奖励还注重与举办展览、赛会相结合。如 1906 年,农工商部下设京师劝工陈列所,其目的是"提倡工艺"、"振兴工业"。对陈列的自制物品,如"系独出心裁,创制新法新式,足以提倡土货抵制洋货者",农工商部按等级"发给商勋以资奖励"。对收到与售出的物品,"随时登入报章,俾供众览"。③

北洋时,1912 年 12 月 5 日,工商部颁布《暂行工艺品奖励章程》把专利权明确限于工艺品的首先发明者,废除晚清设厂专利垄断权。这有利于中小资本参与兴办近代棉纺织业,并势必影响棉布市场竞争形势。在市场竞争中,华北棉布市场的华商,往往因资本缺乏,而急需向社会筹资。鉴此,为吸引社会资本创设公司扶植国内贫弱的工商业,1914 年 1 月 13 日北洋政府颁行《公司保息条例》。条例中把棉丝业列为甲类保息公司之列。④ 政府此举的主要考虑是:"民间集股结合公司,三年之内,多不能获利",往往"群相观望",保息方法可引起投资者增设公司,增加生产和财政税源。⑤

南京国民政府时期,政府继续推行奖励新兴工业及特种工业政策。其中棉纺织业即在

---

① 见《大清宣统新法令》(第 28 册),商务印书馆 1911 年版,第 1 - 3 页。

② 见《大清光绪新法令》(第 16 册),商务印书馆 1910 年版,第 47 页。

③ 同上,第 81 - 82 页。

④ 按:该条例规定保息的公司被分为两类:甲类棉丝业、毛织业、制铁业资本在 70 万元以上者,按实收资本保息 6 厘;乙类制丝业、制茶业、制糖业资本在 20 万元以上者,按实收资本金额保息 5 厘。条例又规定,保息期自开机制造之日起,继续三年为保息期,第六年起按照所领保息金总额 1/24 摊还。(见《中华民国法令大全:农商》,商务印书馆 1915 年版,第 50 - 51 页。)

⑤ 见沈家五《张謇农商总长任期经济资料选编》,南京大学出版社 1987 年版,第 16 - 29 页。按:保息率初定为 4 厘和 3 厘,但鉴于当时公司招股所定官厘为 6 厘和 8 厘,不易消除投资者之疑阻,乃有改为 5 厘和 6 厘之议,呈奉大总统经批准"保息率即定甲种 6 厘,乙种 5 厘","以示奖励实业之意"。

政策惠顾之列。1929年特种工业奖励法被颁行，规定按工业种类及视其绩效而给予专利、免税、降低运费等惠顾。“九一八”后，日寇铁蹄暴虐，民族企业一片艰难，亟须扶助。鉴此，1934年4月，政府新的工业奖励办法，规定应用机器或改良手工制造品，或凡采用国外最新方法，或在本国享有专利权之发明的民营工业，均实行税收减免，令国营交通事业单位承运此类货物时减收费用，或者许其在一定区域内享有五年的专利之权。如东亚毛呢纺织公司产品及青岛冀鲁制针厂的产品被准为期二年之内可减运输费五成。①

5.4.2 通过税收减免促进国内棉织品的销售

在较长时段内，中外棉布税率负担不同。土布还受厘金之累。即商品税负不均等现象突出。这严重影响市场竞争。② 因此，税则修订对近代华北棉布市场变动有重要影响。

北京政府时期，政府倡导使用国货，曾力图推行裁厘减税政策。1913年11月，张謇提出“加税免厘”，“改变出入口不合理税率”。1914年12月5日，农商部通饬各省：“自欧战以来，出口滞呆，入口锐减，亟应提倡国货制造，凡出口足抵外货者优给奖励。”③1915年3月，农商部奉令制订提倡保护计划，提出凡日用品向由外国供给，而为本国所能仿制者，尤应特别保护，并给予奖励，已有各厂货物之可用者，设法扩充其销畅。其中，对棉纺织业则强调，政府于紧要物件，如棉铁等，提倡创设公司，或以国家资本作为模范；其仿造洋货，除用机器制造者，准援洋货进口例完税外，完全土货酌免税厘。

为促进土布与洋布竞争，政府规定：“凡不藉汽力，专恃人工之棉织土布，无论是何种花色种类，所有常关、海关、厘金、落地捐、崇文门等各种税厘，一律免除。”④1915年1月7日，农商部宣布土布税率“每百斤改征正税银1两，复进东三省各口，再征复进口半税5钱”。⑤与旧有税率相比，这在原有基础上每百斤降低了2钱。1915年1月14日，财政部饬令海关对商人运布出口之税厘，稍予减轻。1915年2月27日，张謇又奉准蠲免包括土布在内的7种自制工业品的关税。11月7日，税务处实行减轻土布税则。1917年4月，税务处重申“旧式土布，为织布生计攸关，并应量予维持，除仍照土布减税成案每百斤征收出口正税银1两及运往内地照纳沿途税厘外，其由此口运至彼口应即免征复进口半税”。⑥ 12月，财政部、税务处联合向总统呈文中强调：“以后凡属于手工所织之布，除仍照案由海关征收每百担出口正税银1两外，其应纳50里内常关税项，准予一体豁免，以三年为限，限满再行酌定办法。”⑦他们要求总统核定全国手工织布及手工棉织物免纳50里内常关税项，并获批准。此后，常关税免税令到期后，“于民国十年、十一年(1921、1922年)一再展限免除，至民国十一年底(1922年)期满分别照税率征收5成，蠲免5成，以扣足3年为限……自民国十二年(1923年)起，仍准免税1年。”⑧1926年，农商部、财政部、税务处再次宣布将土布减征半税

---

① 见宗玉梅、林乘东《1927—1937年南京国民政府工业政策初探》，《民国档案》1994年第2期，第84-90页。

② 按：于此，张謇就曾多次指出：“洋货税向定值百抽五，再子口半税以抵厘金，则口岸销售洋货为百分之五之税，内地销售洋货为百分之七五之税。”但洋货多半在口岸就地销售，且口岸已遍及内地，则洋货实际只纳5%的正税，而国货却无法免去厘金之累。(见张謇《政闻录》，上海书店1991年版，第33页。)

③ 见《提倡国货之通饬》，《申报》1914年12月5日。

④ 见张謇《政闻录》，上海书店1991年版，第16页。

⑤ 见《政府公报》1915-1-7，第1257号。

⑥ 见《政府公报》1917-04-26，第463号。

⑦ 见《政府公报》1917-12-30，第701号。

⑧ 见《政府公报》1922-12-12，第2443号。

原案“一律再行展限2年，自本年5月1日起截至17年(1928年)4月底为止”。①

南京国民政府关于棉布生产、流通的税收政策仍然注重其关注国计民生的政治表达。它强调：“棉纺织业现为我国最大之工业，棉货又为我全国人民所最需要，而常占进口货之第一位，所以不论在国计方面、民生方面观察，欲求我国经济上之自立，非减轻原料税，增加制品税，殊无以达到民生主义之目的。”②

1927年7月20日，《国民政府关于裁撤厘金并实施关税自主布告》中指陈，为解民困，宣布废除厘金，实行关税自主。③ 政府继续推行土布免税政策。1928年7月，工商部规定，“凡属行销国内之土布，所有50里内外常关税及附征之内地税（即附税）并内地征收之税厘概予免征。”④

在关税自主谈判中，因北洋政府曾对日本让步太多，损害国内棉纺织业发展。1928年5月，民族资本家联合向国民政府工商部长孔祥熙呈文，要求废除北京政府与列强签订的关税谈判条约，以保护国内棉纱、棉布市场。⑤ 鉴此，孔祥熙即呈送提案，顺应该呈文之旨意。⑥经国民政府会议议决通过该项提案。⑦

其后，国民政府调整关税，多涉及棉布、棉纱，并呈现下述特点：

① 保护国内棉布市场，扶持国内棉纺织业发展的意图明显。1929年12月28日，《工商部长孔祥熙关于修订进出口税则经过情形并拟具意见呈(1929年12月28日)》文中言：“为促进本国棉纺织业之发展计，对于国内能自造之进口棉布，实有增税之必要。”⑧1930年11月，孔祥熙在国民党三届四中全会上提交《请定实施关税保护政策之原则提案》中称，鉴于“海通以来……由于关税不能自主，国内工商业失其保护，外国货物自由输入，侵占市场，排

---

① 见天津市档案馆《天津商会档案汇编(1912—1928年)》，天津人民出版社1992年版，第3561页。

② 《工商部长孔祥熙关于修订进出口税则经过情形并拟具意见呈(1929年12月28日)》(国民政府行政院档案二②/955—1)财政部财政科学研究所、中国第二历史档案馆《国民政府财政金融税收档案史料(1927—1937)》，中国财政经济出版社1997年版，第791－793页。

③ 见《国民政府关于裁撤厘金并实施关税自主布告》，《国民政府财政金融税收档案史料(1927—1937)》，中国财政经济出版社1997年版，第931－932页。

④ 见天津市档案馆《天津商会档案汇编(1928—1937年)》，天津人民出版社1996年版，第1758页。

⑤ 按：上海华商纱厂联合会呈文称：(北庭)妄议修订关税……且有承认日人条件，降格以求之说。遂置国计民生于罔顾，所订税率亦复颠倒轻重，不恤人言。即就棉花棉纱两物观之，棉花为厂用原料，近年国产不足，仰给外棉，为国内工业计，对于输入原料方奖掖之不暇。而北庭修订税率每担改为一两七钱，较现行之八钱，增加一倍以上。此两项税率果见实行，则令今日厂商所受棉贵纱贱之痛苦，必且愈甚。复次，棉纱一物，国内华厂因受外商工厂之竞争，已属极感压迫，而北庭修订税则，对于棉纱输入，每担仅增三钱，不特视原料棉花之所课，轩轾过巨，与总理民生政策相违背。且轻税以促外国纱布输入，与华厂出品更有重大打击，此其一出一入之间，足以摧残国内纺织工业者何如。查日人向有中日关税互惠协定之要求，而棉纱即为日人要求轻税输入之第一物品。今北庭修订花纱税率，竟敢颠倒轻重如此……则我奄息仅存之棉纺织业，实有不胜压迫之惧。商民……拟恳对于北庭修订关税一案，正式发表宣言否认有效。(《国民政府秘书处抄送关于北洋政府所订条约税则概不承认等公函。(1928年5月19日)》(国民政府财政部关务署档案一七九②/552)《国民政府财政金融税收档案史料(1927—1937)》，第785－786页)

⑥ 《国民政府秘书处抄送关于北洋政府所订条约税则概不承认等公函。(1928年5月19日)》(国民政府财政部关务署档案一七九②/552)财政部财政科学研究所、中国第二历史档案馆《国民政府财政金融税收档案史料(1927—1937)》，中国财政经济出版社1997年版，第786页。

⑦ 《国民政府秘书处抄送关于北洋政府所订条约税则概不承认等公函。(1928年5月19日)》(国民政府财政部关务署档案一七九②/552)财政部财政科学研究所、中国第二历史档案馆《国民政府财政金融税收档案史料(1927—1937)》，中国财政经济出版社1997年版，第785页。

⑧ 同②。

挤国货……现在关税主权业经恢复,保护政策似已有实施之可能”。①

而且,法令的保护效力应视实际情况而定,必须专注于国内厂商。孔祥熙强调:“欲实施保护政策,必须先行或同时多方设法奖励国内生产,在国货尚不敷自给以前,只可试行渐进的保护政策。”“(因)马关订约以来,外人得在我境内设厂制造,进口税加重以后,此类外厂必更加多,保护政策之施行,应使其效力专及于本国人。”②1933 年 5 月 23 日,《关于增加海关一部分货品进口税训令》称,“外货入口征收进口税后,即可畅行无阻,而本国土货尚有转口税之征收,妨碍本国工商业之发展,莫为之甚。日日提倡奖励国货,然转口税不撤销,实无力与洋货竞争,故急应取消转口税后,内地海关可以裁撤……盖所税均是人民负担,而转口税实陷本国工商业于特殊不利之地位,改于进口税及统税中筹补之,则本国工商业可一变而处于优越地位,得失相去此善于彼矣。”③

关税保护政策尤强调,“完全的保护政策,以废除出口税加重进口税为原则,以禁止输出入为例外。”“施行保护政策,既须体察各业发达之情形及国家财政之情形,分别或随时酌定,则税则有效之期限,不宜过长。最好关于各物品种保护之税率,每两三年酌改一次,以期适合事情。”④对棉布业则主张,“兹为保育国产与抵塞漏卮计,姑定应施渐进的保护政策者……棉纺织物为主要衣料,各国工业之发达,皆从纺织始。论理吾国欲行保护政策,亦当首先注意于此,惟依民国十七年(1928 年)之调查,全国纱厂不过一百二十所,纺锤不过三百八十余万枚,盖合百二十人有一锤,且大都只能纺制粗纱,供不及求,显而易见。近来输入之棉花与纱布,合计常在三万万两以上,即其明证。为求适合于事情起见,宜一面积极奖励国内植棉,以固根本,一面逐渐施行保护政策,以资促进。详言之,即先奖励推广织布厂,而加重洋布之进口税;次奖励创办细纱厂,而加重洋纱之进口税是也。”⑤

日本棉纱、棉布在甲午战争之后大举泛滥于中国棉布市场,在华北甚至一度居市场主导地位。对此,1933 年 5 月 23 日,《关于增加海关一部分货品进口税训令》明定:“中日协定满期货品可以加税者分别加税,又棉纱一项可加统税(华商纱厂即以增加部分作为奖励金)。”⑥

② 整体上,国民政府一直将洋布、洋纱的关税维持在较高水平。即便洋布、洋纱输入减

---

① 《孔祥熙关于请定实施关税保护政策之原则提案(1930 年 11 月)》(国民政府财政部档案(三)①4399);财政部财政科学研究所、中国第二历史档案馆《国民政府财政金融税收档案史料(1927—1937)》,中国财政经济出版社 1997 年版,第 794 页。

② 同上,第 794 - 795 页。

③ 《国民政府关于增加海关一部分货品进口税训令(1933 年 5 月 23 日)》;财政部财政科学研究所、中国第二历史档案馆《国民政府财政金融税收档案史料(1927—1937)》,中国财政经济出版社 1997 年版,第 802 页。

④ 同②。

⑤ 同上。

⑥ 《国民政府关于增加海关一部分货品进口税训令(1933 年 5 月 23 日)》;财政部财政科学研究所、中国第二历史档案馆《国民政府财政金融税收档案史料(1927—1937)》,中国财政经济出版社 1997 年版,第 801 页。另按,该训令明示,“查民国十九年五月,中日关税协定内附表甲部第四款规定,以一年为期,已于去年五月间期满,为实行条约上之权利,自应一律加税。棉纱一项,虽未满期,然根据该约定附件二之规定,对于进口棉纱,除征收进口税外,保留另征特税之权,故可加征统税。为扶植国货和保护华商纱厂,即以增加之华商纱厂统税部分,作为华商纱厂奖励金。”(财政部财政科学研究所、中国第二历史档案馆《国民政府财政金融税收档案史料(1927—1937)》,中国财政经济出版社 1997 年版,第 802 页)

少时,亦是如此。如1933年6月22日《财政部拟具关于修改税则之意见》认为,“查近年国内棉布事业逐渐发展,进口棉布已经减退不少。民国十八年(1929年)各项进口棉布,共值一万六千五百万关两,十九年减至一万三千万关两,二十年(1931年)减为一万零七百万关两,二十一年(1932年)又减为七千三百万关两”。① “我国自欧战以后,国内纱业日见发达,近年进口棉纱数量,已属日见减少”。② “输入棉纱不过占国产棉纱数量百分之一”,且“输入棉纱,半为二十支以下之粗纱……就粗纱而言,洋货之输入,系因运输便利之地理的关系。就细纱而言,环顾国内纱厂之生产细纱者,多属日厂,如关税特别加高,于华厂无多利益也”。③ 但财政部仍将“本色及漂染棉布税率各加百分之五,与原拟百分税率共为百分之三十;印花及染纱织棉布各加百分之十,与原拟税率共为百分之四十”。“查本届拟定税则,系采用民国二十年(1931年)货价为标准……且我国本届税则中之棉布税率,与日本现行税则相较高出三分之一”,“对于进口棉纱,拟再加百分之五,自为保护国内棉纱业而设”。④ 以数据为证。(见表5-3)

表5-3:各类棉布历年平均进口税率

年份	本色棉布税率%	漂白或染色棉布税率%	印花棉布税率%	杂类棉布税率%
1926	5.20	4.90	4.54	5.07
1927	5.30	5.03	4.60	5.06
1928	5.15	5.16	4.70	5.02
1929	7.67	8.77	9.83	8.54
1930	7.30	8.42	8.86	8.79
1931	15.68	16.63	16.92	12.69
1932	16.93	19.13	21.18	11.93
1933	28.68	38.39	41.93	41.45
1934	28.54	36.14	48.29	32.08
1935	26.77	37.04	38.57	26.85
1936	25.19	31.36	32.58	26.02

资料来源:中国科学院经济研究所抄件;引自严中平《各类棉布历年平均进口税率》,《中国棉纺织史稿》北京,科学出版社,1955年,第367页。

说明:本表系根据严中平书《各类棉布历年平均进口税率》内容整理所得。

③ 运用海关税收调节国内棉布市场时,注意根据不同情况,对税费征收采取不同标准,

① 《财政部拟具关于修改税则之意见(1933年6月22日)》,(国民政府财政部关务署档案一七九②/522);财政部财政科学研究所、中国第二历史档案馆《国民政府财政金融税收档案史料(1927—1937)》,中国财政经济出版社1997年版,第807-809页。

② 财政部财政科学研究所、中国第二历史档案馆《国民政府财政金融税收档案史料(1927—1937)》,中国财政经济出版社1997年版,第807-809页。

③ 同上。

④ 同上。

以期保护民族纺织业。

1929年12月28日，为保护国内幼稚工商业，工商部长呈请修改进出口关税税则，其原则是：“对原料、半制品、国内已能制造品，必需品与奢侈品的进口采取不同税率，若有利于国内工商业发展者则低税或免税，反之则征收高额税。”①1932年《财政部函复关于棉纱及其成品变更统税税率之意见》，拟变更统税税率，并再次明定把向华商增加之统税改作奖励金。

④ 调整海关税收虽有财政考虑之嫌，但亦注重保护国内棉布市场。如1935年，郑莱向财政部呈文，“查海关进口税税则，自民国十八年(1929年)以后，迭经修改，所有各货税率，大都增加颇高，其中若干货物之进口数量，业已税减。现为弥补财政，奉谕拟议增加进口关税办法，自应遵照办理。”②为此，他开列甲乙丙三法。在甲类方法中，棉及其制品被列为加征关税的第一类商品。他说：“此项货物近年因国内产品增多，外货大形减少，去年进口仅值二千余万元，比较从前不过十分之一，故现行税率大体拟不更动。但查近时物价跌落，拟将其中之从价课税者，酌加值百分之五，俾与他项从量课税者互相接近。”“棉花，此项货物从前进口数量常为四百万担，近则不及二百万担，系因同(国)内产品逐渐增多(去年产量为一千一百万担有奇)。至纺制之细纱，尚须仰赖外棉。故现行税率，拟不予更动。”“棉纱，此项货物之进口数额，现时颇属微末，以与国内产品相较，不过千分之二。细纱国内尚无纺制……现行税率，拟不予更动。”③

① 《工商部长孔祥熙关于修订进出口税则经过情形并拟具意见呈(1929年12月28日)》(国民政府行政院档案二②/955—1)财政部财政科学研究所、中国第二历史档案馆《国民政府财政金融税收档案史料(1927—1937)》，中国财政经济出版社1997年版，第791-793页。按，该意见中明定：“(因)棉货为我国大宗货物进口之第一位，数十年来年年如是……为促进本国棉纺织业之发展计，对于国内能自造之进口棉布，实有增税之必要。棉纱系半制品，近数年来因本国棉纺织业之进步，输入渐减，惟进口税比较尚低，以实收关税合之市上售价，实不足者百分之七点五，对于本国制造之棉纱，仍有压迫之虞，故亦有酌量增税之必要。至于棉花，系纯粹原料，年来因本国棉纺织业之发展，本国原棉渐感不敷应用，加以内地交通不便，运输困难，故最近两年棉花已成为大宗货物进口之第三位。为督促本国棉纺织业之长足进步，以达棉货自给之目的起见，对于绵(棉)花之进口税，应酌量减轻。”“出口商品应视其竞争情况采取不同税率。在本国用途甚少，而出产剩余者则其税率应低；若为国内工业之主要原料，则其税率应高。其中：年来棉花棉纱输入甚多，国产不足自给。为国内棉业谋原料供给之充足，则国产棉花棉纱自有限制输出之必要，故其出口税率应略予加高。”另《财政部函复关于棉纱及其成品变更统税税率之意见(1932年8月22日)》，(国民政府行政院档案二②/957—958)中言：“缘我国纺纱原料，向来粗纱可用国产棉花，但仍以用半数外棉者为多，细纱则凡全用外棉。上年美棉市价低落，国内纱厂多有大宗预定，不料美棉产量陡增，其价愈跌愈下，以致国内纱厂，无不受极大之损失。现在美棉价值，虽已略高，但各厂元气大伤，一时不易恢复。至国产棉花，又因产地远近不一，如湘鄂等内地产棉之区，近来运输困难，每棉一担运销到沪，经过各地甚至加收捐税，增重成本，致价值高于美棉，无法外运。水灾之后，民力凋敝，农产品既外运不畅，则工业品内销亦滞，本年棉纱运入内地数目较之往年大减。最近统计国产棉纱，已跌至三年来最低价，各厂忍痛茹苦勉强支持。若于此时加税，非特国内幼稚纱业益复感受束缚，且恐于民生及税源均被影响。至拟将对于华商增加之统税，改作奖励金办法，自系为提倡国内工业起见，惟如何实行奖励，方足以臻妥善而收实效，自应由主管实业机关考察其出品成绩是否优良，另定适当办法通盘办理。若不问成绩，徒以出品单位为奖励标准，概就各厂应纳税款内扣奖若干，是名为奖励，实与减税无殊，不惟不能鼓励改良，且恐有失提倡之旨。”

② 《郑莱拟具增加进口关税办法密呈(1935年)》(国民政府财政部档案三②/2529)；财政部财政科学研究所、中国第二历史档案馆《国民政府财政金融税收档案史料(1927—1937)》，中国财政经济出版社1997年版，第819-821页。

③ 同上。另记录：其余两类，麻、毛及其制品因国内生产暂时无法满足市场要求，则是“第二类，麻及其制品拟不加税。本类各项货物，或为我国必需之原料，税率不宜加高；或为衣服成品，税率本已不低……”“第三类，毛及其制品拟不加税。羊毛现时为国内绒线厂仰赖之原料，其税率拟不予更动。绒线税率为值百抽二十五，已属不低。呢绒税率颇高，易启偷漏，且进口数量已趋减少，故均不拟更动。”

5.4.3 政府拨官款兴办或资助棉布业

政府通过拨官款兴办或资助与棉布业相关的企业或公司直接干预市场竞争。如袁世凯主政直隶时，对发展实业，主张官商一体、官任保护，推行"官助商办"。即"先用官款以扶植其基，继招商股以广其业，官任保护，商任经营。"①在其影响下，向来主张"国非富不强，富非工不张"的周学熙，在推动华北棉纺织业发展之进程中深谙此道。（见表5-4、表5-5）

表5-4：周学熙用官款经营事业中与棉纺织相关者

时间	官款注入的企(事)业(两)	提供官款的企业	备注
1903 1904—1906 1907—1910	考工厂开办经费25 000 考工厂常年经费25 308 103 000	淮军银钱所 银元局盈利 长芦运库	考工厂有织布项目
1903 1904—1906 1907—1910	高等工业学堂开办经费46 000 高等工业学堂常年经费79 670 145 305	淮军银钱所 银元局盈利 长芦运库	始名"工业学堂"，设有纺织科
1904 1904—1906 1907—1910	实习工厂开办经费2 100； 44 395 实习工厂常年经费108 000	赈抚局 银元局盈利 长芦运库	织布工艺技术人员可在此实习
1904 1906	充工艺局常年经费1 970； 1 833 64 600	银元局盈利 胜芳斗局及茶捐税 长芦运库	工艺局有培训织布工艺技术人员项目
1904—1906 1907 1910	教育品制造所开办及常年经费29 200 37 167 20 000	银元局盈利 长芦运库 盐商报效及茶捐	改制品所有织布项目
1905—1906 1907 1907	劝业会场开办费109 500 劝业会场开办费50 000 7 000	银元局盈利 长芦运库 通纲商人报效	劝业会场有织布产品陈列展览
1905	天津广仁堂女工厂常年经费(未详)	房、地租及岁、月特别捐存本生息	该厂女工主要是织布
1906	劝业铁工厂成本银200 000	天津官银号	年息5厘，该厂生产提花机等新式织布机

资料来源：赫庆元，《周学熙传》，天津，天津人民出版社，1991年，第51-53页。

表5-5：周学熙以官款拨助的民营企业中与棉纺织业相关者

年份	厂名	创办人	官款来源及用途(两)
1903	初等工业学堂	绅董	银元局拨助常年经费10 000(1903—1907年年拨2 000两)
1904	织染缝纫公司	宁世福	淮军银钱所拨助股本10 800

资料来源：《津郡各工艺要略表》、《直隶工艺志初编》志表类卷下，第23页。引自赫庆元，《周学熙传》，天津，天津人民出版社，1991年，第55页。

① 《北洋公牍类纂》第21卷，《商务》第31页。

除官款相助外，政府先后举办一批工艺局以振兴工艺。彭南生先生对此曾有如下断语：“晚清官办工艺局为清末民初时期华北乡村手工织布工业的兴起和发展提供了技术人才，这一点是其他地区所不及的……这批工艺局中，清政府农工商部工艺局、直隶北洋工艺局及山东各地工艺局成效最为显著。”①工艺局招收学徒学习新式织布技术，其毕业后，或为工场工人，或为习艺所教习。而且，政府直接兴办或扶持商办工艺局属普遍现象（见表5-6）。以直隶为例，据载，其各属传习工场艺徒人数就达2712人。②

表5-6：1904—1910年直隶各属传习工场概况（地方工艺局中与棉纺织业相关且艺徒在10人及以上者）

工场名称及开办年月	经费（两）		艺徒人数、科目及备考
	开办	常年	
天津实习工场；1904.9	6 555	20 000	640；机织、织巾、染色、胰皂、油漆、制燧、图画、刺绣、提花、窑业、木工、竹工、造纸；本场招募中外专门技匠……并招官费自费生徒。
北京北洋官立第一工场 1905.8	7 600	350—4 390	61；织、染、木；本场采用新法改良织业，招收自费官费生。
北京北洋官立第二工场 1906.4	12 884	1 500—3 570	55；织、木；同上。
南宫县公立实业工厂 1906.9	750		126；机织、染色、木工、烛皂；本场招集3 000股，合30 000元。
深泽县实习工厂 1907.10		京钱2 000串	13；织、染；用铁干木机仿照新式织染。
满城县积祥有限工厂 1908.9	385元	1 860元	22；织、染
满城县实习工厂 1909.11	大钱800 000文		11；织
高阳县织布工场 1908.9	京钱500串		10；织
邯郸县织工厂 1907.8	京钱1 200串	京钱3 000串，670	16；织
清苑县实习工厂 1905.8		1 000元，5 700串	23；机织、染色、提花、粉笔
南皮县工艺厂 1905.2			30；织、染
盐山县工艺厂 1904.11			18；织、染
磁州工艺所 1904.12			12；纺织
东安县广育织布厂 1906.7	267元	200元	25；本厂系广育学会设，招收自费公费生徒。

① 见彭南生《近代华北乡村手织业经济区兴起原因初探》，《广西梧州师范专科学校学报》2000年第3期，第1-6页。

② 见彭泽益《中国近代手工业史资料》（第2册），生活·读书·新知三联书店1957年版，第526-532页。

（续表）

工场名称及开办年月	经费（两）		艺徒人数、科目及备考
	开办	常年	
建昌县工织有限公司 1907.6	1 800	800	20；织、染；由公款及绅商创办，招收自费官费生徒。
临城县农工合局 1904.11		津钱 1 000 串；32	23；染、织
密云县教养局 1906.5	京钱 2 800 串	2 000 京钱 2 400 串	10；织布、编筐
宁津县教养局 1907.9		京钱 2 000 串	20；织布
宣化县工艺总局 1904.7	1 600		43；织、裁缝；用机器
束鹿县工艺局 1905.5	500		30；弹花、织；官督商办
赵州工艺局 1904.12	制钱 100 串	400—500 串	10；纺、织
赤诚县工艺局 1904.7			10；织、洋烛、胰子、粉笔、酒、糖
蔚州工艺局 1906.1			34；织、木器
交河县工艺局 1905.11	500；京钱 8 620 串		30；机织、染色、草帽辫
多伦厅工艺局 1904.10	6 612		18；毛毡
衡水县工艺局 1906.11	1 549 元	1 820 元	14；织
南河县工艺局 1904.12			18；纺、织、制草帽辫
清丰县工艺局 1906.4	大钱 5 200 千	大钱 600 千	27；织
新乐县工艺局 1907.7	大钱 400 千	大钱 700 千	27；织、染
永年县工艺局 1906	775	1 700 串	25；织、染
祁州工艺局 1906.6	京钱 1 120 千	京钱 1 500 千	13；织、染
长垣县工艺局 1907.4	制钱 2 100 串	500 千	12；酿酒、机织、染、提花
任县工艺局	3 000	制钱 160 千	14；织
滦州工艺局 1904.9	560	1 200；京钱 2 000 串	27；织、染
吴桥县工艺局 1904.6	京钱 2 000 串	京钱 1 000 串	19；成衣、织带、制靴、木作
灵寿县工艺局 1904.8	制钱 2 740 千	制钱 600 千	12；织；用木架机织
涿州工艺局 1907.2	1 400 串	津钱 1 535 千	18；机织、粉笔
青县工艺局 1906.12	制钱 750 千	制钱 300 千	10；织
获鹿县工艺局 1905.4	制钱 600 千		12；线毯、栽绒、线条
正定县工艺局 1904.9	500	650	20；织
冀州工艺局 1907.3			35；染、织
武邑县织工传习所 1907.12	1 500	1 600	30；织

（续表）

工场名称及开办年月	经费(两)		艺徒人数、科目及备考
	开办	常年	
广宗县官办织工传习所 1907.11			30;织
天津广仁堂附设女工厂 1905.12		10 000	320;织、描花、刺绣、缝纫
长芦育婴堂附设女工厂 1907.8	3 000	3 000	82;绣花、缝纫、编物、织布
长芦善后冀州第一织工传习所 1907.12	库平银 1 051	6 459—6 722	90;织
长芦善后冀州第二织工传习所 1907.12	库平银 1 222	11 299	90;染、织
长芦善后冀州第三织工传习所 1907.12	库平银 928	7 325	90;织
长芦善后冀州第四织工传习所 1907.12	库平银 1 022	11 753	130;织
长芦善后武邑县织工传习所 1907.12	库平银 1 089	3 984	38;织
长芦善后衡水县织工传习所 1907.12	库平银 1 718	4 796	40;织
长芦善后宁晋县织工传习所 1907.11	库平银 1 016	4 210	60;织
长芦善后隆平县织工传习所 1907.11	1 082	2 806	60;织
长芦善后平乡县织工传习所 1907.11	1 092	3 543	60;织
长芦善后广宗县织工传习所 1907.11	1 164	3 528	60;织
长芦善后巨鹿县织工传习所 1907.11	1065	4 477	56;织
长芦善后南宫县织工传习所 1910.3	888		30;织

资料来源：方尔庄著，《河北通史》(清朝卷)下卷，石家庄，河北人民出版社，2000 年，第 213 - 223 页。

上表显示，工艺局中有不少是采用新式织机、新技术织布。它确有助于促进近代华北手工织布业发展。再如：

1902年农工商部工艺局成立，其间招收学徒500人，"除由本局留用外，凡顺直各属所设工艺等局，准其聘往传授，以振工业，而广师资"。① 1903年直隶北洋工艺局成立（又称直隶工艺总局），下设实习工场1903—1907年"先后毕业者二千余人"。直隶"各属民办工厂，所用技师匠目，多属该厂毕业工徒；东三省、山西、河南、陕西诸省官立工厂，来场调用工徒前往传习者，亦复不少"。② "实习工场对华北手工业最大之贡献，则为高阳土布之发展。盖当时由工艺局行文各县，提倡手工艺，经高阳李氏派人来实习工场实习机织，并由劝业铁工厂供给织机，返乡以后，逐年推广，遂造成河北省高阳土布之巨大工业"。③ 直隶织布工场织染部设立后，"宝坻学生之来津习纺织者，即传入日本机器及新式织布方法……肆意仿制，织布业亦于是发展矣"。④ 在山东，其各属工艺局的"毕业工徒，无虑千数，分布各地，类能实行其所学说者。谓今日山东工业之发达，实基于此"。⑤

论及直隶工艺局推动华北棉纺织业发展，加剧市场变动，则尤需强调周学熙之独特作用。

周学熙痛感"每年洋布天津进口，竟至七百余万匹，值银二千余万，洵为极大漏卮"。⑥他说："窃计顺天，直隶共一百五十余厅、州、县，从简约计，每县得机百架，共一万五千余架，一机一年至少织布一百匹，通年可得一百五十余万匹，占进口五分之一。是使直境增四百余万之进款，少四百余万之漏卮。一出一入，相差八九百万，于民间不无小补，况推行尽利，尚不止此数。"⑦因此，他的诸多举措，于华北近代棉纺织业颇有开创之功。⑧

首先，自创实业，起模范之功。1904年9月，周学熙创办实习工场，作为北洋高等学堂的实习车间，并检选城乡12—22岁"性情灵敏者"入场为工徒。该工场专设机织科，分机织、提花、织巾、刺绣、印染等科进行教习……是时该场能纺织各色直、斜纹布、被面、褥面、床单、毛巾、各色宁绸裤缎、各种花卉及禽鸟刺绣，其他如布匹染色、织线漂白，也可谓一应俱全。1906年4月，他创办天津劝业铁工厂。周学熙督饬实习和劝业铁工两厂"取日本各种新式织机，极意考较，精益求精复创得极灵便巧速之法，令场中木科工匠与铁工厂通力合作，多造织布、提花各项新机，并新法缠线、轧花、弹棉等器械"；并拟请袁世凯"主持于上，通饬各属极力提倡，或由官立工厂传习，或由绅商集资设立公司，或广劝民间自购家织，无论如何设法，必须一律举办，不准空言搪塞"。⑨ 据天津劝工陈列所1912年9月报告，天津市从1902—1911年，纺织工业14家，以及天津织染缝纫公司所用机器，河北高阳、宝坻、香河所

① 见彭泽益《中国近代手工业史资料》（第2册），生活·读书·新知三联书店1957年版，第511页。

② 见孙多森《直隶实业汇编》第6卷，第1-2页；方尔庄《河北通史》（清朝卷）下卷，河北人民出版社2000年版，第224-225页。

③ 见周叔贞《周止庵先生别传》，（出版地不详）1948年版，第4-6页。

④ 见方显廷、毕相辉《由宝坻手织工业观察工业制度之演变》，《政治经济学报》1936年第4卷2期。

⑤ 见《济南工业勃兴及其现状》，《中外经济周刊》1924-11-8，第87号。

⑥ 见周学熙《工艺总局禀请饬属广劝民间购机织布文》，节选自《直隶工艺志初编》章牍类（卷下），1907年，第2页，工艺总局刻本。

⑦ 同上。

⑧ 见赫庆元《周学熙传》，天津人民出版社1991年版，第61-87页。

⑨ 同⑥。

用织布机、织毛巾机等大多是天津劝业铁工厂的产品。此外，1904—1907 年，周学熙主持天津考工厂期间，曾三次派员考察直隶全省一百五十余府、厅、州、县之“工艺”和“土产”，帮助各地改良和发展织布业。

其次，开商民、官吏智识，劝勉商民兴办实业。周学熙建议袁世凯检派候任州县官吏游学东洋。参学日本大阪棉纺织工业即是主要内容之一。为研究工商业，开拓民众智识，1903 年 9 月，直隶工艺总局成立工商研究总所，以充当工商业界之耳目与参谋，宋则久被周学熙聘为会长。周学熙劝勉城乡志士仁人、殷商大户兴办实业。对实力不济者，工艺总局则进行资助。为此，他制定奖励模范工业厂家之金银奖牌和评比条件；研究商讨酌奖监工、工师、匠目、匠徒比例及数额；确定“祥请专利、予之商标、代为行销”为奖掖发明新产品之主要办法。经他提倡劝勉，此后一年中，仅天津就成立民立第一、第二工艺学堂两处及民立织布、造胰工厂 11 家。织布工厂有：大直沽第一织布工场、大伙巷第二织布工场、双巷村第三织布工场、葛沽第四织布工场、葛沽第五织布工场、水梯子芥园第六织布工场、咸水沽第九织布工场、双口村第十织布工场。①

第三，推广织布新工艺。1903 年 8 月，周学熙创建隶属于天津考工厂的天津劝工展览馆。如实习工场的提花绸缎、直隶高阳生产的各种素、染、棉、麻、丝土布，江西的各色夏布等均在该馆展览。该馆当时展览机织印染品，均分类陈列，标其厂家、成本、制法、所用原材料、品质、包装、售价等等，以供工商业家相互观览、学习、劝勉、借鉴和考证。此外，他主持下的直隶工艺总局组织工艺师携机下乡，以“身操言教”，劝农“兴办工厂”。如 1904 年 10 月，周学熙令天津考工厂劝工员候选县丞叶树仁及候选通判何家驹，带领实习工场之纺织、染色工人和北洋劝业铁工厂的机匠，携纺织铁、木机械、工具与工艺总局所拟《织工问答》等分赴各地，觅地开机，通过“身操言教”，面对面劝导。劝工两个月，走遍静海、青县、沧州、南皮及交河的大小村镇，所到之处，与各官、绅、商、学董座谈“谋富”之方，召开劝工会百余次，改造、劝办习艺工场二十余处。同时，于其他州县之乡镇也先后以此类似方法操行。因此，至 1907 年 10 月，“又本省府厅州县工艺各局厂开设者六十五处，统由总局传习指导”。② 此举使“各官绅等皆存讲求实业之心，乡民亦以兴办工艺为念。此次有欲到津习艺者，有欲购买布匹试销者，颇不乏人”。③

第四，为抗衡洋布，直隶工艺总局扶植国货广开销路。

① 饬令考工厂与津埠及直隶各州县各学堂商定，凡大、中、小学校学生所做操衣、校服用布，“一律由民立各工场订购，以广销路”。④ 尽管津埠各工厂存货甚多，花色不一，靠学校实未能缓解布匹积压，但其心可鉴。

② 创办天津工业售品所，选聘邑绅候选知县王用勋为经理，专售官、商货物。工业售品所的营运经费由实习工场、习艺所与广仁堂女工三家分摊，其中，实习工场摊一半之费用，后两者则各摊四分之一。工业售品所内分置商品陈列室、市内民立工场代销公柜和外县寄售货品代销公柜。

---

① 见周学熙《工艺总局要略表》，节选自《直隶工艺志初编》志表类卷(上)，1907 年，第 3 页，工艺总局刻本。

② 见《周止庵先生自叙年谱》，文海出版社 1987 年版，第 27 页。

③ 见《劝工委员叶树仁、何家驹等赴天津、河间两属劝导官绅合办工场报告》，节选自《直隶工艺志初编》报告类卷下，1907 年，第 2 页，工艺总局刻本。

④ 见《北洋公牍类纂》卷 18，第 33 页。

商品陈列室陈列展览实习工场、习艺所与广仁堂女工厂以及津埠内其他各民立工场织造的布匹，惟不陈列、代售洋货。其时，为顾及客商加工和定货之方便，该所陈列布匹之方法与前述劝工展览馆相同；天津民立织布工场代销公柜，顾名思义，旨在把"涣散零星，难畅销路，致压成本"变"合散为整，大力包举"。① 即集中代销天津各民立工场积压之棉布。且代销方式及资金支付结算较为灵活。其堪称特色者，当是货物收进之后，即由售品所随市设法销售。倘有亏耗，由公柜备款弥补；外县寄售货品代销公柜为直省各州县"代销工业品"的专柜。代销天津以外各地棉布亦是其主要职能。②

③ 为推销国货，在工艺总局主持下，官商货物，凡系创新、改良，初行试销之物，工业售品所还代为其请免缴税捐，以鼓励发展新工艺、新产品。如1906年10月初7—13日，首度创办劝工展览会之时，周学熙"体察情形非免税捐无以招徕"，经与津海关道商妥，呈请袁世凯批准，"专收土货不收洋货，所有会场进出口土货准免纳税厘。"③

综上所述，在近代华北棉纺织业发展之进程中，于周学熙等而言，除众所周知的兴办华新纱厂集团外，其上述事功之影响又确非一般。鉴于他此间的特殊身份，因此将周及其与他有类似经历的大小人物的此等言行，归为政府行为对市场变动的影响是妥当的，也是必需的。政府此类举动亦确实有助于市场推广棉纺织新技术和采用新机器织布，这既是近代华北手工织布区能够形成与发展的根因之一，亦加速了市场竞争态势改变。但政府行为不只限于前述内容，有时它还直接帮助生产者度过生产难关。以1917年大水灾造成织户生产困难一事为例。④

1917年，冀省被(水)灾县份共103县，乡村手织业损失惨重。北洋政府令熊希龄领衔成立督办京畿一带水灾河工善后事宜处。该处当时即向手工织户赊放棉纱，为布商提供保息资金，以维持手织布的生产和销售。其方法是：由"殷实布商取具保结，承领棉纱贷济织户"。其中，1918年就发放了从16支纱至42支纱之间的多种规格、多种品牌的棉纱共6 175包。⑤ 同时，督办处制定《布商借款保息章程》10条，明定"因灾区织户失业，故拟维持布商俾使照常收买，如资本不充借款时，特予补助保息6厘"。督办处当时共计为51家布商提供保息业务，金额达八十余万元。⑥

---

① 见周学熙《工艺局详民立各工场成品积压泥设公柜收买代销，又附设章程并袁批》，《北洋公牍类纂》卷18。按：1906年，津埠各民立工场每月产布约在一千匹(每匹约为二十码)上下。但棉布却一时销售困难。鉴此，天津民立织布工场代销公柜《柜章》规定，凡各民立工场积压棉布，可于每月初一送至工商研究总所，由售品所届时派人按照各场之凭簿写明某样布若干匹，应领价若干，收毕盖收讫图章，当面付给布款，再盖付讫图章。但因各场家交货仓促，售品所人力有限，万不能细择、细量。故公柜要求各工场主：彼此应以信义为先，在机头上加盖场家戳记印章，倘尺寸有余或不足，则按二五加减；成品花色有异常参差者，可随后退换；短缺不足者，亦可随后找补；每布场自销售价，不得低于各场主与公柜估定价格。货物收进之后，即由售品所随市设法销售。倘有亏耗，由公柜备款弥补。据记载，1906年，工艺总局为该柜垫款，从"原存茶捐项下借支白银二、三万两，赔垫数千金"(见《北洋公牍类纂》卷18；赫庆元《周学熙传》，天津人民出版社1991年版，第86－87页)

② 见赫庆元《周学熙传》，天津人民出版社1991年版，第86－87页。

③ 见《天津劝工展览会免税规则》，节选自《北洋公牍类纂》第20卷，第2页。

④ 按：需说明者，在政府救济生产者的过程中，商会发挥了重要作用。

⑤ 见天津市档案馆《天津商会档案汇编(1912—1928年)》，天津人民出版社1992年版，第2592页。

⑥ 同上，第2594－2609页。

5.4.4 政府法规明确提倡服用国货、禁用洋货，直接干预棉布市场

南京国民政府时期，政府则颁行法律直接干预棉布市场，扶助国产棉纱、棉布。1929 年政府颁行《服制条例》明定男女礼服、制服，“其质料限用国货”。“九一八”前后，洋货冒充国货，尤其是日本棉货走私华北，不利国货销售。1931 年，实业部发布《取缔洋货冒充国货令》，对违法者严办。1932 年政府颁布《中国国货暂定标准》，并设置 11—15 人组成的国货审查委员会。1933 年政府颁布《公务人员服用国货办法》。1934 年 12 月国民党四届五中全会通过了吴稚晖提出的《请由政府切实设法救济全国纱厂恐慌及推广土布销路以裕民生而维企业案》，要求“全国公务人员、党务工作人员、各学校教职员及学生，须一律服用国货，绝对禁止服用非国货服装”。①

地方政府层面，堪称其最典型者则当属阎锡山。他在主政山西期间，不仅自己直接经营棉布，还利用政府公权力，直接干预棉布市场。

当时，日货倾销山西不仅造成银洋大量外流，也严重影响山西已有“公营事业”各厂产品的销路以及正在大规模开展的造产建设事业的进行。② 阎锡山即大力提倡使用土货，并采取“贸易统制”等措施。为此，他要求全省民众“努力于物美价廉之生产，以增加输出，勉用本省一切之土货，以减少输入”，又劝戒商人“少贩卖外货，多销土货，同时自身亦应服用土货，纵使少赚些钱，也应该忍痛牺牲，我们不是反对人民贩卖外货，不过山西社会现已民穷财尽……不如此时提倡土货，使人民的经济能力充裕，将来也可以增加山西人民购买外货的能力”。③

很显然，服用土货即包括本地所产棉布。由此，1933 年山西省颁行《山西省政府服用国货委员会简章》、《山西省政府公务员服用国货委员会服用国货规则》、《经济统制处人员服用土货会简章》、《山西省公务人员服用国货联合会简章》、《山西省公务人员服用国货通则》、《山西省军政各级机关庶务人员不购用土货处罚办法》、《山西各县市公安局督饬各商号分部陈列土货国货及外货办法》7 个关于服用土货、国货之法规，并对违反规定者予以处罚。如《山西省政府公务员服用国货委员会服用国货规则》规定，“本府人员应用之衣服物品及本府公用物品均须一律购用国货”，本府人员初次违犯本规则者“处本人月薪十分之一以下之罚金”，“再犯者除处本人月薪十分之二以下之罚金外，并记过”。④《督饬各商号分

---

① 徐百齐，《中华民国（现行）法规大全》，上海，商务印书馆，1937 年。按：上述《服制条例》、《取缔洋货冒充国货令》、《中国国货暂定标准》、《公务人员服用国货办法》，均参见是书相关内容。其中《请由政府切实设法救济全国纱厂恐慌及推广土布销路以裕民生而维企业案》系最后由实业部提案，成为政府法案。另，1932 年政府颁布《中国国货暂定标准》，并设置 11—15 人组成的国货审查委员会，是年 3 月后，一些地方该类机构相继成立，并履行推进国货之职责。此外工商部在上海、武汉、杭州、北平各埠、浙江、河北、山东等地举行国货展览会，以促进国货销售。

② 按：外侮日深，尤其是日本入侵华北，国人深受震惊，有主张“积极造产建设，发展经济，以增强国家政治、军事实力者，不乏其人，并在全国范围内形成了一定声势并具有相当影响。阎锡山即是‘造产救国’的一个积极倡导者”。阎锡山认为：“国家民族欲以竞争生存者，必须有过人的物力，物力的生产，不外劳力财力与时间。”“一切人民的生活，政治的效用，社会的进步，国际的和平，统是看经济上有无办法以为断”，“我们确认经济就是民生，经济不只是人民生活的条件，也成了国家生存的条件。”（见《阎伯川先生言论辑要》第 11 辑，第 99 页；《西北实业》1946 年 4 月 1 日第 1 卷，第 1 期；景占魁、孔繁珠《阎锡山官僚资本研究》，山西经济出版社 1993 年版，第 114 页。）另如：1933 年 4 月 28 日，阎锡山在演讲中痛陈：“无论办什么，也是赔钱……其理由即是受物美价廉的外货倾销之故”，“生产保护，有两条路，一为利用政治权力，不用外货进来，一为甘地作法，不准买外国货物。如能保护土货，纵然物不美价不廉，亦可存在，盖能把外货挡得住，咱的工厂即能存在……我对于经济统制之动机，即由此而来。”（见景占魁、孔繁珠《阎锡山官僚资本研究》，山西经济出版社 1993 年版，第 113 - 117 页。）

③ 见景占魁、孔繁珠《阎锡山官僚资本研究》，山西经济出版社 1993 年版，第 117 页。按：阎氏此类做派学界常亦贬者居多，但在此笔者基于棉布市场变动而强调其积极作用。

④ 见景占魁、孔繁珠《阎锡山官僚资本研究》，山西经济出版社 1993 年版，第 117 页。

部陈列土货国货及外货办法》规定,“各商不按本办法分部陈列者应处以一元以上十五元以下之罚金”,“各商号分布陈列故意将外货列入土货之部鱼目混珠希图渔利者应处以五元以上一百元以下之罚金”。[①] 为强制推销土货,阎锡山还建立“土货商行”、“土货商场”,发行只能到指定土货商场购买东西的“土货券”,并令各工厂在给职工发工资时,发给约 40% 的“土货券”。[②]

5.4.5 政府推动棉花种植

政府推动棉花种植[③]主要体现在两个层面:

① 通过奖励政策引导农民扩大棉花种植并进行改良。

清末新政时,1904 年农工商部购进美国棉种,分发包括河北、山东在内的 10 个省份试种。1908 年,光绪发布谕令,责令官员注重推动棉花种植和改良。受此推动,“前清末季,曾由农工商部参考各国棉花种类、种植成法,编集图说,优定奖励种植章程,颁行各省”。[④]

1914 年,北洋政府的农商部颁布《植棉制糖牧羊奖励条例》规定,凡扩充植棉者,每亩奖银二角;凡改良植棉者,每亩奖银三角。[⑤] 同时,筹设棉糖林牧试验场。1915 年,倡导棉铁救国的农商总长张謇聘任美国人周伯逊为植棉顾问,于河北正定设立第一棉业实验场。次年又建北平棉业实验场,公布美棉奖励细则。学者研究证实此期华北各地大多颁布有植棉奖励措施。如山西为鼓励植棉,1917 年在临汾设立“山西棉业实验场”,引种美棉,并把棉种无偿发放给农民。1918 年山西出台奖励植棉措施,规定凡扩大棉田一亩,奖银二角;改良植棉一亩,奖银二角。同时规定冀宁、雁门二道的各县知事,凡种棉有成绩者,奖励 30 元。1919 年山西又在太谷、文水、高平等地设立棉业实验场所和一批植棉劝导机构。1920 年又颁布《民国九年度(山西)植棉悬赏细则》。[⑥]

② 举办棉花试验场所推广棉花栽培新技术及新品种。华北诸省建立了较多的棉花试验场所。如山东的临清、齐东、李村、高密,河北的定县、通县,山西的临汾、太谷、文水、高平、定襄、解县及河南诸多县份都先后成立了棉业实验场(所)。[⑦] 其中,成效最著者当是山东。

据庄维民先生研究,1906 年山东商务局引进美国优良棉种是为山东近代棉花良种选育之始。1913 年,山东在济南设立山东农事实验场,内设种艺科,引进和试验改良新棉种即是其重要工作内容之一。[⑧] 1918 年,山东实业厅在临清成立棉业实验场(后改为省立第一棉业试验场),专门划区试种美棉,进行美棉播种期、施肥、株距、摘心整枝等项栽培试验。[⑨]

---

① 见景占魁、孔繁珠《阎锡山官僚资本研究》,山西经济出版社 1993 年版,第 118 页。

② 同上。

③ 按:近代华北棉花种植面积扩大属多种原因所致。如棉花与其他农作物的经济效益比较,农民市场意识增强,政府和商会以及公司或企业的推动,甚至还有列强的经济侵略等,但近代华北市场,本地棉花产量或外棉进口量变化对棉布市场变动确有重要影响。政府推动棉花种植对其种植面积扩大以及对棉布市场变动的影响尤为关键。诚然,政府对近代华北棉花市场的干预不仅只是表现在推动棉花种植面积扩大方面,还体现在注重促进商品棉花的质量,禁止棉花出口等领域。

④ 见章有义《中国近代农业史资料》(第 2 辑),生活 · 读书 · 新知三联书店 1957 年版,第 177 页,

⑤ 见《政府公报》1914 年 4 月 12 日,第 693 号。

⑥ 见武俊杰《近代华北棉田增长原因探析》,《山西大学学报》(哲社版)2000 年第 2 期,第 62 - 65 页。

⑦ 同上。

⑧ 见庄维民《近代山东棉花科学实验改良的发展及其影响》,《中国科技史料》1999 年第 1 期,第 9 - 16 页。

⑨ 见胡长准《山东棉业报告补遗》,《山东文献》(台北)1976 年第 2 卷,第 2 期。

1926 年,山东省实业厅在齐东县设省立棉种场(后改为省立第二棉业试验场),继续选育和改良美国脱籽棉和本土优良棉种。① 山东历经数年,最终培育出第二、三代纯种美棉,并向其他地区推广。② 如 1931 年,山东齐东棉业实验场培育的美棉脱籽 36 号,平均单产籽棉 140 斤左右,比当时普通棉种高 30%,并具有早熟、丰产、绒长等优点。该品种被推广到华北许多地区进行种植。③ 另外,1936 年,山东惠民、邱县棉区发生大面积棉蚜虫害。齐东棉业实验场配制药剂,为棉区灭虫,灭虫率达 90% 以上。同年,山东省建设厅与中央棉产改进合作社联合在各地推广农药使用,防治虫害,取得较好效果。④

综上可见,政府作用的凸显确有助于棉花种植面积扩大,产量提高。而且,从总体上看,尽管近代华北棉花种植面积、棉花总产量和单产量波动较大,但其种植面积扩大,总产量和单产量都处较高水平确属事实(见表 5-7)。这当与政府相关政策推动和引导紧密关联。它影响棉布市场变动事实俱在。仍以周学熙赴豫创办卫辉华新纱厂之故事为例。

表 5-7:近代华北主要棉产区棉花种植面积、产量及产额统计(1914—1937)

单位:种植面积千市亩
产量　千市担
产额　市斤/市亩

年度	山西省			河北省			山东省			河南省		
	面积	产量	产额	面积	产量	产额	面积	产量	产额	面积	产量	产额
1914	1 544	57	4	4 124	3 373	82	1 592	1 243	78	1 608	282	18
1915	5 103	187	4	3 940	3 348	85	1 354	1 133	84	1 610	282	18
1916	541	100	18	3 706	2 361	64	2 188	1 363	62	1 808	831	46
1918	427	111	26	3 615	2 971	82	11 189 *	14 776 *	132 *	10 128 *	524 *	
1924—1929	1 615	560	119 *	7 410	2 667	36	4 261	1 574	37	8 185	2 428	30
1931	2 545	636	25	9 265	3 150	34	5 551	1 998	36	5 941	1 366	23
1932	2 674	562	21	8 953	2 417	27	5 496	1 869	34	5 973	1 553	26
1933	2 571	668	26	8 909	2 049	23	5 442	1 796	33	8 028	2 168	27
1934	3 035	637	21	9 649	3 088	32	5 373	1 773	33	7 636	2 138	28
1935	2 389	555	23	8 508	2 520	30	4 336	1 139	26	5 008	1 124	22
1936	2 678	733	27	10 623	4 186	39	6 239	2 554	41	8 553	2 455	28
1937	3 006	740	25	12 760	3 216	25	6 867	1 852	27	9 241	1 512	16

资料来源:《各省棉花种植面积、产量及产额(1914—1949)》许道夫编,《中国近代农业生产及贸易资料》,上海,上海人民出版社,1983 年,第 203-204 页。

① 见省立第二棉业试验场《工作报告表》,《山东实业公报》1931 年第 6 期。
② 见《山东历年种植美棉情形》,《山东官报》1908 年第 8 期。
③ 金城银行总经理处天津调查分部《山东棉业调查报告》,金城银行总经理处天津调查分部 1936 年版,第 16 页。
④ 见庄维民《近代山东农业科技的推广及其评价》,《近代史研究》1993 年第 2 期,第 55-80 页。

河南深处华北内陆,远离通商大埠或经济较发达地区,棉布和棉纱市场受洋布、洋纱的冲击相对较小。加之河南棉业迅速发展,使纱厂收花方便,卖纱容易。1919 年周学熙、王锡彤等筹建卫辉华新纱厂。凭借接近棉花产地的优势,卫辉华新纱厂获得了在市场竞争中的有利地位。它基本垄断了河南棉纱市场。就花纱比价而言,与上海的纱厂相比,卫辉华新纱厂花价低于上海纱厂,卫辉华新纱厂纱价高于上海纱厂。如 1924 年每担棉花的价格,卫辉华新纱厂比上海纱厂低 4. 58 元,每件 16 支纱的价格,卫辉华新纱厂比上海纱厂高 28. 46 元。① 此优势使卫辉华新纱厂能杀价竞争,维护其市场地位。1925 年下半年,上海和武汉的纱厂的产品进入河南许昌一带,与卫辉华新纱厂竞争河南棉纱市场。为维护市场垄断地位,卫辉华新纱厂将一千余件 16 支纱以低于原价 14 元的价格在许昌地区抛售,迫使其对手最终退出河南市场。② 而且,上述优势使卫辉华新纱厂的资本纯益率较高,并成为其获取市场竞争有利地位的重要原因。(见表 5 - 8)

表 5 - 8:河南卫辉华新厂 1922—1936 年资本纯益率统计%

年份	纯益率	年份	纯益率	年份	纯益率
1922	-8.6	1927	4.5	1932	24.8
1923	11.1	1928	13.6	1933	7.1
1924	15.1	1929	6.9	1934	-7.7
1925	35.6	1930	7.1	1935	-1.4
1926	18.1	1931	20.8	1936	11.4

资料来源:许涤新、吴承明,《新民主主义革命时期的中国资本主义》,北京,人民出版社,2001 年,第 140 页。

说明:纯益率即纯益占实有资本的百分比。

5.5　政府政策调整与棉布市场变动之关系余论:以税收政策为中心

笔者应强调,政府管理或干预棉布市场除导致前述积极变化外,其既推动棉布市场发展,又遏制其发展之事实亦属客观存在。

第一,与特定土地制度相联的赋税制度既有助于市场发展,又扼制其发展。

一方面,因应于商品经济的发展,官赋实行"折色征银"有助于棉布市场交易量扩大,促进其发展。从其发展历程看,小农在华北棉布市场交换棉布的主要目的即在于获取货币,以交纳官赋和支付家庭日常生活开支。官赋实行"折色征银",虽表面上仅是征税方法改变,但鉴于官赋历年递增之事实,它势必迫使农民的货币需求急速增加。日本学者西鸠定生在对中国前近代棉纺织业所作论断中,就强调"自棉布被政府折色征银始","即标志着小农的棉布生产成了单纯的商品生产,以通过商品化而得到的货币收入作为纳税手段"。③ 显然,政府税收制度的如此改变,无疑有助于棉布市场交易量扩大,促进其发展。至少,我们可断

① 见盛斌《周学熙资本集团的垄断倾向》,《历史研究》1986 年第 4 期,第 25 - 35 页。

② 见《1925 年度卫厂营业报告书》,节选自《华新厂史料》,中国社会科学院经济研究所存。

③ [日]西鸠定生《以十六、十七世纪为中心的中国农村工业之考察》,节选自《日本学者研究中国史论著选译》,中华书局 1993 年版,第 9 - 10 页。

言政府税收制度安排的改变促进了棉布市场扩大。即政府推动市场发展。对此，虽然缺少整个华北地区在本研究时段内(1867—1937)较连续的税收数据，但仍可从财政税收结构之演变来讨论此问题。其显见理由在于：

相关研究证明，传统政府的税收结构中，地丁一直是其主要部分，至19世纪80年代，地丁虽有所下降，但仍高达45%左右。在1911年地丁占总税收的百分比虽显著下降到27%，但其绝对数仍达48 101 346两。① 鉴于政府税收大量征银的客观事实，所以不论其中实物地租有多大比例，但对主要以出售家庭手工棉纺织品获取货币收入以交纳官赋的小农而言，要交纳如此巨额官赋，其家庭手纺织棉货或所产棉花必定要大量进入市场交易。这有利于市场的形成和发展。它的基础是小农经济下的土地制度。因此，在土地制度未根本改变前，以零散小农为主体的家庭棉纺织业尽管会有所发展，但因其经营主体不能进行较大规模的资本积累，最终又只能停留在家庭手工业阶段。② 事实上，“直到19世纪末，中国境内未曾出现过任何手工棉纺织厂(手工工场)。”③

在近代华北，机器纺织业较大规模出现后，家庭手织棉布业仍有发展，其产品仍能与机织布对抗。④ 尤其是农村织户引进新式织机、用洋纱织布，其在织布方面与机织布的生产效率的差距明显缩小，并表现出惊人竞争能力，这在一定时段内确应有益于其与机织布进行市场竞争。但即便如此，为何近代华北手织区织户贫困化现象却仍不断加剧，其曾一度蓬勃发展的包买商制度也难挡自身衰落？这不能不与特定土地制度相联系。因为，在土地制度未根本改变前，织户的生产形式和目的未有实质改变。以华北相关地区的租赋变化为据。(见表5-9、表5-10)

表5-9：道光年间济南府属16州县商税统计

州县	课税(商税)	牙杂税	牛驴税	三项合计	占总税额(%)
历城	24.00	17.50	3.95	45.45	6.51
章丘	30.10	3.90	10.05	44.95	6.31
邹平	20.45	3.10	3.10	26.65	3.82
淄川	14.58	3.10	4.50	22.18	3.18

① 见何本方《清代户部诸关初探》，《南开大学学报》1984年第3期，第35-46页；另见《石渠余纪》、《光绪会计表》、《清朝续文献通考》、《清史稿·食货六》、《中国厘金史》、《六十五年来中国国际贸易统计》等有关资料。[见邓绍辉《晚清赋税结构的演变》，《四川师范大学学报》(社会科学版)1997年第4期，第104-112页]

② [日]西嶋定生《以十六、十七世纪为中心的中国农村工业之考察》，节选自《日本学者研究中国史论著选译》，中华书局1993年版，第11-12页。按：“像这样以零散小农为主体而经营的农村副业性的棉纺织工业，其性质不仅规定了它的分工经营形态，同时也规定了它的劳动形态。即，只要它是农家副业，男子对农业劳动就必须全力以赴而没有余力，所以纺织则主要是由妇女来经营。当然，这些妇女并没有超出家庭的范围。由于要求短期内的再生产，以及它紧紧地束缚于土地制度而只停留在简单再生产上，所以这种经营的主体是不可能进行资本积累的，劳动力也是这样只有求之于家庭内的妇女，最终只能停留在家庭手工业阶段。不可能向前发展。在这里，可以看到零散小农为主体的农村手工业的发展界限。而不能看到工场手工业性的经营户形态的理由也必须从这里寻找。”

③ 见赵冈《垂直分工与现代化：从明清棉纺织业谈起》，节选自叶显恩《中国传统社会经济与现代化——从不同角度探索中国传统社会的底蕴及其与现代化的关系》，广东人民出版社2001年版。

④ 同上。按：赵冈先生认为，到19世纪末，中国机器纺织业兴起后，此种形式的家庭纺织业不但对这类工业化运动未提供丝毫助力，反而变成了工业化的巨大障碍。(见赵冈《中国棉业史》，联经出版社1977年版，第168-172页)很显然，笔者基于强调二者具有一定的相互促进作用而不赞成赵氏此种观点。

（续表）

州县	课税（商税）	牙杂税	牛驴税	三项合计	占总税额（%）
长山	8.46	0.62	3.00	12.08	1.73
新城	49.13	3.90	13.10	66.13	9.47
齐河	61.50	4.20	9.60	75.30	10.78
齐东	18.00	1.00	1.10	20.10	2.88
济阳	28.32	2.41	14.90	45.63	6.53
禹城	27.30	8.60	13.90	49.80	7.13
临邑	57.17	3.38	15.88	76.43	10.94
长清	0.45	0.45	0.55	1.45	0.21
陵县	15.60	5.74	6.10	27.44	3.93
德州	6.00	6.30	52.73	65.03	9.31
德平	18.00	1.40	3.50	22.90	3.28
平原	46.20	30.90	20.60	97.70	13.99
合计	425.25	96.50	176.56	698.31	100.00
平均每州县	26.58	6.03	11.04	43.64	—

资料来源：道光《济南府志》卷14，田赋。引自方行、经君健、魏金玉主编，《中国经济通史：清代经济卷（中）》北京：经济日报出版社，2000年，第1105－1106页。

表5－10：河北、山东地租形式数据　（%）

	定额货币地租	定额实物地租	总额定租	分成租	其他	总计
河北						
土地委员会（9 572户）	62.6	17.6	80.2	16.7	3.1	100
实业部（107）县	52.3	21.6	73.9	26.1	—	100
山东						
土地委员会（12 084户）	22.1	36.6	58.7	40.3	1.0	100
实业部（83县）	30.4	30.5	60.9	39.1	—	100

资料来源：土地委员会，1937：43；《农情报告》3，4（1935年4月）引自［美］黄宗智，《华北的小农经济与社会变迁》北京，中华书局，2000年，第215页。

对照上述两表，表5－10显示，时至近代，河北、山东两地实物地租比重均大为下降，只占30%左右，农民要交纳货币地租势必依赖市场交换。因此，据常理，商品市场扩大，政府商税应急剧增加，并在政府税收中占据重要位置。但事实却不尽然。表5－9则显示，十六州县中，商税占总税额的百分比最高则不超过14%，足见商税并非政府税收的主要来源。而“清代大多数省区在集市征收的商税主要有畜税、牙税以及各种商品税三项，多系牙行经纪代为征收”。① 且开埠通商后，关税、厘金呈上升趋势，表明商品交易量增大，虽确属事实，

① 见方行、经君健、魏金玉《中国经济通史：清代经济卷（中）》，经济日报出版社2000年版，第1103页。

但若把海关税收除外,或许更能真正反映国内商品流通状况的厘金却只在20%左右徘徊,而田赋虽有下降趋势,但其绝对量巨大,并在45%左右高位波动。① 即此情况并未根本改变。田赋仍一直是华北地方政府的主要收入。因此,这看似矛盾的现象说明,一方面政府确实通过租赋的形式从商品市场中获取了大量货币收入,而另一方面生产者能直接参与更大规模或更高级的商业交易活动却较少,仍被大量地束缚于土地之上。加之,小生产者还被传统商业资本盘剥。由此,其要通过参与商业活动实现更多积累似不可能,因此,其对市场发展的推动以及单个生产单位向市场提供大量商品棉布的能力被大大削弱,只能是简单再生产的不断重复。市场向更高级形式发展就因生产者贫困化现象加剧而失去动力。其根本原因之一就在于政府通过土地获取高额官赋剥夺了生产者实现自我积累的机会。就此而言,政府维护特定制度之行为本身又确实扼制了市场的进一步发展。开埠通商后,政府相关行为的些许变化虽利于改变此状况,但特定时代中,政府此等转变却又因受多种因素影响往往半途夭折。例如财政压力。

第二,政府往往出于财政目的,推行税收政策,不利市场发展。

清廷在很长时段内基本实行轻税政策。但时至近代,政府因财政压力却开始加重征缴工商税收。厘金即是其例。进入民国,为推动民族纺织业发展,政府也曾推行一些特殊税收政策,但其后来征收统税又确实不利于棉布市场发展。上述情形表明,政府的既推动又扼制的作用确应是近代华北棉布市场变动的原因之一。以晚清和民国时期,政府征缴“厘金”和“加征统税”之旧事为例:

厘金本是清廷为筹措镇压太平天国运动的军费而实行的财政应急措施,其后却成为其固定财源。但时久弊生,厘金制度病商害民,限制市场发展。有识见者均力主将其废除。就此,在晚清时,官商间曾经历“裁厘统捐”与“裁厘认捐”之尝试,但却夭折。② 北洋时期,厘金为害依旧。南京国民政府1927年秋、1928年冬也曾两次裁厘,却因地方政府与军阀的阻挠,半途而废。1930年全国政局相对稳定,政府借关税谈判取得进展之机宣布废除为害八十余年之弊政——厘金制度,并于同期建立统税制度。③ 政府“裁厘统税”本为减轻商民负

---

① 见何本方《清代户部诸关初探》,《南开大学学报》1984年第3期,第35-46页;另见《石渠余纪》、《光绪会计表》、《清朝续文献通考》、《清史稿·食货六》、《中国厘金史》、《六十五年来中国国际贸易统计》等有关资料。[见邓绍辉《晚清赋税结构的演变》,《四川师范大学学报》(社会科学版)1997年第4期,第104-112页]

② 见杨华山《论晚清“裁厘统捐”与“裁厘认捐”的尝试与夭折》,《史学月刊》2004年第2期,第57-63页。

③ 按:1930年国民政府宣称:鉴于关税已经自主,遂通令,所有全国厘金,及由厘金变名之统税、统捐、专税、货物税、铁路货捐、邮包税、落地税,及正、杂各税中之类似厘金者,并海关五十里外常关税、内地常关税、子口税、复子口税均于1931年1月1日一律废除,1931年6月,又将五十里内常关税裁撤。另,统税始于卷烟,1926年国民政府收复湘鄂时,12月征收卷烟统税。1928年1月28日国民政府颁行《卷烟统税条例》,在全国各地征收卷烟统税。该项《条例》规定,凡缴纳统税之卷烟准其行销全国,不再重征其他任何捐税。1931年1月国民政府财政部为扩大税源设立统税署,将卷烟一项与麦粉、棉纱、火柴、水泥等项并征统税,后又扩大范围至啤酒、火酒、熏烟等项。统税初期仅推行于江、浙、闽、皖、赣五省,1929年、1930年两年,扩大至鄂、湘、冀、鲁、豫、粤、桂等省;1931年再扩及晋察绥三省;1935年甘、宁、川三省也始征统税;1936年,陕西、贵州两省也相继开办统税,至此,除东北四省及滇、康、青、新等省因情况特殊未开办。全国有二十个省区举办统税(见秦孝仪《中华民国经济发展史》第1册,台北近代中国出版社1983年版,第389页)。国民政府建立统税制度本意是为弥补废除厘金财税之缺口而采取的补救措施。因此,裁厘改统后,政府统税收入逐年增加,成为其重要财源。据研究,南京国民政府的统税征收额,1927年为600万元,占税收总数的12.9%;1928年2 970万元,占11.40%;1932年为8 870万元,占14.4%,1935年为15 240万元,占39.69%。从上可见,1927—1935年间,国民政府统税收入直线上升,从六百万元猛增到一亿五千多万元,增加了二十五倍多。而同期关税、盐税上升幅度较低,甚至一度有所减少(见杨荫溥《民国财政史》,中国财政经济出版社1985年版,第47页)。

担，以谋工商之振兴，但却不意此举之功效却是旧疾未瘳，徒增新痛。

就理论上言，与厘金制度下物物课税，卡卡留难相比，统税制度下商品只需按一定标准被一次性征收统税后，即可通行全国。此举在征税方法上有进步，也利于经济增长和市场发展。于国产棉货的市场销售，此举利大于弊。因为据此项制度规定，从外洋输入与统税品种相同的商品，该类商品除照纳关税外，仍须交纳统税。但统税推行的实际效果对于民族工商业，“已不是阻碍其发展的问题，而是一个威胁其生存的根本性问题”。①

首先，税负过重。1931 年 1 月实行棉纱统税时，每包纱的税银由一元五角加至八元以上，提高四倍多。此后政府更一再提高税率。税负不可不谓过重。且受列强所压，政府征收统税时，华洋商品纳税却又不平等，这更不利于华商参与市场竞争。如华商使用天津老河口的棉花，一担价值 20 元，被当地抽税不少于 16 元。受治外法权所护，日商却不需交纳此款。且日商购棉后除供自己所需外，往往将棉花高价倒卖于华商获取暴利。反之，若华商以进口棉花替代，则需交进口税 14—15 元和 8.5—11.63 元的统税。由此，华商生产每件棉纱的成本比日商纱厂贵 22 元至 26 元。② 若暂且不考虑其他市场竞争因素影响，只就税收成本而言，华商就实难与日商竞争。

其次，税率制定方面于华商不利，对其参与市场竞争是一打击。由此也未有良性市场竞争，棉布市场不能健康发展。（见表 5－11）

表 5－11：裁厘统税后棉纱税率变动统计

统税级别	以包为单位所征税率（元/每包）	棉纱种类	每包价格（元）	从价税率（%）
第一级	8.85	10 支人钟牌	164.13	5.2
		12 支金钟牌	169.88	5.1
		16 支人钟牌	180.00	4.8
		17 支宝塔牌	180.38	4.7
		20 支人钟牌	180.80	4.7
第二级	11.625	32 支人钟牌	236.25	4.9
		42 支人钟牌	285.00	4.1
		60 支金城牌	432.00	2.7

资料来源：柳国庆，《国民党统税政策对中国民族工商业的影响》，《绍兴文理学院学报》（哲社版）1998 年第 2 期，第 116－121 页。

表 5－11 中，两级棉纱统税仅相差 3 元左右，但若就“从价税率”看，则发现，由于粗纱与细纱每包价格相差很大，显然此税率于细纱有利。前述研究已证明，市场上绝大部分细纱系是日商纱厂所产。此举有利于日商保持市场优势。诚然，在正常市场竞争条件下，华商纱厂也可在高支数细纱中享受同等税率，而且，或许政府此举之本意可能在于以税收政策为杠杆引导华商纱厂进行产品结构调整，以利其参与市场竞争。但问题在于，其时华商纱厂的市场主打产品是 17 支以下棉纱，且其市场销售已经不利，并亟须从市场回笼资金以利加大投入才能生产高支数棉纱时，政府此举之效果就确实值得讨论。

① 见杨荫溥《民国财政史》，中国财政经济出版社 1985 年版，第 55 页。

② ［美］帕克斯·M·小科布尔《江浙财阀与国民政府》，蔡静仪译，李臻校，南开大学出版社 1987 年版，第 106－107 页。

更何况,政府政策的推行效力本受其特定制度体系约束。特别是,政府吏治不善,纵有“良法善意”,其效力也实难彰显。这本是近代华北棉布市场变动之特定前提。

再则,吏治败坏使统税应有效力难以显现。“裁厘加统后”,过往商品本可“一次性征统税收后即可通行全国”,可各省藐视法令,惟知重征,苛捐杂税,比未实行统税时有过之而无不及,使华商于统税之外增添额外负担。如上海华商纱厂的棉纱、棉布销往华北市场,因苛税繁重而难与日货争锋。天津华商纱厂的原料、产品的销售和运输亦有同等境遇。据中国银行调查,“棉花由农民以达于纺厂,及纱布由纺厂达于农民,转手甚多,每一转手,即须纳税一次,是以内地棉花运至纺厂,纺织成布而复运至农村,恒纳营业税至十次以上”。① 该时报刊于此类现象亦多有记载。天津《大公报》报道,“裁厘加统”后,厘金虽裁,但“改征之新税,多仍因袭旧率,甚且益增苛细之手续,”“旧率仍在,新规又来,宿疾未瘳,转增新痛”。② 时人就此痛斥捐税制度“乃世界上最恶者”,痛陈“此种特捐,直接压迫本国货物,理论上断无存在余地”。③

由此可见,国民政府起初实施“裁厘统税”虽实有财政考虑之考量,但其振兴工商之意图也确实昭然若揭,其决心也不可不谓信誓旦旦。如国民政府在废除厘金时宣示,各省“对裁厘能否实力奉行,实为革命与反革命,军阀与非军阀之试金石”。④ 但最终却事与愿违。

上述事例确又显示,政府力图通过相应经济政策调整以推动市场发展,但其自身却又是直接扼制市场良性发展的根源所在。于此悖论,我们虽可将其归因于近代中国独特的社会历史环境,但它也确是近代华北棉布市场及整个中国商品市场变动的一关键原因,并成了政府与市场变动之关系的独特表现形式。它亦呈现了近代中国的“章制纷乱,固无所谓制度”的历史镜像。由此,近代华北棉布市场也就在一更混沌的环境中畸形发展,并成为其变动的根本原因之一。所以,政府整体性重建基本市场制度体系,本应利于市场稳定发展,但吏治败坏之下,正如时人所言:“今日政府实力未充,官吏又贪污成习,若委其办理恐无佳果。”⑤ 新制度体系实难有效地发挥作用。

综上而论,此奇特历史现象,不仅是思考政府政策变化与近代华北棉布市场变动之关系的必备影响因素之一,亦有助于探究华北甚或是中国纺织业为何长期处于家庭手工业阶段的原因。然过往研究于此却不察。

5.6 结束语

开埠通商加速了政府与近代华北棉布市场之关系的结构性调整。这是市场变动诸因素中最具实质性影响的外部条件之一。因为,政府重建市场制度体系不仅重新型塑市场的制度环境,更推动了市场发展的目标设定和价值取向发生根本改变。由此,政府政策调整之行为本身也是市场变动与社会变迁共同作用之结果。这有利于棉布市场发展模式转型的加速实现。但它却又是市场既发展又不发展的根本原因之一。此悖论现象迫使人们深度思考近代华北棉布市场变动的总体特点。

---

① 见《中行月刊》第9卷第2期,第211－212页。

② 见天津《大公报》1931年3月30日;《国闻周报》第8卷13期。

③ 见天津《大公报》1930年10月14日。

④ 见《国闻周报》第8卷第2期。

⑤ 见《东方杂志》第32卷,第9号,第29页。

6　余论：多元变动因素与市场“自生秩序”

本章将概述诸变动因素何以使近代华北棉布市场变动呈现出“市场发展模式”转型的总特点并试图从对其发展趋势的判断中，引申讨论“自生秩序”、“外在变量”与市场发展模式演变之关系命题。尽管以“市场发展模式转型”为线索概括此特点，实有以“传统”与“近代”的二分法对复杂历史现象大而化之的嫌疑。①

6.1　多元变动因素与市场发展模式转型

6.1.1　多元变动因素加速华北棉布市场发展模式转型

首先，开埠通商前，华北市场，农民家庭手工劳动是棉布生产的基本形式，民营手工工场少。即“小农业和家庭工业的统一形成了生产方式的广阔基础”。② 在此市场模式中，商品棉布主要是家庭劳动剩余物。农民出售棉布所获货币收入，主要用于购买日常必备消费品和扩大再生产所必需生产资料，以及缴纳租赋。据斯密定理观察，即若社会分工程度高则促进市场扩大。这些都说明华北棉布市场的社会分工程度较低限制了其进一步发展。③

开埠通商后，棉纺织业明显分化。洋纱、洋布大量输入，以及机器纺织业的出现和发展，棉布不再主要是以农民家庭劳动剩余物的形式出现。同时，政府整体性重建市场制度体系，颁行有利于推动纺织业，尤其是鼓励机器纺织业发展的政策。这已非传统政府的劝课农桑、劝民纺织可同日而语。即国家在有关市场发展的制度设计方面倾向于推动华北棉布市场的近代化。近代华北棉布市场发展的制度环境已显著改变。这利于通过促进社会分工来扩展其市场。

其次，开埠通商前，华北棉布市场，商品主要是从乡村产棉布地区流向缺少棉布地区，从

---

① 按：“传统”与“近代”的二分法常被时下学人诟病。但为简明扼要地概括出华北棉布市场变动的特点与其变动因素的多元性密切相关，此种范式借鉴似又是无奈之中的最佳选择。首先，对近代中国商品市场变动的研究，用“传统”与“近代”来说明其变化特点及发展趋势实已成学界表达惯例，尽管对其内涵多有争论（见刘佛丁、王玉茹《中国近代的市场发育与经济增长》，高等教育出版社 1996 年版，第 5、20 – 38 页、41 – 42 页）。其次，从自然经济、商品经济到市场经济，市场的商品供给和需求以及与此相关的知识、制度体系的变化受特定经济体的政治、经济、文化发展水平制约。不同市场，不同经济体的经济活动都具有各自结构特征和文化特色。就此而言，一经济体的经济活动市场化程度逐渐加深的过程中会出现不同市场发展模式。不同区域间市场联系紧密程度的加深使不同市场发展模式相互影响成为客观存在。

② 马克思、恩格斯《马克思恩格斯全集》第 25 卷，人民出版社 1975 年版，第 373 页。

③ 按：学界多以为，“由于手工业不能从农民的家庭副业中分离出来，它就不能由家内分工变成社会分工，技术水平和劳动生产率就难以提高，同时也使工场手工业在一些行业中遭到排斥，难以生存和发展，尤其是棉纺织业这个国民经济中最重要的手工业部门。”（见刘佛丁、王玉茹《中国近代的市场发育与经济增长》，高等教育出版社 1996 年版，第 13 页）

乡村流向城市。市场分为城市与乡村两个市场体系。其中,城市多不是棉布生产中心。棉布生产中心基本位于乡村市场。但因社会分工程度低,交通运输方式落后,在乡村市场,生产者与外部市场的联系基本处于封闭状态,市场制度变迁缓慢。开埠通商后,华北棉布市场因近代工商业和交通运输业的发展,形成了高、中、初三级结构的市场体系。从总体上看,城市在整个市场体系中的重要地位越发明显。城市不仅是消费市场,更渐成为生产中心和交易中心。乡村地区却表现出与之相反的发展趋势。商品棉布已不只是从乡村产棉布地区流向缺少棉布的地区,从乡村流向城市,而更主要是由城市(市镇)流向乡村或缺布地区。城市与乡村棉布市场的市场功能显著改变。

第三,开埠通商前,华北棉布市场,商品品种主要是粗布、标布等,“品牌”多,规格不等又变化不大。它们虽各自有相对固定市场,但未能形成全国性销售市场。这与下述事实相关。即小农经济条件下,由于整个社会国民经济的市场化程度低,大多数消费者,特别是农民家庭,为减少家庭货币支出,一般都尽可能少地参与市场交易。这极大限制了棉布市场“品牌”棉布的市场成长能力。“品牌”棉布所依附的生产体系的资本积累能力受到限制,棉布市场自身发展动力也因此受到限制,市场发展缓慢。生产体系中的技术标准和规范很难统一。所以,其外在反映就是市场多地方性品牌,但规格杂乱。

开埠通商后,农民尽量减少市场交易之现象虽仍存在,洋纱、洋布输入也使市场商品结构变得复杂,但家庭纺织业分化后,一些棉布的销售市场迅速萎缩,而另一些棉布却迅速形成较大规模的区域市场或全国市场。特别是随着机器纺织业的发展,其所产机制布的市场迅速扩展。这些事实说明“品牌”棉布的市场成长能力正在增强。“品牌”棉布所依附的生产体系的资本积累能力有了提高,棉布生产体系的技术标准和规范渐趋一致。市场发展的自身动力增强。

此外,“银根松紧变化”、“中外商人经营行为变化”以及“政府重建市场制度体系的努力”等无不与近代中国,包括华北棉布市场,被迫卷入世界市场体系密切相关。即近代华北棉布市场发展的外部条件已极大改变。外部条件对市场商品供给和需求变化影响加深,市场变动更剧烈。

综上所述,开埠通商后,在华北,棉布生产方式急剧改变,市场主体的目标设定发生转向及制度变迁明显等都表明,其市场发展模式确已开始转型。由此,多元变动因素既是近代华北棉布市场发展模式转型的结构性特征,又是其特定内涵。但多元变动因素相互间的结构性张力决定了市场发展模式转型所能达到的向度和纬度。它甚至使其发展转型处于一结构性困境中。

6.1.2 多元变动因素与华北棉布市场发展模式转型的困境

多元变动因素相互间的结构性张力使近代华北棉布市场发展模式转型处于一结构性困境中。其显见根据在于:① 诸变动因素中,很难确定何者是引起市场变动的所谓主因或次因。② 开埠通商后,诸变动因素中,有的是自身问题受外在刺激而外在化者,有的是外在因素的内在化者。作为社会环境的构成要素,它们之间动态博弈关系使市场变动具有不确定性。在此,开埠通商和洋纱、洋布输入若被视为外在刺激因素,诸如人口变迁、政府政策调整等则可被视为是市场的内在变量。它们间的相互作用对市场变动产生的影响至为关键。下以“人口变迁”和“政府政策调整”为例进行说明。

人口变迁对近代华北棉布市场变动既能产生积极作用,亦能产生消极作用。它对棉布市场变动的积极作用却因其他因素制约而未实现。

严峻的人口压力迫使小生产者以最低限度的劳动成本进行商品棉布生产。价格低廉的手织棉布参与市场竞争时因此而具有一定优势。从理论上讲,棉布市场销量不断扩大,若劳动力工资水平不显著增加,家庭劳动所得剩余亦将随之增加。为获取更多劳动剩余,生产者会扩大生产规模。家庭纺织业亦将随之而吸纳更多劳动力。这既缓解人口压力,并在一定时段内促使劳动力的边际生产力增加。市场有效需求亦将因劳动力边际生产力增加所导致的国民收入的整体性增加而增加。这将促使生产者稳定地增加市场供应量。若此,近代华北棉布市场就会因人口压力产生巨大市场需求,导致家庭纺织业稳定增加棉布市场供应量,并能助益于纺织业的资本主义生产方式的发展,从而加速市场发展模式转型。

刘易斯在《二元经济论》中指出,若实际工资水平不变且劳动力无限供给,在资本家剩余一直增加的同时,国民收入中用于投资的比例也会随之提高。而且通常当资本积累赶上人口增长,以至不再有剩余劳动力时,此过程才会停止。[①] 于此,这应有助于生产者的资本积累,利于市场扩大和发展。但近代华北棉布市场却与之相反。

第一,本研究已证明,民众家庭消费的货币支出主要在购买“粮食”、“服用”两方面。棉布价格变化亦受粮食价格变动之影响。因此,生产者的劳动剩余和消费者的消费剩余状况变化反而更多地受粮价升降制约。劳动力边际生产力对生产者劳动剩余的积累或消费者消费剩余的积累不再具有直接决定作用。而生产者剩余的增减与其扩大市场供给的投资变化却密切相关。消费者剩余的增减则与市场的需求变化直接相关。

第二,粮价升降亦使劳动者购买生活资料的支出价格不断变化,实际劳动力价格必须随之变化。二者间的变动趋势并非一致而可能是相互背离。即劳动力边际生产力下降,基本生活资料的价格上升。以包买制为例,在此类生产形式中,织户织布多计件取酬。在利润分配中,基本生活资料价格变化使资本家(包买主)支付给劳动者的工资总额亦随之变化。包买主能否稳定地实现生产剩余积累必受此影响。反之,基本生活资料价格变化亦将影响织户生产投入意愿。

第三,受世界市场影响,“银根松紧”变化导致货币(资本)购买劳动力的价格上下波动,其或促进或抑制棉布的销售的作用也变得更重要。

第四,若家庭手织布市场销售量不稳定增长,近代工商业发展缓慢而吸纳劳动力亦有限,国民收入则将因劳动力的边际生产力呈下降趋势而整体增长缓慢。这使市场有效需求和销量均萎缩并加剧劳动力的边际生产力下降。二者之间形成恶性循环。

第五,劳动力边际生产力降低,本有助于机器纺织厂的资本家雇用更多廉价劳动力,实现资本积累。但他们除面临着与包买主类似的情境外,在市场有效需求既定或整体萎缩的情况下,其资本积累能力亦受到限制。

政府政策调整对市场变动之影响亦与人口变迁因素类似。以“重建市场制度体系”而言,“货币制度”、“税收”是政府干预或引导商品市场发展的重要路径依赖之一。但近代中国却未能颁行独立的“货币”、“税收”制度或政策;政府干预或引导市场发展的能力也因不平等条约体系之存在而大打折扣。同时,政府一些政策或制度安排,如建立央行、统税政策,也多有出于财政考虑之嫌。而且,棉布市场上商人、政府、消费者三者间非对称性博弈关系

---

① 见刘易斯《二元经济论》,北京经济学院出版社 1989 年版。

变化亦使政府政策的效力随此博弈关系之变化而变化。

综上分析说明,诸变动因素中,很难界定何者是所谓主因或次因。它们相互间的结构性张力,使市场发展模式转型因具有明显的不确定性而处于一结构性困境中。其外在特征即是:机制布和手织布的生产与销售均时常发生非正常波动。

6.1.3 多元变动因素与传统社会经济结构自我调适的困境

多元市场变动因素间的结构性张力更揭示了近代华北传统社会经济结构在处于市场发展模式转型的境遇中的自我调适困境。以机制布、手织布市场竞争关系变化为例:

依刘易斯“二元经济”①论中对传统部门和现代(近代)部门的界定,家庭手织业可划为传统部门,机器纺织业可划为现代部门。因此,华北棉布市场,手织布与机制布激烈市场竞争关系的变化,实质上可被视为是传统与现代两大部门间关系的变化。二者间产品贸易条件变化,尤其是传统部门使用资本呈下降趋势时,则华北棉布市场变动的结果应当是:机制布最终将完全挤占手织布的市场,机器纺织业迅速发展和家庭手织业全面迅速萎缩。

但在华北棉布市场,家庭棉纺织业吸纳了大量劳动力,织户大量采用机纱,购买铁机,使用资本增加较大。家庭手织布具备惊人市场竞争力。机器纺纱业,尤其是民族机器纺纱业之兴衰在很大程度上深受手织布市场变动之影响,甚至同家庭棉织业形成同荣同损的局面。此中缘由与传统经济结构②的自我调适相关。

在人口压力客观存在,社会整体生产力未有根本质变之前,传统部门或经济结构内部自身的商品性生产和消费基本能满足或调节棉布市场相对缓慢增长的供给与需求总量要求。而且,它并未彻底地从农业中分离出来。手织布市场销量不断增长,商品化生产的家庭棉纺织业却可能因逐渐增加使用少量资本而使劳动剩余增加。在市场竞争中,家庭棉织业使用资本能力增强,并与机器纺织业形成合理的分工后,则使二者均能合理分割市场利润并可能协调发展。市场本身,乃至社会发展转型都可能向更高层次发展。若此,中国传统经济结构的自我调适当能与市场发展模式转型互为表里。

但受多元市场变动因素制约,近代华北棉布市场发展模式转型却少有可能实现此历史愿景。其理由是:

第一,家庭织户使用资本的能力因机制布对手织布市场的压缩而下降。

第二,从总体上看,近代华北棉布市场资本比较短缺。货币(资本)本身的价值亦随世界市场波动。加之以粮食为代表的基本生活资料的价格变动对其余商品的市场价格波动影响较大。这使家庭纺织业在扩大生产规模时不能以相对稳定的价格购买劳动力,其增加使用资本的能力亦随之下降。

第三,在近代华北棉布市场,当市场有效需求萎缩时,家庭手织布与机制布均用低价格

---

① 按:刘易斯的“二元经济论”认为,以主要满足农村人口自我消费为主的传统(农业)经济部门与资本主义性质的大工业为代表的现代经济部门并存的“二元”经济,是各国经济发展过程中的一个普遍存在的现象。在传统经济向现代经济的转化过程中,“二元”最终会被现代经济“一元化”所代替。在此过程中,二者间产品贸易条件的变化是其相互转化的关键因素,尤其是传统部门使用资本呈下降趋势(见刘易斯《二元经济论》,北京经济学院出版社1989年版;见林刚《关于中国经济的二元结构和三元结构问题》,《中国经济史研究》2003年第3期;《人民大学复印资料》,《经济史》2000年第3期,第39-63页)。学界通常认为现代经济的标准和内涵主要是下述三个方面:①城市工商业人口占总人口的绝对多数;②第二、三产业占国民经济各部门比重的绝对优势;③实现农村城市化或城乡一体化。

② 按:据刘易斯的二元经济论,俗称耕织结合的小农经济可视为一元化传统部门或经济结构。因此,其内部商品化生产的家庭手工业(包括农副业)的发展受一元化经济结构的制约。

策略参与市场竞争。同时,市场竞争导致市场平均利润率降低,传统部门增加资本的能力下降。即使是成长中的现代部门使用资本的能力亦受到削弱,故而其吸纳劳动力的能力下降,进而更加剧市场有效需求整体萎缩。

第四,市场平均利润率形成后,机制布本可挟其资本优势继续开发新产品参与市场竞争。但近代华北市场棉布的主要消费者自身的购买力不高,市场有效需求整体性萎缩时,除非其能绝对地垄断市场,否则它就必须以低价格销售产品以继续挤占家庭手织布的市场份额。但由此,其自身经营中投入与产出比变化能否使此行为可长久持续就殊难预料。所以,从发展趋势上判断,若主要消费者的收入状况未有根本改善,市场有效需求持续萎缩,机制布市场萎缩亦不可避免。市场总体交易量虽在一定时期内较大,但并不会急速提升。同时,机制布市场份额增加是其挤占家庭手织布市场份额的结果。

所以,未能实现之历史愿景,似又确是传统社会经济结构的自我调适被多元市场变动因素扭曲的结果。它本身亦呈现为一种市场变动。历史在这里对悖论现象作了精准描述,市场发展模式乃至社会发展转型向更高层次发展依旧困难。

此外,于传统社会经济结构的自我调适被多元市场变动因素扭曲的现象,还可从政府重建棉布市场的制度体系方面观察。

“政府政策的调整”是近代华北棉布市场变动的重要原因。一方面,新的市场制度体系通过不平等条约体系被人为地嵌入。这使政府与棉布市场之关系的结构性调整加速。另一方面,政府推行许多新政或一些法令多具近代色彩,这反映出政府在重建市场制度体系时,受“西风东渐”影响较深。因此,客观地说,政府此等举动之目的,并非仅限于引进和套用西方近代市场制度体系的某种有形制度框架,而在于让新制度体系所隐含的特定结构和内涵成为市场的“内生”规则。这不仅意味着市场主体间的关系必发生根本性调整,也意味着市场主体的行为方式必根本改变。它对市场变动的影响就像马克斯·韦伯在其《经济与社会》中所强调的:良好的“内生”规则会迫使市场竞争主体之一——商人的行为制度化和程序化,从而更有利于市场发展。①

若就此而论,在新的规则下,相关经济法令、制度及政策对商人之间、商人与政府间及商人与其他市场主体之间经济关系的确认和调整的主要理念,就可能主要是近代意义上的“契约化身份”、“契约规则”,而非传统的市场制度中所隐含的“伦理身份”、“伦理规则”。在传统“士农工商”的“身份社会”里,商人权利、义务和社会地位被预先确定,不可变更。但在近代“契约社会”,人则可以“契约”的形式来为自己创设权利、义务和社会地位。这就如法律史家梅因在其《古代法》中所论述的:旧的法律(制度体系)在人一出生就不可变更地确认其社会地位。现(近)代法律(制度体系)则保障人们用协议的方法来创设自己的法律地位。②

近代华北棉布市场变动过程中,政府在重建市场制度体系时,注重从法律上保障商人与其他人群一样享有平等权利。同时,政府与商人间关系的调整,“合伙制”商业资本组织形式出现的契约雇佣制趋势,都隐含着从“伦理身份”、“伦理规则”向“契约化身份”、“契约规则”转化的趋势。若此种趋势能持续发展,社会整体的个人人格状态必将摆脱对“家族”或

---

① 见马克思·韦伯《经济与社会》,商务印书馆1997年版。

② 见梅因《古代法》,商务印书馆1997年版。

其他类似组织的依附状态，成为独立、自由和自决的个人。如此，商人与国家(政府)间也是契约关系，商业资本组织内部各关系人间、商人间、商人与消费者间均是契约关系。近代华北棉布市场的自身社会文化环境也必将随之显著变更。而且，从社会发展的总体趋势判断，政府重建市场制度体系目的就在于，使市场主体间以及市场主体与其他社会关系人之间的经济和社会关系"契约化"，并强调主体间的契约关系在社会生活和经济事务中的逐步普遍化和取得支配性地位。由此，棉布市场发展模式转型将具备较好外部条件。

但反观近代华北棉布市场：第一、尽管政府重建市场制度体系的"良意"，有推动传统的"伦理社会"①向现代"契约社会"转变之功效，但其未经"契约"许可往往就随意征税收费的传统未去。许多政策又常有出于财政考虑之嫌。如政府对棉纱棉布征收统税，在关税调整中的反复，重建货币制度等都难脱财政考虑之嫌。②商人、官吏的旧习、恶习不少。无疑，这些因素都使新市场制度体系之效力大打折扣。"契约身份"、"契约规则"能否发展成为近代华北棉布市场的根本特征就具有不确定性。因为"契约"毕竟不只是一种纯技术工具，它必须要求与之相适应的契约伦理和契约文化。这既非华北棉布市场先天所有，亦非短时功效可致。且政府干预和引导棉布市场的相关举动及商人、官吏的旧习、恶习又确是社会自身传统的外在反映。如政府受"养民"思想，劝课农桑、劝民纺织，干预棉布市场价格等。因此，当上述因素相互作用时，传统社会经济结构的自我调适能否顺利实现就具有不确定性。

综述前论，多元变动因素既加速市场发展模式转型，其相互间的结构性张力又使此种转型因充满不确定性而处于困境之中。何以如此？欲回答此问题，就需探究此不确定性与市场变动中的"自生秩序"、"外在变量"命题之关系。

6.2 市场变动中的"自生秩序"、"外在变量"

华北棉布市场发展模式的转型困境说明，市场秩序的形成恰恰是多元人类行为共同作用下的非设计的结果，是"自生秩序"的成长过程，是不属于理性或有意识追求之产物的"自然的过程"。其市场制度的"近代化"建构和对其市场发展模式的理想图景想象，于此现象作了精准的演绎。

6.2.1 市场制度谱系"近代化"演进中的"理性"关涉

制度有广狭、隐性和显性之分。近代华北棉布市场制度谱系演进亦不外乎此。它既有显性之制度如各种成文法和规则系统，亦有隐性之制度如各种习俗、观念等。这些制度是规

① 按：中国传统社会是一个家国同构的"伦理社会"。它强调"礼治"和"礼法"秩序，在社会经济关系和社会生活中难以确立排他性的私人产权。夫妻、父子，乃至作为家庭放大的整个国家往往是强调情同一体，财产与共，由各类"家长"分配社会经济资源。而就近代市场经济发展的历史过程看，一般而言，只有当社会成员独立地拥有彼此所需要的东西时，交易才能发生。即只有社会成员拥有排他性的财产权时，才能成为独立的契约主体。所以，中国传统社会的财产制度使契约关系的发育失去了最基本的条件。此外，血缘宗法关系的社会结构与小农经济都尽可能减少市场交易的生活习惯，使传统形式的商品交换，乃至传统商品经济中所包含的契约因素很难对这种"伦理社会"形成强有力的解构力量。因此，近代西方意义上的市场经济很难在中国社会发展起来。反之，开埠通商后，当近代西方意义上的市场经济逐渐嵌入中国社会，它与中国社会自身传统的冲突与调适就在所难免。就此而言，近代西方意义上的市场经济在中国社会的形成与发展就特别需要国家法令提供制度化、程序化的保护，从而使新规则成为整个社会经济和社会关系的"内生"规则。以此审视近代华北棉布市场变动过程中政府重建市场制度体系的努力，则可发现政府和商人的诸多劣习之所以阻碍棉布市场发展模式转型实与新的"契约社会"缺少其特定的政治、经济、文化传统相关。另，关于中国传统"伦理社会"向"契约社会"转变的制度特征，请参见陈国富、卿志琼《中国制度变迁的特征透视》，《人文杂志》2000 年第 3 期，第 19－22 页。

范政府、商人、棉布生产者或消费者的产生恰当社会或市场行为的方针。它关涉市场秩序生成所必需的产权原则,商人行为规范以及政府产业引导政策等。而且,此制度谱系演进与市场主体秉持的政治价值观念变化同步。此类事实虽根因于对各类近代化因素的回应,但它并非是单靠人的理性先验地确定了维系一社会秩序所需之伦理和法律规范。多元变动因素使这类体现市场发展模式演变的事实呈现为是多元人类行为合作之结果。

尤需强调,“传统”在近代华北棉布市场的制度谱系演进中依然具备关键作用。而且,市场并存的合伙制、包买商制度、雇佣制以及现代工业制度既体现市场竞争,又是市场主体的目标与意图之协调乃是通过价格机制实现的具体表征。在这样的市场,“银根松紧”、棉布、棉花乃至劳动力要素价格变化,因受国际市场商品价格影响而逐渐内化成整个市场变动的突出信号,并被反馈到整个市场体系中。在此意义上,它既是市场变观念变化之内在根据,又与市场观念的变化一样是不属于理性或有意识追求之产物的“自然的过程”。其中,政府作为市场主体之一,制度的主要供给者之一,其政策演变虽看似受时势变化刺激,在本质上却是市场主体对此种变化作出的不得不为之自发调整。

在此意义上,华北棉布市场制度谱系演进客观存在的“近代化”取向——“近代”观念暗示下的制度供给,如政府建构近代化的市场制度化体系和引进各类近代经济组织制度——亦必将忽视其自生秩序问题。因为“近代化”标准内含反传统主义的、唯理主义的认识论缺陷。它以为将某种知识标准当作一给定的规则结构嵌入中国社会,就能建构符合此种标准要求的完美秩序及其存续的规则。这种判断假定,此种规则结构内含的“理性”原则可以被视为华北棉布市场的新“法律”秩序。因而,“法制”和制度谱系的人为“理性”设计可对棉布市场发展具有决定作用,所以,关涉政府、商人和生产者和消费者的市场行为的“自由”和“权利”的规则框架可通过制度设计提供。于是,市场变动过程中,市场主体——如政府、生产者和消费者——的观念演变这类看似零散的制度引介所彰显的智慧被忽略了。

因此,就“法”与市场“秩序”之意义而论,政府政策转变呈现的观念变化作为看似零散的制度引介,与棉布市场的近代“法制”转化命题具有内在关联性。因为,基于经验、传统和人性考量而论理性就必然关涉市场自身如何认识、建构自己的法制体系。作为现象之规则性的华北棉布市场制度谱系,特别是其“法制”的近代化,在相对宽泛的意义上,它是基于对人类经验的吸取而综合了下述两种生活状态。即它既不完全是依照中国历史经验而设计出来的市场秩序的结构,又体现了市场法制的近代转型是基于理性意志而进行的制度设计。

而且,市场的自生秩序结构,亦更清楚地呈现了各类市场行为的“理性”特质。如农民、商人在棉花种植、纺纱织布的竞争、合作,以及中外棉布商人的竞争、合作——既有研究曾过度纠结于前两者的剥削关系如何导致市场不发展,后两者之间的非公平竞争如何限制市场发展——是透过维护自发的、自然的机制而进行。尤其是包买商与织布农民之关系命题,恰恰是小农“耕织”传统赓续中的商品市场发展模式转型命题。上述对应市场关系作为一种市场秩序结构亦是市场主体市场行为自我调整。而且,此类市场行为并非绝对不是基于个体的偏好的理性地计算,但他们间的矛盾与冲突也不一定就完全是可通过直接的“唯理主义”的制度设计即可彻底解决。于此之深度讨论就需考究华北棉布市场两种意义上的自生秩序之生成。

6.2.2 市场制度谱系“近代化”演进与华北棉布市场的“自生秩序”

基于经验主义的立场,以外在“近代”因素的强制嵌入为界分,华北棉布市场变动深刻地呈现了两种意义上的自生市场秩序。即“不受强制形成的型式”与“适者生存”的市场秩序。其中,前者意指华北棉布市场未被裹挟进世界资本主义市场体系之前,从其市场主体基本不受国际市场影响且能自我循环的市场行为中形成的总体制度结构。后者则意味着自此之后,此总体制度结构——如法律和市场管理制度等——若不经历近代化的转换就不能自存,更遑论其生长。前者能说明华北棉布市场自身的制度和惯例是如何以一种因果-起源学的方式形成;后者则描述其制度和惯例在与“近代”因素的竞争中如何生存发展。

华北市场未被裹挟进世界资本主义市场体系之前及其之后,农民已渐渐弃粮而种棉和从事纺织,又弃纺纱而专注于织布,并通过与包买商之稳定联系而为市场生产。这表明,在普遍的市场交易中,存在以价格体系为核心的某种机制协调了上述市场行为,以至最终形成了此类市场秩序。这似乎可用“看不见的手来解释市场的形成”。但在其市场法律和政治秩序的形成过程中,却并不存在类似机制。它更多是对相关市场事实的制度确认。因此,除强调价格信号机制外,当市场交易秩序、法律秩序在本质上与市场发展模式相关时,就需并非绝对基于道德主义的立场,去审视此间的各类市场行为,并考究政府、市场、个体之关系。

如此,棉布的生产者、经销者与消费者之关系——如包买商与织布农民——及其他们与市场规模扩展之关系,必呈现为人按其自然天性活动而显现出来的规则性,他们的行为恰好都是源自于从个人利己追求中形成的社会规则。如无论是包买商亦或是织布农民,对棉布价格的接受就是在市场交易行为中基于对生产成本价格的接受。他们无需像理论家那样将其解释成为是该物品本身内在的东西。如劳动力价值论。或许包买商、织布农民的朴素市场议价理性使他们意识到当以自身商品生产行为或所织商品棉布的市场稀缺性程度来决定他们对商品的市场议价。他们对竞争的朴素理解,揭示了此市场秩序下的商业活动的习俗、惯例是不违反“自然”的。

但“近代”因素的嵌入则改变了此“自然”状态。如与世界市场具有高度关联性的“银根”松紧变化对棉布市场变动的影响,不仅表征了一种外在强制,更可据此审视在此影响下的商人和政府的市场行为变化如何与市场法律秩序的“近代化”建构发生关联。

因为,“金银”价格变动导致商人的大量投机逐利行为加剧了华北棉布市场波动,这恰当地揭示了在论及市场交易秩序时,为何必须把货币价值变化的解释纳入一般商品价值论中,并就此成为观察市场交易行为变化的内在经济逻辑。进而,一个与市场交易秩序、法律秩序建构相关联的显见问题即是:是否当因货币价值必然变化无常而决定了应允许货币价值自由波动?政策变化——如法币改革和财税政策调整,以及在白银危机中限制金银流动——以及灾荒和战乱所导致的相对广泛意义上的人为“银根”松紧控制却违反了相应的“自然”法则。政府此类举措亦确实影响了华北棉布市场及其商品价格变动。棉布市场形成一种体系完备的能实现自我调节的市场秩序不大可能了。由此就当追问政府此类举措之根据何在?这关涉如何审视政府建构具有近代化特质的市场法律秩序问题。

市场整体制度环境已根本变化,并且在此演变中,制度、产权以及保护商人利益和约束政府的制度建构的最终趋向确有可能是导向市场、宪政秩序的知识话语谱系的建立。而且,“近代”观念的暗示被转化成实体性的法律体系,是华北棉布市场新法律秩序建构的根本特征。它内含的“理性”法则证明了,这种观念比传统的市场法制体系,表征了更宽泛的事实和环境变化,并开创了一种新“制度”或“法律”传统。

于新旧转换中,市场旧的法律秩序被比照于西方法制而加以改造。新的市场法律秩序的建构似乎亦是基于抽象的推理能力构造。而且,构造法律过程的巨大复杂性被“近代”观念暗示的基本原则简单化了。经济民族主义情绪和“近代”想象使政府体制的近代化转换加速。“传统”被置于否定和反思之中。这使建构市场法律秩序应是基于对新事实的“技艺”理性应用——法律需要将普遍原则适用于市场具体的案件,在很大程度上要依靠经验——被抽象的演绎推理代替。

所以,在华北棉布市场,商人、生产者、消费者之所以不知、不解、不尊从新法律秩序,乃至政府执行新法制不力,其深层原因即是:市场秩序的有机性遭到了试图依靠完美理性设计创制市场法律的损害。而且,多元市场主体的“心智”不一,不可能透彻理解总体市场乃至社会新秩序。例如,尽管“近代”观念的暗示最终可能会将华北棉布市场发展模式导向市场经济,其各类市场主体对此市场发展模式内含的以产权制度为核心并与宪政秩序相结合的特质的认知也确是显见不足,但这并不影响他们在对西方法制比照和引介中,将确保商人的权利、自由和财产与建构近代化的“法律”相联系。再如,士绅和开明官僚虽表达了冀望政府能保障布商权利,但他们的“知识”和“视野”乃至其既有的心智状态,决定了他们处理自身与政府之关系和冀望政府能维护商民利益和市场秩序方面,确是非基于“自然正义的义务约束着君王和统治者”①而提出政治要求。他们的此类要求亦多是与捍卫民族利权的民族主义情绪和追求市场效率的内在冲动相关联。此类行为因根源于近代中国特殊的生存状态和“近代”观念的暗示,并使市场传统的法律“观念”、“知识”亦因此而处于一种适者生存的状态。

基于此,华北棉布市场自生秩序的“近代化的时间特性”得到了显现。因“近代”之冲击,国人似乎“偶然”地发现了华北棉布市场新法律秩序,并突然显著地意识到旧市场制度谱系的不当之处和必须被加以改造或否弃。在此命题下,棉布的市场法制近代化变成了根据“适者生存”原则而进行的市场秩序重建。

推论之,社会变迁中的经济与法律秩序整体性重建呈现在国人面前。一种总体的社会结构转换,即社会秩序重建的里程碑式的转换开始了。在学理上,它关涉是从人性的本能行动中重构一能自我调节的自生秩序体系,还是排除社会自然演进而基于人为的制度设计去建构和维系一社会秩序?它是否因市场转向重建整体法律秩序而成为关涉其发展模式——总体社会结构的一部分——的理想图景想象呢?

6.2.3 宪政原则与市场发展模式转型可能的理想图景

华北棉布市场新法律秩序建构镜像,深刻地揭示了社会自身隐含的价值观变化,并在客观上使确立宪政原则成了市场发展模式演变的可能的理想图景。尽管那个时代的布商或者其他市场主体自身对此往往却浑然不察。

因为,此价值观与市场行动的相应新商业伦理、新政治原则相关联。而且,新的市场法律秩序不再是统治者人为颁布的命令,而是对新价值观的形式化表述和制度化确认。此种表述和确认是市场主体对自身市场行为应遵循的新商业伦理、新政治原则的自觉的经验化总结,而非是统治者的意识形态化观念的强制灌输。只是当这一切都可被统摄于“近代化”观念的暗示时,这种行为内含的外在强制即是一近代化的西方市场法制体系对中国旧式市场法制体系的整体改造。

---

① Holdsworth, A History of English Law, vol. V, p. 509. Little, Brown, 1922.

正因如此，新市场法律秩序在本质上是与社会秩序整体重建相关，也证明了社会秩序的自发性并非就可等同于自然自由支配之经济体系重建，而是与根本政治原则重建相关。具体而言，华北棉布市场是各类市场主体的互相联系构成的体系。主体之间，特别是政府与商人之间虽可合作，但必须有基于相应政治原则——如宪政原则——之下的活动边界。就此，商人、士绅和开明官僚，基于某种特定价值观——如依凭"近代"观念的暗示下的某种抽象的自然法和自然权利理论——批判政府不当政策造成的棉布市场混乱，论证政府、商人各居其位，作为一种自由状态为何可能必然促进棉纺织业发展，并能捍卫民族利权就都是市场变动中的有益结果。需指出，此类批判当然还未从关于人的幸福这样的角度去思考平等、自由的法则为何正当等命题。它还多是基于一种功利主义的目的，如捍卫民族利权、发展棉纺织业以养民等。但此类批判却证明了他们对制度的规则性和可预测性的要求是基于重建市场法律秩序和交易秩序的需要。

尽管他们对市场更多是基于一种感受而还不可能认识到，市场是人们探索出来的用以应付无所不在的"无知"和"不确定性"这一客观事实的机制，更遑论去为将宪政原则嵌入棉布市场发展模式的理想图景想象提供系统的"知识"论证，但前述可能的缺陷并不影响这些市场主体根据"近代"观念的暗示，去审视并改造棉布市场所依凭的整体制度谱系。

故而，以法律本身之功能去约束政府亦就成了华北棉布市场法律秩序建立的应有之意义。也正是在此意义上，关于其市场理想图景的建构就是源自于一种"近代"观念和相应实物表征的具体暗示，是具体的法治社会重建过程并就此而与宪政国家建设深度关联。在此过程中，"近代"作为一外在变量，使华北棉布市场的规则和制度的演进变成了是"适者生存"的自然淘汰过程。

尽管此过程与宪政原则的最终确立相关，但这一演进过程的内在机制同样隐含了哈耶克所论及的"文化传递"(cultural Transmission)因素。① 即制度演进是"习得的规则"(learnt rules)，不可预测。尤其是，制度设计者自身的心智状况与文化传递深度关联。而且，人的心智的局限性使"所有的进步都必须以传统为基础"。② 所以，前述批判反衬出的要求——法律对所有市场主体平等适用并具有约束力——就与宪政原则下的经济自由乃至人的自由建立了联系。这是此类批判潜在的深层文化意义。此类批判实际担忧是，政府作为不当而不受法治约束，必然会造成"近代化"的市场秩序彻底瓦解。华北棉布市场亦为此担忧提供了不胜枚举的史实支持。此类批判行为在本质上是特定市场主体基于对某种价值观的思考而改变自身市场行为，在社会层面则是以"习得的新规则"否思和改造"传统"。一种广泛而深度的并关涉市场理想图景想象和建构的社会变迁发生了。

6.3 结语

多元变动因素的共同作用加速华北棉布市场发展模式的转型。此转型又因诸变动因素之间的结构性张力而处于困境状态。这恰恰说明市场秩序的形成是多元人类行为共同作用下的非设计之结果，是"自生秩序"的成长过程。其中，特定"外在变量"——如诸"近代"因素——的嵌入本是一非意图之结果，亦是与华北棉布市场旧秩序的逐渐融合过程。但它之

---

① See Hayek, Three Sources of Human Values, the London School of Economics and Political Science, 1978, p. 167.

② See Hayek, Three Sources of Human Values, the London School of Economics and Political Science, 1978, p. 167.

功效未能充分彰显的史实更揭示：特定“外在变量”若不与人们生活状态的自然演进深度关联，人们却又依此而进行制度设计以图规范和建构一种秩序就必是唯理主义的的思维方式。若此，市场秩序的有机性亦必因此而遭到损害。申论之，华北棉布市场“自生秩序”镜像揭示，试图依靠完美理性设计以建构社会发展的理想图景的诸行为及其实践，从根本上损害了中国社会秩序的有机性和历史发展的连续性。所以，历史隐微书写更揭示了自由、自治之于国人的意义。

附　录

1. 主要洋布进口数量

表1:1899—1919年胶海关主要进口洋布数量统计

（单位:疋;小呢:码）

年份	本色粗、细布	粗斜纹布	细斜纹布	标布	印花布	素羽绫	哔叽	小呢
1899	299	2 435	0	4 182	410	0	0	0
1900	5 966	1 380	99	4 677	162	210	6	0
1901	25 995	9 071	677	16 462	1 773	19	2	6
1902	65 965	23 945	3 599	51 335	7 972	311	49	223
1903	120 642	34 378	6 359	75 483	7 499	555	259	0
1904	155 010	37 787	31 247	116 434	14 312	1 356	535	0
1905	242 442	67 138	49 875	188 985	12 898	1 547	862	0
1906	575 564	90 647	67 134	259 930	18 656	2 090	622	7 127
1907	335 350	46 111	63 969	301 259	25 872	2 343	820	6 109
1908	170 700	37 060	61 751	200 430	27 404	1 580	510	5 234
1909	182 832	46 241	63 631	323 489	29 203	1 951	570	3 841
1910	188 107	26 087	72 803	273 141	54 787	1 680	1 303	4 608
1911	187 496	22 820	70 280	259 947	61 261	1 722	460	2 133
1912	326 098	31 116	105 280	301 034	94 962	1 157	530	2 675
1913	333 599	31 847	133 435	418 805	136 488	1 780	516	2 656
1914	209 346	13 757	40 468	272 565	103 278	990	399	3 386
1915	123 829	11 664	66 664	102 305	24 873	0	57	0
1916	258 263	13 834	118 844	269 446	29 195	280	0	993
1917	257 823	27 736	91 270	377 032	152 886	100	34	310
1918	249 079	16 012	139 786	508 106	70 827	20	41	177
1919	112 112	5 777	22 202	258 575	43 163	3	33	0

资料来源:此表系笔者据海关华洋贸易关册资料数据分类统计所得

表 2:东海关(烟台)1863—1910 年主要洋布进口数量统计

单位:疋;小呢:码(1907—1910)

年份	本色粗布	粗斜纹布	细斜纹布	印花布	标布	素羽绫	哔叽	小呢	羽纱(camlet)
1863	94 830	2 395	0	0	15 119	2 174	1 202	904	7 052
1864	263 479	3 487	4 360	14 987	36 520	11 305	102	6 743	5 651
1865	684 413	12 604	8 226	32 170	85 844	12 089	540	6 290	12 285
1866	1 146 411	57 580	6 518	52 856	97 541	23 153	2 740	4 673	13 398
1867	893 468	78 467	5 875	55 457	126 393	18 543	2 240	3 740	11 397
1868	1 724 032	125 851	25 202	57 349	505 359	7 684	2 062	6 652	16 625
1869	1 528 396	292 417	37 525	78 132	920 800	15 083	3 122	7 931	15 896
1870	1 632 457	344 893	100 447	71 800	1 024 649	14 287	2 180	7 999	19 350
1871	604 373	21 841	9 235	5 223	385 633	3 134	847	1 328	996
1872	569 063	48 687	27 945	12 651	379 904	569	980	2 084	1 070
1873	376 937	69 151	33 700	11 531	185 850	995	940	3 049	1 282
1874	473 382. 5	29 638	20 430	9 390	193 513	959	620	2 695	1 230
1875	381 230	29 165	33 470	6 720	231 223	1 370	780	2 866	1 483
1876	320 994	48 111	11 687	5 571	177 568	1 530	541	1 691	811
1877	269 561	39 695	18 701	3 809	206 078	1 460	340	1 555	904. 5
1878	256 566	58 165	23 870	4 501	270 362	1 554	660	3 487	1 265
1879	475 544	68 643	22 010	8 594	352 073	24 447	942	2 691	1 521
1880	317 464	41 695	24 805	7 824	350 413	3 010	401	2 574	1 570
1881	295 819	51 720	18 250	7 351	331 803	1 163	590	3 240	1 820
1882	395 403	85 746	14 348	9 561	224 846	1 880	596	2 578	1 173
1883	217 392	74 125	13 642	10 183	359 208	2 080	740	2 489	1 091
1884	237 533	70 553	20 967	11 333	300 383	1961	903	3 248	2 123
1885	305 694	68 525	12 220	11 602	342 450	3 264	960	3 519	1 650
1886	313 438	82 590	10 648	13 684	236 717	3 068	880	3 170	1 570
1887	344 087	108 122	11 895	25 659	264 351	2 921	1 380	3 236	1 758
1888	359 510	28 035	6 280	17 266	207 544	2 562	1 340	2 724	970
1889	280 149	84 033	3 695	15 657	184 676	2 070	880	1 416	780
1890	459 250	101 837	5 930	29 502	231 026	3 435	980	1 956	1 500
1891	351 305	115 312	2 960	27 221	213 843	2 880	1 358	2 269	1 170
1892	331 065	95 971	95 971	35 139	221 573	3 220	1 105	1 660	770
1893	270 004	66 240	66 240	29 001	153 694	2 610	870	1 092	780

（续表）

年份	本色粗布	粗斜纹布	细斜纹布	印花布	标布	素羽绫	哔叽	小呢	羽纱(camlet)
1894	278 138	64 735	64 735	22 626	139 229	2 027	375	774	413
1895	329 850	88 322	88 322	42 559	226 843	2 895	1 079	729	927
1896	378 931	134 611	134 611	56 673	219 913	2 974	1 178	992	990
1897	362 632	158 855	158 855	57 260	222 523	3 495	1 018	781	720
1898	379 917	174 172	174 172	51 280	175 021	2 602	845	882	250
1899	350 022	141 239	141 239	48 213	167 240	3 281	1 365	618	410
1900	270 105	114 254	114 254	39 944	126 225	1 440	1 010	360	634
1901	396 650	196 707	196 707	88 296	226 694	3 927	1 765	809	842
1902	425 043	173 710	173 710	96 121	150 895	4 609	2 323	976	328
1903	280 980	152 208	152 208	97 443	146 806	4 453	2 614	0	249
1904	132 771	87 670	87 670	50 858	72 418	2 294	1 916	0	86
1905	207 583	238 720	238 720	73 183	88 148	3 467	2 886	0	918
1906	238 380	163 509	163 509	32 281	97 139	2 800	3 185	0	130
1907	165 629	72 737	74 770	31 195	104 764	1 157	2 201	2 133	236
1908	177 362	77 734	81 382	12 479	93 598	622	842	8 335	95
1909	168 048	61 634	68 835	13 534	77 699	651	811	4 913	0
1910	107 304	54 579	63 715	19 078	58 845	1 054	374	3 835	0

资料来源：此表系笔者据海关华洋贸易关册资料数据分类统计所得

表 3：天津关 1863—1915 年主要洋布进口数量统计

（单位：疋；小呢：码 1907—1910）

年份	本色粗布	粗斜纹布	印花布	标布	细斜纹布	素羽绫	哔叽	羽纱 camlet	小呢
1863	94 830	2 395	0	15 119	0	630	1 202	7 052	904
1864	263 479	3 487	14 987	36 520	4 360	2 322	102	5 651	6 743
1865	684 413	12 604	32 170	85 844	8 226	2 648	540	12 885	6 290
1866	1 146 411	57 580	52 856	97 541	6 518	5 239	2 740	13 398	4 673
1867	893 468	78 467	55 457	126 393	5 875	3 719	2 240	11 397	3 740
1868	1 724 032	125 851	57 349	505 359	25 202	5 052	2 062	16 625	6 652
1869	1 528 396	202 417	78 132	920 800	33 935	12 818	3 122	15 896	7 931
1870	1 631 557	344 893	71 800	1 024 649	98 147	10 762	2 180	19 350	7 999
1871	1 894 256	359 962	48 637	1 279 955	114 676	10 145	2 072	8 238	4 668
1872	1 390 012	368 084	71 920	1 184 825	173 873	9 535	3 347	8 064	6 363
1873	15 588 996	337 571	87 466	520 002	192 575	11 060	2 560	7 962	8 000

（续表）

年份	本色粗布	粗斜纹布	印花布	标布	细斜纹布	素羽绫	哔叽	羽纱 camlet	小呢
1874	1 702 179	288 367	55 404	694 515	202 355	8 351	1 184	8 732	6 564
1875	1 427 367	240 478	48 403	672 522	182 186	9 988	1 158	6 449	5 382
1876	1 407 036	423 350	40 134	644 995	170 595	11 336	1 430	5 368	7 466
1877	1 036 056	241 975	46 537	543 882	124 934	7 892	1 540	5 760	4 390
1878	678 959	217 011	29 166	390 100	62 188	6 206	580	4 190	5 138
1879	1 686 215	444 050	61 957	570 767	118 118	11 943	2 260	9 190	6 435
1880	1 410 651	255 245	58 704	494 130	121 979	12 883	1 561	7 110	6 632
1881	1 658 032	359 980	61 141	513 715	152 492	12 438	2 110	8 353	8 172
1882	1 505 074	288 136	68 516	445 087	126 252	10 740	2 020	7 003	6 377
1883	1 607 093	309 940	97 334	466 513	114 189	12 417	2 840	4 413	6 126
1884	1 729 082	265 755	84 560	455 411	153 473	13 544	3 160	6 684	7 803
1885	1 944 498	321 047	92 903	595 345	113 953	14 100	2 780	6 790	8 301
1886	1 804 407	412 577	118 897	361 081	165 953	13 677	2 672	7 522	8 473
1887	1 943 124	376 400	204 394	356 383	199 492	18 071	4 480	7 500	9 079
1888	1 794 926	393 201	187 468	306 783	123 734	14 723	3 620	4 088	8 173
1889	1 966 796	384 682	209 620	306 113	111 825	15 649	3 080	5 347	5 800
1890	1 956 813	374 243	308 156	336 305	141 573	14 041	3 398	4 750	7 655
1891	1 817 364	425 320	203 870	285 725	119 164	15 544	3 411	5 515	5 590
1892	1 801 416	332 546	229 327	281 900	118 652	15 030	2 310	1 925	6 433
1893	1 442 567	304 056	227 607	294 461	11 403	14 928	3 080	3 682	4 848
1894	1 565 051	368 588	157 399	252 392	126 486	10 930	1700	4 490	3 120
1895	1 704 062	468 144	226 428	271 251	119 652	12 483	2 952	5 766	4 734
1896	1 923 094	502 301	341 910	477 640	148 961	13 479	4 230	3 712	3 958
1897	170 046	554 155	480 369	306 439		18 130			
1898	1 901 732	698 285	356 343	281 545		14 506			
1899	1 747 189	580 459	429 328	351 376		14 520			
1900	682 117	139 210	315 552	127 166		6 752			
1901	867 641	390 278	118 840	101 789		2 069			
1902	2 362 537	729 230	534 413	368 415		6 326			
1903	898 490	401 988	369 760	208 522		8 064			
1904	721 320	224 240	236 075	196 097		5 242			

（续表）

年份	本色粗布	粗斜纹布	印花布	标布	细斜纹布	素羽绫	哔叽	羽纱 camlet	小呢
1905	1 449 143	745 628	350 160	286 296		5 698			
1906	1 478 790	602 393	536 704	383 535		7 405			
1907	528 284	544 646	388 656	312 079		5 687			
1908	472 995	291 070	148 350	292 634		2 737			
1909	511 410	592 555	69 542	266 123		3 814			
1910	422 060	730 327	135 499	336 544		3 259			
1911	443 901	551 792	248 412	239 933		3 048			
1912	329 516	452 328	166 239	243 677		1 530			
1913	471 440	958 491	216 149	278 038		2 456			
1914	271 614	1 333 453	309 759	310 048		3 634			
1915	244 521	799 832	111 275	315 838		457			

资料来源：此表系笔者据海关华洋贸易关册资料数据分类统计所得

2. 商品棉布价格的相关数据

表 4：1921—1937 年本色市布、洋标布价格统计

单位：1921—1931 疋/海关两　1932—1937 公尺/金单位

	本色市布			洋标布		
年份	全国平均	天津	胶州	全国平均	天津	胶州
1921	6.29	6.16	5.5	4.05	4.53	3.33
1922	5.58	6.18	4.9	3.58	4.04	3.53
1923	6.09	6.28	5.69	3.85	4.32	3.8
1924	6.39	6.71	6.41	3.7	4.45	3.81
1925	5.98	6.35	6.43	4.05	4.49	4.47
1926	5.97	6.53	6.17	3.7	4.45	3.81
1927	5.71	6.52	5.7	3.86	4.52	4.86
1928	5.92	6.69	5.8	3.86	4.49	4.41
1929	4.81	5.65	5.85	3.75	4.43	5.07
1930	6.32	7.02	6.21	3.71	4.83	4.93

（续表）

年份	本色市布			洋标布		
	全国平均	天津	胶州	全国平均	天津	胶州
1931	7.13	8.35	7.88	4.7	5.71	5.11
1932	0.19	0.2	0.22	0.3	0.32	0.43
1933	0.21	0.24	0.22	0.35	1.32	
1934	0.11	0.11	0.12	0.1	0.1	
1935	0.11	0.1	0.12	0.1	0.1	
1936	0.08	0.1	0.11	0.17		
1937	0.09	0.08	0.11	0.11		

资料来源:此表系笔者据海关华洋贸易关册资料数据分类统计、计算所得

说明:单位价格＝年进口价值量/年进口数量

表5:1921—1931年天津口岸土布、哔叽、染色、印花、绒布、棉法绒进口价格统计

单位:(土布)担/海关两;1921—1931年(哔叽)疋/海关两;(染色、印花、绒布、棉法绒)1921—1931疋/海关两;1932—1933公尺/金单位

年份	土布	哔叽			染色、印花、绒布、棉法绒		
	天津	全国平均	天津	胶州	全国平均	天津	胶州
1921	61.46	15.42	22	20	6.77	7.17	6.63
1922	60.87	10.93	12.5	10.59	5.54	6.3	5.94
1923	60.64	10.56	12.5	9.8	5.81	6.79	5.75
1924	60.64	6.59	7.9	6.88	4.94	6.85	5.53
1925	58.78	12.61	13.5	12.97	5.02	6.43	5.54
1926	54.26	12.79	14	12	4.71	7.17	4.55
1927	68.83	13.64	15	13.33	4.96	6.85	5.53
1928	67.38	6.46	6.92	6.53	4.91	6.81	6
1929	67.44	6.29	6.74	6.88	5.07	6.66	5.71
1930	67.17	19.48	21.17	7.28	5.1	6.29	5.2
1931	66.37	20.28	26.65	6.88	5.73	6.52	5.87
1932					1.54		
1933					3.46		

资料来源:此表系笔者据海关华洋贸易关册资料数据分类统计、计算所得

说明:单位价格＝年进口价值量/年进口数量

表6:1921—1937年棉纱;染色素、市布、粗布、细布;漂白市布进口价格统计

单位:(棉纱)1921—1931担/海关两,1932—1937公斤/金单位;(染色素、市布、粗布、细布、漂白市布)1921—1931疋/海关两 1932—1937公尺/金单位。

	棉纱			染色素、市布、粗布、细布			漂白市布		
年份	全国平均	天津	胶州	全国平均	天津	胶州	全国平均	天津	胶州
1921	51.78	53.27	48.86	5.07	5.12	7.2	9.16	9.48	8.33
1922	53.85	62.26	51.85	4.95	5.88	6.32	7.37	7.78	7.49
1923	52.68	61.76	58.66	5.27	6.44	6.23	7.18	7.57	7.21
1924	52.68	61.76	58.66	4.95	5.88	6.32	7.37	7.78	7.49
1925	59.08	66.31	65.55	4.59	5.72	4.57	7.59	7.81	7.63
1926	60.19	76.43	71.54	4.38	5.64	6.38	7.31	7.69	7.46
1927	57.14	73.07	76.72	4.09	5.52	7.32	6.91	8.09	7.3
1928	53.74	71.11	73.92	4.54	6.16	4.96	6.85	7.11	7.05
1929	55.89	77.86	75.54	4.29	5.68	3.32	7.05	7.83	7.24
1930	53.74	71.11	73.92	5.08	6.15	5.32	7.48	8.01	7.51
1931	55.89	77.86	75.54	7.3	9.09	6.37	3.59	10.04	9.2
1932	0.01	0.02	0.02	0.19	0.21	0.38	0.17	0.18	0.19
1933	0.02	0.08	0.02	0.24	0.34	0.27	0.2	0.21	0.21
1934	0.71		0.67	0.1	0.08	0.12	0.11	0.12	0.12
1935	0.66		0.82	0.12	0.12	0.12	0.1	0.11	0.11
1936	0.61			0.1	0.1	0.08	0.11	0.09	0.11
1937	0.62		0.47	0.12	0.08	0.11	0.12	0.12	0.12

资料来源:此表系笔者据海关华洋贸易关册资料数据分类统计、计算所得

说明:单位价格=年进口价值量/年进口数量

表7:1921—1937年漂白洋标布;漂白、染色洋纱进口价格统计

单位:1921—1931疋海关两 1932—1937公尺/金单位

	漂白洋标布			漂白、染色洋纱		
年份	全国平均	天津	胶州	全国平均	天津	胶州
1921	9.94	9.4	6.99	18.07	12.66	9.95
1922	6.86	6.12	6.4	10.39	9.28	10.14
1923	5.54	6.29	7.28	8.58	8.12	8.9
1924	6.86	6.12	6.4	4.28	5.95	4.13
1925	5.73	6.62	7.12	7.7	4.51	4.42
1926	5.08	5.76	6.41	4.28	5.95	4.13

（续表）

	漂白洋标布			漂白、染色洋纱		
年份	全国平均	天津	胶州	全国平均	天津	胶州
1927	5.28	5.66	6.62	4.55	5.72	5.03
1928	5.47	6.53	5.75	6.95	7.83	7.39
1929	6.27	6.27	5.77	6.95	7.63	6.75
1930	6.27	7.24	6.06	4.28	5.95	4.13
1931	8.43	10.46	0	4.55	5.72	5.03
1932	0.16	0.17	0.53	0.15	0.14	0.19
1933	0.23	0.3	0.48	0.15	0.17	0.2
1934	0.15	0.14	0.09	0.1	0.09	0.08
1935	0.18	0.09	0.08	0.09	0.09	0.09
1936	0.13	0.07	0.07	0.13	0.13	0.09
1937	0.09	0.05	0.08	0.19	0.2	0.06

资料来源：此表系笔者据海关华洋贸易关册资料数据分类统计、计算所得

说明：单位价格＝年进口价值量/年进口数量

3. 商品市场相关价格指数及其他相关统计数据

表8：1913—1937年天津批发物价年指数(1926＝1)

年别	食品	纺织品	总指数		原料品		总指数
1913	0.542 7	0.654 7	0.671 8	年别	农产品	制造品指数	总指数
1914	0.638 6	0.612	0.668 9	1913	0.611 8	0.738	0.671 8
1915	0.642	0.655 3	0.687 8	1914	0.578 3	0.740 4	0.668 9
1916	0.663 6	0.729 8	0.741	1915	0.576 1	0.779 4	0.687 8
1917	0.713	0.832 9	0.799 5	1916	0.608 8	0.850 9	0.741 9
1918	0.683	0.966 4	0.822	1917	0.703 9	0.905 5	0.799 5
1919	0.669 2	1.070 6	0.810 7	1918	0.640 5	0.957	0.822 1
1920	0.824 7	1.043 3	0.889 2	1919	0.592 5	0.971 3	0.810 7
1921	0.822 4	0.997 8	0.889 3	1920	0.773 1	1.009 2	0.889 2
1922	0.799 2	0.993 3	0.864	1921	0.776 9	1.006 2	0.889 1
1923	0.849 6	1.074 1	0.903 5	1922	0.749 7	0.955	0.864
1924	0.892 4	1.097	0.936 1	1923	0.815 9	0.984 8	0.903 5

（续表）

年别	食品	纺织品	总指数		原料品		总指数
1925	0.958 9	1.082 1	0.972 8	1924	0.890 3	0.995	0.936 1
1926	1	1	1	1925	1.000 1	0.989 2	0.972 8
1927	1.069 5	0.996	1.036 2	1926	1	1	1
1928	1.130 7	1.032 6	1.079 8	1927	1.025 1	1.021 1	1.030 2
1929	1.165 2	1.073 5	1.110 8	1928	1.033 4	1.001 6	1.079 8
1930	1.197 2	1.037 6	1.158 5	1929	1.065 75	1.108 1	1.110 8
1931	1.143 9	1.170 3	1.225 5	1930	1.068 2	1.194 1	1.158 5
1932	1.085 3	1.075 5	1.207 1	1931	0.957 4	1.342 8	1.225 5
1933	0.927 6	0.978 7	1.01	1932	0.897 4	1.241 7	1.128 7
1934	0.806 4	0.907 3	0.923 1	1933	0.730 3	1.141 5	1.01
1935	0.947	0.869 6	0.955 1	1934	0.642 6	1.055 6	0.923 1
1936	1.155	0.990 7	1.106 2	1935	0.819 2	1.032 9	0.955 1
1937	1.278 5	1.179 7	1.299 8	1936	1.109 3	1.166 8	1.106 2

资料来源：孔敏主编，彭贞媛副主编《南开经济指数》（上册），北京，中国社会科学出版社，1988 年，第 7－8 页。

说明：按用途、加工程度分类；计算公式：简单几何平均。

表 9：天津县日用零售物价指数表

时期	分类指数		总指数
	食物类	服用类	总指数
1932 年			
一月	91.461	102.941	97.891
二月	91.954	102.17	97.904
三月	92.143	101.924	97.837
四月	90.978	98.971	96.113
五月	90.349	98.971	95.723
六月	88.613	98.937	94.692
七月	89.803	94.503	95.055
八月	87.764	94.503	93.588
九月	83.87	94.503	91.611
十月	83.754	96.307	91.212
十一月	82.131	95.556	89.788
十二月	83.411	97.439	90.802

资料来源:河北省实业厅编:河北物价指数季刊,1933 年,第 7 页。

说明:以十九年物价为 100。(1930 = 100)

表 10:1800—1836 北直隶宁津县乡镇的零售物价指数表 1801 = 100

1	2	3	4 = 3/2
年代	银钱比价指数	按钱文计算的零售物价指数	按银两计算的零售物价指数
1800	103	85	83
1801	100	100	100
1802	96	101	105
1803	93	99	106
1804	88	95	108
1805	90	91	101
1806	93	98	105
1807	93	104	112
1808	100	104	104
1809	102	103	101
1810	109	104	95
1811	104	105	101
1812	105	105	100
1813	105	105	100
1814	106	117	110
1815	109	116	106
1816	113	104	92
1817	117	97	83
1818	120	103	86
1819	119	101	85
1820	118	100	85
1821	122	100	82
1822	120	103	86
1823	120	102	84
1824	122	102	84
1825	120	105	88
1826	122	102	84
1827	129	98	76
1828	129	98	76

（续表）

1	2	3	4=3/2
年代	银钱比价指数	按钱文计算的零售物价指数	按银两计算的零售物价指数
1829	133	92	69
1830	131	85	65
1831	133	88	66
1832	133	95	71
1833	131	105	80
1834	130	113	87
1835	136	110	81
1836	143	107	75

资料来源：严中平等编，《中国近代经济史统计资料选辑》，北京，科学出版社，1955年，第37－38页。

表11：天津平均每月铜元市价（1926—1931年）（每银一元兑铜元数）

年月	1926	1927	1928	1929	1930	1931	1932
1月	313	350	382	399	385	371	385
2月	317	358	383	376	396	360	390
3月	322	365	388	373	401	378	400
4月	322	365	397	369	393	387	402
5月	326	365	386	393	394	388	406
6月	328	366	393	400	397	385	
7月	332	365	405	413	398	391	
8月	332	366	413	409	395	390	
9月	334	368	408	386	375	382	
10月	340	360	417	387	381	390	
11月	342	373	420	389	387	392	
12月	344	365	407	397	379	394	
平均	329	364	400	391	390	384	

资料来源：孔敏、彭贞媛编，《南开经济指数》北京，中国社会科学出版社，1988年，第236页。

表12：银购买力汇价与银货之进出口（1888—1931年）

	1	2	3	4	5
年份	银货对进口物品购买力 1900＝100	银货对出口物品购买力 1900＝100	购买力比率 2/1 乘 100	汇价兑国外银价百分数	银进口（＋）出口（－）
1888	174.98	132.57	75.76		－1 910

（续表）

	1	2	3	4	5
年份	银货对进口物品购买力 1900 = 100	银货对出口物品购买力 1900 = 100	购买力比率 2/1 乘 100	汇价兑国外银价百分数	银进口（+）出口（-）
1889	172.15	130.87	76.03		6 005
1890	187.09	135.59	72.47		-3 558
1891	179.2	134.03	74.79		-3 121
1892	191.94	137.29	71.53		-4 825
1893	168.49	139.55	82.82		10 804
1894	119.86	134.66	112.35		26 289
1895	113.26	133.44	117.82		36 685
1896	111.88	123.79	110.65		1 720
1897	104.52	109.02	104.31		1 642
1898	104.04	115.42	110.94		4 772
1899	111.02	92.4	83.23		1 271
1900	100	100	100		15 445
1901	99.08	102.45	103.4		-6 098
1902	93.76	89.01	94.93	99.4	-13 845
1903	82.82	81.75	98.71	97	-6 045
1904	82.83	80.21	96.84	98.1	-13 610
1905	88.95	82.24	92.46	99.4	-7 196
1906	95.79	82.06	85.67	97.8	-18 678
1907	87.77	76.18	86.8	98.2	-31 208
1908	75.71	79.01	104.36	100.7	-12 267
1909	75.95	82.15	108.16	100.4	6 841
1910	70.47	80.99	114.93	100.6	21 795
1911	70.68	81.25	114.95	100.9	38 306
1912	72.23	83.91	116.17	99.7	19 249
1913	72.23	74.35	102.94	100.4	35 968
1914	66.33	70.54	106.35	99.1	-13 623
1915	60.6	68.97	113.81	99.7	-18 382
1916	55.95	63.55	113.58	95.3	-28 678
1917	52.3	70.01	133.86	100	-20 983
1918	46.63	64.94	139.27	105	23 495

（续表）

年份	1 银货对进口物品购买力 1900 = 100	2 银货对出口物品购买力 1900 = 100	3 购买力比率 2/1 乘 100	4 汇价兑国外银价百分数	5 银进口（+）出口（-）
1919	45.63	66.38	145.47	101.7	53 125
1920	39	65.85	168.85	105.2	93 639
1921	40.92	63.22	154.5	98.9	32 431
1922	44.15	59.62	135.04	102.4	39 572
1923	43.59	54.55	125.14	100.8	67 196
1924	43.54	52.66	120.95	99.6	26 003
1925	42.89	50.96	118.82	100.4	62 524
1926	42.94	48.66	113.32	101.2	53 204
1927	40.06	49.93	124.64	100.5	65 083
1928	40.72	46.94	115.28	100.8	100 396
1929	40.97	43.79	106.88	100.2	105 826
1930	37.08	43.63	117.66	99.5	67 006
1931	33.58	44.71	133.14	97.4	45 445

资料来源：孔敏、彭贞媛编，《南开经济指数》，北京，中国社会科学出版社，1988 年，第 685 页。

表 13：金银比价指数与购买力指数（中国、英国、美国）1867—1871 = 100

年	英国				美国				中国			
	伦敦标准银价	批发物价	金购买力	银购买力	纽约银价	批发物价	金购买力	银购买力	上海标金价	进出口物价	金购买力	银购买力
1867	100	102	98	97.9	100	107.1	93.4	93.5	100	97.1	103	103
1868	100	99.5	100.5	100.5	100	97	103.1	103.1	100	104.1	96.1	96.1
1869	100	99.5	100.5	100.5	100	94.8	105.5	105.4	100	101	99	99
1870	100	96.9	103.6	103.1	100	98.2	101.8	101.9	100	97.9	102.1	102.1
1871	100	102	98	97.9	100	102.9	97.2	97.2	100	99.8	100.2	100.2
1872	99.5	109.7	91.2	90.5	99.5	106.5	93.9	93.6	100.4	99.1	101.3	100.9
1873	97.6	113.5	88.1	85.7	97.6	102.1	97.9	95.7	102.4	101.2	101.2	98.8
1874	96.2	103.3	96.8	93.1	95.9	100	100	95.9	104.2	89.1	116.9	112.2
1875	93.8	95.9	103.2	96.8	93.4	94.9	105.4	98.4	106.6	80.1	133	124.8

（续表）

年	英国				美国					中国		
	伦敦标准银价	批发物价	金购买力	银购买力	纽约银价	批发物价	金购买力	银购买力	上海标金价	进出口物价	金购买力	银购买力
1876	87.7	95.7	104.5	91.6	86.7	87.7	114	98.8	114.1	85.4	133.6	117.1
1877	90.5	95.7	104.5	94.6	90	87.4	114.4	103	110.6	80.5	137.4	124.2
1878	86.7	88	113.6	98.3	87	83.6	119.6	104.1	115.4	80.1	144	124.8
1879	84.8	84.2	118.8	100.5	84.5	80.9	123.6	104.4	117.8	80.7	146	123.9
1880	86.3	89.3	112	96.4	85.9	89.5	111.7	96	115.8	83.8	138.1	119.3
1881	85.3	86.7	115.3	98.3	85	88.5	11	96.1	117.2	84.5	138.6	118.3
1882	85.3	85.5	117	99.8	85.8	90.8	110.1	94.5	117.2	77.9	150.5	128.4
1883	83.4	82.9	120.6	100.1	81.9	88.7	112.7	92.3	120	78	153.8	128.2
1884	83.9	76.5	130.7	109.4	83.8	83.2	120.2	100.7	119.1	73.9	161.1	135.3
1885	80.1	72.7	137.6	109.9	80.2	77.9	128.4	103	124.8	76	164.2	131.6
1886	74.9	70.2	142.5	106	75.3	76.9	130	97.9	123.6	82.9	161.6	120.6
1887	73.9	68.9	145.1	107.2	73.8	77.5	129	95.2	135.2	100	135.2	100
1888	70.6	70.2	142.5	100.5	71.1	78.9	126.7	90.1	141.6	101.3	139.8	98.7
1889	70.6	72.7	137.6	96.8	70.6	78.9	126.7	89.5	141.6	103	137.5	97.1
1890	79.1	72.7	137.6	108.7	79.4	77.3	129.4	102.7	125.9	97.3	129.4	102.8
1891	74.1	72.7	137.6	102	74.6	76.7	130.4	97.3	134.5	96	140.1	104.2
1892	65.9	68.9	145.1	95.3	66	71.8	139.2	91.9	151.9	96	158.3	104.2
1893	58.8	68.9	145.1	85.3	58.9	73.4	136.2	80.2	170.1	100.8	168.7	99.2
1894	47.9	63.8	156.7	74.9	48.2	65.9	151.7	73.1	207.5	122	170.2	82
1895	49.3	62.5	160	78.6	50	67.1	119	74.5	201.1	126.2	159.3	79.2
1896	50.7	62.5	160	80.9	51.4	64	156.3	80.3	196.3	131.7	149	75.9
1897	45.5	62.5	160	72.7	45.8	64.1	156	71.4	222.2	145.5	152.7	68.7
1898	44.5	65.1	153.6	68.2	44.5	66.7	149.9	66.7	227.3	141.6	160.5	70.6
1899	45	68.9	145.1	65.3	45.6	71.8	139.3	63.5	220.7	153.3	143.9	65.2
1900	46.9	76.3	132.8	62.3	46.8	77.2	129.5	60.6	215.3	155	138.9	64.5
1901	45	70.2	142.5	64.2	45	76.1	131.4	59.1	221.1	154	143.5	64.9
1902	39.8	70.2	142.5	56.8	39.8	81	123.5	49.2	253	168.6	150	59.3
1903	40.8	70.2	142.5	57.9	40.9	82	122	49.9	254.1	187.1	135.7	53.4
1904	43.6	70.2	142.5	57.9	43.6	82.1	121.8	53.1	230.4	189.9	121.4	52.7

（续表）

年	英国				美国					中国		
	伦敦标准银价	批发物价	金购买力	银购买力	纽约银价	批发物价	金购买力	银购买力	上海标金价	进出口物价	金购买力	银购买力
1905	46	72.7	137.6	63.1	46	82.7	120.9	55.6	221.1	181.1	122	55.2
1906	51.2	77.8	128.5	65.7	50.8	85	117.6	57.9	201.8	175.2	115.2	57.1
1907	49.8	81.6	122.5	60.8	49.8	89.7	111.5	55.5	204.2	189.9	107.6	52.7
1908	40.3	75.3	132.8	53.4	40.3	86.5	115.6	46.6	245.5	200	122.8	50
1909	39.3	75.3	132.8	52.3	39.3	93	107.5	42.2	254.7	195.9	129.9	51
1910	40.8	79.1	126.4	51.6	40.9	96.8	103.3	42.2	246.8	205.1	120.4	48.8
1911	40.8	81.6	122.5	49.7	40.7	89.3	112	45.6	246.2	204.5	120.4	48.9
1912	46.4	86.7	115.3	52.3	46.7	95	105.3	49.2	218.3	199.1	109.6	50.2
1913	45.5	86.7	115.3	52.3	46.1	96	104.2	48	219.8	211.1	104.2	47.4
1914	41.8	86.7	115.3	47.8	42.4	93.7	106.7	45.2	243.5	226.2	107.6	44.2
1915	39.1	109.7	91.2	36	38.5	95.6	104.6	40.3	258.5	205	126.1	48.8
1916	50.6	135.2	74	37.5	50.7	117.6	85	43.1	212.1	222.3	95.4	45
1917	66.1	169.6	59	38.9	63.3	161.6	61.9	39.2	167	210.2	79.5	47.6
1918	76.7	191.3	52.3	40.8	74.2	180.5	55.4	41.1	141.3	231.6	61	43.2
1919	85.7	190.1	52.6	44.9	84.5	190.6	52.5	44.4	121.3	231.4	52.4	43.2
1920	76.4	191.3	52.3	40.1	76.8	212.4	47.1	36.2	127.9	251.5	50.9	39.8
1921	48.3	119.9	83.4	38.9	47.6	134.2	74.5	35.5	214.1	250.3	85.6	40
1922	51.8	122.4	81.7	42.3	51.2	133	75.2	38.5	195.2	241.8	80.8	41.4
1923	49.6	123.7	80.8	40.1	49.1	138.4	74.3	35.5	204	254.4	80.2	39.3
1924	50.8	128.8	77.6	39.3	50.6	134.9	74.1	37.5	199.6	259.7	76.8	38.5
1925	52.6	136.5	73.3	38.6	52.3	142.4	70.2	36.7	190.8	266.3	71.7	37.6
1926	47.4	127.6	78.4	37.1	47	137.5	72.7	34.2	209.7	273.5	76.8	36.6
1927	43.1	123.7	80.8	34.9	42.7	131.2	76.2	32.5	238.7	277.4	85.9	36
1928	44.1	121.2	82.6	36.4	44.1	134.4	74.4	32.8	227.1	285.5	79.5	35
1929	40.3	116.1	86.1	34.5	40	132.7	75.4	30.2	248.8	296.8	83.8	33.7
1930	29.4	97.7	101.8	30	28.8	118.7	84.2	24.2	333.9	330.3	101.1	30.3
1931	24	83.6	119.6	28.7	22.1	97.6	102.5	22.6	444.2	339.8	130.7	29.4

资料来源：孔敏、彭贞媛编，《南开经济指数》，北京，中国社会科学出版社，1988年，第635－638页。

表 14:华北各关直接进口来源地别棉布价值 1913—1935 年

(单位:海关两)

年份	日本	英国	香港	美国	其他	总计
1913	18 535 645	3 109 149	258 486		237 700	22 140 980
1914	16 220 073	3 834 710	27 326	37 554	242 032	20 361 695
1915	16 310 310	1 214 900	58 477	62 831	33 613	17 680 131
1916	7 668 908	621 701	2 413	273	34 744	8 328 039
1917	14 319 624	634 810	17 060	15 789	1 943	14 989 226
1918	12 535 696	933 751	64 348		159	13 533 954
1919	18 748 196	846 667	18 986	37 376	32 266	19 683 491
1920	14 288 262	4 418 931	38	26 575	192 380	18 926 186
1921	11 046 033	1 462 714	5 757	1 784	69 298	12 585 586
1922	13 533 039	748 223	18 710		41 065	14 341 037
1923	12 662 261	392 533	1 464	1 835	51 660	13 109 753
1924	14 826 398	858 801	406	2 038	46 495	15 734 138
1925	19 041 456	504 380	224	1 221	49 122	19 596 403
1926	18 322 855	709 478	4 680	1 354	401 591	19 439 958
1927	18 962 899	309 088	4 881	2 168	170 879	19 449 915
1928	19 303 060	946 951	1 890	3 463	288 694	20 544 058
1929	16 161 975	1 321 731	1 586	35 507	1 607 196	19 127 545
1930	21 993 770	402 614	3 144	4 480	355 037	22 759 045
1931	22 662 168	792 211	11 361	3 968	1 040 104	24 509 812
1932	30 418 190	1 243 100	73 604	22 371	876 749	32 634 014
1933	13 732 255	278 433	665	19 946	565 805	14 597 104
1934	6 166 668	361 132	558	11 423	498 043	7 037 824
1935	6 394 908	173 458	432	13 836	118 614	6 701 248

资料来源:"中国科学院经济研究所藏抄件"引自严中平,《中国棉纺织史稿》,北京,科学出版社 1955 年,第 360 页。

说明:华北数字 1915 年缺 5 本色市布及号列 10 斜纹布。

表 15:全国直接进口棉布价值来源地列表(三年平均) (%)

年份	日本	英国	香港	美国	其他	总计
1913	100	100	100	100	100	100
1914—1916	99.4	70.1	68.9	34.6	50.9	69.3

（续表）

年份	日本	英国	香港	美国	其他	总计
1917—1919	114.5	52.5	33.1	10.8	9.5	58.7
1920—1922	124	105.2	41.7	26.7	16.4	33.7
1923—1925	147.9	73.9	44.5	5.6	12.9	78
1926—1928	194	53.9	36.6	3.5	24.4	86.4
1929—1931	177	39.7	41.3	3.3	21.8	75.9

资料来源：严中平，《中国棉纺织史稿》，北京，科学出版社，1955 年，第 153 页。

表 16：全国各部市场上直接进口洋纱数量之增减百分率（三年平均） （%）

年份	东北	华北	华中	华南	全国
1913	100	100	100	100	100
1914—1916	145.5	100.6	91.4	93.4	95.3
1917—1919	119.6	74.1	48.2	64.3	59.2
1920—1922	167.6	61.8	27.6	67	48.7
1923—1925	120.6	33.1	9.5	37.9	24.9
1926—1928	56.9	8.6	4	26.9	12.9
1929—1931	34.5	0.9	1.2	12.8	5.5

资料来源：严中平，《中国棉纺织史稿》，北京，科学出版社，1955 年，第 151 页。

表 17：全国直接进口棉布价值分口岸表（三年平均）增减百分率 （%）

年份	华南	华中	华北	东北	全国
1913	100	100	100	100	100
1914—1916	67.9	67.4	69.8	82.3	69.3
1917—1919	28.7	51.7	72.6	136.8	58.7
1920—1922	39.2	84.7	69	157.7	33.7
1923—1925	44.5	75.9	72.9	155.7	78
1926—1928	46.7	75.5	89.5	218.1	86.4
1929—1931	51	64.6	100	159.2	75.9

资料来源：严中平，《中国棉纺织史稿》，北京，科学出版社，1955 年，第 153 页。

表 18:中外纱厂纱锭、线锭和布机增长变化百分率 (%)

年份	纱锭		线锭		布机		年份	纱锭		线锭		布机	
	华厂	外厂	华厂	外厂	华厂	外厂		华厂	外厂	华厂	外厂	华厂	外厂
1897	59.3	40.7			100	0	1918	57.1	42			56.1	43.9
1898	65.6	34.4			100	0	1919	53.3	46.7	88.7	11.3	40.8	59.2
1899	67.7	32.3			100	0	1920	58.1	41.9	100	?	51	49
1900	67.7	32.3			100	0	1921	66.4	33.6	100	?	58.5	41.5
1901	67.7	32.3			100	0	1922	63.1	36.9	100	?	53.9	46.1
1902	62.9	37.1			100	0	1924	59.7	40.3	100	?	58.3	41.7
1903	63.2	36.8			100	0	1925	55.9	44.1	41.3	58.7	53.3	46.2
1904	64.9	35.1			100	0	1927	57.4	42.6	45.8	54.2	50.3	49.7
1905	65.8	34.2			100	0	1928	57	43	36.8	63.2	50.8	49.2
1906	65	35			100	0	1929	57.1	42.9	27.1	72.9	53.2	46.8
1907	66	34			100	0	1930	57.2	42.8	23.2	76.8	49.5	50.5
1908	66.5	33.5			100	0	1931	56.5	43.5	32.8	67.2	48.6	51.4
1909	68.5	31.5			100	0	1932	57.1	42.9	33.3	66.7	48.2	51.8
1910	69.7	30.3			100	0	1933	58	42	32.5	67.5	48.9	51.1
1911	67.6	32.4			100	0	1934	56.8	43.2	32.5	67.5	47.9	52.1
1912	67.6	32.4			100	0	1935	56.8	43.2	31.3	78.7	47.8	52.2
1913	58.8	41.2			50.4		1936	53.8	46.2	32.6	67.4	43.6	56.4
1914	54	46			49.9		1947	99	1	100	?	100	*

资料来源:严中平等编,《中国近代经济史统计资料选辑》第 1 辑,北京,科学出版社,1955 年,第 136 页。

说明:1897—1947 三项之和 = 100;根据实数计算;* 不及 0.05%。

表 19－1:1922—1936 主要纱厂的资本纯益率表 单位(%)

	上海永安	上海申新一、八	无锡申新三	南通大生一	海门大生三	天津华新	天津恒源	天津裕元	天津北洋	青岛华新	唐山华新
1922	11.3	26.6	46.7	?	?	26	3	15.4	26.5	17.5	0
1923	3.5	8.2	8.1	?	?	26.4	-1.2	-14	25.2	8.3	0
1924	6.7	?	-1.7	?	?	8.8	-0.1	-6.9	1.4	0.2	7.6
1925	10.1	11.8	15.6	②	②	8.7	9.7	4.7	13	6.5	21.2
1926	9.6	10.3	?	?	?	-3.6	4	-5.4	-20	8.6	12.8
1927	13.4	12	17.1	3.8	3.2	1.4	-3.5	-5.3	①	2.5	9

（续表）

	上海永安	上海申新一、八	无锡申新三	南通大生一	海门大生三	天津华新	天津恒源	天津裕元	天津北洋	青岛华新	唐山华新
1928	33.9	15.5	43.4	2.8	1	7.5	-3.8	-3.4	-7.2	13.9	16.9
1929	63.6	24.1	40	14.1	9.6	9.6	-2.3	?	-1.8	12.3	14.9
1930	16.2	-0.5	?	2.9	9.6	2.2	-5.8	?	?	12.3	15.2
1931	18.6	28.1	?	9.9	9.4	7	-7.3	?	?	13.5	32.9
1932	12.7	14.3	33.3	-4	1.4	9	0.7	?	?	5	18.3
1933	5.9	8.7	?	-0.8	2	-6.1	-11.4	?	?	1.1	6.7
1934	2.8	5.9	?	-25	-7.6	-5.5	-11.5	?	?	2.2	4.6
1935	0.6	10.2	9.4	6.3	-1.7	5.6	④	?	?	-2.3	1.4
1936	7.9	34.5	28.1	?	1.5	③		⑤	⑥	8.7	⑦

资料来源：久保亨：《近代中国的棉业地带构造经营类型》，《土地制度史学》第113号，1986年10月。原据《荣家企业史料》1962年版，《永安纺织印染公司》1964年版，《大生资本集团史》1963年油印本，《裕大华纺织资本集团史料》1984年版，华新纱厂档案（中国社会科学院经济研究所藏），《晋华纺织公司晋生织染工厂总管理处三厂概况》1937年版等；日本厂据高村直助：《近代日本棉业中国》1982年半。转引自吴承明、许涤新主编，《中国资本主义发展史：新民主主义革命时期的中国资本主义》，北京，人民出版社，1993年，第138－139页。

说明：纯益率为纯益占实有资本的百分比。①小于0.05%。②交银行团管理。③被日厂钟纺兼并。④由债权团接管。⑤被日厂钟纺兼并。⑥由债权团接管。⑦被日厂东洋纺兼并。“—”未开业或停顿中。“?”未详。

表19－2：1922—1936主要纱厂的资本纯益率

（%）

	卫辉华新	武昌裕华	石家庄大兴	榆次晋华	总平均	在华日本纱厂平均
1922	-8.6	?	0	0	12.7	51.3
1923	11.1	?	18.8	1.3	6	24.3
1924	15.1	?	22.2	-33.4	3.4	24
1925	35.6	?	31	6.9	12.9	19.7
1926	18.1	-8.3	30.2	41.7	6.2	11.7
1927	4.5	?	27	59.1	6.8	9.6
1928	13.6	50	36.3	75.7	17.5	10.7
1929	6.9	30.1	29.8	24.7	22.3	18.4
1930	7.1	19.3	31	30.1	11.3	17.7
1931	20.8	47.4	36.7	3.8	16.6	18
1932	24.8	?	4.8	-3.5	8.6	7.9

（续表）

	卫辉华新	武昌裕华	石家庄大兴	榆次晋华	总平均	在华日本纱厂平均
1933	7.1	5.3	-9.1	-6.8	0.9	11.6
1934	-7.7	3.5	-4.7	4.6	-2.8	15.8
1935	-1.4	?	0.7	-3	2.6	19.5
1936	11.4	?	14.3	9.9	14.2	21.5

资料来源及说明：同表19-1。

表20：甲午战争前进口棉布数量、价值及价格

年代	进口数量	进口价值	进口价格
	（万匹）	（万关两）	（海关两/匹）
1867	425	1,167.10	2.75
1868	833.9	1,848.50	2.22
1870	995.8	1,803.10	1.81
1872	1,192.00	2,143.50	1.8
1874	957.5	1,630.10	1.7
1876	1,164.50	1,737.70	1.49
1878	896.2	1,350.90	1.51
1880	1,316.90	1,973.50	1.5
1882	1,215.90	1,820.10	1.5
1884	1,122.90	1,665.70	1.47
1886	1,404.10	2,124.60	1.51
1888	1,866.40	3,094.20	1.66
1890	1,656.10	2,562.90	1.55
1892	1,635.90	3,055.50	1.88
1894	1,379.60	3,070.80	2.23

资料来源：进口数量及价值据姚贤镐，《中国近代对外贸易史资料》第3册，1962年版，第1368页。

表21：1921—1937印花市布价格变动趋势

单位：1921—1931疋/海关两　1932—1937公尺/金单位

年份	价格	年份	价格
1921	5.34	1930	3.74
1922	4.77	1931	5.27
1923	4.69	1932	0.41
1924	3.91	1933	0.28

（续表）

年份	价格	年份	价格
1925	3.91	1934	0.16
1926	3.83	1935	0.15
1927	3.7	1936	0.1
1928	3.78	1937	0.11
1929	3.29		

资料来源：本图相关数据系笔者据海关华洋贸易关册资料分类统计、计算所得。

说明：价格＝年进口价值量/年进口数量。

表22：晚清至民国山西人口统计

晚清山西人口统计				民国时期山西人口统计				
公元年	人口数	公元年	人口数	公元年	总人口	男	女	性别比
1844	14 896 000	1873	16 384 000	1912	10 081 896	5 743 144	4 338 752	132.4
1845	15 008 000	1874	16 394 000	1913	10 249 847	5 869 914	4 379 933	134.0
1846	15 031 000	1875	16 405 000	1914	10 445 541	5 974 691	4 470 850	133.6
1847	15 056 000	1876	16 419 000	1915	10 361 939	5 941 602	4 420 337	134.4
1848	15 078 000	1877	16 433 000	1916	10 529 823	6 015 264	4 514 559	133.3
1849	15 103 000	1878	15 557 000	1917	11 338 958	6 538 309	4 800 649	136.2
1850	15 131 000	1879	15 567 000	1918	10 161 009	5 695 190	4 465 819	127.5
1851	15 693 000	1880	14 587 000	1919	11 387 723	6 400 293	4 987 430	128.3
1852	15 892 000	1881	14 349 000	1920	11 447 257	6 422 983	5 024 274	127.8
1853	15 921 000	1882	12 211 000	1921	11 654 285	6 546 328	5 107 957	128.2
1854	15 957 000	1883	10 744 057	1922	11 730 486	6 593 257	5 137 229	128.3
1855	15 992 000	1884	10 909 000	1923	11 799 109	6 625 746	5 173 363	128.1
1856	16 016 000	1885	10 793 000	1924	11 942 577	6 713 770	5 228 807	128.4
1857	16 049 000	1886	10 856 000	1925	11 993 698	6 751 562	5 242 136	128.8
1858	16 088 000	1887	10 658 000	1926	11 979 825	6 741 192	5 238 633	128.7
1859	16 123 000	1888	10 984 000	1927	11 979 870	6 792 073	5 187 797	130.9
1860	16 199 000	1889	11 034 000	1928	11 976 267	6 840 471	5 135 796	133.2
1861	16 242 000	1890	11 059 000	1929	12 130 469	6 971 535	5 158 934	135.1
1862	16 286 000	1891	11 071 000	1930	12 059 215	6 929 944	5 129 271	135.1
1863	16 324 000	1892	——	1931	11 971 423	6 852 982	5 118 441	133.9
1864	16 154 000	1893	10 912 000	1932	11 909 112 *	6 802 955 *	5 106 157 *	133.2

（续表）

晚清山西人口统计				民国时期山西人口统计				
公元年	人口数	公元年	人口数	公元年	总人口	男	女	性别比
1865	16 186 000	1894	11 051 000	1933	11 300 087	6 206 726 *	5 093 361 *	121.9
1866	16 218 000	1895	11 104 000	1934	11 601 026	6 519 950 *	5 081 076 *	128.3
1867	16 248 000	1896	11 191 000	1935	11 327 931	6 380 096	4 947 835	128.9
1868	16 282 000	1897	11 493 000	1936	11 471 556	6 415 434 *	5 056 122 *	126.9
1869	16 309 000	1898	11 531 000	1937	11 601 026	6 557 422	5 043 604	130.0
1870	16 329 000	1911	10 099 135					
1871	16 392 000							
1872	16 360 000							

资料来源：本资料摘引自：《中国人口·山西分册》北京，中国财政经济出版社，1989 年，第 50－51、55－56 页。

说明：(1) 光绪九年人口数字摘自（光绪）《山西通志》卷 65，户口。(2) 光绪十二年人口数字摘自（光绪）《晋政纪要》卷 8。(3) 各年人口数字摘自严中平等编《中国近代经济史统计资料选辑》（附录），人口数字原书以“千人”作为单位，本文一概改作“人口”。(4) 民国二十一年及以后各年人口数字有＊号者是笔者用 y = Aer 的公式推算的。(5) 民国元年至民国二十年人口数字见前山西省政府秘书处：“户口统计”，转引自《中国实业志》第一编（甲），前实业部国际贸易局 1937 年 1 月发行，第 22 页。(6) 民国二十二年、民国二十四年人口数字摘自《中国实业志》，第 29 页。(7) 民国二十三年人口数字摘自《中国地理概论》，中正书局 1946 年版，第 265 页。(8) 民国二十五年人口数字摘自《山西统计·人口普查专辑》，山西省统计局 1982 年印，第 46 页。(9) 民国二十六年人口数字摘自《中华民国统计提要》，前主计处统计局 1940 年印，第 25 页。

表 23：晚清至抗战前的河南人口统计

晚清(1840—1910)河南人口统计				民国元年至抗战前的河南人口总量		
公元纪年	经过年份	河南人口数（万人）	年均增长‰	公元纪年	河南人口数（人）	河南人口占全国的比重(%)
1840	—	2 377.0	—	1912	28 518 437	8.02
1850	10 年	2 392.7	0.66	1914	30 611 999	
1860	10 年	2 393.3	0.02	1916	25 317 821	
1870	10 年	2 393.8	0.02	1919	30 831 909	7.21
1880	10 年	2 211.5	－7.90	1925	35 289 752	
1890	10 年	2 211.9	0.02	1928	29 090 180	6.58
1898	8 年	2 212.3	0.02	1931	32 844 462	

（续表）

晚清(1840—1910)河南人口统计				民国元年至抗战前的河南人口总量		
公元纪年	经过年份	河南人口数（万人）	年均增长‰	公元纪年	河南人口数（人）	河南人口占全国的比重(%)
1910	12年	2 611.0	18.02	1932	31 191 862	
				1933	32 845 585	7.39
				1935	34 573 236	
				1936	34 299 848	7.60

资料来源：本资料摘引自《中国人口·河南分册》，北京，中国财政经济出版社，1989年，第43、45页。

说明：表中数据是根据《东华续录》、《中国经济资料选辑》、《地方志编纂手册》等资料汇编。

表24：民国年间山东人口统计

年　份	户　数	男(口数)	女(口数)	口数合计	户平均数	性别比（女=100）
民国元年1912	5 700 893	16 477 131	14 511 670	30 988 851	5.44	113.54
民国22年1933(申报社编制五个人口最多的省份户口数)	6 611 977	19 627 948	16 874 688	36 502 636	5.52	116.3
民国36年上半年1947数据	7 311 607	19 192 652	19 479 532	38 671 999	5.28	98.5

资料来源：本资料摘引自：《中国人口·山东分册》第77－78页，北京，中国财政经济出版社，1989年。

说明：(1) 民国元年调查，山东总口数为31 488 852人，该表总口数为30 988 851人，系因南京政府主计处立法院统计月刊发行时，已将青岛定为直辖市，剔除了青岛市人口所致（据中华民国主计处立法院统计月刊）。(2) 山东人口数为申报社民国二十二年向山东民政厅直接调查所得，并指定为民国二十一年人口数。(3) (1947)《中华年鉴》上册，民国三十七年，"人口"。附说明："山东、山西、河南、河北4省因'匪'患未平，尚未普遍举行户口调查，除一部分数字系民国三十六年(1947年)1月份资料外，其余各县、市，系就旧有资料，参照现时人口消长编列。"山东人口数仍居于全国第2位，增长较快。

参考文献

1. 档案、调查统计资料、相关报刊及部分文集

[1]《中国海关华洋贸易总册(1865—1937)》上海,通商海关总税务司署造册处。

[2] 北京市档案馆,瑞蚨祥本银账(民国二十九年)(1940),J089-001-00022。

[3] 北京市档案馆,瑞蚨祥企业调查留底(1930—1940),J089-001-00060。

[4]《河北省省政统计概要》,保定,河北省政府秘书处,1930。

[5]《山东工商报告》山东省政府实业厅编印,济南,慈济印书所,1931。

[6]《河北实业公报》(1931—1934)天津,河北省实业厅第四科。

[7]《中国棉产统计(1933—1949)》,上海,中华棉业统计协会。

[8]《中国实业志(山东省)》,实业部国际贸易局,上海,商务印书馆,1934年。台北,宗青图书出版公司1980。(影印)

[9]《中国实业志(山西省)》,实业部国际贸易局,上海,商务印书馆,1934年。台北,宗青图书出版公司1980。(影印)

[10]《山东棉业调查报告》金城银行总经理处天津调查分部,1936。

[11]《陇海铁路甘肃段经济调查报告书》铁道部业务司商务科编,1935。

[12]《陇海铁路陕西段经济调查报告书》铁道部业务司商务科编,1935。

[13]《北宁铁路沿线经济调查报告书》,北宁铁路管理局,1937。

[14] 河南农工银行经济调查室编,《河南之棉花》郑州,河南农工银行经济调查室编,1941。

[15] 胶济铁路管理委员会编,《胶济铁路经济调查报告汇编》分编三《潍县·青岛》文华印书社,1934。

[16] 道清铁路管理局总务处文书课,《道清铁路旅行指南》,1933。

[17] 满铁北支经济调查所,《潍县的线庄业》(大连满铁调查部),1943。

[18] 满铁北支经济调查所,《潍县土布业调查报告书》(大连满铁调查部),1942。

[19]《政治经济学报》(1932—1936)天津,南开大学经济研究所。

[20]《东方杂志》(1904—1924)上海,上海东方杂志社。

[21]《中外经济周刊》(1924—1934)北京,经济讨论处。

[22]《中国经济年鉴》(1911—1937)上海,商务印书馆。

[23]《工商半月刊》(1929—1935)上海,国民政府工商部(实业部)工商访问局。

[24]《河北工商月报》(月刊)(1928—1934)北平,河北省工商厅(实业厅)第四科印。

[25]《中行月刊》(1930—1937)。上海,中国银行经济研究室。

[26]《河南棉产改进所专刊(河南棉业)》,河南省棉产改进所,开封,1936。

[27]《纺织年刊》中国纺织学会,上海,逸兴印刷所,1931。

[28]《山东省国货陈列馆年刊》,山东省国货陈列馆济南,慈济印刷所,1931。

[29]《中国经济年鉴》上海,商务印书馆,1931。

[30]《中国农村》(1934—1937)上海,中国农村经济研究会。

[31]《河北国货年刊》河北省国货陈列馆,天津,天津寰球印务局印,1934。

[32] 叶量述,《中国棉货总产销量之结算》财政部国定税则委员会经济统计之丛刊,1934。

[33] 晋华纺织公司、晋生织染公司总管理处《欢迎中国纺织学会在晋举行:第七届年会纪念刊》1937。

[34]《政府公报》(1915—1922)。

[35]《北洋公牍类纂》第18、20、21卷。

[36]《河南官报》(1905—1910)。

[37]《山东官报》,(1905—1912)。

[38]《山东实业公报》(1931)。

[39]《大清光绪新法令》(第2、3、4、16册)上海,商务印书馆,宣统二年(1910)。

[40]《大清宣统新法令》(第28册)上海,商务印书馆,宣统三年(1911)。

[41]《中华民国法令大全:农商》,上海,商务印书馆,1915。

[42]《中华民国(现行)法规大全》,上海,商务印书馆,1937。

[43]《申报》(1879—1922)上海　申报,1883。

[44] 天津《益世报》(1915—1935)天津,刘益之。

[45] 天津《大公报》(1902—1937)天津,人民出版社,1982。

[46]《国闻周报》(1924—1937)上海,国闻周报社。

[47] 周学熙,《直隶工艺志初编》,章牍类卷,丛录类卷,光绪三十三年(1907)工艺总局刻本。

[48]《周止庵先生自叙年谱》近代史资料丛刊第1辑,文海出版社,1987。

[49] 胡长准,"山东棉业报告补遗",台北,山东文献,1976,2(2)。

[50]《石家庄文史资料》,第8、10辑,石家庄:河北人民出版社1985。

[51]《天津文史资料》,第18、19、20、38、39、40、41辑,天津,天津人民出版社,1987。

[52]《潍坊文史资料选辑》第3辑,(出版社不详),1987。第9辑,(出版社不详),1989。

[53]《潍坊市潍城区文史资料》第3辑,(出版社不详),1987。

[54]《河北文史资料选辑》第1、3、5、7、19辑,石家庄,河北人民出版社,1980。

[55]《河南文史资料》第2辑,郑州,河南人民出版社,1992。

2. 方志

[1](清)周壬福修,《重修博兴县志》道光二十年(1840)刻本。

[2](清)李述武修,《巩县志》乾隆五十四年(1789)刻本。

[3]（清）汤毓伟修,《偃师县志》乾隆五十四年（1789）刻本。

[4]（清）戴凤翔修,《太康县志》道光八年（1828）刻本。杜鸿宾修,《太康县志》民国二十三年（1934）铅印本。

[5]（清）董庆恩、吴育痍修,《内黄县志》光绪十八年（1892）刻本。

[6]（清）成其范修,《保定县志》康熙十三年（1673）刻本。

[7]（清）丁符九修,《宁河县志》,光绪六年（1880）刻本。

[8]（清）赵炳文、徐国桢修,《大城县志》光绪二十三年（1897）刻本。

[9]（清）陈泳修,《栾城县志》同治十二年（1873）刻本

[10]（清）单作恬纂修,《饶阳县志》乾隆十四年（1749）刻本。

[11]（清）吴璋修,《章丘县志》道光十五年（1835）刻本。

[12]（清）曹梦九修,《平原县志》乾隆四十年（1749）刻本。

[13]（清）闻元灵纂修,《续修汶上县志》康熙五十六年（1717）刻本。

[14]（清）章清选、汪和修,《太谷县志》咸丰五年（1855）刻本。安恭己等修,《太谷县志》民国二十年（1931）铅印本。

[15]（清）恩端、锡良修,《平遥县志》光绪八年（1882）刻本。

[16]（清）拉昌阿修,《绛县志》乾隆三十五年（1765）刻本。徐昭俭修,《新绛县志》民国十八年（1929）铅印本。

[17]（清）单履咸纂修,《永宁县志》乾隆十二年（1747）刻本。

[18]（清）张永福修,《内乡县志》康熙五十一年（1712）刻本。

[19]（清）熊灿修,《扶沟县志》光绪十九年（1893）刻本。

[20]（清）尹侃修,《肃宁县志》乾隆二十一年（1756）刻本。

[21]（清）钟赓华纂修,《柏乡县志》乾隆三十一年（1767）刻本。牛宝善修,《柏乡县志》民国二十一年（1932）铅印本。

[22]（清）杨霞修,《清丰县志》康熙十二年（1673）刻本。

[23]（清）游智开修,《永平府志》光绪五年（1879）刻本。

[24]（清）李遵塘修纂,《闻喜县志》乾隆三十年（1765）刻本。余宝滋修,《闻喜县志》民国八年（1919）石印本。

[25]（清）仇汝瑚修,《盂县志》乾隆五十五年（1790）刻本。

[26]（清）广元金、贾孝章修,《正定县志》光绪元年（1875）刻本。

[27]（清）苏性纂修,《平乡县志》光绪十二年（1886）刻本。

[28]（清）凌燮、赫慎修,《巨鹿县志》光绪十二年（1886）刻本。

[29]（清）戴世文修,《南宫县志》光绪三十年（1904）刻本。黄容惠修,《南宫县志》民国二十五年（1936）刻本。

[30]（清）张鹏翔纂修,《兖州府志》康熙二十五年（1686）刻本。

[31]（清）李熙龄纂修,《滨州志》咸丰十年（1860）刻本。

[32]（清）盛赞熙纂修,《利津县志》光绪九年（1883）刻本。

[33]（清）廖有恒修,《济宁州志》康熙十二年（1673）刻本。

[34]（清）徐浩修,《续修猗氏县志》光绪六年（1880）刻本。

[35]（清）李焕杨修,《绛州州志》光绪五年（1879）刻本。

[36]（清）方宗诚纂修,《枣强县志》同治四年(1865)刻本。宋兆升修,《枣强县志料》民国二十年(1931)铅印本。

[37]（清）杨文鼎修,《滦州志》光绪二十四年(1898)刻本。

[38]（清）王赠芳、王镇修,《济南府志》道光二十年(1840)刻本。

[39]（清）董鹏翱修,《禹城县志》嘉庆十三年(1808)刻本。

[40]（清）王汝汉修,《禹城县乡土志》光绪三十四年(1908)石印本。

[41]（清）万承绍修,《清平县志》嘉庆三年(1798)刻本。梁钟亭、路大遵修,《清平县志》民国二十五年(1936)铅印本。

[42]（清）王嘉谟纂修,《徐沟县志》康熙五十一年(1712)刻本。

[43]（清）崔铸善修,《虞乡县志》光绪十二年(1886)刻本。

[44]（清）何源洙修,《沈邱县志》乾隆十一年(1746)刻本。

[45]（清）杨殿梓修,《光山县志》乾隆五十一年(1786)刻本。

[46]（清）杜甲修,《河间府志》乾隆三十一年(1766)刻本。

[47]（清）严之典修,《蒲台县志》乾隆二十八年(1763)刻本。

[48]（清）胡德琳修,《历城县志》乾隆三十八年(1773)刻本。

[49]（清）彭良弼纂修,《正阳县志》嘉庆元年(1796)刻本。刘月泉等修,《重修正阳县志》民国二十五年(1936)铅印本。

[50]（清）于沧澜、马家彦修,《鹿邑县志》光绪二十二年(1896)刻本。

[51]（清）邓必安撰,《孝义县志》乾隆三十五年(1770)刻本。

[52]（清）郑大进纂修,《正定府志》乾隆二十七年(1762)刻本。

[53]（清）李中桂等纂修《光绪束鹿乡土志》光绪三十一年修,民国二十七年(1938)铅印本。

[54]（清）蔡志修等修,《乐亭县志》光绪三年(1877)刻本。

[55]（清）陆福宜修,《阜城县志》光绪三十四年(1908)铅印本。

[56]（清）周尚质修,《曹州府志》乾隆二十一年(1756)刻本。

[57]（清）周以勋修,《齐东县续志》,嘉庆八年(1803)刻本。

[58]（清）佚名编,《寿光县志》光绪三十年(1904)杪本。

[59]（清）汪鸿孙修,《恩县乡土志》光绪三十四年(1908)刻本。

[60]（清）王谦益修,《乐陵县志》乾隆二十七年(1762)刻本。

[61]（清）李若廙修,《温县志》顺治十五年(1658)刻本。

[62]（清）赵擢彤修,《孟津县志》嘉庆二十一年(1816)刻本。

[63]（清）俞世铨、陶良骏修,《榆次县志》同治二年(1863)刻本。

[64]（清）马家鼎等修,《寿阳县志》光绪八年(1882)刻本。

[65]（清）黎中辅纂修,《大同县志》道光十年(1830)刻本。

[66]（清）孙蓉图修,《遵化通志》民国二十年(1931)铅印本。

[67]（清）孙方□修,《馆陶县乡土志》光绪三十四年(1908)铅印本。

[68]（清）洪肇楙等纂修,《宝坻县志》乾隆十年刻本,民国六年(1917)石印本。

[69]吕学元修,《德平县续志》民国二十五年(1936)铅印本。

[70]俞家骥、许鉴观修,《临晋县志》民国十二年(1923)铅印本。

[71] 金良骥、汪鸿孙修,《昌黎县志》民国二十二年(1933)铅印本。
[72] 姜□荣、祁卓如修,《广宗县志》民国二十二年(1933)铅印本。
[73] 王葆安、吴文卓修,《香河县志》民国二十五年(1936)铅印本。
[74] 藤绍周修,《迁安县志》民国二十年(1931)铅印本。
[75] 王文彬、潘莱峰修,《广饶县志》民国二十四年(1935)铅印本。
[76] 田金祺修,《汜水县志》民国十八年(1929)铅印本。
[77] 韩邦孚、蒋濬川修,《新乡县续志》民国十二年(1923)铅印本。
[78] 彭作桢等修,《完县新志》民国二十三年(1934)铅印本。
[79] 王用舟修,《井陉县志料》民国二十三年(1934)铅印本。
[80] 王天傑、徐景章修,《高邑县志》民国二十二年(1933)铅印本。
[81] 牛占诚修,《茌平县志》民国二十四年(1935)铅印本。
[82] 陈桢修,《文安县志》民国十一年(1922)铅印本。
[83] 崔正春修,《威县志》民国十八年(1929)铅印本。
[84] 刘崇本编《雄县乡土志》光绪三十一年(1905)铅印本。
[85] 李大本修,《高阳县志》民国二十二年(1933)铅印本。
[86] 薛凤鸣、李玉珍修,《献县志》民国十四年(1925)刻本。
[87] 张凤瑞等修,《沧县志》民国二十二年(1933)铅印本。
[88] 刘延昌修,《徐水县新志》民国二十一年(1932)铅印本。
[89] 李肇基修,《邯郸县志》民国二十九年(1940)刻本。
[90] 贾恩绂纂修《盐山新志》民国五年(1916)刻本。
[91] 秦廷秀、褚保熙修,《雄县新志》民国十九年(1930)铅印本。
[92] 王德乾等修,《南皮县志》民国二十二年(1933)铅印本。
[93] 路联达等修,《万全县志》民国二十二年(1933)铅印本。
[94] 张福谦修,《清河县志》民国二十三年(1934)铅印本。
[95] 丁世恭等修,《续修馆陶县志》民国二十五年(1936)铅印本。
[96] 袁棻修,《滦县志》民国二十六年(1937)铅印本。
[97] 胡宗虞修,《临县志》民国六年(1917)铅印本。
[98] 马继桢、邢翙桐修,《冀城县志》民国十八年(1929)铅印本。
[99] 任耀先修,《浮山县志》民国二十四年(1935)铅印本。
[101] 杨学渊修,《章邱县乡土志》光绪三十三年(1907)刻本。
[102] 佚名纂修《桓台县志》民国二十三年(1934)铅印本。
[103] 常之英修,《潍县志稿》民国三十年(1941)铅印本。
[104] 宋宪章等修,《牟平县志》民国二十五年(1936)铅印本。
[105] 陈景星、沈兆祎修,《临沂县志》民国六年(1917)刻本。
[106] 叶钟英等修,《增修胶澳志》民国二十年(1931)铅印本。
[107] 黄星垣、赵家琛等编《蒙阴县志》民国二十一年(1932)铅印本。
[108] 路大遵等修,《济阳县志》民国二十三年(1934)铅印本。
[109] 卢少泉等修,《重修莒县志》民国二十五年(1936)铅印本。
[110] 吴若烺修,《中牟县志》同治九年(1870)刻本。

[111] 李庚白修,《新安县志》民国二十八年(1939)刻本。
[112] 窦经魁修,《阳武县志》民国二十五年(1936)铅印本。
[113] 方廷汉、谢随安修,《重修信阳县志》民国二十五年(1936)铅印本。
[114] 程廷恒修,《大名县志》民国二十三年(1934)铅印本。
[115] 金良骥等修,《清苑县志》民国二十三年(1934)铅印本。
[116] 唐玉书等修,《三河县新志》民国二十四年(1935)铅印本。
[117] 任传藻等修,《东明县新志》民国二十二年(1933)铅印本。
[118] 孙永权修,《续修曲阜县志》民国二十三年(1934)铅印本。
[119] 杜济美等修,《武安县志》民国二十九年(1940)铅印本。
[120] 孙椿荣修,《灵宝县志》民国二十四年(1935)铅印本。
[121] 宋蕴璞辑《天津志略》民国二十年(1931)铅印本。
[122] 张应麟修,《成安县志》民国二十年(1931)铅印本。
[123] 李兴焯修,《平谷县志》民国二十三年(1934)铅印本。
[124] 林翰儒编,《藁城乡土地理》民国十二年(1923)石印本。
[125] 魏邦翰等纂修,《续永清县志》光绪元年(1875)刻本。
[126] 吴中彦修,《重修广平府志》光绪二十年(1894)刻本。
[127] 万震霄修,《青县志》民国二十年(1931)铅印本。
[128] 任传藻等修,《东明县志》民国二十二年(1933)铅印本。
[129] 王德乾修,《望都县志》民国二十三年(1934)铅印本。
[130] 何其章等修,《定县志》民国二十三年(1934)刻本。
[131] 韩作舟纂修,《广平县志》民国二十八年(1939)铅印本。
[132] 严用琛,鲁宗藩修,《襄垣县志》民国十七年(1928)铅印本。
[133] 黄笃瓒修,《平阴县乡土志》光绪三十三年(1907)铅印本。
[134] 朱兰修,《阳信县志》民国十五年(1926)铅印本。
[135] 谢锡文修,《夏津县志续编》民国二十三年(1934)铅印本。
[136] 梁建章等修,《沾化县志》民国二十五年(1936)铅印本。
[137] 崔公甫等修,《续修临邑县志》民国二十五年(1936)铅印本。
[138] 王泽溥、王怀斌修,《林县志》民国二十一年(1932)石印本。
[139] 邹古愚修,《获嘉县志》民国二十三年(1934)铅印本。
[140] 吴汝纶撰,《深州风土记》光绪二十六年(1900)刻本。
[141] 金润壁修,《平山县志料集》民国二十一年(1932)铅印本。
[142] 宋大章等修,《涿县志》民国二十五年(1936)铅印本。
[143] 陈继曾等修,《宣化县新志》民国十一年(1922)铅印本。
[144] 王金岳修,《昌乐县续志》,民国二十三年(1934)铅印本。
[145] 谢锡文修,《夏津县续志编》,民国二十三年(1934)铅印本。
[146] 牛照藻修,《芮城县志》民国十二年(1923)铅印本。
[147] 刘志鸿等修,《阳原县志》民国二十四年(1935)铅印本。
[148] 仵墉等修,《临榆县志》民国十八年(1929)铅印本。
[149] 方策等修,《续安阳县志》民国二十二年(1933)铅印本。

[150] 张自清修,《临清县志》民国二十三年(1934)铅印本。
[151] 张志熙修,《东平县志》民国二十五年(1936)铅印本。
[152] 梁秉锟修,《莱阳县志》民国二十四年(1935)铅印本。
[153] 徐嘉清修,《解县志》民国九年(1920)石印本。
[154] 苏士俊修,《顺义县志》民国二十二年(1933)铅印本。
[155] 冯庆澜修,《房山县志》民国十七年(1928)铅印本。
[156] 陈宝生修,《满城县志略》民国二十年(1931)铅印本。
[157] 景佐纲修,《怀安县志》民国二十三年(1934)铅印本。
[158] 陈继淹修,《张北县志》民国二十四年(1935)铅印本。
[159] 耿之光、王桂赵修,《重修无极县志》民国二十五年(1936)铅印本。
[160] 汪鸿孙修,《菏泽县乡土志》光绪三十三年(1907)石印本。
[161] 杨学渊修,《章邱乡土志》光绪三十三年(1907)石印本。
[162] 周志中修,《良乡县志》民国二十三年(1934)铅印本。
[163] 周竹生修,《东阿县志》民国二十三年(1934)铅印本。

3. 专著

[1] 康芒斯. 制度经济学[M]. 北京:商务印书馆,1981.
[2] 刘易斯. 二元经济论[M]. 北京:北京经济学院出版社,1989.
[3] 斯密. 国民财富的性质和原因的研究[M]. 北京:商务印书馆,1997.
[4] 哈耶克. 个人主义与经济秩序[M]. 北京:北京经济学院出版社,1991.
[5] 哈耶克. 自由秩序原理[M]. 北京:生活·读书·新知三联书店,1997.
[6] 青木昌彦,奥野正宽,冈崎哲二. 市场的作用与国家的作用[M]. 北京:中国发展出版社,2002.
[7] 科斯,诺思,威廉姆森. 制度、契约与组织:从新制度经济学角度的透视[M]. 北京:经济科学出版社,2003.
[8] 柯武刚,史漫飞. 制度经济学:社会秩序与公共政策[M]. 北京:商务印书馆,2004.
[9] 诺思. 经济史上的结构与变革[M]. 北京:商务印书馆,2005.
[10] 库兹涅茨. 各国的经济增长[M]. 北京:商务印书馆,2005.
[11] 斯特兰奇. 国家与市场[M]. 上海:上海人民出版社,2006.
[12] 陈甬军. 市场通论[M]. 北京:中国人民大学出版社,2006。
[13] 山口重克. 市场经济:历史·思想·现在[M]. 北京:社会科学文献出版社,2007.
[14] 瓦戈. 社会变迁[M]. 北京:北京大学出版社,2007.
[15] 马克思,恩格斯. 马克思恩格斯全集第2卷[M]. 北京:人民出版社,1975.
[16] 马克思,恩格斯. 马克思恩格斯全集第25卷[M]. 北京:人民出版社,1975.
[17] 马克思. 资本论第3卷[M]. 北京:人民出版社,1975.
[18] 列宁. 列宁全集第3卷[M]. 北京:人民出版社,1975.
[19] 韦伯. 经济与社会[M]. 北京:商务印书馆,1997.

[20] 梅因．古代法[M]．北京：商务印书馆，1997.

[21] 井村熏雄．中国之纺织业及其出品[M]．周培兰，译．上海：商务印书馆，1928.

[22] 雷麦．外人在华投资[M]．北京：商务印书馆，1959.

[23] 桶口弘．日本对华投资[M]．北京：商务印书馆，1959.

[24] 赵冈．中国棉业史[M]．台北：联经出版社，1977.

[25] 珀金斯．中国农业的发展(1368—1969)[M]．上海：上海译文出版社，1984.

[26] 黄宗智．华北的小农经济与社会变迁[M]．北京：中华书局，1986.

[27] 费维凯．中国早期工业化[M]．北京：中国社会科学出版社，1990.

[28] 赫延平．中国近代的商业革命[M]．上海：上海人民出版社，1991.

[29] 王国斌．转变的中国：历史的变迁与欧洲经验的局限[M]．南京：江苏人民出版社，1998.

[30] 彭慕兰．大分流：欧洲、中国及现代世界经济的发展[M]．南京：江苏人民出版社，2003.

[31] 曲直生．河北棉花之出产与贩运[M]．上海：商务印书馆，1931.

[32] 方显廷．中国之棉纺织业[M]．上海：商务印书馆，1934.

[33] 薛明剑．衣食住行工艺概要第1册[M]．上海：上海中华书局，1934.

[34] 吴知．乡村织布业的一个研究[M]．上海：商务印书馆，1936.

[35] 方显廷，毕相辉．由宝坻手织工业观察工业制度之演变[M]．天津：南开大学经济研究所，1936.

[36] 蒋乃镛．中国纺织染业概论[M]．上海：上海中华书局，1946.

[37] 行政院新闻局．纺织工业[M]．南京：行政院新闻局，1947.

[38] 严中平．中国棉纺织史稿[M]．北京：科学出版社，1955.

[39] 徐新吾．江南土布史[M]．上海：上海社会科学院出版社，1992.

[40] 陈震异．提倡国货论[M]．上海：上海太平洋书店，1928.

[41] 中国国民党中央执行委员会宣传部．提倡国货运动宣传纲要[M]．武汉：中国国民党中央执行委员会宣传部，1929.

[42] 赵兰平．日本对华商业[M]．上海：商务印书馆，1934.

[43] 周墨秋．华北五省与英日经济[M]．上海：现代国际社，1937.

[44] 樊树志．明清江南市镇探微[M]．上海：复旦大学出版社，1990.

[45] 樊树志．传统的变革：江南市镇[M]．上海：复旦大学出版社，2005.

[46] 吴承明．中国资本主义发展与国内市场[M]．北京：中国社会科学出版社，1981.

[47] 童书业．中国手工商业发展史[M]．济南：齐鲁书社，1981.

[48] 吴承明．中国资本主义与国内市场[M]．北京：中国社会科学出版社，1985.

[49] 许涤新，吴承明．中国资本主义发展史：旧民主主义革命时期的中国资本主义[M]．北京：人民出版社，1990.

[50] 许涤新，吴承明．中国资本主义发展史：新民主主义革命时期的中国资本主义[M]．北京：人民出版社，1990.

[51] 许檀．明清时期山东商品经济的发展[M]．北京：中国社会科学出版社，1998.

[52] 刘佛丁，王玉茹．中国近代的市场发育与经济增长[M]．北京：高等教育出版

社,1996.

[53] 姜守鹏. 明清北方市场研究[M]. 长春:东北师范大学出版社,1996.

[54] 龙登高. 中国传统市场发展史[M]. 北京:人民出版社,1997.

[55] 龙登高. 江南市场史[M]. 北京:清华大学出版社,2003.

[56] 范金民. 明清江南商业的发展[M]. 南京:南京大学出版社,1998.

[57] 单强. 江南区域市场研究[M]. 北京:人民出版社,1999.

[58] 王相钦,吴太昌. 中国近代商业史论[M]. 北京:中国财政经济出版社,1999.

[59] 汪敬虞. 中国近代经济史[M]. 北京:人民出版社,2000.

[60] 方行,经君健,魏金玉. 中国经济通史:清代经济卷[M]. 北京:经济日报出版社,2000.

[61] 汪敬虞. 中国资本主义的发展和不发展[M]. 北京:中国财政经济出版社,2002.

[62] 李伯重. 江南早期的工业化(1550—1850)[M]. 北京:社会科学文献出版社,2000.

[63] 张海英. 明清江南商品流通与市场体系[M]. 上海:华东师范大学出版社,2002.

[64] 傅衣凌. 明清时代商人及商业资本[M]. 北京:中华书局,2007.

[65] 傅衣凌. 明代江南市民经济试探[M]. 北京:中华书局,2007.

[66] 傅衣凌. 明清农村社会经济[M]. 北京:中华书局,2007.

[67] 傅衣凌. 明清社会经济变迁论[M]. 北京:中华书局,2007.

[68] 李纯性. 河北城市发展史[M]. 石家庄:河北教育出版社,1991.

[69] 赫庆元. 周学熙传[M]. 天津:天津人民出版社,1991.

[70] 贾秀岩. 民国价格史[M]. 北京:国家物价出版社,1992.

[71] 河北地方史编写组. 河北简史[M]. 石家庄:河北人民出版社,1990.

[72] 丛翰香. 近代冀鲁豫乡村[M]. 北京:中国社会科学出版社,1995.

[73] 庄维民. 近代山东的市场经济的变迁[M]. 北京:中华书局,2000.

[74] 苑书义. 近代中国小农经济的变迁[M]. 北京:人民出版社,2001.

[75] 丁言模. 齐鲁商雄[M]. 广州:广东经济出版社,2002.

[76] 黄鉴晖. 明清山西商人研究[M]. 太原:山西经济出版社,2002.

[77] 王印焕. 冀鲁豫农民离村问题研究(1911—1937)[M]. 北京:中国社会出版社,2004.

[78] 庄维民,刘大可. 日本工商资本与近代山东[M]. 北京:社会科学文献出版社,2005.

[79] 刘秋霖,刘健,关琪,等. 老北京的传说[M]. 北京:中国文联出版社,2006.

[80] 宋美云,宋鹏. 话说津商[M]. 北京:中华工商联合出版社,2006.

[81] 景占魁,孔繁珠. 阎锡山官僚资本研究[M]. 太原:山西经济出版社,2002.

[82] 张念宏. 商品经济辞典[M]. 北京:农村读物出版社,1988.

[83] 顾海良,郭建春,顾海兵. 简明帕氏新经济学辞典[M]. 北京:中国经济出版社,1991.

[84] 郑昌淦. 明清农村商品经济[M]. 北京:中国人民大学出版社,1988.

[85] 钟祥财. 中国近代民族企业家经济思想史[M]. 上海:上海社科院出版社,1992.

[86] 潘金祥．近代中国国货运动研究[M]．上海:上海社会科学院出版社,1998.

[87] 严国海．中国近代国货名牌的创立[M]．上海:立信会计出版社,2000.

[88] 张忠民．艰难的变迁:近代中国公司制度研究[M]．上海:上海社会科学院出版社,2002.

[89] 张郁兰．中国银行业发展史[M]．上海:上海人民出版社,1957.

[90] 杨端六．清代货币金融史稿[M]．北京:三联书店,1962.

[91] 杨荫溥．民国财政史[M]．北京:中国财政经济出版社,1985.

[92] 萧清．中国近代货币金融史简编[M]．太原:山西人民出版社,1987.

[93] 小科布尔．江浙财阀与国民政府[M]．天津:南开大学出版社,1987.

[94] 罗荣渠,牛大勇．中国现代化历程的探索[M]．北京:北京大学出版社,1992.

[95] 戴建兵．中国近代纸币[M]．北京:中国金融出版社,1993.

[96] 蒋建平．中国近代经济史问答[M]．南宁:广西人民出版社,1996.

[97] 张东刚．总需求变动趋势与近代中国经济发展[M]．北京:高等教育出版社,1997.

[98] 朱英．近代商人与中国社会[M]．武汉:湖北教育出版社,2002.

[99] 唐力行．商人与中国近世社会[M]．北京:商务印书馆,2006.

[100] 严中平．中国近代经济史统计资料选辑[M]．北京:科学出版社,1955.

[101] 陈真,姚落．中国近代工业史资料[M]．北京:科学出版社,1957.

[102] 汪敬虞．中国近代工业史资料[M]．北京:科学出版社,1957.

[103] 彭泽益．中国近代手工业史资料[M]．北京:生活·读书·新知三联书店,1957.

[104] 彭泽益．中国近代手工业史资料[M]．北京:中华书局,1962.

[105] 姚贤镐．中国近代对外贸易史资料(1840—1895 年)[M]．北京:中华书局,1962.

[106] 章有义．中国近代农业史资料[M]．北京:生活·读书·新知三联书店,1957.

[107] 陈真．中国近代工业史资料[M]．北京:生活·读书·新知三联书店,1961.

[108] 赵靖,易梦虹．中国近代经济思想史资料选辑[M]．北京:中华书局,1982.

[109] 许道夫．中国近代农业生产及贸易资料[M]．上海:上海人民出版社,1983.

[110] 青岛市档案馆．帝国主义与胶海关[M]．北京:档案出版社,1986.

[111] 孔敏,彭贞媛．南开经济指数资料汇编[M]．北京:中国社会科学出版社,1988.

[112] 鲁子石．帝国主义侵华罪行录:中国近代史上的不平等条约选编[M]．济南:山东人民出版社,1986.

[113] 贺长龄．清朝经世文编[M]．台北:文海出版社,1972.

[114] 贺长龄．皇朝经世文编[M]．台北:文海出版社,1966.

[115] 麦仲华．皇朝经世文新编[M]．台北:文海出版社,1972.

[116] 杨凤藻．皇朝经世文新编续集[M]．台北:文海出版社,1971.

[117] 吴弘明．津海关贸易年报(1865—1946)[M]．天津:天津社会科学出版社,2006.

[118] 中国第二历史档案馆．中华民国史档案资料汇编第 2 辑[M]．南京:江苏古籍

出版社,1991.

[119] 天津市档案馆．天津商会档案汇编(1903—1911)[M]．天津:天津人民出版社,1989.

[120] 天津市档案馆．天津商会档案汇编(1912—1928)[M]．天津:天津人民出版社,1992.

[121] 天津市档案馆．天津商会档案汇编(1928—1937)[M]．天津:天津人民出版社,1996.

[122] 财政部财政科学研究所,中国第二历史档案馆．国民政府财政金融税收档案史料(1927—1937)[M]．北京:中国财政经济出版社,1997.

[123] 山东之物产第1编[M]．青岛:青岛军政署,1919.

[124] 山东省各县乡土调查录[M]．上海:商务印书馆,1920.

[125] 整理棉业筹备处．最近中国棉业调查录[M]．天津:华新印刷所,1920.

[126] 林修竹．山东各县乡土调查录[M]．山东:山东省长公署教育科,1920.

[127] 河北省工业统计(1929年度)[M]．天津:河北省实业厅视察处,1931.

[128] 吴鸥编．纺织业调查报告[M]．天津:天津市社会局,1931.

[129] 王子建,王镇中．七省华商纱厂调查报告[M]．上海:商务印书馆,1935.

[130] 侯振彤．山西历史辑览1909—1943[M]．太原:山西人民出版社,1987.

[131] 李景汉．定县社会概况调查[M]．北京:中华平民教育促进会,1933.

[132] 千家驹．中国农村经济论文集[M]．上海:中华书局,1936.

[133] 李竞能．中国人口·天津分册[M]．北京,中国财政经济出版社,1987.

[134] 王明远．中国人口·河北分册[M]．北京,中国财政经济出版社,1987.

[135] 毕士林．中国人口·山西分册[M]．北京,中国财政经济出版社,1987.

[136] 貊琦．中国人口·河南分册[M]．北京,中国财政经济出版社,1987.

[137] 吴玉林．中国人口·山东分册[M]．北京,中国财政经济出版社,1987.

[138] 天津市地方史志编修委员会总编辑室．二十世纪初的天津概况[M]．(原名《天津志》(日)中国驻屯军司令部编,明治四十二年九月印行。)侯振彤,译．(内部发行)1986.

[139] Hayek. Three Sources of Human Values, the London School of Economics and Political Science, 1978.

[140] Holdsworth. A History of English Law, Little, Brown, 1922.

[141] Norman. Barry. The Tradition of Spontaneous Order, Literature of Liberty, Summer, 1982.

4. 论文

[1] 黄逸平．19世纪末20世纪初中国自然经济解体的程度[J]．学术月刊,1980(8):16-22.

[2] 吴承明．我国手工棉纺织业为什么长期停留在家庭手工业阶段[J]．文史哲,1983(1):26-32.

[3] 何本方．清代户部诸关初探[J]．南开大学学报,1984(3):35-46.

[4] 陈诗启．论近代中国农村商品经济低层次扩散的历史性质[J]．近代史研究,1989

(1):35 -47.

[5] 唐少君. 周学熙与华新纺织股份有限公司[J]. 安徽史学,1990(4):42 -48.

[6] 李金铮. 浅谈二三十年代定县的家庭手工棉纺织业[J]. 河北学刊,1991(3):106 -110.

[7] 史建云. 从市场看农村手工业与近代民族工业之关系[J]. 中国经济史研究,1993(1):54 -60.

[8] 张利民. 论近代华北商品市场的演变与市场体系的形成[J]. 中国社会经济史研究,1996(1):58 -67.

[9] 阚景奎. 民国初年山东手工棉纺织业生产关系初探[J]. 民国档案,1996(2):65 -74.

[10] 马俊亚. 中国传统商业与近代工业关系辨析[J]. 史学月刊,1997(3):29 -33.

[11] 马俊亚. 工业化与土布业:江苏近代农家经济结构的地区性演变[J]. 历史研究,2006(3):98 -117.

[12] 陈明太. 中国近代早期市场意识初探[J]. 苏州大学学报(社会科学版),1997(3):90 -94.

[13] 柳国庆. 国民党统税政策对中国民族工商业的影响[J]. 绍兴文理学院学报(哲学社会科学版),1998(2):16 -121.

[14] 袁钰. 甲午战争后华北商品市场发育对农民的影响[J]. 山西大学师范学院学报,1999(2):40 -43.

[15] 徐浩. 清代华北的农村市场[J]. 学习与探索,1999(4):131 -136.

[16] 戴鞍钢. 民族工业与近代中国农村[J]. 学术月刊,2000(12):90 -95.

[17] 戴鞍钢,阎建宁. 中国近代工业地理分布、变化及其影响[J]. 中国历史地理论丛,2000(1):139 -161.

[18] 戴鞍钢. 中国资本主义发展道路再考察:以棉纺织业为中心[J]. 复旦学报(社会科学版),2001(5):58 -62.

[19] 武俊杰. 近代华北棉田增长原因探析[J]. 山西大学学报(哲学社会科学版),2000(2):62 -65.

[20] 庄维民. 近代山东商品流通结构的变迁及其意义[J]. 东岳论丛,2000(2):62 -68.

[21] 贺水金. 从供给、需求曲线变动看1914—1925年中国棉纺织业的繁荣与萧条[J]. 上海社会科学院学术季刊,2001(4):167 -175.

[22] 陈桦. 关于中日近代棉纺织品贸易的考察[J]. 清史研究,2002(2):64 -71.

[23] 王玉茹. 世界市场的扩展与中国市场制度的变迁[J]. 中国社会经济史研究,2002(2):73 -80.

[24] 彭南生. 近代华北乡村手织业经济区兴起原因初探[J]. 广西梧州师范专科学校学报,2000(3):1 -6.

[25] 彭南生. 传统工业的发展与近代中国工业化道路选择[J]. 华中师范大学学报(人文社会科学版),2002(2):80 -87.

[26] 彭南生. 地方能人与近代乡村手工业的发展[J]. 江苏社会科学,2003(4):142

-147.

[27] 彭南生. 论近代中国乡村“半工业化”的兴衰:以华北乡村手工织布业为例[J]. 华中师范大学学报(人文社会科学版),2003(5):39-44.

[28] 彭南生. 半工业化:近代乡村手工业发展进程的一种描述[J]. 史学月刊,2003(7):97-107.

[29] 王加华. 内聚与开放:棉花对近代华北乡村社会的影响[J]. 中国农史,2003(1):107-115.

[30] 李靖莉. 黄河三角洲近代手工业的商品化倾向[J]. 东岳论丛,2003(2):106-108.

[31] 郭锦超. 中国近代区域市场发育特征分析[J]. 学术论坛,2003(2):58-62.

[32] 张思. 遭遇与机遇:19世纪末中国农村手工业的曲折经历——以直鲁农村手工纺织业为例[J]. 史学月刊,2003(11):82-93.

[33] 张思. 19世纪天津、烟台的对外贸易与传统市场网络[J]. 史林,2004(4):62-74.

[34] 刘淼. 晚清棉纺织业贸易与生产体系转型的地域分布[J]. 中国社会经济史研究,2003(4):76-85.

[35] 高展,李丽. 民国时期天津纺织品价格变动探源[J]. 经济论坛,2004(1):148-150.

[36] 杨华山. 论晚清“裁厘统捐”与“裁厘认捐”的尝试与夭折[J]. 史学月刊,2004(2):57-63.

[37] 许檀. 区域经济与商品流通:明清时期中国经济发展轨迹探讨[J]. 史学月刊,2004(8):9-11.

[38] 李长莉. 洋布衣在晚清的流行及社会文化意义[J]. 河北学刊,2005(2):161-168.

[39] 王元林,林杏容. 14至18世纪欧亚的西洋布贸易[J]. 东南亚研究,2005(4):86-91.

[40] 林刚. 列强主导格局下的中国民族企业的行为:以近代棉纺织工业企业为例[J]. 中国经济史研究,2007(4):100-108.

[41] 周锡瑞. 论义和团运动的社会成因[J]. 文史哲,1981(1):22-31.

[42] ARNOLD J. China's Post-war Trade[J]. Annals of the American Academy of Political and Social Science,1925(122):82-95.

[43] CASEE. Readjustmentsinpost-warcottonculrure[J]. EconomicGeography,1929,5(4):335-347.

[44] ALDERFER E B. The Textile Industry of China[J]. Annals of the American Academy of political and Social Science,1930(152):184-190.

[45] WU-LOONARD T K. The Crisis in the Chinese Cotton Industry[J]. Far Eastern Survey,1935,4(1):1-4.

[46] LOCKWOOD W W. North China and United States Cotton Trade[J]. Far Eastern Survey, 1938,7(10):115-118.

[47] MYERS R. cotton textile handicraft and the development of the cotton textile industry in modern China[J]. The Economic History Review New Series,1965,18(3):614 -632.

[48] FEUERWERKER A. Handicraft And Manufactured Cotton Textiles in China 1871—1910[J]. The Journal of Economic History,1970,30(2):338 -378.

[49] HUNT M H. American in the China Market: Economic Opportunities and Economic Nationalism 1890s—1931[J]. The Business History Review,1977,51(3):277 -307.

[50] Hayek. The Result of Action but not of Human Design, in Studies in Philosophy: Politics and Economics (London:Routledge and kegan Paul,1967). pp. 96 -105.

[51] Edna Lillman-Margalit. Invisible Hand Explanations, in Synthese 39 (1978): 263 -291.

5. 网页

[1] 夏明方. 环境史视野下的近代中国农村市场:以华北为中心[EB/OL]. [2004—05—11]. http://www. gmw. cn/03pindao/2004 -05/11/content_22713. htm.

后　记

书稿即将付印。掩卷回首慨叹煞费苦心为文之余，对照心得，却又前疑未释更添新惑。好一个尴尬了得！

本研究根因于老师郭双林教授常与我论及的“洋布与近现代中国社会变迁”之关系命题。既有研究之窘困——人人能言，却言不透，且歧见突出——常引诱后学之人去就此而一探究竟。其关涉问题的庞杂性使我将问题缩略为分析近代华北棉布市场变动原因，却仍不免遗漏、偏颇！但所有文责均在于我。

如今，小书能成更应感谢我的所有老师、亲人和好友。治学严谨、朴实但有关怀，是老师们传我之箴言和智慧。亲人，特别是爱女谢启娴，使我体认生命、亲情和责任。好友刘利平、吴旺宗、戴元初、刘名洋、周荣森、乡党兼好友李洋、田仲勋、郑维伟、卢燕新，他们或豪气或细腻，都使我体悟友谊和真诚。同门的郭文深、李华丽、米卫娜、宋琪、温金童对小书写作常有诤言贡献，并帮忙不少，南开的肖发生博士、张荣燕博士为我查阅资料提供了诸多方便，在此向他们深表谢意！

我更想强调，若无世界图书出版上海有限公司姜海涛先生的诚意相助，及应长天先生与其同仁认真审校，小书能否付印出版就不可想象！我与姜先生是人大校友，上海相识，属机缘巧合，而好友沈文辉博士于此则当有桥梁之功。人生真可谓巧但更在缘！

最后，我长叹自己生性愚笨，却因倾慕学问而不可自拔！经年累月，动荡不居，辛苦之中，偶有心得，还一丝窃喜。如此，是喜或悲，可知否？加之，上不能侍父母，俯不能荫妻女和至亲，愧！

谢　亮

2011 年 11 月 8 日于兰州“怪怪”斋